What Do You Say after You Say Hello?
The Psychology of Human Destiny

人生脚本

改写命运、走向治愈的人际沟通分析

[美] Eric Berne 著

周司丽 译

中国轻工业出版社

图书在版编目（CIP）数据

人生脚本：改写命运、走向治愈的人际沟通分析／（美）艾瑞克·伯恩（Eric Berne）著；周司丽译．—北京：中国轻工业出版社，2021.12（2023.11重印）

ISBN 978-7-5184-3412-1

Ⅰ.①人… Ⅱ.①艾… ②周… Ⅲ.①人际关系－社会心理学 Ⅳ.①C912.11

中国版本图书馆CIP数据核字（2021）第051735号

保留所有权利。非经中国轻工业出版社"万千心理"书面授权，任何人不得以任何方式（包括但不限于电子、机械、手工或其他尚未被发明或应用的技术手段）复印、拍照、扫描、录音、朗读、存储、发表本书中任何部分或本书全部内容。中国轻工业出版社"万千心理"未授权任何机构提供源自本书内容的电子文件阅览、收听或下载服务。如有此类非法行为，查实必究。

责任编辑：孙蔚雯
策划编辑：孙蔚雯　　　　　责任终审：腾炎福
责任校对：刘志颖　　　　　责任监印：吴维斌

出版发行：中国轻工业出版社（北京东长安街6号，邮编：100740）
印　　刷：三河市鑫金马印装有限公司
经　　销：各地新华书店
版　　次：2023年11月第1版第3次印刷
开　　本：710×1000　1/16　印张：28.25
字　　数：257千字
书　　号：ISBN 978-7-5184-3412-1　定价：88.00元
读者热线：010-65181109，65262933
发行电话：010-85119832　传真：010-85113293
网　　址：http://www.chlip.com.cn　http://www.wqedu.com
电子信箱：1012305542@qq.com
如发现图书残缺请拨打读者热线联系调换
231904Y2C103ZYW

译 者 序

正值2021年五一国际劳动节假期的最后一天，此时，我正坐在从长春回北京的G906复兴号高铁上，刚刚完成为期3天的沟通分析（Transactional Analysis，简称TA）培训工作。人生脚本作为沟通分析的五大经典理论之一，是国际沟通分析协会官方入门课程（TA101）必学主题之一。在这3天课程中，我再一次感受到人生脚本的知识对学员的深深触动。看到新学员因为理解自己而流下的眼泪，看到复训学员因为觉察而带来了闪闪发光的改变，感受到课程因"我好—你好"的态度而形成的温暖氛围，每一次工作都使我感到满满的价值感与回报感。

2016年，中国轻工业出版社"万千心理"首次引进并出版了 What Do You Say after You Say Hello? The Psychology of Human Destiny 的简体中文版，当时的中文书名为《人生脚本——说完"你好"，说什么？》。不知不觉，已经过去了5年。作为译者，我在这5年间发生了许多变化。例如，在专业方面，我于2017年随徐丽丽老师远赴德国柏林考试，作为翻译，辅助她成为中国大陆地区首位国际沟通分析协会认证沟通分析师（Certified Transactional Analyst，CTA）；2018年，我通过CTA笔试，并于印度科钦通过口试，历经十载取得了个人的CTA资质；2019年，我正式成为国际认可的TA101讲师；2021年，我取得国际沟通分析协会沟通分析教师及督导师资格，并成为中国心理学会临床注册系统注册督导师。5年前，随产后而产生的各种心理冲突和关系冲突也逐渐整合、消散；如今，我的内心感到平和坚定，与家人的关系和谐亲密。用人生脚本的语言来说，我对自己这5年书写的脚本非常满意！

《人生脚本——说完"你好"，说什么？》出版5年来，有很多读者表现出了对本书的兴趣和认可，令我深感欣慰！这是一本值得一读再读的书，因此中国轻工业出版社"万千心理"决定对其进行重新打造，以崭新风貌展现给读者，更好地满足现代人对审美和阅读感的追求。本书译文在过去5年受到了广大读者的认可，但仍旧存在些许不足，因此这次出版对文字进行了更为细致的修改及润色；更新并补充了若干译者注，以帮助读者更好地理解原著；对版式进行了重新设计；将书名变更为《人生脚本——改写命运、走向治愈的人际沟通分析》，以突出脚本与命运及人际沟通之间的联系。

艾瑞克·伯恩（Eric Berne）说："脚本分析的目的在于结束当前这场表演，换上另一场更精彩的演出。"如果你感觉自己目前的人生戏剧不够精彩，或者有难以言明的遗憾，那么欢迎你打开这本书，走上探索个人脚本的旅程，重写一个让自己畅快、满足的人生故事！

感谢中国轻工业出版社"万千心理"给予本书的极大重视，感谢编辑阎兰女士、孙蔚雯女士为本书做出了大量细致的工作。感谢中国沟通分析协会在推广沟通分析理论及脚本理论上一贯的坚持与努力。没有你们的大力支持，这本书、这个理论都无法焕发如此迷人的光彩并照亮许多读者的人生旅程！

周司丽
2021年5月5日

推荐序（2016）

你新认识了某个人。你说："你好。"对方也说："你好。"接下来你会说什么？你又会做什么？你会匆匆离去吗？你会主动交流吗？还是只是等着？或是别的什么？

好吧，在本书中，艾瑞克·伯恩说，无论你接下来做了什么，都取决于你的"脚本"。你现在如何回应他人，取决于你小时候做出了怎样的关于自己、关于他人以及关于世界的情感决定。脚本是关于你打算如何度过一生的计划。你制订这个计划时还只是一个小孩子，它基于你当时对世界的了解。早年决定由你做出，在人生的后续阶段，你也可以根据需要改变这些决定，即改变你的脚本。

脚本是了解人类命运的重要概念。脚本可以解释为什么一个人终其一生都在努力，却仍旧无法感到满足；也可以解释另一个人为什么在人生中只是做了点小事，却感到相当欢喜。或者，为什么一个人很会与人打交道，而另一个人却备感孤独；为什么一个人在年老时适应良好，而另一个人却想从桥头跳下，终结生命。

脚本的内涵相当深厚。本书是一本经典著作，因为这也是脚本的概念第一次在心理学及沟通分析领域被提出。本书也是艾瑞克·伯恩所著的最后一本书。他在1970年经历了两次严重的心脏病，最终在医院逝世，享年60岁。当时，他刚刚完成本书的手稿。早逝是伯恩自己的脚本吗？我不确定。伯恩像他父亲一样，也是一名医生。他父亲于结核病流行期间救治患者时不幸病逝。伯恩当时只有10岁。

艾瑞克·伯恩很钦佩父亲，希望像父亲一样成为一名"真正的医生"，也就是说，真正能够治愈患者。作为一名精神科医生，艾瑞克·伯恩希望创立一套可以治愈患者的治疗方法，而非仅仅使他们获得改善。他希望帮助有困扰的人，从"青蛙"变成"王子和公主"，而非"更好的青蛙"。沟通分析是伯恩创立的理论与方法。脚本概念的提出则使沟通分析学成为完整的人格理论。我们真要感谢伯恩花费时间写了这本书。

本书的观点已经影响了全世界几代人的生命。了解你的命运，知道可以如何改变命运，会使你的人生更加丰盈。在我看来，本书是沟通分析学所有著作中最重要的一本书。阅读它时，你的感觉不会像是有一块甜饼干在舌尖自动融化，你需要主动思考，去咀嚼和消化它，从而获得健康和营养。本书具备改变你的个人命运乃至人类最终命运的能力。

在我小时候，我非常喜欢一个关于火车家庭的故事。故事讲到他们厌倦了在相同的轨道上来回奔跑，于是在某一天，他们决定跳离轨道，去往他们之前从来没有去过的、没有轨道的地方。这个故事可能就是使我成为心理学家和心理治疗师的脚本起源，因为我迎娶了一位来自马六甲的华裔妻子，在遥远的地方，例如中国台湾和中国大陆，成了沟通分析教师及督导师（Teacher and Supervisor of Transactional Analysis，简称TSTA）。很多年后，我又有幸受邀为本书中文版写序。

我对本书的推荐非常简短：阅读它！研究它！去了解人类的命运——它关乎每个人如何才能拥有完满的人生，以及如何才能与他人和谐相处！

我们很幸运，因为艾瑞克·伯恩写了这本书。我们同样幸运，因为周司丽真的花了几年时间翻译和重新翻译了伯恩的这本经典著作。这是中国大陆的第一个译本，同时也是一个高质量的译本，我要向华语世界表示祝贺。周司丽是中国沟通分析领域的先行者。她早在2005年就在北京参加了我第一次的TA101入门课程。时至今日，她仍旧是我的学生、翻译和朋友。目前，她正处于国际沟通分析师考试的最后准备阶段。之前，她在香港中文大学取得了哲学博士学位，并组建了自己的家庭。她是心理学领域及沟通分析领域的专家，并很好地掌握了英文。我不知道有谁比周司丽更适合翻译本书。

中国有研习经典著作（例如"四书"）中的智慧的传统。相比之下，本书仅是一本新近出版的现代心理学书籍。然而，伯恩用现代的语言传达了孟子人性本善的哲学假设：我好—你好。我不知道伯恩是否研究过孟子，但我认为伯恩与孟子一样，对人类的生存状态拥有相似的理解。心理学作为一门现代化的科学只有短短100多年的历史。从这个角度来说，本书实属心理学领域的经典著作，值得每一个为实现全社会心理健康而努力的人仔细研读。

作为一名沟通分析教师，看到过去10年沟通分析学在中国的发展，看到沟通分析学被有能力的专业人员良好地运用到诸如心理治疗、咨询、教育、组织发展、商业关系及其他包含人与人互动的领域，我深感欣慰。更重要的是，当我看到沟通分析学的知识为很多人带来了新的人生领悟时，感觉真是美好。觉察脚本中积极的部分有助于我们珍惜和发展我们人格中的积极面，觉察脚本中消极的部分，有助于我们改变和进步。

谢谢你，周司丽，你为全世界的华人读者做出了重要的贡献！

托马斯·奥尔松（Thomas Ohlsson）
哲学博士，国际沟通分析协会沟通分析师教师及督导师
瑞典克纳巴克舒森（Knäbäckshusen）
2016年5月23日

译者序（2016）

我真的很高兴翻译了这本书！

对我而言，翻译本书包含很多意义。首先，它是沟通分析理论的创始人艾瑞克·伯恩出版的最后一本书，也是他经典的著作之一。将沟通分析学率先引入中国的托马斯·奥尔松博士说，无论他到哪里讲课，这本书都是必带的两本之一［另一本是伯恩的第一本著作——《心理治疗中的沟通分析》(Transactional Analysis in Psychotherapy)］。然而，本书一直没有优良的中文译本。1974年，中国台湾曾出版过一个繁体译本，名为《语义与心理分析》，可译者并非沟通分析专业人士，加之年代久远、竖向排版，使人阅读起来颇为费解与吃力。能够将本书译为简体中文，供我国广大沟通分析专业学习者及爱好者阅读，也算我为沟通分析在我国的发展做出的一点贡献。

其次，本书见证了我的成长。我从2005年开始学习沟通分析，当时只有23岁，在读硕士二年级。2008年受沟通分析培训班同学刘健先生个人所托，与另外两位硕士同学孙菲菲和陈淑芳共同将本书翻译成中文。然而，由于联系不到合适的出版社，译稿一直只为个人所用。直到2014年，"万千心理"的阎兰女士为本书争取到了出版的机会，翻译稿才在躺了6年之后"重见天日"。刚开始，我以为出版工作很简单，只需将从前的译稿重新校对即可。但经仔细查看，发现之前的译稿准确性欠佳，用语晦涩，可读性差，于是毅然决定重译本书。现在的译稿虽然并不完美，但饱含了我百分之百的认真与投入，我也相对满意。它见证了我几年来坚持咨询、取得了博士学位以及成家生子对生活有了更多体悟后，在英文及专业方面的提高。

最后，本书对我的心灵具有极大的梳理及治愈作用。重译工作开始于2015年3月，当时我的儿子神奇刚出生2个月，那段时间是我的内心最受煎熬的时期。角色的改变、生活方式的改变、夫妻相处模式的改变以及与先生的家庭融合时产生的冲突，都让一向喜欢自由、追求自主的我几乎崩溃。宝宝的诞生带给了我做妈妈的幸福，而现实生活的压力也让我苦不堪言。有很长一段时间，我经常感到过去的伤与现在的痛同时塞满了我的人生。

伯恩用了400多页的英文阐述了沟通分析学中最重要的概念——人生脚本。随着一页一页地翻译，我看到了自己如何在家庭的影响下做出了"我不好"的决定，看到了自己如何坚守着"我不重要"的禁止信息，如何秉持着"要讨好""要强大"的生存法则，被漠视时如何将悲伤扭曲为不可遏止的愤怒。我看到自己如何生活在非赢家脚本里，过着小粉帽般的生活，渴望着某天像灰姑娘一样赢得王子的青睐……所幸，伯恩探讨了打破脚本的干预方法，当我将所学应用于自身及来访者时，我们都感到重获了力量与自由。

除了伯恩睿智的思想外，他的写作风格也是一绝。他对童话故事"另类"的解析以及时不时冒出的幽默，常常会使我会心一笑。虽然照顾儿子神奇十分辛苦，但我基本每天都会在他睡着时坚持翻译。半年多时间，不论多疲劳，我基本每天都能花2～3小时时间，完成2页的翻译量。即使在只有我一个人带宝宝的情况下也是如此，因为这本书真的以快乐的方式带给了我莫大的启发与帮助！

关于本书，我还需要做两点重要说明：

第一，伯恩去世于1970年，本书出版于1972年，在伯恩去世时，手稿并未充分完成。实际上，该书最终是由他的学生整理而成的。因此，书中有些内容不甚一致，特别是在抗脚本和应该脚本的区分方面。在翻译过程中，我发现书中存在4个抗脚本与应该脚本相混淆的地方，经过与托马斯老师的讨论，他同意我的看法。在译文中，我特别进行了标注，读者可以根据书后的术语表及书中的内容自行进行分析与判断。

译者序（2016）

　　第二，伯恩引用了大量的童话、神话典故及其时代背景下的人物和事件等，为了方便读者阅读，我通过资料检索，注释了上百处说明，以"译者注"的形式出现。读者如果有兴趣，可以自行检索更多信息。

　　我非常真诚地把这本书推荐给大家！希望大家也能够从阅读本书中获得启示、成长与享受！

周司丽

2016 年 5 月于北京

序　言

本书是我在沟通分析取向方面的又一本著作，呈现了过去5年我在实践及思考上的新发展，特别是关于脚本分析的部分。在这5年中，越来越多的人受训成了沟通分析师。他们将已经成形的理论应用于各种不同的领域加以检验，包括工业领域、矫正领域、教育领域、政治领域及各种临床领域。这些沟通分析师为本书做出了独特的贡献，我会在正文中和注释[①]中提及。

本书旨在成为心理治疗的高级教材。沟通分析的历史不长，很容易掌握，不同背景的专业人员在将沟通分析理论与其专业相结合方面应该不存在困难。当然，一些非专业人士也可能会阅读本书，因此，我会尽量使本书对非专业人员来说也具有可读性。阅读本书需要一定的思考，但我希望不会像破解密码一样难。

传统心理治疗通常使用三类语言：治疗师对治疗师的语言、治疗师对患者的语言，以及患者对患者的语言。这三类语言就如普通话与广东话或者古代希腊语与现代希腊语一样不同。经验表明，尽量减少这些语言之间的不同，使各种人拥有能够彼此交流的共同语言，有助于促进沟通。这是很多治疗师都在热切追寻的（用通俗的话说，就是积极采取行动，不再在神坛前继续等待）。我一直都在努力避免社会科学、行为科学以及精神病学领域里的一种通病，即用冗长、含混的语言来掩盖这些领域知识的不确定性。这

[①] 为了与译者的脚注相区分，作者添加的注释放在每一章的末尾处。——译者注

种风格源自14世纪巴黎大学的医学院。

我的这种做法招致了"通俗化"和"过度简单"的指责。但是，如果让我在晦涩与明白或者过度复杂与简化之间做出选择，我会选择站在"人"的一边。我不时也会用一点复杂的语言，但打个比方，这些语言就像是用汉堡包引开守卫学术大门的看门犬，让我有机会从地下室的门中溜进去，与我的朋友问好。

在促进沟通分析的发展方面，我不可能将做出贡献的人一一谢过，因为现在至少有数以千计的人参与其中。我最熟悉的是国际沟通分析协会的教师会员，以及旧金山沟通分析研讨会的会员。我每周都会定时参加旧金山沟通分析研讨会。在脚本分析方面最活跃的人包括 Carl Bonner、Melvin Boyce、Michael Breen、Viola Callaghan、Hedges Capers、Leonard Campos、William Collins、Joseph Concannon、Patricia Crossman、John Dusay、Mary Edwards、Franklin Ernst、Kenneth Everts、Robert Goulding、Martin Groder、Gordon Haiberg、Thomas Harris、James Horewitz、Muriel James、Pat Jarvis、Stephen Karpman、David Kupfer、Pamela Levin、Jack Lindheimer、Paul McCormick、Jay Nichols、Margaret Northcott、Edward Olivier、W. Ray Poindexter、Solon Samuels、Myra Schapps、Jacqui Schiff、Zelig Selinger、Claude M. Steiner、James Yates 和 Robert Zechnich.

另外，我想感谢我在旧金山的秘书 Pamela Blum，她帮忙使研讨会顺利进行，并贡献了很多想法。我也想感谢她的继任者 Elaine Wark 和 Arden Rose。我特别要感谢的是我在卡梅尔的秘书 Mary N. Williams 夫人，没有她的尽职尽责和技能，本书不可能几经易稿最终成形。我15岁的儿子 Terence 很能干，他帮助我核对了参考文献、插图以及书中其他很多细节。我的女儿 Ellen Calcaterra 通读了书稿，并提出了许多宝贵建议。最后，我想感谢我的患者，他们是如此好的支持者，他们向我袒露自己，允许我去休假，让我有机会思考。我也要感谢说着15种语言的万千读者，他们对我的一本或几本书感兴趣，给了我莫大的鼓励。

语义解释

与我其他的书一样,"他"可能指代男性,也可能指代女性。当我使用"她"时,表明我认为这个陈述更适合女性。有时,我使用"他"也是为了语法上的简便性,以区分治疗师(男性)和患者。我希望这些为了方便起见而使用的语法,不要受到女性的误解。当我使用"是"这个词时,表明基于我和他人的临床经验,我对某事相当确信。当我使用"看似"或"好像"这样的词语时,表明我还需要更多的证据才能做出确认。书中的案例来自我个人的经验,以及研讨会和督导会中他人的报告。个别案例是把不同个案的历史组合在一起。所有案例均已加以修饰,以免身份被识别,但是案例中重要的事件或对话是如实报告的。

艾瑞克·伯恩

目　录

图索引 ··· XXV

第一部分　总论／1

第一章　引言 ·· 3
  A．说完"你好"后，你会说什么？ ································ 4
  B．你是如何对别人说"你好"的？ ································ 5
  C．举例 ··· 6
  D．握手 ··· 8
  E．友谊 ·· 10
  F．理论 ·· 10
  注释 ·· 11

第二章　沟通分析的基本原理 ·· 13
  A．结构分析 ·· 14
  B．沟通分析 ·· 16
  C．时间结构 ·· 22
  D．脚本 ·· 26
  注释 ·· 27

第二部分　父母设定的程序 / 29

第三章　人类的命运 ······ 31
- A．人生计划 ······ 32
- B．台上与台下 ······ 36
- C．神话和童话 ······ 40
- D．等待沉睡 ······ 48
- E．家庭戏剧 ······ 52
- F．人类的命运 ······ 53
- G．历史背景 ······ 56
- 注释 ······ 59

第四章　出生前的影响 ······ 61
- A．引入 ······ 62
- B．祖先的影响 ······ 64
- C．怀孕的情景 ······ 67
- D．出生位置 ······ 69
- E．出生脚本 ······ 74
- F．姓和名 ······ 75
- 注释 ······ 77

第五章　早期发展 ······ 79
- A．早期影响 ······ 80
- B．信念与决定 ······ 81
- C．心理地位——代词 ······ 82
- D．赢家和输家 ······ 86
- E．三方的心理地位 ······ 86
- F．心理地位——形容词 ······ 88
- G．脚本选择 ······ 91

第六章　可塑的年代 ……93

A．父母设定的程序 …… 94

B．火星人的思考 …… 96

C．小律师 …… 100

D．脚本装置 …… 102

注释 …… 105

第七章　脚本装置 …… 107

A．脚本结局 …… 108

B．禁止信息 …… 110

C．引诱 …… 112

D．电极 …… 113

E．口袋与事物 …… 114

F．生存法则（应该脚本） …… 115

G．父母榜样/模式 …… 117

H．调皮鬼 …… 119

I．许可 …… 120

J．内部解除 …… 122

K．脚本零件 …… 124

L．渴望与对话 …… 126

M．赢家 …… 127

N．每一个人都有脚本吗？ …… 127

O．抗脚本 …… 128

P．总结 …… 129

注释 …… 129

第八章　童年晚期 …… 131

A．脚本情节与英雄榜样 …… 132

B．扭曲 …… 133

- C．点券 ·········· 135
- D．幻觉 ·········· 142
- E．心理游戏 ·········· 149
- F．人格面具 ·········· 151
- G．家庭文化 ·········· 152
- 注释 ·········· 156

第九章　青春期 ·········· **157**
- A．闲谈 ·········· 158
- B．新榜样 ·········· 159
- C．图腾 ·········· 159
- D．新的情绪 ·········· 160
- E．躯体反应 ·········· 161
- F．前屋和后室 ·········· 161
- G．脚本与抗脚本 ·········· 162
- H．对世界的看法 ·········· 163
- I．T恤衫 ·········· 166
- 注释 ·········· 172

第十章　成熟与死亡 ·········· **173**
- A．成熟 ·········· 174
- B．抵押 ·········· 175
- C．成瘾行为 ·········· 176
- D．戏剧三角形 ·········· 177
- E．预期寿命 ·········· 179
- F．老年 ·········· 180
- G．临终情景 ·········· 183
- H．绞架上的笑容 ·········· 185
- I．死后的图景 ·········· 185

J．墓碑 ·· 186

K．遗嘱 ·· 187

第三部分　脚本的运作 ／ 189

第十一章　脚本的类型 ································ 191

　　A．赢家、非赢家和输家 ···························· 192

　　B．脚本时间 ·· 194

　　C．性与脚本 ·· 196

　　D．时钟时间与目标时间 ···························· 198

　　注释 ·· 199

第十二章　典型的脚本 ································ 201

　　A．小粉帽（"流浪儿"）···························· 202

　　B．西西弗斯（"我又这样了"）······················ 205

　　C．玛菲特小姐（"你吓不倒我"）···················· 207

　　D．老兵不死（"谁需要我？"）······················ 209

　　E．屠龙者（"父亲知道得最多"）···················· 211

　　F．西格蒙德（"如果这种方法行不通，就试试另一种"）·· 213

　　G．弗洛伦斯（"看穿一切"）························ 214

　　H．悲剧式脚本 ······································ 216

第十三章　灰姑娘辛德瑞拉 ···························· 219

　　A．灰姑娘的背景 ···································· 220

　　B．灰姑娘的故事 ···································· 222

　　C．相互关联的脚本 ·································· 223

　　D．现实生活中的灰姑娘 ······························ 226

　　E．舞会结束后 ······································ 227

　　F．童话故事与真实人物 ······························ 228

第十四章　脚本如何成为可能？ 231
　　A．可变的面部 233
　　B．流动的自我 236
　　C．着迷与印刻 241
　　D．无嗅之味 242
　　E．后事前置与前事后置 245
　　F．小法西斯 251
　　G．勇敢的精神分裂者 253
　　H．腹语者的傀儡 255
　　I．关于调皮鬼 257
　　J．真实的人 258

第十五章　脚本的传递 261
　　A．脚本矩阵 262
　　B．家庭序列 265
　　C．文化传承 266
　　D．祖父母的影响 268
　　E．过度脚本 270
　　F．脚本指令的混合 272
　　G．总结 274
　　H．父母的责任 274
　　注释 276

第四部分　临床实践中的脚本／277

第十六章　准备阶段 279
　　A．引入 280
　　B．选择治疗师 282
　　C．魔法治疗师 285

　　　　　D．准备 ·· 286

　　　　　E．"职业患者" ································ 288

　　　　　F．作为人的患者 ······························ 289

第十七章　**脚本迹象** ······································ **291**

　　　　　A．脚本信号 ······································ 292

　　　　　B．生理因素 ······································ 294

　　　　　C．如何听 ··· 297

　　　　　D．基本的声音信号 ··························· 298

　　　　　E．字词的选择 ·································· 301

　　　　　F．绞架沟通 ······································ 308

　　　　　G．各种类型的笑 ······························ 311

　　　　　H．祖母 ·· 313

　　　　　I．抗议的不同类型 ··························· 314

　　　　　J．你的人生故事 ······························ 316

　　　　　K．脚本转换 ······································ 318

　　　　　注释 ·· 319

第十八章　**治疗中的脚本** ······························ **321**

　　　　　A．治疗师的角色 ······························ 322

　　　　　B．游戏剂量 ······································ 322

　　　　　C．治疗动机 ······································ 324

　　　　　D．治疗师的脚本 ······························ 325

　　　　　E．结果预测 ······································ 326

　　　　　F．脚本的对立主题 ··························· 328

　　　　　G．治愈 ·· 334

　　　　　注释 ·· 335

第十九章　**关键的干预** ·································· **337**

　　　　　A．最后的展现通路 ··························· 338

XXI

  B．头脑中的声音⋯⋯⋯⋯⋯⋯⋯⋯⋯⋯⋯⋯⋯⋯⋯⋯⋯ 341
  C．许可的力度⋯⋯⋯⋯⋯⋯⋯⋯⋯⋯⋯⋯⋯⋯⋯⋯⋯⋯ 343
  D．治愈患者与取得进步⋯⋯⋯⋯⋯⋯⋯⋯⋯⋯⋯⋯⋯⋯ 347
  注释⋯⋯⋯⋯⋯⋯⋯⋯⋯⋯⋯⋯⋯⋯⋯⋯⋯⋯⋯⋯⋯⋯⋯ 349

第二十章 三个个案分析⋯⋯⋯⋯⋯⋯⋯⋯⋯⋯⋯⋯⋯⋯⋯ 351
  A．克鲁尼⋯⋯⋯⋯⋯⋯⋯⋯⋯⋯⋯⋯⋯⋯⋯⋯⋯⋯⋯⋯ 352
  B．维克托⋯⋯⋯⋯⋯⋯⋯⋯⋯⋯⋯⋯⋯⋯⋯⋯⋯⋯⋯⋯ 359
  C．简和比尔⋯⋯⋯⋯⋯⋯⋯⋯⋯⋯⋯⋯⋯⋯⋯⋯⋯⋯⋯ 360

第五部分 对脚本理论的科学探讨／365

第二十一章 对脚本理论的反对⋯⋯⋯⋯⋯⋯⋯⋯⋯⋯⋯⋯ 367
  A．精神层面的反对⋯⋯⋯⋯⋯⋯⋯⋯⋯⋯⋯⋯⋯⋯⋯⋯ 368
  B．哲学层面的反对⋯⋯⋯⋯⋯⋯⋯⋯⋯⋯⋯⋯⋯⋯⋯⋯ 369
  C．理性层面的反对⋯⋯⋯⋯⋯⋯⋯⋯⋯⋯⋯⋯⋯⋯⋯⋯ 370
  D．教义层面的反对⋯⋯⋯⋯⋯⋯⋯⋯⋯⋯⋯⋯⋯⋯⋯⋯ 371
  E．经验层面的反对⋯⋯⋯⋯⋯⋯⋯⋯⋯⋯⋯⋯⋯⋯⋯⋯ 373
  F．发展层面的反对⋯⋯⋯⋯⋯⋯⋯⋯⋯⋯⋯⋯⋯⋯⋯⋯ 375
  G．临床层面的反对⋯⋯⋯⋯⋯⋯⋯⋯⋯⋯⋯⋯⋯⋯⋯⋯ 376

第二十二章 方法论的问题⋯⋯⋯⋯⋯⋯⋯⋯⋯⋯⋯⋯⋯⋯ 379
  A．地图和地域⋯⋯⋯⋯⋯⋯⋯⋯⋯⋯⋯⋯⋯⋯⋯⋯⋯⋯ 380
  B．概念网格⋯⋯⋯⋯⋯⋯⋯⋯⋯⋯⋯⋯⋯⋯⋯⋯⋯⋯⋯ 382
  C．软数据和硬数据⋯⋯⋯⋯⋯⋯⋯⋯⋯⋯⋯⋯⋯⋯⋯⋯ 385

第二十三章 脚本核查表⋯⋯⋯⋯⋯⋯⋯⋯⋯⋯⋯⋯⋯⋯⋯ 389
  A．脚本的定义⋯⋯⋯⋯⋯⋯⋯⋯⋯⋯⋯⋯⋯⋯⋯⋯⋯⋯ 390
  B．如何验证脚本⋯⋯⋯⋯⋯⋯⋯⋯⋯⋯⋯⋯⋯⋯⋯⋯⋯ 393
  C．脚本核查表简介⋯⋯⋯⋯⋯⋯⋯⋯⋯⋯⋯⋯⋯⋯⋯⋯ 397
  D．脚本核查表⋯⋯⋯⋯⋯⋯⋯⋯⋯⋯⋯⋯⋯⋯⋯⋯⋯⋯ 398

    E．压缩版核查表……………………………………407
    F．治疗核查表……………………………………410

附　录　说完"你好"后，你会说什么？………………413
术语表……………………………………………………417

图 索 引

图 1a　人格的结构图 …………………………………… 15
图 1b　非正式的结构图 ………………………………… 15
图 1c　二阶结构图 ……………………………………… 15
图 1d　对人格的描述 …………………………………… 16
图 2a　互补沟通 ………………………………………… 17
图 2b　关系图 …………………………………………… 17
图 3a　交错沟通Ⅰ型 …………………………………… 18
图 3b　交错沟通Ⅱ型 …………………………………… 19
图 4a　成功的角沟通 …………………………………… 20
图 4b　复式沟通 ………………………………………… 20
图 5 　艾伯家的脚本家谱图 …………………………… 71
图 6 　喝酒的年轻人 …………………………………… 100
图 7 　脚本中禁止信息的起源及植入 ………………… 113
图 8 　美丽的女士佐伊 ………………………………… 118
图 9 　努力工作的赢家 ………………………………… 124
图 10　幻觉的自主 ……………………………………… 148
图 11　真正的自主 ……………………………………… 148
图 12　戏剧三角形 ……………………………………… 177
图 13　PAC心灵之旅 …………………………………… 238

图 14　空白的脚本矩阵 …………………………………………… 263

图 15　家庭序列 …………………………………………………… 266

图 16　文化传承 …………………………………………………… 267

图 17　祖父母的传递 ……………………………………………… 269

图 18　许可沟通 …………………………………………………… 347

图 19　克鲁尼的脚本矩阵 ………………………………………… 356

图 20　"儿童"自我状态的两种观点 …………………………… 384

第一部分

总　论

第一章

引 言

A. 说完"你好"后,你会说什么?

这个像是问小孩的问题,表面看起来非常质朴,也不需要深入的科学探究,实则涉及人类生活及社会科学中所有的基本问题。这是一个婴儿会"问"自己的问题,是人们教导儿童、但答案错误百出的问题,是青少年会彼此询问或问他们的指导老师的问题,是成年人接受了长辈错误的答案并回避思考的问题,是年长智慧的哲学家书写著作却永远无法给出答案的问题。这个问题包含了社会心理学和社会精神病学首先要回答的问题:人们为什么要彼此交谈(社会心理学)?人们为什么喜欢被他人喜欢(社会精神病学)?"说完'你好'后,你会说什么?"这个问题的答案,其实就是对天启四骑士①所提出的问题的回答:战争还是和平,饥饿还是富足,疾病还是健康,死亡还是生存。很多人终其一生都无法回答这个问题,因为他们对这个问题之前的一个问题尚无法解答:你是如何对别人说"你好"的?

---

① 分别代表瘟疫、战争、饥荒和死亡。本书作者认为"说完'你好'后,你会说什么?"取决于个体的人生脚本,而战争还是和平,饥饿还是富足,疾病还是健康,死亡还是生存,均是不同的脚本结局。——译者注

第一章 引言

B. 你是如何对别人说"你好"的？

　　这是佛教、基督教、犹太教、柏拉图主义、无神论，特别是人本主义，所有教义中涉及的秘密。禅宗中有一个著名的公案叫"只手之声"①，它可以被理解为一个人向另一个人说"你好"的声音，即你希望别人怎样对你，你就怎样对别人。正确说"你好"的方式，是你看到并意识到了另外一个人的存在，了解你将与之互动，并做好了与他互动的准备。富士岛岛民可能是最有能力正确说"你好"的人，因为他们真挚的笑容堪称世界珍宝。他们的笑容会慢慢展开，蔓延至全脸，也会保留足够长的时间，使别人能够清晰地看到和辨认出来，之后才会慢慢散去。只有在饱含爱意的母亲与婴儿打招呼时，以及在西方国家中某些具有开朗外向性格之人的脸上，你才能看到这种笑容。[1]

　　本书将探讨四个问题：你如何向别人说"你好"？你如何回应别人的"你好"？说完"你好"后，你会说什么？以及最主要但又带有悲凉色彩的问题——人们不互相说"你好"时，取而代之的是在做什么？下面，我将简要地回答这几个问题，之后会在各个章节进行详述。本书作为精神病学的教材，首先是写给心理治疗师的，但正在接受治疗的患者以及对这些问题感兴趣的人都可以阅读。

1. 为了说"你好"，你首先必须丢掉头脑中积累的垃圾，例如，回到家中，你需要丢掉在产科病房工作一天而在头脑中积聚的垃圾，并意识到你所打的这个招呼是独一无二的，不可能再次发生。人们可能需要多年时间才能明白这一点。
2. 为了回应别人的"你好"，你也需要丢掉头脑中的垃圾，看到有一个人

---

① 即仅一只手所发出的声音。这类公案让禅宗学徒根据其人生经历及思考给出不同的答案。——译者注

站在那里或走过你身边，等待着你的回应。学会这一点可能也需要多年的时间。

3. 说完"你好"后，你需要继续丢掉重新回到你头脑中的垃圾、经历的所有委屈，以及你接下来打算处理的所有烦杂事务。不过这时，你可能会发现你感到无话可说。经过更多年的练习，你可能会想到一些值得说的话题。

4. 本书最主要的部分是关于垃圾的：那些阻碍我们彼此说"你好"的事。我写这个部分是希望受过训练又在这方面具有天赋的人能够帮助自己和他人认清我称之为"垃圾"的东西，因为如果无法分辨垃圾是什么，就无法回答其他三个问题。我将正在学习说"你好"的人们使用的语言称为"火星语"，以区分于我们日常使用的"地球语"。无论从早至古埃及和巴比伦时期的历史记录中，还是从当下的记录中，我们都可以看到，日常的地球语带来的都是战争、饥荒、瘟疫和死亡。即使是那些幸存的人们，也有这样或那样的精神困扰。我希望火星语最终能被人们恰当地教与学，从而帮助人类减少灾难。火星语是揭示事物原本面貌的语言，例如，梦的语言就是一种火星语。

C. 举例

为了说明研究如何说"你好"的潜在价值，我们一起来看一个例子。一位生命垂危的患者得了一种无法治愈的疾病，命不久矣。他叫莫特，30岁，身患慢性癌症，凭借现有的医学知识无法治愈。最好的情况是他还可以活5年，最糟的情况是还可以活2年。他的精神问题表现为不明原因的抽搐，包括点头和抖脚。在治疗团体中，他很快发现了原因：他的脑中会跑过一连串音乐，这串音乐就仿佛一堵墙，阻隔了他的恐惧，而抽搐正是他在为这串音乐打拍子。这一结论来自仔细的观察，而且顺序很重要，不是音乐在为他的抽搐打拍子，而是身体的抽搐在为他头脑中的音乐打拍子。此时，团体中的每个人，包括莫特在内都可以看到，如果心理治疗移除了他脑中的音乐，那么莫特心中将释放大量恐惧。除非他的恐惧被其他令人愉快的情绪取代，否则后果不堪设想。那该怎么办呢？

很快，所有团体成员都意识到他们其实都知道这样一个事实，即自己迟早会死。对这一事实，他们都有情绪，并且以各种各样的方式加以压抑。就像莫特一样，他们感到死亡威胁着他们，他们需要花费时间和精力来掩盖这种威胁。死亡的威胁阻碍着他们充分享受生活。不过，他们仍旧有20年或50年的生活可以过，而莫特只有2～5年。最终大家决定生命不在乎长度，质量更重要：这不是一个惊人的发现，而是由于一个将死之人的出现，对每个人产生了更加深刻的影响。

其他所有团体成员（理解火星语的人，他们很乐意教莫特，也很乐意学习）都一致同意生活意味着一些简单的事情，例如，看到树木，听见鸟鸣，与他人说"你好"：这是一种充满觉察而自然的体验，带着沉静与谦逊，而无须逢场作戏或虚情假意。他们也同意，为了享受到这样的生活，所有人，包括莫特在内，都需要阻挡脑中的垃圾对他们的影响。可以这样说，只有当他们了解到莫特的情况并没有比他们自己的情况更加不幸时，他们才不会因为莫特的出现而感到悲伤与怯懦。相反，会为彼此的相处感到愉快，可以作为平等的人彼此交谈。此时，他们可以质疑莫特的垃圾，因为莫特现在能够理解质疑的价值以及他们为什么要质疑；反过来，莫特也可以质疑其他成员的垃圾。其他成员和莫特都清楚莫特的境况比任何人都棘手，但莫特已经下决心放弃癌症患者这种身份，打算作为人类群体的一员继续生活下去。

这个例子清晰地说明了"同情"给说"你好"带来的问题，以及说"你好"的深度问题。在莫特的例子中，其他成员向莫特说"你好"经历了三个阶段。当莫特刚进团体时，其他人不知道他是一个被医生宣判了死刑的人。所以他们在团体中以自己惯常的方式与他说话。每位团体成员说话的方式基本取决于他们的成长环境——父母教他们如何与他人打招呼；后来通过学习，他们与他人打招呼的方式有了一些调整；进入心理治疗团体后，他们带着适度的尊重和坦诚说话。莫特作为一个新成员，也用惯常的方式回应他人，假装自己是一个雄心勃勃、充满热血的美国男孩，就像父母期待他成为的那样。但当第三次会面，他说到他的命数已定时，其他成员感到很困扰，像被出卖了一样。他们担心自己曾经说过的话是否让自己、让莫特，特别是让治疗师看起来很糟糕。事实上，他们对莫特和治疗师都很愤怒，因为他们没有更早说明真相，这让他们感到被戏弄了。其实，在他们向莫特说"你好"时，根本没有意识到他们正在和什么人说话，只是使用了一种标准化的方式。现在他们知道莫特是一个特殊人物了，他们期望能够回到过去，重新开始，这样他们就能够以不同的方式对待他了。

然后，他们确实重新开始了。他们柔声细语地、谨慎地与莫特交谈，而不是像以前一样用比较直接的方式。他们仿佛是在对莫特说："看我对你的不幸多么体贴关切，是吧？"他们没有人愿意对一个将死的人大声说话，因为这将冒着损害自己名声的危险。但这并不公平，因为他们这样做是将莫特置于上风。此时，没人敢大声笑或者笑很长时间。直到大家发现莫特可以对他的人生做些什么，这种互动才被修正。紧张消除了，他们可以第三次重新开始，将莫特作为人类群体的一员对待，而无须有所顾忌。这三个阶段可以分别这样命名："表面的你好""紧张、同情的你好"以及"放松、真正的你好"。

团体成员佐伊在了解莫特前都无法与他说"你好"。她对莫特的了解每过1周都会有所不同，甚至每过1小时都会有所不同。她每次与莫特见面，都比上次更了解他一点，因此如果想维持他们之间的友谊，她每次都需要用稍微不同的方式与莫特说"你好"。但是，她永远无法完全了解莫特，也无法预期所有的变化，因此她永远无法说出完美的"你好"，不过可以越来越接近完美。

D. 握手

很多患者第一次与治疗师会面时会自我介绍，并在治疗师邀请他们进治疗室时与治疗师握手。有的治疗师主动与患者握手。关于握手一事，我有不同的做法。如果患者带着强烈的感情与我握手，为了避免不礼貌，我也会与他握手，但握手传递出了中立的态度，因为我会思考他的情感为什么如此强烈。如果他握手的方式仅仅表明他认为这是一种礼貌，我还会以同样的问候方式，我们双方都能够理解：这种令人愉快的仪式并不能干扰接下来要做的正事。如果患者的握手传递出绝望的态度，我会以紧握并让他安心的方式与他握手，让他知道我了解他的需要。不过，进入候诊室时，我的面部表情与双臂姿态都会向新来的患者清晰地传达礼仪方面的行为没有必要，除非他们坚持。我这样做是要表明我们来这里是为了更重要的事，而不是为了证明我们是多好的人或者互献殷勤。通常，我都可以达到这个目的。我不与他们握手，主要是因为我不了解他们。我也不期待他们与我握手，因为他们也不了解我。另外，有些来见治疗师的人不喜欢被触碰，不与他们握手也是对他们的一种礼貌。

　　会谈结束时，情况有所不同。那时，我对患者已经有了相当的了解，患者也了解了我的一些情况。因此，当他离开时，我会特别注意与他握手。此时，我对他已经有了足够的了解，知道如何恰当地与他握手。这个握手对他来说具有重要意义：即使他讲了所有关于他的"坏"事，我仍旧接受[2]他。如果他需要的是安慰，我将以安慰的方式与他握手；如果他需要的是对他的男子气概的肯定，我将以引出他的男子气概的方式与他握手。这不是为了鼓励患者而精心选择的策略，而是一种对患者自然、自发的肯定。我与他已经有了1小时的谈话，我了解他最为关切的个人问题是什么。相反，如果他向我恶意撒谎，而不是出于不好意思，或者试图利用我或恐吓我，我将不会与他握手，这样他才能知道如果他希望我站在他这边，必须改变他的行为。

　　对于女性，我的做法稍有不同。如果对方需要一个明确的表示，以表明我接受她，我将会用一种对她适当的方式与她握手。如果对方不喜欢与男性接触（会谈结束时，我会了解），我会恰当地与她说"再见"，而不与她握手。后面这个例子清楚地说明了不在见面时握手的原因：如果在我了解我将与谁握手前就与她握手，我会引发她的厌恶。如果我在会谈前这样做，其实是对她的一种侵犯和侮辱，因为我强迫她出于礼貌触摸我，并接受我的触摸，而这是违反她的本意的。

在治疗团体中，我的做法类似。刚开始时，我不会说"你好"，因为我已经整整1周没有见到团体成员了，我不了解我正在对怎样的人说"你好"。一个轻松或兴奋的"你好"对那些在两次会面中发生了一些事情的人来说十分不恰当。但是在团体会谈结束时，我会非常重视与每个团体成员说"再见"，因为此时我了解了我正在与怎样的人说"再见"，以及应该如何说"再见"。假如一位女士的母亲在上次团体会面后过世了，而我在见面时与她愉悦地说"你好"，这对她似乎不太合适。她可能会原谅我，但我没有必要让她承受这种负担。在会面结束时，我会知道如何在她处于哀伤的情绪中与她道别。

E. 友谊

在社交情境下，情况有所不同。我们交朋友是为了获得安抚。对于朋友，根据他们的准备情况或需要，说"你好"和"再见"的方式可以从公开的握手到大大的拥抱。有时，为了避免过度投入，我们也会用微笑表示。但是人生中比必须交税还要确定、和人终将一死一样确定的是：你越早结交新朋友，你越快拥有老朋友。

F. 理论

对于说"你好"和"再见"的事暂时讨论至此。"你好"和"再见"之间发生的事涉及另外一个理论框架。关于人格与团体动力，也是一种治疗方法，被称作沟通分析。为了更好地理解后续的内容，首先需要了解这一理论的基本原理。

— 注 释 —

[1] 很奇怪，就我的经验而言，这种笑容最经常出现在 20 岁左右的拥有黑色长发的女孩脸上。

[2] "接受"在此处不是一个定义不清、令人伤感的词。具体来说，它指的是我愿意与他共度更多时间。其中包含严肃的投入，在某些情况下，意味着一年或多年的耐心、努力、起起伏伏以及早上需要早起的情况。

第二章

沟通分析的基本原理

之前我已经多次讲述过沟通分析的基本原理。最详细的介绍请见《心理治疗中的沟通分析》(Transactional Analysis in Psychotherapy)。沟通分析在团体中的运用请见《组织与团体中的结构与动力》(The Structure and Dynamics of Organizations and Groups)。对心理游戏的分析请见《人间游戏》(Games People Play)。沟通分析在临床实践中的应用请见《团体治疗基本原理》(Principles of Group Treatment)。以通俗读物的形式对该理论进行的总结和介绍请见《白话精神病学与心理分析》(A Layman's Guide to Psychiatry and Psychoanalysis)。因此，本书只对该理论进行简要的介绍，以方便手头没有这些书目的读者。

A. 结构分析

沟通分析的基本兴趣点在于研究自我状态。自我状态是彼此一致的思想和情绪系统，经由相应的行为模式展现。每个人都会展示出三类自我状态。(1)从父母式的人物获得的自我状态，通俗地称为"父母自我状态（the Parent）"。处于这种自我状态，当事人会像小时候父母中的一方那样感受、思考、行动、说话和回应别人。例如，这种状态将在一个人养育孩子时被激活。就算他的行为没有真正展现出这种自我状态，也会发挥"父母自我状态的影响"，影响着当事人的行为，扮演着良知的角色。(2)当一个人客观地评估周围的环境，基于过去的经验评估各种可能性时，此时的自我状态称作"成人自我状态（Adult ego state / the Adult）"。成人自我状态像计算机一样

第二章 沟通分析的基本原理

运作。（3）每个人的内在都有一个小男孩或小女孩，他们会真的用小时候某个年龄阶段的方式去感受、思考、行动、说话以及回应他人。这种自我状态被称作"儿童自我状态（the Child）"。儿童自我状态不是指一个人很"幼稚"或"不成熟"，这种词是在父母自我状态才会使用的语言。儿童自我状态指的是一个人的表现就像某个年龄的孩子。此处的要素是年龄，通常是2—5岁的任一年龄。理解自己的儿童自我状态非常重要，不仅因为儿童自我状态伴随我们一生，更是因为它是我们人格中最宝贵的一部分。

图1a描绘了任何一个人都具有的全部人格，包含了他可能感受、思考、说或做的一切（简化图请见图1b）。我们没有通过更细致的分析发现新的自我状态，不过发现了已有自我状态中的亚类。仔细研究会发现，在大多数情况下，父母自我状态明显包含两个成分：一个来自父亲，一个来自母亲。儿童自我状态包含更早时期的父母、成人和儿童自我状态，这一点可以通过观察真正的儿童加以验证。这是一个二阶分析，在图1c中呈现。诊断自我状态时，将一个"情绪－行为"模式与另一个"情绪－行为"模式进行区分的工作称为结构分析（structural analysis）。从文字的角度，首字母大写的 Parent（P）、Adult（A）和 Child（C）代表自我状态，而全部小写的单词

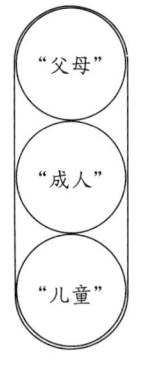

图1a 人格的结构图

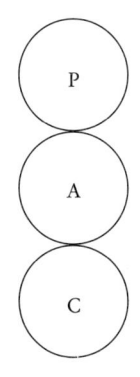

图1b 非正式的结构图

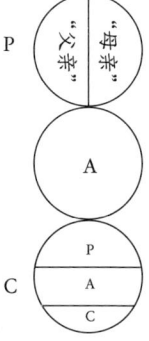

图1c 二阶结构图

代表实际的人①。

接下来,你会遇到一些描述性的术语,有些不需要解释,有些需要解释:自然型/养育型父母自我状态;控制型父母自我状态;自然型、顺从型和反叛型儿童自我状态。儿童自我状态的"结构"用水平的分区方式呈现(见图1c),对不同儿童自我状态的"描述"用垂直的分区方式呈现(见图1d)。

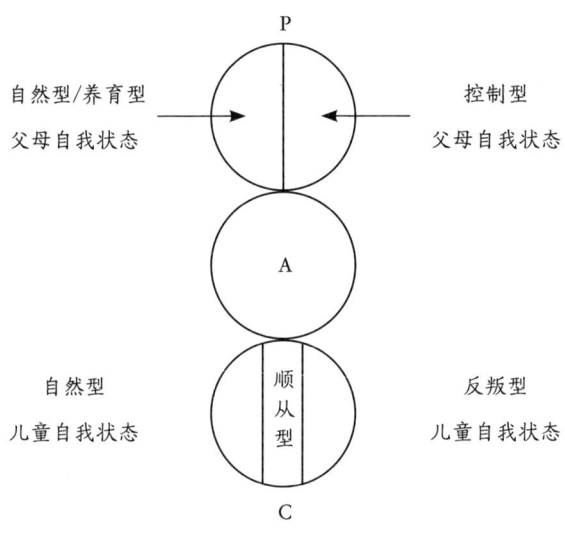

图1d 对人格的描述

B. 沟通分析

从上述内容可以明显看到,两个人互动时共涉及六种自我状态,每人三种,如图2a所示。自我状态之间的差异就如同两个真正的人之间的差异,因此,互动时有必要搞清楚究竟哪个自我状态被激活了。互动可以用图中连接两个"人"的箭头表示。在最简单的沟通中,箭头彼此是平行的,因此被称作互补沟通(complementary transactions)。很明显,互补沟通共有九种

---

① 在本译文中,加引号的"父母""成人""儿童"代表自我状态,不加引号的代表真实的人物。——译者注

可能的类型（PP、PA、PC、AP、AA、AC、CP、CA、CC），如图 2b 所示。图 2a 示意的是一对夫妻的 PC 沟通的例子。刺激（stimulus，简称 S）是从丈夫的父母自我状态指向妻子的儿童自我状态，反应（response，简称 R）是从妻子的儿童自我状态指向丈夫的父母自我状态。这可能代表了一位像父亲一样的丈夫正在照顾一位充满感激的妻子。只要互动保持互补，即箭头是平行的，沟通就可以无限地进行下去。

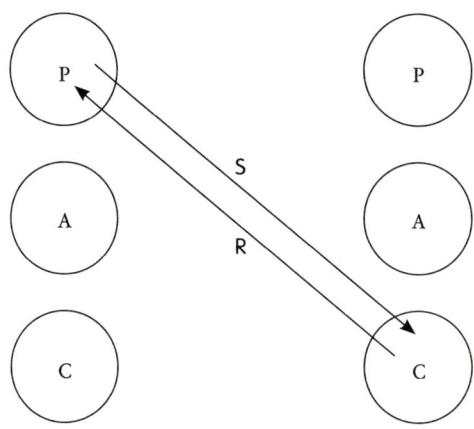

图 2a　互补沟通

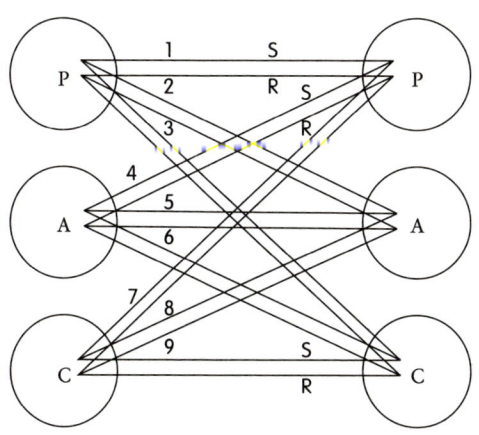

图 2b　关系图

图3a和图3b展示了有问题的沟通。在图3a中，刺激是从"成人"到"成人"的（AA），例如，询问信息；但收到的回应是从"儿童"到"父母"的（CP）。这样，刺激和反应之间的箭头交叉在一起，而非保持平行。这种互动类型被称作交错沟通（crossed transaction），此时，沟通被打断。例如，丈夫用询问信息的方式问："我衬衫的袖扣在哪里？"妻子回答："为什么所有事你总怪我？"这就是交错沟通，他们无法继续讨论袖扣的问题。上述是交错沟通Ⅰ型，治疗室中发生的移情通常就是这种沟通类型，它也是给世界带来最多麻烦的沟通类型。图3b展示的是交错沟通Ⅱ型。此时，刺激是"成人"对"成人"的（AA），例如，问问题；但收到的是自高自大的"父母"对"儿童"的回应（PC）。这是反移情中最常见的沟通类型，也是个人关系和政治关系问题中最常见的沟通类型。

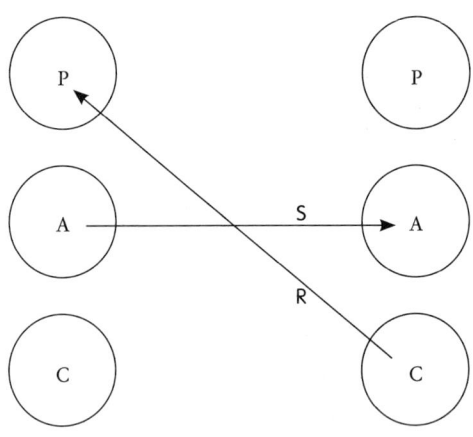

图3a 交错沟通Ⅰ型

仔细研究图2b中的各种关系，你将发现从数学的角度一共有72种可能的交错沟通（9乘以9等于81，再减去9个互补沟通）。[1]但幸运的是，在临床工作或日常生活中，只有4种最常见且最需要关注的交错沟通类型。前两种是上述类型Ⅰ（AA—CP）——移情反应；类型Ⅱ（AA—PC）——反移情

第二章 沟通分析的基本原理

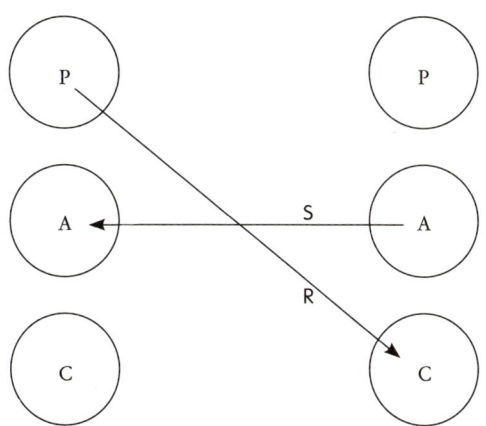

图 3b　交错沟通 Ⅱ 型

反应。类型Ⅲ（CP—AA）是"气死人的反应"，指一方想要同情，但获得的是一些事实信息。类型Ⅳ（PC—AA）可被称作"无礼的反应"，指一方希望获得另一方的服从，但实际获得的是"自作聪明"式的反应，即陈述事实而非顺从。

互补沟通和交错沟通都是简单的单水平沟通。另外还有两种隐蔽的或双层面的沟通，分别是角沟通（angular transaction）与复式沟通（duplex transaction）。图 4a 所示的是一个角沟通，表面来看，刺激是"成人"对"成人"的，例如，一位销售人员用很理性的声音介绍商品，而实际上他是在策划引出购买者其他的自我状态——"父母"或"儿童"。这里的"成人"对"成人"的实线代表的是社交层面或公开层面的互动，而虚线代表的是心理层面或隐蔽层面的互动。在上述例子中，如果角沟通获得成功，销售员得到的回应将是"儿童"对"成人"的，而非"成人"对"成人"的。如果角沟通没有成功，购买者的"成人"仍旧在掌控，那么回应将会是从"成人"而非"儿童"发出的。通过观察图 4a 和图 2b，思考包括所有自我状态在内的各种可能情况，我们可以发现 18 种成功的角沟通，即从虚线的角度做出回应。每一种成功的角沟通也对应一种不成功的角沟通，即回应者按照最初的实线做出回应。

19

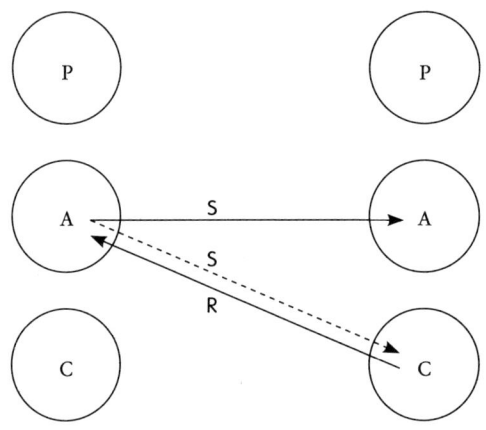

图 4a　成功的角沟通

图 4b 所示的是一个复式沟通。此时明显有两个层面的信息，潜在的、心理层面的信息（也称作隐蔽信息）与社交层面（也称作公开层面）的信息截然不同。仔细研究可以发现 81^2 种，也就是 6561 种可能的复式沟通。[2]减去那些社交层面与心理层面相重叠的复式沟通（它们实际就是 81 种简单沟通），事实上一共有 6480 种可能的复式沟通。不过，很幸运的是，其中只有 6 种复式沟通在临床上和日常生活中最常见且具有重要意义。[3]

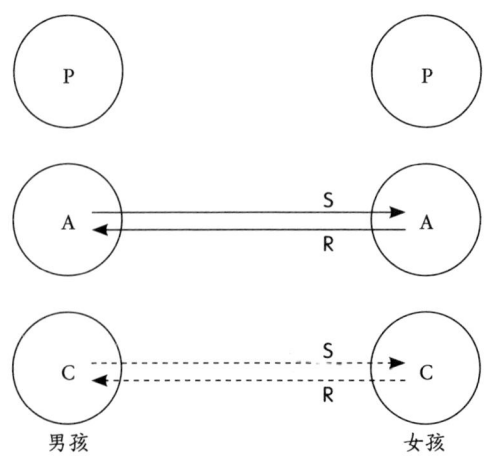

图 4b　复式沟通

第二章 沟通分析的基本原理

读者可能很好奇，这部分为什么有这么多数字。原因有三点：（1）"儿童"的原因是很多人喜欢计算数字；（2）"成人"的原因是显示沟通分析理论比其他很多社会学和心理学理论更加精确；（3）"父母"的原因是告诉人们精确并不意味着局限。举例来说，如果我们只进行3次互动，每次互动都可以从6597种[①]方式中选择，那么这3次互动总共可能进行的方式将有6597^3种。也就是说，我们可以用近3000亿种方式来建构彼此的这3次互动。这么多种互动方式使我们有很大空间展示自己的独特性。这相当于让全世界所有的人两两结对，每对进行200回合的3次互动，每对的每个回合都不与其他任何一对的任一回合或自己的任何一个回合重复。大多数人每天至少要与他人进行数百或数千次互动，这意味着每个人每天有上万亿种与他人互动的方式。假如在所有6597种可能的互动方式中，某人有5000种从来不用，他仍旧有很充裕的空间可以选择用不同的方式与他人互动。也就是说，一个人的沟通行为绝对没有必要刻板固化，除非他自己给自己设置了某种局限。如果用沟通分析理论分析人们的互动，你会发现大多数人都将自己固定在某种模式里，这并不意味着沟通分析理论本身存在问题，而意味着人们受到了某种影响，这些影响正是本书要谈的重要主题。

"沟通分析学"这个名字是对全部理论的概括，上述结构分析是沟通分析理论中的一部分。对单次沟通的分析被称作沟通分析本身（transactional analysis proper），它是在结构分析之后进行的第二个步骤。"沟通分析本身"这个名称的提出，使沟通分析理论整体的界定更为严谨。那些接受科学训练的人可能对"沟通分析本身"更有兴趣。单次沟通由一个刺激和一个回应构成，它是社交行为的单元。刺激和回应既可以是言语信息，也可以是非言语信息。我们将其称作沟通，是因为参与其中的每一方都有所收获，他们收获的东西就是他们沟通的原因之所在。任何两个人或更多人之间的互动都可以被划分为一系列单次沟通，不同学科有不同的划分方式，但只要划分的

[①] 9种互补沟通、72种交错沟通、18种成功的角沟通、18种不成功的角沟通和6480种复式沟通相加的总和为6597。——译者注

标准明确，都可以使该学科从这种划分中获益。

沟通分析是关乎人格与社交行为的理论，亦是心理治疗的临床方法。它基于对两个人或多个人所有可能的沟通方式的分析。而对人们沟通方式的分析又基于对人们的自我状态的分析。人们沟通方式的数量是有限的（9种互补沟通、72种交错沟通、6480种复式沟通和36种角沟通），其中大约只有15种在日常工作中最常见，其余大多只是出自理论的可能性。只要不是根据自我状态对每次沟通进行严格分析，所使用的方法都不能称作沟通分析。对沟通分析下这样一个定义是希望为人类所有的社交行为建立一个阐释模型。沟通分析是一个高效的模型，因为它遵循了科学经济原则（有时又称"奥卡姆剃刀定律"①），只包含两个假设：(1) 所有人都可以从一种自我状态转换到另外一种自我状态；(2) 如果 A 对 B 说了些什么，之后 B 又说了些什么，我们可以检验 B 所说的是否是对 A 的回应。沟通分析的高效性还表现为迄今为止，在人类的成千上万种互动中，还没有哪种互动不能用这一模型解释。另外，这一模型是非常严谨的，因为通过数学计算，我们可以找出人类有限的互动方式。

理解"沟通的视角"最好的方法是问"这个大人的行为相当于一个1岁、2岁或3岁孩子的什么行为呢？"

C. 时间结构

我们也可以对更长期的沟通进行分类，甚至长至一个人的一生。这样，我们既可以预测人类短期的沟通行为，也可以预测人类长期的沟通行为。人类与彼此互动，即使不能体验满足感，仍会这样做，原因是大多数人在面对一段没有安排的时间时都会感到不安。因此，人们会去参加诸如鸡尾酒会等活动，因为这会比自己待着少一些无聊感。人们对时间结构的需要基于

---

① 指用最简单的模型解释尽可能多的现象。——译者注

第二章 沟通分析的基本原理

三种驱力或渴望。第一种称为刺激或感觉渴望。对感觉刺激的需要是过山车之所以可以赚钱的原因，也是犯人会不顾一切地避免被单独监禁的原因。第二种驱力称为认可渴望，这是人们对一种特殊感觉的需求，这种感觉只能由其他人类提供，有时也可以由动物提供。这就是为什么只给婴儿（包括猴子幼崽和人类婴儿）提供奶水是不够的，还需要来自母亲的声音、气味、温暖和抚摩，否则他们就会慢慢失去生气。这对大人来说，就有如没有人和他们打招呼一样。第三种渴望被称作结构渴望，这是一群人愿意结成组织的原因，也是善于安排时间的人无论在哪个社会总会最受欢迎、获得最高奖赏的原因。

有一个有趣的例子，是将感觉渴望及结构渴望结合在一起的。一些大鼠在感觉剥夺的环境下被养大。感觉剥夺是指被养在完全黑暗的环境里，或者是被养在缺少变化的、总是亮着灯的白色笼子里。之后，这些大鼠被放入普通的笼子，与"正常"的大鼠在一起。笼子中放有迷宫，迷宫中有食物。研究发现，如果迷宫被置于棋盘背景下，这些大鼠将会寻找食物；如果迷宫被置于简单背景下，这些大鼠将不会寻找食物。而对被正常养大的大鼠来说，无论迷宫的背景怎么样，它们都会去寻找食物。实验结果说明，感觉被剥夺的大鼠对结构刺激的渴望超过了它们对食物的渴望。实验者总结道：对结构化刺激〔或者用他们的话来说，称作"知觉经验（perceptual experience）"〕的渴望可能有如对食物的渴望，涉及最基本的生理过程。早年感觉剥夺的影响可能持续一生，表现为之后对复杂刺激的强烈需求。

在人类的社交行为中，短时间内的时间结构有四种基本类型，另外还有两种极端情况。也就是说，当两个人或更多人共处一室时，他们共有六种社交行为可供选择。一种极端情况是退缩，人们彼此不做交流。这种情况会发生在各种场合，例如，地铁上或者退缩型精神分裂症患者的治疗团体中。紧挨着退缩的，是最安全的一种社交行为，称作仪式，人们此时仍旧沉浸在个人的思想世界里。仪式是高度程序化的社交行为，这些行为可以是非正式的，也可以是正式的。正式的仪式构成典礼，其中会发生什么完全可以预测。用仪式的方式进行沟通，人们彼此并没有传递多少信息，但也给予了彼此互相认可的示意。仪式的单位被称作安抚，就好像母亲抚慰婴儿时给予认可。仪式来自传统习惯或社会习俗。

接下来的一种较为安全的社交行为被称作活动，通常也称作工作。这种互动由操作的材料决定，操作的内容可能是木头、水泥或数学题。典型的工作式互动是"成人"对"成人"的，指向外界的现实，即指向活动的主题。接下来的一种是消遣，这种方式不像仪式那样程序化和可预测，但也带有一定重复性，像多选题或完成句子式的交流[①]。这种互动通常发生在诸如鸡尾酒会等人们彼此不太熟悉的场合。消遣基本由社会规则决定，人们用可接受的方式谈论一些可接受的话题，但也会有特殊的音符悄然而至，导致下一种社交行为——游戏。

游戏是一系列隐蔽沟通，具有重复的本质，并会导致一个明确的心理结局。由于所有隐蔽沟通都是发起人表面假装做一件事，实际在做另一件事，因此所有游戏中都包含骗局（con，简称C）。但是，骗局只有在反应者拥有某种嗜好/弱点时才会发挥作用，例如，反应者的恐惧、贪婪、多愁善感或容易激怒。反应者的这些特质就像一些可乘之机（gimmick，简称G），使他们能够落入圈套。"目标对象"上钩后，游戏发起者为了获得最后的心理结局，必须做出一些转换。转换后伴随着的是一阵混乱与困惑，目标对象一时搞不清楚在自己身上到底发生了什么。之后，当游戏结束时，双方玩家都会获得他们的结局。游戏发起者和反应者都会获得结局，结局的内容是游戏引发的情绪（但双方体验到的情绪不一定相同）。如果一系列沟通不包含后面所述的四个特征，就不能称之为游戏。这些特征包括：沟通必须是隐蔽的，因此包含骗局；骗局之后跟随着转换、混乱与结局。我们可以用一个公式加以呈现。

[①] 例如，"你觉得最近天气怎么样？"就是一种多选或完成句子式的交流。答案无非就是"挺好""还不错""不好"等几种。对方也可以直接完成句子，例如，"我觉得最近天气很不错"。——译者注

第二章　沟通分析的基本原理

$$C + G = R \to S \to X \to P \quad \text{（游戏公式/G公式）}$$

C + G 的含义是骗局钩住了可乘之机，也就是反应者做出了反应（responds，简称 R）。之后游戏玩家发生了转换（switch，简称 S），转换后跟随着一个困惑或混乱（crossup，简称 X）的时刻，之后，双方玩家都获得了心理结局（payoffs，简称 P）。只要是符合这个公式的沟通都是心理游戏，不符合这个公式的沟通都不是心理游戏。

仅仅是重复并不构成心理游戏。例如，在治疗团体中，一个心怀恐惧的患者每周总是重复要求治疗师做出保证（"医生，请告诉我，我一定会好起来"），当他得到保证时，他会对治疗师说："谢谢。"这不是一个隐蔽沟通。因为这位患者坦诚地陈述了他的需要，并且对他所获得的回应感到满意。除了礼貌地回应外，他没有对此情景加以任何利用。因此这个沟通并不构成游戏，而是一种正常的活动（operation）。正常的活动无论重复多少次，都需要与游戏加以区分，正如我们有必要将合理的程序与仪式相区别一样。

然而，假如有另一位患者，也向治疗师要求保证，但当治疗师给她保证时，她利用治疗师的回答使治疗师看起来很愚蠢，这就构成了一个游戏。例如，患者问："医生，你觉得我会好起来吗？"富有情感的治疗师答道："你当然会好起来。"接着，患者暴露了问这个问题的真实动机。她不直接回答"谢谢"，而是进行了一次转换，问："你凭什么觉得你知道一切呢？"这个回应让治疗师很困惑，并感到狼狈不堪，这其实正是患者想要达到的目的。接着，游戏结束，患者由于利用了治疗师而感到得意扬扬，治疗师则感到相当挫败。这就是游戏的结局。

这个例子完全符合 G 公式。骗局是患者最初的提问，治疗师身上的可乘之机是情感丰富。这二者相结合时，治疗师以患者期待的方式做出了反应。之后，患者发生转换，造成混乱，最后双方都收获了结局。因此，用公式表示就是：

$$C + G = R \to S \to X \to P$$

这是一个简单的例子。从患者的角度看，这个游戏可以通俗地命名为"重击他（Slug Him）"，或者"剧烈打击（Whammy）"。从治疗师的角度看，这个游戏可以通俗地命名为"我只是想试着帮你（I'm Only Trying To Help You）"。结局被称作点券（trading stamp）[①]。"好"的情绪是"金色"的点券，使人痛苦的情绪是"棕色"或"蓝色"的点券。在这个例子中，患者获得的是一个冒牌的金色点券，因为她并没有获得真正的成功或胜利，而治疗师获得的是棕色的点券。棕色的点券是很常见的。

每个游戏中都包含一句口号或格言，例如，"我只是想试着帮你"。口号的通俗名称是"T恤"[②]。通常，游戏都是以其中所包含的口号而命名的。

在游戏之外，人与人之间的交往还有另外一个极端，称作亲密。双向的亲密被定义为一种坦诚的、不包含游戏的关系，彼此可以自由地给予和接受，不包含任何利用关系。亲密也可以是单向的，因为一方可以坦诚、自由地给予，另一方则可能不坦诚且利用对方。

性活动是一个很好的例子，可以说明人的同一种行为能够在不同的社交水平上体现。显然，性活动可以以退缩的方式进行，可以是某种仪式的一部分，也可以是从事一整天的工作、下雨天的消遣、彼此的利用，或者是真正的亲密。

D. 脚本

上述各种社交行为都是人们将时间加以结构化的方式，目的是避免无聊，同时在每个情境中最大程度地获得满足感。除此之外，每个人还有一

[①] 点券就是像积分券一样的东西。——译者注
[②] 心理游戏被看作T恤的两面，通常正面和反面印有不同的信息，例如，正面印着"请你帮助我"，反面其实印着"根本没有人可以帮助我"。——译者注

个前意识的人生计划或脚本来将更长的时间——数月、数年或者是整个人生——结构化。人们用仪式、活动、消遣和游戏填满这段时间，有时会被退缩或亲密打断。这些互动一方面可以使他们获得即时满足，另一方面也推进着他们的脚本。脚本的产生通常基于孩童时期的幻觉（illusion），这种幻觉有时可能持续整个人生。对那些敏锐的、有领悟力和智慧的人来说，这些幻觉会被一一消除，从而度过埃里克森（Erikson）所描述的各种人生危机（人生危机包含青少年对父母的重新评估、对匪夷所思的中年的抗议，以及之后形成的人生哲学）。成年后继续保持孩童时期的幻觉有时会导致人的抑郁或唯心主义，然而放弃幻觉又会导致人的绝望。

时间结构是一个理论概念，用来描述客观现象，以尝试回答人们在说完"你好"后会做什么这个现实的问题。为了继续回答这个问题，接下来要做的是观察人们在说完"你好"之后，真正做了什么，以及去理解他们的行为的含义。研究人们的脚本的性质以及脚本的发展过程有助于我们实现这一目标。

— 注 释 —

[1] 你可以逐一画出或写出加以验证，例如，PP—PA、PP—PC、PA—PP、PA—PC……一直到 CC—CA。写完所有可能的交错沟通类型后，你可以再结合临床或日常生活中的例子——比对。

[2] 可以这样计算：在图 2b 中，9 种互补沟通加 72 种交错沟通表明，在社交或公开层面共有 81 种沟通的可能性，而在心理或隐蔽层面也有 81 种互动的可能性。同样，会辨识自我状态的人能够在临床和个人社交情境下观察到很多种互动组合。

[3] 如图 4b，这 6 种最常见的复式沟通分别是：表面 AA—AA，实则 CC—CC；表面 AA—AA，实则 PP—PP；表面 AA—AA，实则 PC—CP；表面 PP—PP，实则 CC—CC；表面 AA—AA，实则 CA—CA；表面 AA—AA，实则 PA—PA。另外，在诸如养育孩子、教师教学或儿童精神病学治疗等特殊情境下，公开

层面的信息可能是互补的,也可能是交错的;而隐蔽层面的信息则可能是 81 种可能性中的任何一种。前者如表面 PC—CP,实则 CC—CC;后者如表面 AA—CP,实则可能是任何一种沟通。为了更好地理解,你最好画出沟通图,然后与现实情况进行比对。

第二部分

父母设定的程序

第三章

人类的命运

A. 人生计划

每个人的命运如何,取决于他在面对生活中发生的事件时,头脑是如何运作的。每个人都有自己的人生计划。每个人也都有能力去实现自己的人生计划,并影响他人的人生计划。就算一个人的生命结局是由他从来没见过的人或永远无法看到的病菌造成的,他的临终遗言或他的墓志铭也将表达他一生的追求。如果非常不幸,他如尘埃消逝般寂静地死去了,只有最了解他的人才猜得到他的临终遗言或墓志铭是什么,在友谊、婚姻或治疗等个人关系之外的人则无法理解。在多数情况下,人们将人生花在了欺骗世界上,而且通常也包括欺骗自己。关于这些欺骗,我们在后面会谈更多。

每个人在幼年时就决定了自己将如何生活,如何死亡。无论走到哪里,他都会在头脑中把这个计划带到那里,这就是所谓的"脚本"。对一些不重要的事,他可能会理智地做决定,但对一些重要的事,他其实早已决定好了:他将和哪种人结婚;他会有几个孩子;他会死在何种床上;当他死去时,谁会在他身边。这一切可能并不是他喜欢的,却是他无形中希望实现的。

玛格达

玛格达是一个非常具有奉献精神的妻子和母亲。但是当她的小儿子病得很厉害时,她非常恐惧地意识到,在她内心深处存在一个想法、图像甚至是愿望——他深爱的儿子死掉了。这让她想起,丈夫在海外当兵时,她头脑中也有过同样的想法、图像甚或愿望。她的头脑总是受到希望丈夫被杀死这一怪异愿望的纠缠。在这两个情景中,她都能想象出自己将处于极度的悲伤和痛苦中。然而，这将成为她需要熬过去的一个人生十字路口，然后每个人都会钦佩她忍受了这一切。

提问：之后会发生什么？

回答：我从不想那么多。之后我就会自由了，我可以做我想做的事情，重新开始。

玛格达读小学时，就和同学有过很多性方面的尝试，从此内疚感一直跟随她。儿子或丈夫的死对她来说也许是一种惩罚或赎罪，这样她或许能摆脱母亲的诅咒。之后，她再也不需要感到自己是一个被抛弃的人。相反，人们会说："她多有勇气啊！"然后她就会被完全接纳，成为群体的一员。

在她人生的大多数时间里，她都在头脑中计划并设想着这样一部悲剧电影。这是她人生戏剧或脚本的第三幕行动，并在童年时就确定好了。第一幕：性方面的内疚与困惑；第二幕：母亲的诅咒；第三幕：赎罪；第四幕：赦免与重生。但在真实生活中，她过着很传统的生活，就如父母教导的那样，尽最大努力使她亲爱的儿子健康、快乐。这与她的脚本是相反的，换句话说，这是她的应该脚本（counterscript）。如果按照应该脚本生活，生活自然不会那么戏剧化。

脚本是一个持续的人生计划，幼年时在父母的压力下形成。一旦进入脚本，无论他感到自己在挣扎，还是很自由，都有一种心理力量，推动他走向命运的结局。

本书的目的并不是将人类所有生活与行为简化为某种固定的模式，而是恰恰相反。一个真正的人应该这样定义：他能够自发地以理性的和让人信赖的方式做事，并能够适当地考虑他人的需要。一个按固定模式生活的人，不是真正的人。然而，人们生活中的大部分内容仍旧受制于某些固定的模式，因此我们有必要了解它们。

黛拉

黛拉是玛格达的邻居，20几岁，也过着和玛格达差不多的家庭主妇的生活。不过她的丈夫是推销员，经常出差。当丈夫不在家时，她有时会出去喝酒，醒来时发现自己在离家很远的地方。她经常不记得这之间发生了什么，除非醒来时看到自己在一些很陌生的地方，钱包里装着一些写着陌生男子的姓名和电话号码的纸条，她才知道发生了一些事。这不只让她害怕，简直让她惊恐，因为这意味着如果某天遇到坏人，她的全部生活就毁了。

　　脚本是幼年时便做好的计划。因此，如果这是一个脚本，必定有其起源。黛拉的母亲在她很小时就去世了，她的父亲整天出去工作。黛拉在学校和同学相处得不好。她总感到自卑，所以过着很孤单的生活。但在童年晚期，她发现了一个让自己受欢迎的方法。像玛格达一样，她让自己成为男孩团体性玩弄的对象。她从没想过在学校干草棚中发生过的事与她现在的行为有什么关系。但在头脑中，她一直都在执行着自己的人生计划。第一幕：设置——干草棚里的玩乐与内疚；第二幕：脚本发作——饮酒与不负责任时的快乐及内疚；第三幕：结局——被谴责和生活的崩溃，她失去了所有，丈夫、孩子以及地位；第四幕：最终的赦免——自杀，然后所有人都感到难过并原谅了她。

　　无论是玛格达还是黛拉，都按照应该脚本过着平静的生活，然而内心感到了命运的迫近。她们的脚本是一出悲剧，这出悲剧让她们感到解脱，得到赦免。玛格达和黛拉的不同在于，玛格达在静静地等待着神帮她实现命运，拯救她；而黛拉被内心恶魔的冲动驱使，匆匆向她的命运——谴责、死亡及宽恕——赶去。因此，虽然她们都有相同的开始——性方面的过失，却通过不同的方式走向了不同的结局。

　　心理治疗师正像一个智者般坐在办公室里，他的工作就是处理人们的脚本并因此获取报酬。在玛格达和黛拉的案例中，似乎只有某些人死去，她们才会感觉得到赦免。治疗师的责任是帮助她们找到更好的获得赦免感觉的方法。治疗师离开办公室，沿着街道行走，经过了证券经纪人的办公室、出租汽车站和酒吧。他看到的每个人几乎都在等待一场"重要的死亡"。在杂货店里，他看到一个女人正对她的女儿大喊："我告诉你多少次了，不要碰那个!"而此时,另外一个人正在称赞她的儿子:"他多可爱啊!"当他进入医院,一位偏执症患者说:"医生,我怎么才可以离开这里?"一位抑郁症患者说:"我活着是为了什么?"一位精神分裂症患者回答:"不死,要活。我才没那么蠢呢。"他们现在说的所有话,昨天都已说过。他们困在自己的脚本中,而外面的人仍抱有希望。"我们是不是应该给他们加大剂量?"一个医学生问。Q医生转向精神分裂患者,直视着他。他也直视着Q医生。Q医生问:"我们是不是应该给你加大剂量?"这个男孩想了一会儿,回答:"不。"Q医生伸出手说:"你好。"精神分裂患者与他握手,也说:"你好。"之后,他们都转向医学生,Q医生说:"你好。"医学生看起来不知所措。但在5年后的一次精神病学大会上,他走向Q医生说:"嗨,Q医生,你好。"

玛丽

"有一天,我会开一家儿童护理学校,我要结4次婚,在股市上赚很多钱,并成为一个著名的外科医生。"喝醉了的玛丽说。

这并不是脚本。第一,这些想法并不来自她的父母。他们不喜欢小孩,认为人不该离婚,觉得股市是不可靠的,外科医生收费太高。第二,她的人格与她所说的不相符。她和小孩在一起时非常紧张,和男人在一起时又僵硬又冷漠,对股市充满了恐惧,她的手也因为喝酒而颤抖,更别说做外科手术了。第三,很久以前,她就决定在白天做一个房地产经纪人,到了晚上和周末做一个酒鬼。第四,她其实对自己所描述的一切都不感兴趣。她这样说只是表明她做不到那些事而已。第五,任何一个听她说话的人都很清楚她哪一件事都不会做。

脚本需要符合以下条件:(1)父母的指令;(2)在指令下的人格发展;(3)童年时期的决定;(4)总是以某种特定的方法成功或失败;(5)确信的态度(或者说是一种坚定的姿态,在当下对过去的事坚信不移)。

本书将介绍迄今为止有关脚本装置(script apparatus)的所有知识,以及我们可以做什么来改变它。

人生脚本——改写命运、走向治愈的人际沟通分析

B. 台上与台下

戏剧的脚本其实源于人们真实的人生脚本。我们从二者之间的联系和相似性谈起也许比较好。[1]

1. 二者都有有限的题材。在这些题材中，最为人熟知的是俄狄浦斯的悲剧。其他题材可以从希腊戏剧或希腊神话中找到。其他人记录的戏剧大多是古代祭祀中人们对酒神的狂热赞歌以及放荡的纵情豪饮。而希腊人和希伯来人最早记录了人类的平常生活，并从中提取了一些生活的模式。人类生活中的很多事件和原始仪式是一致的，如竞赛（Agon）、感染情绪（Pathos）、纪念死者（Threnos）及神灵显现（Theophany），但这些事件通常使用史诗般的语言描述，如果换成通俗的语言表达，人们便能从生活中找到它们的踪迹。比如，"在月光里的月桂树下，一个男人和一个少女在吵架，这时跟来了一个'大嘴巴'，可能是他或是她"。希腊诗人将人类的生活模式以此种简约的方式描述出来，换句话说，在布尔芬奇（Bulfinch）或格雷夫斯（Graves）的作品①中其实早已记录了每个人的生活模型。如果诸神眷顾某人，他的一切都会很顺利。但如果没有获得神的眷顾，他的情况就会不同。如果一个人被施予了诅咒，而他想解除诅咒过更舒适的生活，他就成了患者（主动找治疗师做治疗）。

   就像游戏分析师一样，脚本分析师只要知道了情节与人物，就能推测当事人最终的命运，除非中间发生某些改变。例如，心理治疗师和戏剧评论家一样，很清楚地知道美狄亚②已经下定决心杀死自己的孩子，除非有人

---

① 分别为《希腊与罗马神话》（The Age of Fable）以及《希腊诸神与英雄》（Greek Gods and Heroes）。——译者注

② 借用希腊神话中科尔喀斯国王之女的名字。神话中的美狄亚以巫术著称，曾帮助伊阿宋取得金羊毛并做了伊阿宋的妻子，又因伊阿宋的不忠而杀死了他们的子女以图报复。——译者注

和她谈话，让她打消主意。另外，心理治疗师和戏剧评论家都应该知道，假如那周她能参加团体心理治疗，整件事情可能会完全不一样。

2. 假如对生活发展轨迹不做任何干涉，人生就会达到一个可预期的终点。而要达到这个终点，人必须用特定的方式说话。无论在戏剧中，还是在真实生活中，人们都需要记住他们的台词，这样才能使听者以特定的方式回应，然后他们才能采取下一步行动。假如一位英雄改变了他的自我状态和台词，他人必定会以不同的方式做出回应。改变了自我状态和特定的说话方式就改变了整个脚本，而改变脚本实则是治疗性脚本分析的目标。假如哈姆雷特说了电影《阿比的爱尔兰玫瑰》(*Abie's Irish Rose*) 中的台词，为了使剧情合理，奥菲莉娅①也需要改变她的台词，之后整个剧情就会朝其他方向发展了。最终，他们两个可能会私奔，而非躲藏在城堡里——不过，这样的剧情会变得没意思，但从剧中人物的生活角度来说，他们会更快乐。

3. 脚本在最终上演前，需要预演和修改。正如戏剧在剧院里正式上演前，需要朗读、修改和预演一样。人生脚本始于童年，是脚本的原始形式，称作草案（protocol）。此时，脚本中的其他演员只限于父母、兄弟姐妹，或者是某个机构或孤儿院里的餐伴或管理员。每个家庭都像一个机构，有其特殊的规则，此时的演员都扮演着比较固定的角色，儿童从他们身上学到的灵活性很少。但进入青春期后，他开始遇到更多人。他寻找自己的脚本中所需要的角色（其他人之所以会参与他的脚本，是因为他也扮演了他们的脚本所需要的某些角色）。新环境促使他对脚本进行一些修改。不过，基本情节是不变的，改变的只是一些具体的行动。在大多数情况下（除了一些青少年自杀或者被谋杀的情况），我们可以把他们对具体行动的尝试称作预演，就像进城表演前先在镇上预演一样。经过几次修改，脚本终于定稿了，他即将迎来正式演出——告别演出，并

---

① 莎士比亚剧作《哈姆雷特》中的女主人公的名字。——译者注

获得脚本的最终结局。如果脚本结局是"好的",那么告别演出将发生在告别晚宴那样美好的地方。但如果结局是"不好的",那么他最终向世人说"再见"的地方将是医院的病床、监狱门前、精神病院、绞刑架前或者太平间。

4. 几乎所有脚本中都包括"好人"和"坏人"或者"赢家"和"输家"等角色。究竟什么是好人,什么是坏人,谁是赢家,谁是输家,不同人的脚本会有不同的界定。但非常明确的一点是,所有脚本都包含这四个角色。有时,他们会两相结合,形成两个角色。比如在牛仔脚本中,好人就是赢家,坏人就是输家。好指的是勇敢、拔枪迅速、诚实、纯洁;坏指的是胆小、拔枪慢、不诚实且对女人感兴趣。赢家是那些活下来的人,输家是那些最终被绞死或者被枪杀的人。在肥皂剧中,赢家是赢得了某个男人的女人,输家是失去了男人的女人。在有关签单的剧中,赢家是签了最好的单或被委托了最多工作的人;输家是不知道怎么获得签单的人。

在脚本分析中,赢家被称作"王子"或"公主",输家被称作"青蛙"。脚本分析的目标就是将青蛙变成王子或公主。为了达到这个目标,治疗师需要了解在患者的脚本中谁是好人,谁是坏人,并且需要了解他究竟可以成为何种赢家。没有接受治疗的患者也会向赢家的方向挣扎,但他们并不是真正想成为赢家,只是希望做一个勇敢一点的输家。这其实是很自然的。因为一个人如果只做一个勇敢的输家,他的内心可以很舒服地顺着自己的脚本发展;但如果真想成为一个赢家,他必须抛弃自己全部或者大部分的脚本,重新开始。这是大多数人都不愿做的事。

5. 无论是戏剧中的脚本,还是真实生活中的脚本,都需要回答发生在人和人之间的一个基本问题:"说完'你好'后,你会说什么?"比如,无论在俄狄浦斯那出戏剧中,还是在俄狄浦斯外的真实生活中,剧情如何发展完全取决于对这个问题的回答。俄狄浦斯遇到年长的男人时,首先会和他们打招呼,接下来说的话取决于他的脚本。他问:"你想打架吗?"如果年长的男人说不想,之后他就不知该说什么了,只能傻傻地站在那里，考虑是不是该和他聊聊天气、近期爆发的战争或者谁在奥林匹克运动会中夺得了冠军。俄狄浦斯最简单的回应方法是咕哝着"见到你很高兴""你很好，那就好，我也很好"或者"一切都不错"，之后继续走他的路。但如果年长的男人说想，那么俄狄浦斯就会说："好极了！"因为他找到了他想找的人，并且知道之后该说什么了。

6. 人生脚本中的图景是被预设好的，之后，人不断朝那个图景发展，就好像戏剧的情节发展一样。举个简单的例子，某人在汽油快用完前的两三天看油表时发现，快没油了，然后"打算""尽快找时间"去加油，但后来什么也没做。一般来说，汽油"马上"用完的情况不大可能发生，除非这人是在驾驶一辆他不熟悉且油表坏了的车。对拥有输家脚本的人来说，他的脚本中总是预设了一个事情在不断迫近的情景。而对拥有赢家脚本的人来说，东西即将用尽这种事情在他们一生中都不会发生。

　　人生脚本的形成基于父母对孩子的教导，孩子之所以会遵循这种教导，有三个原因：(1) 它为人生赋予了目标，孩子做的大多数事情都是为了某些人，通常是他们的父母；(2) 它使他们拥有了可被接受的使用时间的方式（可接受是指被他的父母接受）；(3) 在如何做事方面，人需要教导。自学确实鼓舞人心，却不那么实际。一个人不可能只通过拆几架飞机并尝试错误，就成为一个好的飞行员。他必须通过他人的失败来学习，而不只是自己的。一个外科医生也需要老师来教，而不只是一个接一个地取出别人的阑尾，看看到底哪里出了毛病。父母通过向孩子传递他们学习过的东西或者他们认为自己学会的东西，实现对孩子的教导。如果父母是输家，他们会把输家的结局传递给孩子；如果他们是赢家，就会传递赢家的结局。人生的发展总有其故事情节。虽然故事或好或坏的结局已由父母的教导决定，但达到结局的具体情节，将由孩子自由选择。

C. 神话和童话

最初及最原始的脚本称作脚本草案，是孩子很小的时候在脑中构建的。那时，除了直系亲属外，他几乎没有接触过其他人。我们猜想，父母对那时的他们来说一定像拥有魔法的巨人，就好像希腊神话中的男巨人、女巨人、食人妖及蛇发女怪。他们之所以这样感觉，是因为父母比他们高3倍，大10倍。

随着孩子长大，他们越来越复杂，生活由刻板变得充满趣味。此时，他将根据对新环境的感知，开始对脚本的第一次修改。修改的依据是母亲读给他的童话故事和动物故事，后来依据的是自己闲暇时读到的故事，他可以让自己在这些故事中自由想象。故事中的人物对他们来说像父母一样具有魔法，但不像父母的影响那么大。故事给他们提供了一整套全新的人物，以供他们在想象中扮演各种角色：动物王国中的所有动物都有自己的性格；既有他熟悉的热心的玩伴和朋友，也有因为害怕而一听到、看到就令其调头逃跑的家伙，还有他们听说的、读到的、外加想象出来的有某种特殊能力的怪兽。能让他们想象的人物也可能来自电视，对这个年龄的孩子来说，广告都能激发他们的想象。此时，最糟的情况是没有书，没有电视，甚至没有母亲，不过就算他们看到一头奶牛，也能将其假想成某种怪物。

也就是说，在脚本发展的第一阶段，儿童把身边的大人当作具有魔法的人，并相信这些人有时可以变成动物。在脚本发展的第二阶段，他们只是将人的某些性格赋予了动物，这种倾向在某些人身上会一直持续到成年，他们相信马、狗、海豚也具有人一样的性格[1]。

在第三阶段——青少年期，他们再一次修改脚本，以适应当时的现实。他们期望自己的世界仍旧充满趣味、熠熠生辉，但这种感觉有时需要毒品的"帮助"。随着时间的推移，他们越来越接近现实。所谓现实，就是周围

---

[1] 伯恩不相信动物具有与人相似的性格，认为那是童年期的幻想。——译者注

的人或事真的按自己的期待做出反应。几十年后,他终于做好进行告别演出的准备。这场告别演出是最重要的,治疗师的责任就是对它进行修正。

下面是一些例子,列出了神话、童话与人类生活的相似之处。沟通分析的视角可以很好地诠释这些故事。后面讲的火星人的故事是前面一个故事的延续,是游戏与脚本分析师更加客观地看待人类生活时揭示出来的秘密。火星人马里奥来到了地球,回到火星后,他需要如实报告地球的样子,而不能依据地球人说了什么来报告,也不能按照地球人期待他怎样理解来报告。他不听人们说的大话,不看各种表格数据,也不听人们如何描述他们的行为,只是观察人们真正在做什么以及对彼此做了什么。接下来就是欧罗巴①的故事。

欧罗巴的故事

欧罗巴是尼普顿②的孙女。有一天,她在海边的草地上采花。这时,一头漂亮的公牛出现并跪在了她面前。它用眼神邀请她爬到背上。她被它动听的声音以及友好的举动深深吸引住了。于是她想,也许骑在他背上在山谷里逛逛会非常有趣。但就在她爬上去的那一刻,公牛一跃而起,带她跨越了海洋。公牛其实是朱庇特③假扮的。当朱庇特看到他喜欢的女孩时,任何事情都阻挡不了他。之后,欧罗巴生活得并不太糟,因为她来到克里特岛(位于地中海东部,属希腊)后,生下了三个国王,并且拥有一块以她的名字命名的大陆。这大概发生在公元前1522年。这个故事可以在《莫斯霍斯的第二田园诗》(*Second Idyllium of Moschus*)中找到。

诱拐者朱庇特来自一个不寻常的家庭。依照赫西奥德(希腊诗人)的《神谱》(*Theogony*),他的父亲萨杜恩(农神)一共有6个孩子。前5个孩子一出生就被吃掉了。当第6个孩子朱庇特出生时,母亲把一块石头放进了他的襁

---

① 欧罗巴是希腊神话中的腓尼基公主。——译者注
② 尼普顿是罗马神话中的海神,对应希腊神话中的波塞冬。——译者注
③ 朱庇特是罗马神话中的众神之主,对应希腊神话中的宙斯。——译者注

裸，将他藏了起来。他父亲吃掉了石头，而不是朱庇特。朱庇特长大后，他和他的祖母联合起来逼迫萨杜恩把吃掉的石头和5个孩子吐出来，这5个孩子分别是：普鲁托①、尼普顿、维斯塔②、刻瑞斯③以及朱诺④。欧罗巴与朱庇特的关系结束后，她被埃及国王丹尼亚斯带走，并生了一个女儿，名叫阿密摩涅。阿密摩涅的父亲，也就是国王，让她到阿戈斯城取水，正当她去取水时，尼普顿看到了她，并爱上了她。他从好色之徒手中救出了她，并把她留在自己身边。但尼普顿其实是她的曾祖父，朱庇特是她母亲的叔祖。⑤

现在，我们通过刺激、反应的方式来分析这个家族传奇中包含的重要沟通。当然，每一个反应都可能是下一次沟通的刺激。

1. 刺激：一个漂亮的少女在优雅地采花。反应：一个多情的神——她的叔祖，把自己变成一头金牛。
2. 反应：少女抚摸牛的身体，拍它的头。反应：牛亲吻她的手并转动眼睛。
3. 少女爬到它的背上。牛诱拐了她。

---

① 罗马神话中的冥王。——译者注
② 罗马神话中的灶神、家庭女神。——译者注
③ 罗马神话中的农业和丰收女神。——译者注
④ 罗马神话中的天后，婚姻和母性之神。朱庇特之妻，亦是其姐姐。——译者注
⑤ 朱庇特家庭关系图如下：

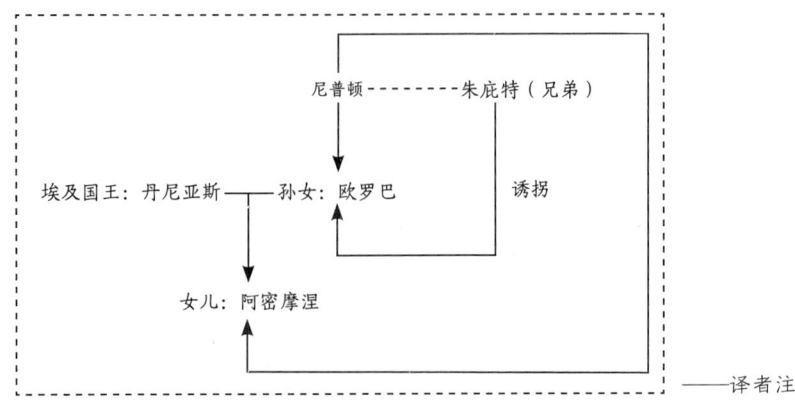

——译者注

4. 她表达害怕和惊讶,并询问他是谁。他打消了她的顾虑,结果不错。

5. 刺激:一个父亲吃了他的孩子。反应:母亲给他吃石头。

6. 反应:被救下的儿子逼迫父亲吐出吃掉的孩子和石头。

7. 刺激:一个美丽的少女受父亲的吩咐去取水。反应:她碰见了好色之徒,如今我们也称其为"色狼"。

8. 刺激:她的美丽激起了曾祖父的爱。反应:曾祖父从好色之徒手中救下她,并把她留在自己身边。

对一个脚本分析师来说,在这个神话(莫斯霍斯的版本)的一系列沟通中,最有趣的现象是尽管欧罗巴疯狂地痛哭和抗议,但她从未直接表达"停下来"或"立刻把我送回去"。相反,她很快就开始猜测诱拐者的身份。换句话说,她大声抗议其实只是表面现象,她同时也在小心地让事情继续发展下去,接下来她变得顺从,并对结果好奇。因此,她的痛哭具有模棱两可的性质,用火星语来说是"有胆量的"或"被脚本驱使的"。她使整件事看起来像是"违背她的意愿的",但实际她是在玩一个叫作"挑逗(Rapo)"的心理游戏①,这个游戏也与她最后成为国王的母亲的脚本相符合。对诱拐者感兴趣,并不是坚定地阻止诱拐者的好办法。不过,表达抗议可以使她免去起初与之调情的责任。

接下来是一个人们更熟悉的故事。这个故事包含了以上大部分的沟通,只是顺序有些不同。以下这个故事的版本选自安德鲁·朗格(Andrew Lang)②和格林兄弟(Grimm)的书。孩子们从很小开始就听这个故事,几乎在所有说英语的国家以及其他一些国家都是如此。通常,这个故事很能激发孩子们的想象。

---

① 参见《人间游戏》里"挑逗"这个游戏。此书中文版由中国轻工业出版社出版。——译者注

② 英国作家和民俗学者,以其童话小说最为著名。——译者注

小红帽

从前有一个可爱的小女孩,叫小红帽。有一天,她母亲让她穿过树林,给外婆送饭。在半路上,她遇到了一只诱惑她的大灰狼,大灰狼想把她当作一顿美餐。它告诉她,别那么严肃,应该高兴一些,别想送饭的事,她应该注意周围的野花并采花。当小红帽高兴地采花时,大灰狼到了外婆家,把外婆吃掉了。当小红帽到达时,它假扮外婆,邀请小红帽一起躺到床上。小红帽这样做了,同时发现外婆的样子有很多奇怪的地方,于是,小红帽想这到底是不是外婆。大灰狼开始试着打消小红帽的疑虑,然后把她吃掉了(很显然,它吃她的时候并没有嚼)。然后,一个猎人来了,剖开了狼的肚子,救出了小红帽和她的外婆。之后,小红帽高兴地帮助猎人给狼的胃里装满了石头。在有些版本中,结局是正当狼要吃小红帽时,小红帽大喊救命,然后猎人来了,用斧子杀死了狼。

在这个故事中,同样有一个诱惑的画面,即一只狡猾的动物引诱一个无知的、喜欢采花的女孩"误入歧途"。这只动物喜欢吃小孩,最后却是自己胃里装满了石头。和阿密摩涅一样,小红帽也被吩咐帮大人忙,然后半路遇到了狼,遇到了麻烦,最后与拯救者关系亲密。

火星人对这个故事提出了几个有趣的问题。他姑且假设这个故事是真的,包括会说话的狼,即便他从来没有遇到过这样一只狼。关于发生的事,他想知道这一切究竟是怎么回事,以及这样的事情会发生在什么人身上。接下来,就是他关于此事的一些想法。

火星人的反应

有一天,小红帽的母亲让她穿过树林,给外婆送饭,半路她遇到了一只大灰狼。是什么样的母亲会让一个小女孩进入一片有狼出没的森林?她的母亲为什么不自己去送或者和她一起去送呢?如果外婆真的那么无助,为什么母亲会把她独自留在遥远的小屋里?但是假如小红帽不得不去,她母亲为什么不提醒她不要停下来和狼说话？这个故事清楚地表明，从来没有人告诉过小红帽这很危险。没有母亲会愚蠢到忘记把危险告诉孩子，因此小红帽的母亲要么不关心有什么事情会发生在自己女儿身上，要么甚至可能想抛弃她。也没有小女孩会那么愚蠢，她怎么会看着狼的眼睛、耳朵、爪子和牙齿，仍然认为那是她的外婆呢？她为什么不从那个房子跑开，跑得越快越好呢？她把石头放到狼的胃里这件事也没有太大意义。无论如何，任何一个头脑清楚的女孩在和狼说完话后，都不会停下来采花，而会对自己说："那个混蛋要吃我外婆了，我得赶快去找人帮忙！"

连外婆和猎人也不无可疑。如果我们把故事中的人物看作真实生活中的人物，每个人都有自己的脚本，那么从火星人的角度，我们可以看到他们的个性与他们的脚本是多么吻合。

1. 母亲明显是想"意外地"失去女儿，或者至少想在整件事后说"这不是太糟了吗？如今你想在一个没有狼的公园里走走都不行……"之类的话。

2. 狼，不去吃诸如兔子之类的动物，而去吃人，这明显太过头了。它应该知道这不会有什么好结果，因此，它肯定是想自找麻烦。它显然读过尼采或者类似尼采之人的著作（如果它能说话，还能在帽子上扎蝴蝶结，那它肯定也能读书），它的座右铭肯定是"危险地活着，辉煌地死去"之类的。

3. 外婆独自生活，还没有闩门，她很可能期待有趣的事发生。假如她和其他人一起生活，这么有趣的事可能就不会发生了。这也许就是她为什么不和其他人一起住或者至少住在有邻居的地方。既然小红帽的年龄还很小，她应该还不是很老，还能冒险。

4. 猎人明显是一个拯救者，他喜欢在甜美的小女孩的帮助下征服对手——这是一个很明显的青春期脚本。

5. 小红帽清楚地告诉了狼她要去哪里，甚至与狼躺到一张床上。她很明显在玩"挑逗"的心理游戏，并在最后对整件事很高兴。

实际情况是故事中的每个人都在不惜代价地寻求某种东西。从表面看，故事中最终的受害者是狼，用小红帽做诱饵，使它觉得自己比任何人都聪明，结局却很可怜。如果真是这样，这个故事的寓意就不应该是天真的小女孩要远离有狼的森林，而是狼最好远离那些看起来很天真的小女孩以及她们的外婆。简而言之，就是狼不应该独自穿过森林。另外一个有趣的问题是，在母亲抛弃小红帽的当天，她会去做什么。

如果以上分析看起来滑稽可笑，那么现在让我们思考一下真实生活中的小红帽是什么样子的。一个很重要的问题是，有这样一个母亲，有这样一段经历，长大后的小红帽会怎样呢？

小红帽的脚本

在精神分析的文献中，人们将大部分注意力放在装入狼胃里的石头的象征意义上。然而，对沟通分析师来说，最重要的是所有人物之间的互动。

卡丽30岁时来做治疗，她主诉头疼、抑郁，不知道想要什么，找不到让自己满意的男朋友。像故事中的小红帽一样，她也有一件红色的衣服。她好像总是想通过迂回的方式助人。有一天，她进来后说：

"在你办公室附近的街上，有一只狗病了。你要不要打电话给动物保护协会？"

Q医生说："你为什么不自己打电话给动物保护协会呢？"

对于这个问题，她回答："谁，我？"

她从来没有亲自救助过任何人，但总知道从哪里可以找到救助者。这是典型的小红帽。Q医生问她有没有在需要有人在茶歇时间出去采购饮料的公司工作过。她说有过。

"谁出去采购饮料？"

"当然是我了。"她回答。

在她的故事中，与脚本相关的部分如下：她6—10岁时，母亲经常叫她到外婆家里做事或玩。她去时，外婆通常不在，只剩外公和她待在一起。她经常感到外公在她裙子下面抚摩她。她从没告诉过母亲，因为她知道母亲会生气，并说她撒谎。

如今，她经常遇到一些男人或者"男孩"，其中很多人会和她约会，但她总是在约会两三次之后就跟他们吹了。每次她给Q医生讲完最近的一次约会后，Q医生都会询问原因，她总会回答："哈！哈！哈！因为这色狼太嫩了。"她花了很多年时间穿梭在金融区的树林里给人们送汉堡，并抛弃了很多很嫩的色狼——让人很无聊，很沮丧。事实上，她人生中最刺激的事就是她和外公之间的事。如今她在生活中似乎就是在等待她与外公的事情重演。

这个案例向我们展示了故事结束后小红帽的生活。对她来说，遇到狼那件事是迄今为止发生过的最有趣的事。长大后，她花了很多时间在树林里走动，给人们带去食品，她其实是在盼望遇到另一只狼。但她碰到的都是一些小狼仔，她瞧不起地甩掉了它们。卡丽的故事也告诉了我们谁是真正的狼，以及为什么小红帽大胆到可以与它躺到一张床上：狼就是她的外公。

在现实生活中，这位小红帽有如下特点：

1. 她母亲经常使唤她。
2. 她被外公引诱，但没有告诉母亲。如果告诉母亲，母亲会说她骗人。有时，她会假装自己很愚蠢，不知道发生了什么。
3. 她不亲自救助别人，但总喜欢安排救助，并且总在寻找这样的机会。
4. 长大后，她自愿做被差使的人。她总是像小女孩似的跑跑跳跳，而不是用端庄的方式走路。
5. 她一面感到无聊，一面等待着真正刺激的事发生。因为她遇到的都是一些让她瞧不上的很嫩的色狼。
6. 她喜欢将石头装入狼的胃里，在生活中，是其他一些类似的东西①。
7. 我们还不清楚的是，男性治疗师对她来说是否像一个拯救者，或者仅仅

---

① 比如她送的汉堡。——译者注

像一个和蔼的、没有性的想法的外公。与这样一个外公在一起，她可能感到舒服并有一点怀旧，她也感到安心，因为不会有什么事情发生。

8. 当治疗师说她让他想起小红帽时，她笑了。
9. 非常奇怪的是，她几乎总穿一件红色的衣服。

需要说明的是，小红帽的母亲、外婆和外公的脚本一定是互补的，这样才会允许性侵一再发生。故事中快乐的结局也令人生疑，在真实生活中不大可能发生。父母给孩子讲童话故事是出于好意，但快乐的结局其实只是慈爱但虚伪的"父母自我状态"向孩子撒的谎。孩子自己编的故事现实得多，结局也不一定愉快。事实上，结局可能是很可怕的。

D. 等待沉睡

脚本分析的目标之一是将患者的脚本嵌入整个人类的历史性心理中。历经了洞穴时代、早期农牧时代、牧场定居以及中东极权统治时代，人类心理至今显然已发生了变化，但变化甚微。约瑟夫·坎贝尔（Joseph Campbell）在他的《千面英雄》（*The Hero With A Thousand Faces*）（这本书对脚本分析师来说是最好的教科书）中这样总结：

> 弗洛伊德、荣格以及他们的追随者已经无可辩驳地证明了神话中的逻辑、英雄角色及其行为延续至今……某日下午，当你站在四十二街和第五大道的交界处等红绿灯时，就可以看到俄狄浦斯、美女与野兽的经典故事还在继续上演。

他指出，神话中的英雄取得了世界及历史范围内的成功，而童话中的英雄仅在一个小小的家庭范围内取得了成功。患者则是那些无法取得他们期待的成功并还活着的人。因此，他们来见心理治疗师——"知晓所有秘密的方法及语言的力量的人。治疗师的作用就像童话和神话中年长的智者,这些智者对英雄的点拨可以化解他们在征途中遭遇的磨难与恐惧"。

对患者来说,他们用"儿童"理解故事,而不管"成人"用何种方式讲述。从有人类开始,所有孩子显然都面对着相同的问题,并且会用相同的方法加以应对。人生会经历的伤痛犹如新瓶装旧酒:山羊皮取代了椰子和竹子,陶瓷取代了山羊皮,玻璃取代了陶瓷,塑料又取代了玻璃。但酿酒所用的葡萄没有多大改变,酒的上层仍旧是醉人的汁液,底部仍旧是同样的沉渣。因此,如坎贝尔所说,人们的奇遇及个性从古至今其实并没有很大变化。如果知道了某人脚本中的一些元素,我们就可以有把握地预测他将朝什么方向发展,并有机会在他遭受不幸或灾难前阻止他。这就是所谓的预防性精神病学,我们可以称其为"有好转"。更好的情况是,我们可以改变他的脚本或者让他彻底放弃脚本,这就是所谓的治疗性精神病学,我们可以称其为"痊愈"。

虽然我们没有必要极为精确地掌握患者所遵循的神话或童话故事,但对细节了解得越多越好。缺乏对历史[①]的了解会使我们经常犯错。例如,你可能把他人生中的一个片段或最经常玩的一个心理游戏误认成他的整个脚本;或者由于出现了一个具有象征意义的动物,比如狼,而使治疗走入错误的方向。这些神话或童话故事之所以存在了数百甚至数千年,是因为它们对人类心智的原始层面具有普遍的吸引力。将患者的人生计划或他的"儿童"的人生计划与故事联系起来,至少可以使我们感觉工作拥有坚实的基础,而最好的情况是这个故事能够提供精准的线索,让我们知道可以采取什么措施改变一种糟糕的结局。

等待沉睡的脚本

童话故事能够揭露脚本的元素,否则脚本将很难被发现,比如"脚本幻

[①] 这里指经典的神话和童话故事。——译者注

觉"就很难被发现。沟通分析师认为,精神疾病源自某种形式的自我欺骗。但正是由于患者将他们的生活及无能建基于虚构与幻想,因此他们才能被治愈。

在"冷淡的女人"或"等待沉睡"脚本中,母亲会不断告诉她,男人是畜生,但妻子有责任满足他的兽性。如果母亲强调得太过分了,女孩甚至可能认为性高潮可以让她死掉。这种母亲通常都是假内行,她们会提出一些能够解除诅咒或称作"抗脚本(antiscript)"的方法。比如,只要与一个非常重要的人物(例如,有金苹果的王子)结婚,她就可以享受性生活。但假如女儿没有与重要人物结婚,她会错误地告诉女儿:"等你到了更年期,一切麻烦就没有了,因为那时你不再会处于性高潮的危险中了。"

现在,我们似乎可以看到其中包含三种幻觉:致命的性高潮;拥有金苹果的王子;神佑的解脱或净化的更年期。但这些幻觉都不是真正的脚本幻觉。女孩通过自慰,可以知道性高潮并不会要了她的命。找到有金苹果的王子也不是幻觉,因为她确实有可能遇到这样一个男人,就好比她独得了彩票奖金或者打牌时拿到了四个A,虽然这两件事发生的概率很小,但也不是绝不可能发生的。更年期并不神圣,因为它不是女孩的"儿童"想要的。为了找出脚本幻觉,我们需要了解与"等待沉睡"这种脚本相匹配的童话故事。

睡美人的故事

一个愤怒的仙女说,玫瑰公主将会扎到她的手指,然后她会倒下死掉。另外一个仙女帮她把这个诅咒变为沉睡100年。当她15岁时,玫瑰公主确实扎了她的手,她立刻倒下睡着了。同一时刻,城堡里所有的人和物都一起沉睡了。在这100年中,很多王子试图穿过长在她周围的荆棘,可都没有成功。最后,满100年时,一个王子到来并成功穿过了荆棘。王子发现公主并亲吻她时,她醒来了,他们相爱了。同一时刻,城堡里所有的人和物也醒了,他们接着做100年前手中正在做的事,就好像什么都没有发生、从来没有沉睡过一样。公主仍旧是15岁,而不是115岁。她和王子结婚了,之后在一个故事的版本中，他们从此过上了幸福的生活；在另一个故事版本中，这只是他们麻烦的开始。

在神话中，存在很多奇特的沉睡。其中，最著名的可能是布伦希尔德①，她被禁锢在山顶上沉睡，身边是一圈熊熊烈火，只有勇士才可以穿过，后来是齐格弗里德完成了使命。

睡美人这个故事中的一切几乎都可能在现实中发生，细节也许稍有不同。女孩确实可能扎到手指并晕倒，她们也可能在城堡中沉睡，王子也可能在森林里漫步并寻找美丽的少女。但对任何人、任何事都绝不会发生的是这么久之后不会改变或变老。这是真正的幻觉，因为这是绝对不可能的。它是"等待沉睡"脚本的幻觉基础：当王子到来时，玫瑰公主仍旧是15岁，而不是30岁、40岁或者50岁，她们还有一生的时间可以过。永葆青春其实是长生不老这种幻想的姊妹。我们很难告诉"玫瑰公主们"，现实的情况是王子比她们年轻，等王子到她们这个年龄时，已经成了国王，早就变得没那么有趣了。脚本分析师的工作中最痛苦的一部分是打破幻觉，让患者的"儿童"确实地知道世界上根本没有圣诞老人。如果患者可以提供他最喜欢的童话故事，那么无论对脚本分析师来说还是对患者来说，工作起来都会更加容易。

"等待沉睡"这种脚本的问题是，假如玫瑰公主真的找到了有金苹果的王子，她会觉得对方比自己高贵，因此一定要挑出王子的毛病，玩"瑕疵"的心理游戏，把他拉低到自己的水平上。这样，她就可以再次期待自己回到荆棘中沉睡。另一种情况是，假如她降低要求，接受了拥有银苹果的王子，甚或是从商店买来普通苹果的王子，她会觉得自己被骗了，她会向他发泄不满，同时继续寻找拥有金苹果的王子。因此，无论是等待沉睡的脚本，还是可以抵御诅咒的抗脚本，都无法让当事人体验到满足感。另外，就像在童话

---

① 北欧神话中的女武神，被指派仲裁两位国王之间的决斗，因裁决不合诸神之王奥丁的心意，被降罪变为人类，禁锢在阿尔卑斯山希恩达尔峰上一个有盾墙环绕的城堡中。奥丁对她施以诅咒，令她沉睡，直至有人来救她并娶她为妻。——译者注

故事中，她还需要应对王子的母亲①以及诅咒她的女巫。

这个脚本非常重要，因为世界上有很多人都在用这样或那样的方式将自己的生命浪费在等待沉睡上。

E. 家庭戏剧

另外一个发现脚本情节或重要线索的好方法是询问"假如你的家庭生活被搬上舞台，那么它会是哪一种戏剧？"很多人用希腊神话中的俄狄浦斯和厄勒克特拉命名。在戏剧中，儿子为了母亲与父亲竞争，女儿希望把父亲据为己有。但与此同时，脚本分析师也必须了解父母的想法，为了方便，我们把从父母的角度命名的戏剧分别称作斯浦狄俄（Supideo②）和拉特克勒厄（Artcele③）。斯浦狄俄是俄狄浦斯戏剧的反面，它或清晰或隐晦地表达了母亲对儿子性方面的感受；拉特克勒厄是厄勒克特拉戏剧的反面，表现了父亲对女儿的情感。尽管父母总是试图隐藏这种情感，与子女玩"吵闹(Uproar)"的心理游戏，但这种情感并非虚构，仔细审视他们与孩子的关系，几乎总可以发现它的存在。换句话说，心烦意乱的父母需要进入"父母"自我状态，用吵架的方式命令孩子，才能掩盖他们的"儿童"对子女性方面的感受。尽管他们努力使用"吵闹"或其他方式隐藏自己的情感，但有时仍旧会透露端倪。其实，最快乐的父母是那些能够经常公开赞美自己孩子魅力的父母。

斯浦狄俄和拉特克勒厄戏剧如俄狄浦斯和厄勒克特拉戏剧一样，有很多变式。随着孩子长大，这些戏剧逐渐上演为母亲与儿子的男性朋友发生关系，或者父亲与女儿的闺蜜发生关系。更加"冒险"的版本是母亲与女儿的男朋友上床，父亲与儿子的女朋友上床。[1] 为了报复，年轻的俄狄浦斯可

---

① 在某个版本中，王子的母亲是妖怪，想要吃掉公主及她与王子诞下的两个孩子。——译者注

② Oedipus（俄狄浦斯）反过来写。——译者注

③ Electra（厄勒克特拉）反过来写。——译者注

能与父亲的情妇发生关系，或者厄勒克特拉与母亲的情人发生关系。有时，家族脚本需要某个或某些成员成为同性恋，相应的变式是儿童期的性游戏，兄弟姐妹间的乱伦，或者是后来引诱彼此的伴侣。任何偏离标准俄狄浦斯（儿子想和母亲发生关系）和厄勒克特拉（女儿想要父亲）角色的行为无疑都会影响当事人的一生。

家庭戏剧中除了性的部分，还有其他更加激烈的内容。一个被情人抛弃的同性恋女孩攻击她的情人，她手持刀子指向情人的咽喉，哭喊着："你允许我给你这些伤口，却不允许我将它们治愈。"这可能是所有家庭戏剧中包含的格言，是父母痛苦的起源，是青少年反叛的原因，是打算离婚的夫妻的哭喊。受伤的人离家出走，哭喊的人在报纸上发广告："玛丽，回家来。一切都已经被原谅了。"火星人对此的理解则为上述的话，"你允许我给你这些伤口，却不允许我将它们治愈"。这是孩子即使有最糟糕的父母也会与他们保持联系的原因。受伤虽然痛心，但治愈如此美好。①

F. 人类的命运

起初，想到人或高贵或堕落的命运全由一个不到6岁的孩子决定，非常不可思议。但这就是脚本理论的观点。人的命运通常在他3岁时决定②。如果你与一个6岁或3岁的孩子谈过话，对此会更容易相信。如果你了解当今的世界正在发生什么，过去曾发生过什么，并能预见未来将发生什么，也会更容易相信脚本理论。人类的各种脚本可见于古代的纪念碑上、法庭与太平间中、赌场里、给编辑的信里以及政治辩论中。一些人在这些地方告诉其他所有人什么才是正确的路。他们试图证明父母在婴儿房里告诉他们的话

---

① 这段话体现了家庭中亲子间、伴侣间心理游戏的特性：彼此伤害，且会不断重复。——译者注

② 该观点很像中国的一句俗语"3岁看大，7岁看老"所表达的。按照伯恩的理论，在3岁前，人的心理地位即已稳定形成，而心理地位是人生脚本重要的基石。——译者注

适用于全世界。幸运的是，有些人拥有好的脚本，有些人可以从不好的脚本中成功摆脱，依照自己的心意做事。

人类的命运可沿不同的道路走到相同的终点，相同的道路也可能带来不同的结局。每个人在头脑中都背负着自己的脚本及应该脚本，它们以"父母"声音的形式存在，告诉他们要做什么，不要做什么。他们的渴望存在于"儿童"勾勒出的图画中。在脚本、应该脚本以及"儿童"的渴望三者的影响之下，人们展开了自己的人生。每个人都像缠在一张网里，与其他人的脚本交织在一起：首先是父母的，其次是配偶的，在所有这些之上，是他们所生活的地域的统治者。另外，一些有形或无形的因素也可能影响人的脚本，例如，传染病或身体缺陷。

人生脚本是一个人在童年早期对未来做出的计划，而人生历程（life course）是真正发生的事情。人生历程由基因、父母背景、外部环境共同决定。如果一个人的基因致使他智力发展迟缓、躯体残缺或者由于罹患癌症或糖尿病早早死去，那么他几乎没有机会为自己的人生制订计划，或者制订了计划也无法执行。如果父母自身在婴儿期遭受过严重的躯体或情绪创伤，就有摧毁子女实施脚本甚或形成脚本的可能性。他们会通过忽略、虐待或在孩子很小时就将其丢至福利院而使他们死掉。疾病、意外、遭受迫害以及战争亦可能中断人生计划，即便是精心设计过且获得认可的非常好的计划。在散步或开车时，你也可能因为某个不相识的人的脚本——暗杀、暴徒、撞车——致使自己的人生计划终结。以上这些因素的结合，例如，基因与遭受迫害的结合[①]，使很多人在做脚本计划时只有少数几种选择，而这些选择在很多时候不可避免地带来了悲剧性的人生历程。

但即使是在很极端的情况下，人总还是有一些自由选择的余地。飞机爆炸、流行性传染病或大屠杀，在这些情况下，人们可能根本没法选择，但只要不是这么极端，人就可以在杀死他人、被杀以及自杀间做出选择。

---

① 例如，种族迫害。——译者注

第三章 人类的命运

人生脚本和人生历程的区别可以通过实验中的两只大鼠来呈现。这项实验的目的是展现母亲的早年经历对后代行为的影响。第一只大鼠的名字叫维克托·普度－威斯塔Ⅲ，简称维克托。（普度－威斯塔是实验中的大鼠真实使用的姓氏，维克托和亚瑟取自他们的教父——实验者——的名字。）维克托是很多实验大鼠中的一只，它的基因使它很适合参与这项研究。它的母亲维多利亚在它小时候经常被抚摸。它的远房表兄亚瑟·普度－威斯塔Ⅲ（亚瑟）同样适合参加此研究。不过，它的母亲亚瑟利亚小时候从来没被抚摸过，只是被放在笼子里。等两个表兄弟长大，实验者发现维克托的体重比亚瑟重，更少进行探索，更经常排泄。实验结束后，研究者并没有从长远的角度报告它们身上又发生了什么。究竟发生了什么很可能取决于外部因素，比如实验者需要用它们做什么。因此，它们的人生历程由它们的基因、母亲的早年经验以及它们无法控制的外部力量共同决定。作为个体，它们想实施的"脚本"或"计划"受制于以上所有因素。喜欢平淡生活的维克托在笼中可以过得很享受，而喜欢探索的亚瑟则因困在笼中感到沮丧。它们两个都有很强烈的性冲动，但都没有机会通过繁殖使自己的生命延续。

汤姆、迪克和亨利是维克托和亚瑟的远房表亲，它们的经历不同。汤姆被训练按压一个杠杆，以避免电击，它按压杠杆后会得到一小粒食物作为奖赏。迪克也以同样的方式被训练，不同的是，它获得的奖励是一口酒。亨利也被训练避免不愉快的电击，奖赏是一个愉快的电刺激。之后，它们每只也要接受其他两种训练，一段时间后，它们都学会了三种程序。接下来，它们被放入一个包含三个杠杆的笼子：一个可以压出食物，一个可以压出酒，另外一个可以压出令人愉悦的电刺激。现在，它们可以就想过何种人生做出自己的"决定"：大饱口福、酩酊大醉、陶醉于愉悦的刺激，抑或三者的结合或交替。另外，这个新笼子里还有一台跑步机，它们也可以决定是不是想在获得各种奖赏的同时做运动。

这个例子与脚本决定极度相似，因为每只大鼠都可以决定它们的一生，是成为美食家、酗酒者、刺激寻求者、运动员，还是将这几项适当地结合起来。只要它们待在笼中，就可以获得可预期的奖赏，按照它们的"脚本决定"发展。然而，最终真正的结果取决于外部的不可抗力，因为实验者可能介入实验，并在他们想要的时候终结大鼠的脚本。因此，最终的结局由其他人决定，而在达到结局之前，它们的人生历程及生活风格主要由它们的"人生计划"决定。但它们的"人生计划"只能在它们的"父母"（即训练它们的实验者）提供的选项中选择。就算它们做出了某一种选择，这个选择仍旧受它们以前经历的影响。

人虽然不是实验室里的动物，但行为时常与它们很像。有时，人就像被放入笼中的大鼠，受主人操控，为主人的意愿献身。不过，很多时候，这个笼上都有一扇门，如果他们愿意，可以走出去。假如他没有走出去，通常都是脚本使然。笼子让他们感到熟悉和安心。眺望了包含快乐与危险的自由世界后，他们回到笼中，继续按压按钮和杠杆，因为他们知道，只要在正确的时间按压了正确的杠杆，就一定可以获得食物、酒精以及时不时的愉悦刺激。然而，像这样一个生活在笼子里的人总是要么希望，要么恐惧某种更强大的力量改变或终结现在的一切，例如伟大的实验者或计算机程序。

人类的命运由四种令人敬畏的力量决定：父母设定的恶魔程序——受内在声音唆使，古人称这种声音为魔鬼（Daemon）；父母设定的建设性程序——出自生命发展自然的推动力，古人称之为自然秩序（Phusis）；外部力量——仍称作命运；自主的志向——古人没有为其命名，因为他们认为这是属于神与国王的特权。按照这四种力量，人生历程分为四种类型：脚本的、应该脚本的、被迫的以及自主的。这四种历程交织在一起，导致这样或那样的人生命运。

G. 历史背景

作为临床医生、精神病学家或临床心理学家对影响患者行为的一切都感兴趣。但在接下来的各章，我们无意讨论影响个体人生历程的全部因素，而只想讨论现今已经知道的、对人生计划有强烈影响的因素。

在我们继续讨论脚本如何被选择、加强、实施以及分解出其组成要素前，需要指明的是，脚本这一概念并不是全新的。古典或现代文学都影射出了这样一个事实——世界是一个舞台，每个人都依照自己的脚本演绎着自己的人生。然而，文学影射不同于持续、广泛的研究。虽然很多精神病学家及其学生致力于人生戏剧的研究，但由于他们缺乏诸如结构分析（图解人格以及给沟通分类）、游戏分析（揭示骗局、可乘之机、转换以及结局）、脚本分析（脚本矩阵，包括梦、T恤衫、点券以及要素）等有力的工具，致使他们的研究不能以系统的方式取得深入的进展。

人类生活与神话、传奇以及童话故事里的模式一致这一观点在约瑟夫·坎贝尔的书中有过最为详细的阐述，我们之前也提到过这本书。他的心理学思想主要来自荣格和弗洛伊德。在荣格的思想中，与此最接近的是他提出的最著名的原型（相当于脚本中有神力的人物）及人格面具（脚本呈现的风格）的概念。如果没有特殊的训练，荣格其他的思想并不那么容易理解或与真实生活联系起来；即使能够理解，不同的人也倾向于给它们不同的解释。总体来说，荣格赞同从神话和童话的角度思考，这也是他的重要影响之一。

弗洛伊德经常把人类生活的很多方面与一出戏剧联系起来，即俄狄浦斯的神话。用精神分析的语言来说，患者就是俄狄浦斯，是一个展现出症状的"人物"。俄狄浦斯的故事情节存在于患者的头脑中。而在脚本分析中，俄狄浦斯是此时此刻正在上演的一幕一幕真实戏剧，有开始、高潮和结局。这出剧上演，还需要其他人扮演的角色，患者需要确保找到这样的人物。其实，他只知道如何与和自己的脚本匹配或吻合的人交谈。如果他的脚本是杀掉国王并和王后结婚，那么他必须找到一个国王，国王的脚本是被人杀掉；必须找到一个王后，她的脚本是蠢到与他结婚。弗洛伊德的一些追随者，比如格洛弗（Glover）开始意识到俄狄浦斯情结不仅是一种表现，而且是一出戏剧。坎贝尔的前辈兰克（Rank）指出，最重要的那些神话或童话故事都包含一个基本情节，这些情节在全世界很多人的梦中或者生活中都会显现。

弗洛伊德提过重复强迫（repetition compulsion）以及命运强迫①（destiny compulsion），但他的追随者并没有深入探究这些概念，用于理解患者的整个人生历程。埃里克森是最为活跃而系统研究人从出生到死亡全过程的精神分析师。他的很多发现与脚本分析相互印证。总体来说，我们可以认为脚本分析是弗洛伊德式的，却不是精神分析式的。

在沟通分析理论出现之前，阿尔弗雷德·阿德勒的言论是与脚本分析最接近的人：

> 如果我知道一个人的目标，就能大概知道他的生活中会发生什么，并能够给他的一个个行动排出适当的顺序……我们一定知道，受监视的人由于缺乏目标而不知道要对自己做些什么……目标决定了他的生活轨迹……人的精神生活好似好的戏剧家所创作的人物的第五幕。如果心理现象可以帮助我们了解一个人，我们也必须将心理现象与他的目标联系起来，才能理解其含义。所谓目标，是一种（秘密的）人生计划，是想要获得某种结局的尝试。人生计划是无意识的，因此患者相信命运是无法抵抗的，而不是他长期准备、行动并需要为此负责的结果……这样的人会给自己的人生下结论，然后通过建构一个或一系列"如果……"从句，并依照这个结论生活："如果情况不是这样……"

脚本分析师与阿德勒的观点不同的是：(1) 人生计划通常不是无意识的；(2) 不只是个人为脚本负责；(3) 我们可以预测个体的人生目标及其实现方式（精确的、真实的与他人互动的方式），甚至可以比阿德勒宣称的还精确。

最近，英国精神分析师 R. D. 兰恩（R. D. Laing）在电台描述了与本书理

---

① 指患者无意识地形成与早年模式相一致的命运。——译者注

论非常相似的观点，甚至使用了相同的术语。例如，他也使用了"禁止信息（injunction）"这个词来描述父母为孩子设定的强有力的程序。不过，到我写作本书时，他还没有出版任何著作来发表他的观点，因此他的想法究竟如何，我们无法做出恰当的评估。

然而，比这些人都古老的脚本分析师来自古印度，他们的预测主要基于占星术。公元前200年，古印度的《五卷书》(Panchatantra)说：

> 在每个人离开子宫前，
> 这五项都已经确定：
> 他的寿命，他的命运，他的财富，
> 他的学识，以及他的死亡。

我们只需要稍做修改，就可以将它更新为新版本：

> 以下五项来自你的父母，
> 在你离开子宫后的6年之内就已确定：
> 你的寿命，你的命运，你的财富，
> 你的学识，以及你的死亡。

— 注 释 —

[1] 这通常发生在没有自己儿子的母亲身上，她由于没有儿子而不能扮演王后约卡斯塔；这同样会发生在没有自己女儿的父亲身上。

第四章

出生前的影响

人生脚本——改写命运、走向治愈的人际沟通分析

A. 引入

脚本中的图景多年前即已开始形成，那时生命如混沌初开，父母通过基因向后代传递经验。比如，由于基因的作用，蜘蛛无须指导就可以织出奇特的、几何状的网，染色体使蜘蛛一出生便成了工程高手，建造出紧密的蛛网，使苍蝇无所逃遁。对于蜘蛛来说，脚本由它的父母提供，并被固定写入DNA。然后它就像一个受了良好教育的笔杆儿，按照指令书写自己的人生。如果不是药物作用或无法控制的意外，它绝不可能背离指令或对其加以改进。

对人来说，也是一样。基因从化学的角度决定了人必须遵从的、无法背离的某些模式。基因也为一个人的志向设定了上限：例如，他可以在运动员、思想家或音乐家的道路上走多远。由于或大或小的心理障碍，很少有人能够在他们的领域内充分发挥才能。很多人从生理的角度可以成为一个伟大的芭蕾舞蹈家，实际却在餐厅中伴着别人的午餐起舞；再比如，一个人的基因可以使他成为一个伟大的数学家，他却在银行的密室或赌场里篡改数据。尽管如此，人们仍旧可以在生理的限制内发展各种可能性，决定自己的命运。然而，多数时候，一个人的命运早已在他看清父母的所作所为之前，由父母决定了。

当生命演化到在某种程度上可以突破基因的僵化限制后，其他控制行为的机制又逐渐产生。最原始的机制大概是印刻，比反射只高一个等级。印刻确保婴儿的器官能够自动追随某一物体，并把那当作母亲，无论是真的母亲，还是被悬挂起来拉过他面前的一张黄色卡片。这种自动化的反应能够确保他在压力情境下生存，但是如果跟错了对象，也很危险。

第四章 出生前的影响

对于一些动物来说，下一种行为习得的方法是通过和母亲待在一起，从玩耍中学习：当模式太复杂或太多样以致无法通过基因传递时，就会通过咬着玩、打滚或打耳光等方式得到传授。接下来的行为习得方式包括模仿和对声音信号做出反应，这样，他们的行为就不仅出于基因的驱使，以及从母亲怀里学到的，他们还可以通过在海里、平原上、森林中的所见所闻来学习。

现在我们已经知道，几乎每种生物都可以被训练。从生化的角度，就连细菌都可以"被训练"只吃一种糖而不吃另一种。其他动物，从蠕虫往上，几乎都可以通过条件反射进行心理训练，使它们学会新的或特殊的行为模式。从长远的角度来说，行为模式的改变也可能涉及生化过程，有赖于比基因更灵活的 DNA[①]。训练肯定需要训练者，训练者与被训练者不同，他们必须比被训练的生物至少高一个等级。这意味着训练者必须是经过驯化的。驯化和训练不同，就像猫与老虎有差别一样。对动物来说，驯化是即使主人不在场，它们仍旧会服从主人。训练需要外部给出一个刺激，然后才能开始一套行为模式；而对于被驯化的动物，刺激在它们头脑内部。一个被训练的动物只有在听到主人的声音后才会服从；而被驯化的动物不需要真的听到主人的声音，因为它们早已把主人的声音储存于脑中了。因此，野生动物可以被训练得遵照训练者的指示做一些把戏，但让它们温驯没那么容易。被驯化的动物则不仅如此，它们可以被调教到即使主人不在场也能够按照主人的意愿行动。驯化有不同的程度，在所有动物中，驯化程度最高的是人类的孩子。

猴类、猿类和人类（也许包括海豚）是最聪明的动物，有另外一项特殊的能力，即发明创造的能力。这意味着他们可以做一些从来没有做过的事：比如将木盒逐个叠起来，把棍子逐个接成更长的棍子，然后去捕月亮。

为了解释这种演进，我们可以假想 DNA 正在逐渐进化，比以往更加灵活可变。最初它们是一些分散的、脆弱的基因分子，很难被塑造；之后它们

[①] 英文 Deoxyribo Nucleic Acid 的缩写，中文为"脱氧核糖核酸"。——译者注

稍微灵活，可以通过重复的条件反射略加改变。不过，如果没有时常强化，又会反弹回去。之后，DNA 更加可塑，使它们能够记录已经消失的声音及事件，并保存一生。即使发生遗忘，记录痕迹仍然存在。DNA 继续变得灵活，使它成为人类记忆与意识的工具。如今，它达到了最为灵敏的程度，能够随我们的经验快速变化，从而帮助我们思考和创造。DNA 更加精妙时，人会变成什么样子？目前的世人很难预料。我们的后人一定是非常奇特的人，目前恐怕只有富有想象力的艺术家才会偶尔思量。

人类具有以上所有能力。他们的行为模式由固化的基因、原始的印刻、婴儿时期的玩耍和模仿、父母的训练、社会的驯化以及自发的创造共同决定。脚本包含以上所有因素的影响。我们假设存在一个人类的典型，名叫"杰德"，他差不多可以代表任何地方、任何气候中人类的任何一员。他的一生都在遵照脚本而活，因为父母在他很小的时候就将脚本根植在他的脑中。脚本会持续一生，甚至会持续到他的"肉体"消逝之后。脚本就好比一盒磁带或者自动演奏钢琴的蜡纸卷①，早已确定好了弹奏顺序。与此同时，杰德正坐在钢琴前，在键盘上移动着他的手指，他以为是自己在弹奏民谣或庄严的协奏曲，其实曲子是很久前就录好并自动播放出来的。

B. 祖先的影响

临床访谈发现，有些脚本可以追溯到曾祖父母。如果家族有历史记载，可以追溯到更久前，例如国王，其脚本可以追溯至千年以前。毫无疑问，脚本在第一个类似人的生物产生时就已产生，而且我们没有理由怀疑脚本中包含的图景、行动及结局与当今有何不同。古埃及国王的人生历程是典

---

① 自动演奏钢琴最早可以追溯至19世纪末的欧洲。人们最初尝试在普通钢琴前增加一部可移动的"演奏器"。演奏器以打孔的蜡纸卷记谱，用脚踏风箱鼓风作为动力，通过纸卷缓缓转动，纸卷上的孔位与驱动机械连动相应的"木手指"敲击琴键奏出音乐。——译者注

型的脚本，这是我们目前拥有的最古老、最可靠的传记。阿蒙霍特普四世（Amenhotep IV）①的故事发生在3500年前，他将自己的名字改为埃赫那顿（Akhenaten）②就是一个很好的例子。这一改变既引发了他的追随者的崇敬，也引发了愤怒。如果我们可以获取远祖的信息或曾祖父母的信息，将对脚本分析很有帮助，但在大多数实践中，我们只能追溯到他的祖父母。

众所周知，祖父母无论在世还是已去世，对孙辈的人生都有很大影响，例如，好的脚本有"做个淑女源自其祖母"；不好的脚本有"富不过三代"。很多孩子小时候不仅想模仿祖父母，甚至想真正"成为"祖父母。这种愿望不仅会强烈影响他们的人生脚本，还会导致他们与父母的关系混乱。特别是美国的妈妈，她们通常更喜欢自己的父亲胜过自己的丈夫，因此会鼓励儿子效仿外公，而不是父亲。

为了了解祖先的影响，一个最为有效的方法是提问："你的祖父母过着哪种生活？"通常，这个问题有四种答案。

1. **因为祖先感到荣耀**。赢家或"王子"会用一种陈述事实的方式表述"我的祖先是爱尔兰的国王"，或者"我的曾曾祖父是卢布林的大拉比"。这种表述方式显示说话者"允许"自己沿着先人的脚步前进，并成为一个杰出人物。然而，如果说话的人以很炫耀或很庄严的方式表述，但他可能是输家或"青蛙"，他就是在用祖先证明自己的存在，因为他自己没有获得"准许"胜过别人。

    如果回答是："（我母亲总是跟我说）我的祖先是爱尔兰的国王，哈哈"，或者"（我母亲总是跟我说）我的曾曾祖父是大拉比，哈哈"，这通常出自我不好的心理地位；说话的人被允许模仿他们杰出的祖先，然而是失败的方面。这样的回答可能意味着："我和爱尔兰国王喝得一样

---

① 公元前16—前14世纪，古埃及四法老中的第四位，在位时进行了宗教改革，强制推行对太阳神阿吞的崇拜。——译者注
② 字面意为"阿吞的仆人"，表现出对太阳神阿吞的推崇。——译者注

醉，这样我就像爱尔兰国王啦，哈哈！"或者"我和大拉比一样穷，这样我就像大拉比啦，哈哈！"在这两个例子中，他们在早年被设定的程序是："你是爱尔兰国王的后代，他们是严重的酗酒者"，或"你是大拉比的后代，他们非常穷"。这其实包含了母亲的暗示，"像你杰出的祖先一样……因此要多喝酒，你爸喝得也很多"或者"……因此不用挣钱，你爸也不挣"。

在以上例子中，祖先就像家族的欧伊迈罗斯（Euhemerus）[①]，他是来自过去的英雄榜样，其他人可以模仿，却永远无法超越。他们的各种回答表现了对待这种祖先的不同方式。

2. **理想化**。包含传奇的或矛盾的回答两种情况。赢家可能会说："我的祖母是一个棒极了的家庭主妇。"或者"我的祖父活到98岁还没有掉牙，头发也没有白。"从中，我们可以明显看出说话人愿意跟随祖父母的步伐，并在此基础上建立脚本。输家则会表达出一种矛盾的理想化："我的祖母是一个坚强的、脚踏实地的女人，但她上了年纪时变得非常衰老。"其中包含了一个明显的暗示，她虽然已经变得衰老，但她曾是州立医院中最能干的女人。这也暗示说话人的脚本：做州立医院中最能干的女人。不幸的是，有这种想法的人太多，使得在州立医院中做最能干的女人的竞争异常激烈，并让人沮丧。

3. **对抗**。"我的祖父可以支配我的祖母"或者"我的祖父太软弱了，谁都可以摆布他"。精神分析师通常将其解释为"神经质"的回答，认为这透露出孩子有比父母更强大的愿望。"外公是唯一一个可以反驳我母亲的人——我想成为外公"，或者"如果我是我父亲的父亲，我就不会是胆小鬼了，我会给他点颜色看看"。卡尔·亚伯拉罕（Karl Abraham）[②]报告了一个案例，表明这种态度具有脚本的性质。案例中的一个小男孩

[①] 希腊学者，活跃于公元前300年，在《圣史》一书中主张神祇源于英雄，受到崇敬后被奉若神明。该学说被称为神话史实说，又译欧伊迈罗斯主义。——译者注

[②] 他是第一个考虑抑郁症病因学的精神分析师。——译者注

总是沉浸在幻想中,想象自己是一个国家的王子,国王是他的父亲。之后出现了国王的父亲,比国王还强大。有一次,小男孩被母亲惩罚,他说:"现在,我要和祖母结婚。"他此时的秘密计划(但不是无意识的)基于一个童话故事,故事中的孩子通过变成祖父母,比父母更强大。

4. **个人经历**。这是孩子和祖父母之间真正发生的互动,对孩子形成脚本具有强烈的影响。祖母可以促使一个小男孩成长为英雄;相反,祖父也可以引诱一个小女孩,将其变成小红帽。

总之,童话故事和临床经验都表明,祖父母被看作令人敬畏或令人恐惧的,就像父母被看作令人崇拜的或令人害怕的一样。敬畏和恐惧是更原始的情绪。在儿童建立脚本的早期阶段,这些情绪对儿童形成对世界的看法有很大影响。

C. 怀孕的情景

杰德被怀上的背景对他确定人生计划和最终的命运有强烈影响。所谓被怀上的背景,要从父母结婚说起。有的年轻夫妇结婚是出于非常想要一个儿子或后代的目的。如果婚姻由家人安排,这种倾向则更为明显,尤其是在家中有产业要继承的情况,比如一个国家或一个公司。之后,这个儿子就会被依照某种身份教养,学会一个国王或总裁应该学会的一切技能。他接过了早已被写好的脚本,如果想摆脱这个脚本,需要与家族进行英雄式的决裂。在这种情况下,如果第一个出生的是女孩,不是男孩,她可能会陷入麻烦。我们经常见到一些银行家,他们的第一个孩子如果是女孩,很可能会沦落为同性恋、脱衣舞娘或者没有远见的、不负责任的流浪汉或靠救济金过日子的懒鬼的妻子。有时,如果母亲不能生出儿子,父亲还会和她离婚,使女儿一出生就对自己是女性带有强烈的内疚感。

另一种情况是,父亲根本没打算与母亲结婚,在得知她怀孕的消息后就逃跑了，再也联系不到。所以，孩子几乎从出生那天起，就要自力更生。有时，逃跑的是母亲。但即使是吝啬的父母也可能接受不期而至的孩子，因为这个孩子可以帮助他们减少需缴纳的个人所得税，或可以因此申请福利。青少年对此很了解，当被问及他是谁或他的脚本时，他会说："我是减税的人（或者换来福利的人）。"

如果父母非常渴望要一个孩子，可能是需要孩子做出某种献身，就像很多名人传奇或童话故事那样，例如，莴苣姑娘①：这是真实生活与文学作品相符合的又一个例子，用奥斯卡·王尔德（Oscar Wilde）的话说，就是自然效仿艺术。这也提出了有关脚本的另外一些有趣的问题，不同程度的悲剧或喜剧，究竟是如何造成的？如果罗密欧成了父亲，奥菲莉娅生了孩子，或者科迪利亚②怀孕了，在他们的孩子身上又会发生什么？人们都知道美狄亚的孩子以及伦敦塔上的小王子③的故事，这是孩子成为父母脚本的牺牲品的最著名的例子。人们不知道的是，在一些阿拉伯国家，小男孩和小女孩很早就被卖为会遭到强奸的奴隶。

真正受孕时，发生在床边的情形，我们可以称作对待怀孕的态度。怀孕是由于意外、热情、爱、暴力、欺骗、怨恨，还是顺从？如果是其中一项，当时发生的背景是什么，有没有为其做准备？如果做了准备，是冰冷的还是温暖的，简单的还是认真的，有很多交谈还是只有强烈且无声的交融？孩子的脚本可能具有与之相同的性质。性被看作肮脏的、随便的、恐怖的还是有趣的？人对性有怎样的态度，就会对孩子有一样的态度。母亲有没有尝试过流产？尝试过几次？在下一次怀孕前，她流过几次产或做过几次打算？我们几乎可以提出无数个不同程度的微妙问题，所有这些都可能对未出生的婴儿造成影响。一首打油诗很好地总结了一个典型的情形：

---

① 一对夫妻非常渴望要一个孩子，但由于丈夫为妻子摘了女巫花园里的莴苣，女巫要求这对夫妻生下孩子后必须给她养。——译者注

② 《李尔王》中李尔的女儿。——译者注

③ 爱德华四世的两个儿子，被其叔父篡位后囚在伦敦塔，后被秘密杀害。——译者注

第四章 出生前的影响

> 一个年轻的（男子/女士）名叫合恩，
> 他/她希望自己从未出生。
> 如果他/她的父/母看见，
> 安全套的末端已破，
> 他/她就不会来这个世界。

这首普通的打油诗看起来非常简单，但真正的情况可能并不简单，因为存在很多可能性。例如，夫妻两方都不知道安全套坏了，是一回事；母亲知道了，但没有提醒父亲，是一回事；父亲知道了，但没有提醒母亲，又是另一回事。

从积极的角度看，好的例子也存在。比如，父母亲都想要孩子，并且接受他们的性别。如果一个女人在小时候就决定结婚生子，并且遇到了一个和她有同样决定的男人，那他们的孩子已经有了很好的起点。如果父母在生理方面遇到了困难，就会更加珍惜这个孩子：假如女人总是流产或者男人的精子数量很少，致使受孕晚了几年。等他们有孩子时，孩子就真的被看作奇迹。但假如一对夫妻一直生男孩或一直生女孩，第七个男孩或女孩一出生，就可能被当作家庭的笑话。

D. 出生位置

孩子出生最重要的影响因素是父母的脚本。杰德的出生与父母的脚本匹配吗？他的性别是父母期望的吗？他来的是时候吗？父亲的脚本想要孩子成为一个学者，而他带着足球运动员的特质？或者是反过来？在这个方面，母亲的脚本与父亲的一致，还是相反？杰德还会从童话故事或真实的生活里听到一些传说。比如，三个儿子中最小的一个，平时都表现得很笨，但在关键时刻，一下子战胜了哥哥。如果他正好是第七个儿子的第七个儿子，他会迫不得已地被人们奉为先知。更具体地说，父母的脚本会使他们要么因为自己的孩子而荣耀，要么因为自己的孩子而蒙羞。相应地，孩子必须要么异常成功，要么异常失败。通常，第一个出生的儿子会承担这个角色。如果一个母亲的脚本是在她年老时成为丧偶的患者，她必定使一个孩子从出生开始就留在她身边、照顾她，而其他孩子则被养育为远离家庭、忘恩负义的类型。如果这个40岁的单身儿子或女儿想打破脚本，搬出她的家，或者更糟的情况是想要结婚，那么这位母亲必定表现出既理解又可怜的姿态，并以严重的疾病回应。母亲的这种做法具有脚本的性质，从她常有的转换可以看出，例如，她会"出乎意料"地将绝大部分钱以遗嘱的方式留给忘恩负义的孩子，而只给一直照顾她的孩子非常少的钱。

其他条件不变，一般情况是孩子会在家庭星座中跟从父母的脚本。这一点从最简单的特征中就可以清晰地看到：所生孩子的个数以及孩子的出生间隔。（孩子的性别不能算在其中，因为这仍旧处于父母的控制之外——这其实也是幸运的，因为性别可以成为代代相传的脚本的突破口，至少可以使某些孩子重获新生。）仔细研究几个家庭，你就会发现这方面有大量惊人的"巧合"。

图5从脚本的角度展示了一个家庭的家谱图。艾伯家有3个男孩，分别是卡尔、亨利和瓦尔。瓦尔出生时，亨利4岁，卡尔6岁，因此他们的间隔是0—4—6。他们的父亲唐是他那一辈的3个孩子中最年长的一个，间隔是0—5—7。母亲凡是那一辈的3个女儿中最年长的一个，间隔0—4—5。她的两个妹妹南和潘每个人也都有3个孩子。凡的母亲是两个女儿中年长的一个，间隔0—6，在她俩之间，母亲有过一次流产。我们可以看到，这个家族都是生3个孩子，孩子出生的间隔为5—7年。

这种家谱图让我们从后代的数量和出生间隔的角度看到人们如何跟从父母的脚本。现在，我们一起思考，在这个例子中，祖父母可能传递给唐和凡怎样的"脚本指令"。

第四章 出生前的影响

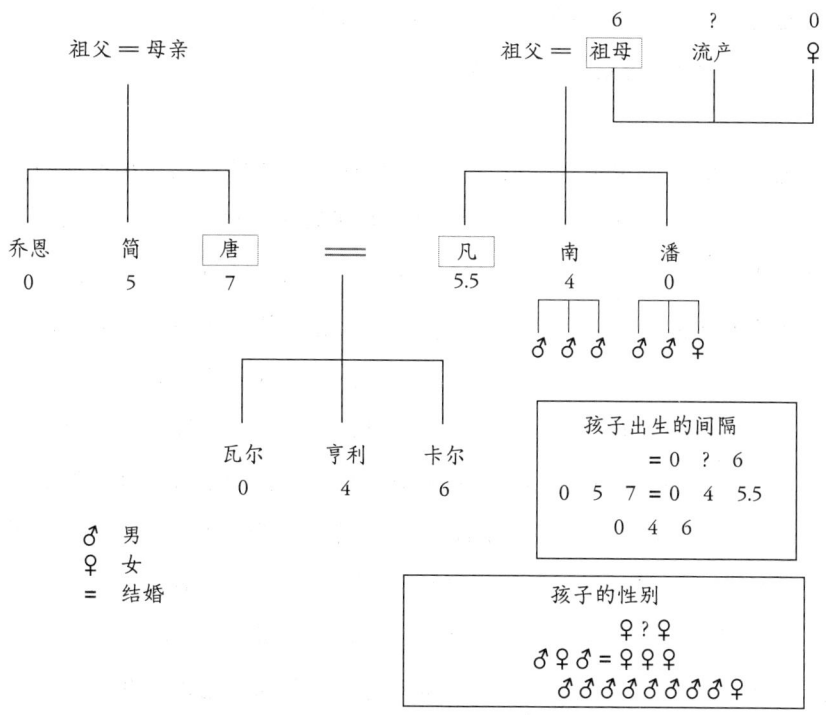

图 5 艾伯家的脚本家谱图

a. "等你长大，生 3 个孩子，然后就可以自由做你想做的事情了。"这是最为灵活的脚本，不包含生孩子的时间和数量限制。只有当凡接近更年期还没有生出 3 个孩子时，才会有"脚本失败"的恐惧或者对失去母亲的爱的恐惧。需要说明的是，凡始终不会感到自由，**直到**她有了第 3 个孩子。这是"直到（Until）"脚本。

b. "等你长大，至少生 3 个孩子。"在这个指令中，对孩子的数量也没有限制，但可能造成匆忙感，特别是当祖父母拿唐和凡的生育能力开玩笑时。这是一种"开放结局（Open End）"脚本，因为凡生完 3 个孩子后，她想再生几个都行。

c. "等你长大，不要生多于 3 个孩子。"在这个指令中，没有时间限制，但有数量限制。第 3 个孩子出生后，唐和凡如果再度怀孕，就会非常不安。

71

这是一个"之后（After）"脚本，因为它暗示如果第3个孩子出生后再有孩子出生，他们就会有麻烦了。

现在我们一起想想看，假如凡有了第四个孩子帕德沃，在不同的指令下会发生什么。指令 a 的意思是"前3个孩子属于祖母，且必须按照祖母的方式来带。"这样帕德沃就成了属于凡的孩子，凡带大他的方式可能会、也可能不会与卡尔、亨利和瓦尔相同。凡在带帕德沃时更自主，帕德沃长大后也可能比其他孩子更自由和自主。凡对待这个儿子就像她对待自己的布娃娃安。布娃娃安是她小时候的一个特殊的娃娃，她可以按照自己的心意照顾她，而其他娃娃则必须用祖母的方式照顾。换句话说，凡已经通过布娃娃安为帕德沃准备好了"脚本计划"，在完成了祖母的任务后，她就可以开始实施自己的计划了。b 和 a 相似，不同的是，祖母对帕德沃有更多控制，因为帕德沃就像是给予她的额外拨款，凡仍旧无法自主抚养他。在 c 的情况下，帕德沃就有麻烦了，因为凡违背了祖母的意愿多生了他。他必定像"不想要的孩子"般养大，变得叛逆、焦虑或内疚。如果我们的理论没错，在这个例子中，帕德沃的家人一定会一遍遍地说他和其他3个哥哥多么不同。

接下来要考虑的问题是关于家庭的规模，父母会玩什么游戏。例如，珍妮是11个孩子中最年长的一个。她母亲南妮经常抱怨不想要后面5个孩子。如果你认为珍妮因此就被输入了生6个孩子的指令，就太天真了。事实不会是这样的。她其实被要求生11个孩子，然后同样抱怨后面5个是她不想要的。这样，她长大后就可以像母亲那样，玩"我也成了这样""忙忙碌碌"和"冷淡的女人"的游戏了。这个例子其实可被用来考察一个人是否具有心理学思维。提问"一个女人生了11个孩子，并且抱怨后面5个她不想要。那么她的大女儿最可能生几个孩子？"脚本分析师会回答："11个。"那些回答6个的人在理解和预测人的行为上会存在困难，因为他们假设人生的一些重要行为就像不重要的行为那样是由"理智"驱动的。①但其实不然,重要的行为通常是由脚本中的"父母"指令决定的。

在临床工作中对此进行考察,首先需要询问患者的父母,他们各自有几个兄弟姐妹;其次,询问他们希望有几个孩子;最后,(任何产科医生都知道生育的事情会出现很多意想不到的变化)询问他们预期真正会生几个孩子。如果父母知道如何正确地区分不同的自我状态,询问第二和第三个问题就可以获得更多信息:"你的'父母'/'成人'/'儿童'希望/预计生几个孩子?"这个问题可以揭示父母的三个自我状态之间隐藏的冲突,以及父亲和母亲之间的冲突。这些冲突对他们给予患者的脚本指令有很大影响。这个问题更复杂的版本是把原来要回答的六个方面扩展为十二个方面:"你的养育型/控制型'父母''成人'和自由/顺从/反叛型'儿童'各自希望/预计生几个孩子?"相应地,这样询问也可以增加获得的信息量(前提是向父母解释明白,以保证他们可以理解)。

对于患者,最有效也最有可能获得答案的问题是"你在家庭中的位置是什么?"接下来可以问"你什么时候出生?"必须精确获得比患者早一个和晚一个出生的孩子的出生日期,这样才能以精确到月的方式计算出他们的年龄差距,特别是出生相邻较近的情况。一个孩子出生时,假如家中已经有了姐姐或哥哥,那么他们究竟相差11个月、36个月,还是11年、20年,对孩子的脚本决定具有完全不同的影响。这种不同不仅来自他们与哥哥或姐姐的关系,还来自父母对孩子出生间隔的看法。这两点也适用于下一个出生的孩子。了解下一个孩子出生时患者的确切年龄也非常重要,例如,是11个月大、19个月大、5岁,还是16岁。一般来说,在一个人7岁前出生的所有兄弟姐妹对于他的脚本都具有决定性影响。如前所述,他们出生的间隔是要考量的重要因素,因为这不仅影响着他自己的态度,也反映了父母的态度。如果患者是双胞胎或者出生于双胞胎之前或之后,那么另当别论。

---

① 伯恩在前文中论述过,人们对一些不重要的事才会深思熟虑,重要的事通常由于脚本驱动,反而会草草决定。——译者注

在有些案例中，患者对占星学、气象学或圣徒传记感兴趣，他们的出生日期会极大地影响他们的脚本。如果他们的父母也对历法感兴趣，那孩子的出生日期对其脚本的影响就更为重要。

E. 出生脚本

奥托·兰克（Otto Rank）[①]认为出生本身就会造成"出生创伤"，印刻在婴儿的心灵中，并在今后的生活中不断以象征的方式重复出现。他的弟子福德将其描述为重返幸福、安宁的子宫的强烈愿望。如果真是这样，每个人通过产道时（每个人只能走一次，并且永远是单行线）的恐惧和期盼必定会成为脚本中的重要元素。这些恐惧和期盼也许确实构成了脚本内容，但没有可靠的方法加以验证，就算将剖宫产与普通生产比较，可能也得不出结论。因此，"出生创伤"对脚本究竟有何影响，仍处于推测之中。事实上，认为剖宫产必定会影响脚本这一看法也不足为信。比如，在戏剧《麦克白》（*Macbeth*）中，剖宫产只是被当作了文字游戏[②]，而不是将其看作形成脚本的重要影响因素。更有可能的情况是，一个孩子后来得知自己是通过剖宫产而出生的，并能够理解其含义时，会将这一事实以某种方式融入脚本，并在得知哪些杰出人物也是通过剖宫产而出生的后，对脚本加以细化。真实情况是否如此，需要了解更多的案例历史，加以佐证。

在实践当中，最常见的两个"出生脚本"分别是"弃婴脚本"和"折磨母亲脚本"。弃婴脚本来自被收养的幻想，就算是普通的孩子也会猜想自己"真正的"的父母是谁。这种脚本与奥托·兰克的《英雄出生的神话》（*Myth of the Birth of the Hero*）一书的内容类似。伤害母亲的脚本也很常见，就我的经验来看，有这种脚本的人的性别比例相当。孩子之所以会产生这种脚本，

[①] 奥地利心理学家，精神分析学派最早且最有影响的信徒之一。——译者注
[②] 女巫预言任何由女人生下的男人都不能伤害麦克白，但麦克白最终被麦克德夫所杀，麦克德夫告诉麦克白，他是没有足月就被从母腹中剖出来的。——译者注

第四章 出生前的影响

是由于母亲告诉孩子自从他出生，她的身体就多么不好；或者更严重，她告诉孩子生他让她受尽折磨，她再也不是原来的自己了。孩子的反应和脚本取决于他自己的观察。如果他看到母亲真的终生罹患疾病或残疾，他会觉得自己不得不为此承担全部责任。他的"成人"无法说服"儿童"相信这不是他的错。如果母亲的损伤无法直接看到，而家里有些人，比如父亲，或暗示或明说母亲在装病，患者的脚本中将充斥着模棱两可、虚伪和自私的色彩。有时，母亲自己并不抱怨此事，而是由父亲、祖母或姑姑来讲述孩子出生的波折。这样将造成一个三角关系的脚本，通常是从第三方传来一些"坏消息"。我们很容易看出，弃婴脚本源自英雄出生的神话，折磨母亲的脚本源自恶棍出生的神话，后者好像一出生便犯下了弑母的罪行。"母亲由于孩子的（我的）出生而死去"对任何人来说都难以承受，除非他获得了良好的帮助。如果母亲只是受伤了，或者得了膀胱突出症，修复就永远不晚，而这方面的事还是越少说越好。

F. 姓和名

罗杰·普利斯（Roger Price）在《不要给孩子起的名字》（*What Not to Name the Baby*）一书中罗列了美国人常用的一些名字，并对每个名字相应的性格给出了一句话的描述。这些描述还是相当准确的，或者至少有些道理，脚本分析师对此很感兴趣。毫无疑问，很多人的名字、名字的简称、昵称或者曾用名都是在婴孩时期父母给起的，它们清晰地反映了父母的期待。如果孩子想打破这种期待的影响，他需要努力挣扎，就算从表面上看成功突破了，但其影响可能又会以另外的形式表现出来。名字可以反映脚本，这种联系最可能发生在高中。因为此时的男孩和女孩开始阅读历史和神话书籍，并且了解到历史上与他同名的人；同学也会多少有些无情地揭穿他们名字中隐含的意义。对于孩子的名字，父母有控制权，并且应该能够预见其影响。

名字以四种方式影响着脚本的形成：有目的的、偶然的、疏忽的和必然的。

1. **有目的的**。这种名字是专门起的,希望孩子成为某种人,例如,塞普蒂默斯·S.(成了古典哲学的教授)、盖伦·E.(成了一位医生)[1]和拿破仑(成了下士),或者吉泽斯(Jesus)①,在中美洲是一个很普遍的名字。查尔斯和弗雷德里克曾是国王和皇帝。一个一直被母亲称作查尔斯和弗雷德里克的男孩,坚持让伙伴也这样称呼他,他们的生活风格与那些通常被称为查克或弗雷德的男孩不同,与那些被称为查理或弗雷迪的也不同。给男孩起父亲的名字,或者给女孩起母亲的名字,通常是父母有意为之的行为。他们同时也将自己不愿履行甚或厌恶履行的义务加诸子女身上,使孩子的整个人生计划弥漫着轻微的苦涩或极度的怨恨。

2. **偶然的**。名叫多林或者阿斯帕齐娅②的女孩,名叫马默杜克③的男孩,在某个州、某个国家或者某所高中与其他人相处融洽,但如果他们的父母碰巧搬到另一个地方,那里的人使他们突然意识到了自己名字中的含义,他们便不得不成为与之类似的人。同样,名叫琳的男孩或名叫托尼的女孩也会如此。

3. **疏忽的**。有些人的名字起得和宠物一样,例如,Bub(小家伙)、Sis(小崽子)。父母原本不打算一直叫下去,但通常又一直叫下去了。这样的人就或情愿或不情愿地终生做着小家伙或小崽子。

4. **必然的**。姓与名不同,父母对姓可做的很少,它们只是祖辈传下来的。很多姓氏在欧洲很可敬,到英语中却变成了污言秽语。一个人郁闷地说:"真庆幸,我的名字里只有一个脏字。"移民家庭的孩子从高中时就会开始对此有意识,他们不仅要忍受移民本身带来的侮辱,还要忍受自

---

① 也有耶稣之意。——译者注
② 希腊的高等妓女,她也是雅典政治家伯里克利的情妇,以智慧、机智和美貌著称。——译者注
③ 美国连载漫画《大丹麦狗马默杜克》中的大丹犬的名字。——译者注

己的名字为别人提供了现成的脏话。他们感到自己的姓氏没有价值,有些处于这种困境的人甚至感到自己从出生开始便被祖先诅咒为失败者。克里斯特(Christ)也是一个常见的姓,但这也存在脚本的问题,不过是另一种类型的问题,尤其是对有宗教信仰的男孩来说。H. 海德(H. Head)①和W. R. 布莱恩(W. R. Brain)②成为知名的神经学家也不足为奇。

另外,除了要询问患者,"谁为你起了名字"以及"你的姓氏源起自哪里"外,还要询问每个患者,"你是否真正看过你的出生证明?"如果他没看过,你应该建议他看一看,或者更好是拿给治疗师看。大约一半的患者在第一次仔细阅读出生证明,发现了遗漏、误解或其他一些之前没有注意到的信息时,都很惊讶。通常,让很多人吃惊或愤怒的是,出生证明上的名字和他使用了一辈子的名字竟不相同。所有这些让人吃惊的事都为了解患者的父母的脚本以及患者出生的背景提供了额外的线索。

— 注 释 —

[1]《格式解剖学》当前的主编是 Charles Mayo Goss。

---

① head 的意思是头。——译者注
② Brain 的意思是大脑。——译者注

第五章

早期发展

人生脚本——改写命运、走向治愈的人际沟通分析

A. 早期影响

最早的脚本编码开始于哺乳期，以简短的草稿形式出现，之后会逐渐演化为一出复杂的戏剧。此时的剧情通常只涉及两个角色——孩子和母亲，很少有旁观者干扰。即便有，母乳喂养所涉及的主题也不外乎"公众表现""还不是时候""等你准备好时""等我准备好时""快点儿""咬人的孩子要被撇下""妈妈在抽烟""抱歉，电话响了""他大惊小怪什么？""总吃不够""先吃这边，再吃另一边""他看起来脸色不好""让他慢慢来""他太棒了！""爱与满足的闪光时刻"以及"摇篮曲"。

再稍微复杂一点的是同一个家庭中卫生间里发生的情景："快来看，多可爱啊""现在是时候了""你准备好了吗""在排完便之前，你得一直坐在这儿""快点儿""淘气，淘气""妈妈在抽烟""妈妈在讲电话""灌肠管""如果你排不出来，我就给你上蓖麻油""这是你的通便剂""如果不排泄，你会生病的""让他按照自己的方法来""这是一个好孩子""这是一个超好的孩子""你排便时，我会给你唱歌"。这个阶段形成的脚本草案通常是三方的，包括："我告诉你，他还没准备好呢""别放他走""我能让他排出来""你试试""你在干扰他""你为什么不……好，但是……""这一次，他肯定能行"。卫生间中的情景总有一天又会搬进卧室："斯波克医生①说""泰茜那时被训练过"以及"玛丽姐姐才"，等等。随着孩子长大，这些话可能又变成"弗洛伊德说""南西总能体验到性高潮"以及"海伦每晚都如此"，等等。

---

① 美国著名儿科医生。——译者注

其实，预测谁是赢家，谁是输家很容易。如果母亲在哺乳时说："他太棒了！"2年后又说："真是一个好孩子。"那么这样的孩子通常比母亲说"他大惊小怪什么"，2年后又接着用"灌肠管"的孩子表现得好得多。同样，在哺乳和排便时，母亲会唱"摇篮曲"的孩子比"妈妈在抽烟"的孩子表现得好得多。此时，"好"与"不好"的感觉已经根植于孩子心里。孩子"好"与"不好"的感觉能够区分在现在与未来他是青蛙还是王子。青蛙和王子涉及不同的类型（对女性来说，是牧鹅女与公主）。母亲说"他太棒了"的孩子拥有成功的脚本，是永远的王子。他们通常是第一个出生的孩子，但不总是如此。母亲说"快来看，他多可爱啊"或者"快点儿"的孩子是有条件的王子，因为他们只有保持可爱和快速，才是王子。有条件的青蛙是那些"咬人的""淘气的""看起来精神不好，需要通便剂"的孩子。如果他们停止咬人、淘气或精神变好，就不再是青蛙了。还有一种孩子是注定的青蛙，无论怎样都很难成功。他们需要花很大力气才能不关注"妈妈在抽烟""妈妈在喝酒"的行为，这很令人同情。只有发生巨大的灾难才能使永远的王子变成青蛙，也唯有奇迹才能使注定的青蛙变成王子。

B. 信念与决定

当孩子大到你会对他说"亲爱的，我想我最好还是开车送你"，或者"赶快给我滚下床"，甚或是"如果你不……我就把你那该死的脑子打烂"时，孩子已经形成了对自己和周围人的信念，特别是对父母的信念。这些信念会伴随他的一生，可以总结为以下四种：(1)我好；(2)我不好；(3)你好；(4)你不好。他会基于这些信念做出人生决定。"这是一个美好的世界，总有一天，我会把这个世界变得更美好"——通过科学、服务、诗歌或音乐创作。"这是一个糟糕的世界，总有一天，我会自杀"——或者杀死别人、变疯或退缩冷漠。这是一个不好不坏的世界，处于你不得不做的事和很有趣的事之间。或者，这是一个凶险的世界，你必须做白领，同时搅乱别人的牌局，才能获得成功。或者，这是一个艰难的世界，你要么征服，要么屈服，要么谈判；为了生存，要么退缩，要么战斗。或者，这是一个沉闷的世界，你只能坐在酒吧里盼望。或者，这是一个无望的世界，在这里，你只能放弃。

C. 心理地位——代词

无论孩子做出了上述哪种决定，都可以根据心理地位向自己证明这种决定的合理性。心理地位建基于已经根植于人们心中的信念，涉及对整个世界及其中所有人的看法，要么是朋友，要么是敌人："我会自杀，因为这是一个糟糕透顶的世界，我不怎么样，别人也不怎么样，我的朋友没比我的敌人好多少。"用心理地位的语言描述，这种情况是"我不好，你不好，他们也不好。在这种情况下，谁不会自杀呢？"这种自杀称作无望的自杀。如果情况是"我会自杀，因为我不好，但其他人都好"，这是忧郁的自杀。（自杀在这里包括任何形式，从跳下桥，到出车祸，再到过量饮食或饮酒。）或者"我要杀死他们，把他们铲除，因为我好，他们非常不好"；或者"既然我们都好，那我和你一起完成任务，然后一起出去玩吧"。

有人会说："但是，我知道我们是好的，其他那些家伙可不行。""好吧，我好，你好，他们不好，所以我们先忙完手头的事，之后一起收拾他们。"我们可以将其翻译为儿童的语言："我们要玩过家家了，但不能带你玩。"长大后，这种心理地位最极端的表现形式可能是建立集中营。

最简单的心理地位是两方的，关于你和我。心理地位出自孩子的信念，信念随母亲哺乳根植于内心。好简写为"＋"，不好简写为"－"，四种信念即为：我＋或我－；你＋或你－。这四种信念的组合构成四种基本的心理地位，它们是心理游戏和脚本的基础。这四种心理地位也决定了人们在说完"你好"后会说什么。

1. 我＋你＋。这是"健康的"心理地位（在心理治疗中，是患者"康复"

的心理地位），是过上美好生活的最佳心理地位，是真正的英雄、王子或公主拥有的心理地位。其他心理地位或多或少都包含一些青蛙的方面，那是父母赋予他们的、失败的性格特征。除非他们成功克服，否则将被一次次拉下来。如果没有获得心理治疗或自我治愈奇迹般的拯救，那么在最极端的情况下，他们将荒废自己。嬉皮士向警察献花[①]，试图表达我＋你＋。但我＋是真实的，你＋还只是虔诚的希望；警察愿意接受自己＋，还是更愿意选择－，都不得而知。我＋你＋的心理地位要么从小养成，要么必须在长大后努力学习，它不是只靠主观意愿就能实现的。

2. 我＋你－。我是王子，你是青蛙。这是要"摆脱"的心理地位。这类人会玩"瑕疵"的心理游戏，或者把挑毛病当作消遣或例行之事。这样的人讥笑配偶，把孩子送进劳教所，炒掉朋友和工作多年的家仆。他们发动改革甚或战争，他们坐在团体里寻找下属或对手的错误，错误可能是真实存在的，也可能是想象出来的。这是一种"傲慢"的心理地位，最糟的情况是变为杀人者，最好的情况是变成一个爱管闲事之人，视帮助"不好的他人"为己任，而那些人其实并不想被帮助。不过，处于这种心理地位的人，多半还是平庸之才，临床表现为偏执。

3. 我－你＋。这是感觉"抑郁"的心理地位，无论在政治阶层还是在社会交往层面都感到低人一等，并且会将其传递给孩子。从职业的角度看，他们依靠他人或大或小的恩惠过日子，在享受的同时又心存怨恨。他们的满意度很低，希望别人为他们的好感觉承担尽可能多的责任。有这种心理地位的人会成为忧郁的自杀者或自称为赌徒的失败者。他们想摆脱的是自己，而不是别人，因此会把自己隔离在幽暗的房间或峡谷里，或将自己送进监狱、精神病院。他们总有"要是……多好"以及"我

[①] 性乱、暴乱、吸毒、堕落、迷幻和不争气只是嬉皮士运动后期的特征。真正的嬉皮士在"爱与和平"的思想下，用纯粹的精神对抗社会既成的价值观念。他们崇尚纯精神、热爱生命和大自然以及与人为善的本性，在头上插上象征爱与和平的花朵，自诩"花童"。遇到警察时，他们不逃避或以暴制暴，而是微笑着在他们的枪管里插上美丽的花朵。——译者注

本应该"的心理。

4. 我－你－。这是"无意义"的心理地位，并有很多"为什么不"：为什么不自杀，为什么不疯掉。临床表现为精神分裂。

这四种心理地位在全人类中都非常普遍，因为所有人都是吃母乳或用奶瓶吃奶长大的，与此同时获得了父母传递的信息。这些信息在孩子需要学习礼貌时得以强化。无论在丛林、贫民窟、共同治疗区还是在家族祠堂中，皆是如此。即使在一些没有开化的地区（人类学家会研究他们的"文化"），人们也会按照一套历史悠久的方法养育每一个孩子。然而，母亲和母亲之间（或父亲和父亲之间）存在个别差异，虽然都遵照相同的方法，但结果可能不同。成为赢家的人会成为首领、医生、船长或者拥有1000头羊或成千上万的甘薯的资本家。而成为输家的人则可能进入帕皮提[①]、摩尔斯贝港[②]、达喀尔[③]的精神病院，或者苏瓦[④]皇家监狱。每一种心理地位已经带有相应的脚本及其结局。即使在我们这个具有上万种"文化"的国家，结局也不外乎这几种，并且和其他国家没有什么两样。

每个人都是由上万个时刻、上千种心理状态、上百种经历以及两个父母造就的，因此，详细探究一个人的心理地位，会展现复杂性以及明显的矛盾。不过，每个人通常都具有一种主要的心理地位（真诚的或虚假的，顽固的或缺乏安全感的），并在此基础上展开人生，发展出心理游戏和脚本。心理地位对每个人都很重要，会使人有脚踏实地的踏实感。人们非常不情愿改变心理地位，因为这好似拆掉了房屋的地基。举个简单的例子，一个女人认为自己很穷，别人很富（我－他们＋），这种想法对她非常重要，她不会因为挣了很多钱就放弃这种想法。从她的角度看，挣钱不会给她带来富有感；

[①] 法属波利尼西亚的首府和港口城市。——译者注
[②] 大洋洲国家巴布亚新几内亚的首都和港口城市。——译者注
[③] 非洲国家塞内加尔的首都和海湾城市。——译者注
[④] 大洋洲国家斐济的首都和海港。——译者注

只会使她觉得自己是一个偶然拥有了很多资产的穷人而已。而她的同学，也有一种对自己非常重要的想法，即自己很富有，不像别人那样穷（我＋，他们－）。她也不会因为失掉钱而改变心理地位，觉得自己是一个穷人。她只会觉得自己是一个经济暂时窘迫的富人。

后面我们会谈到，心理地位的稳固性可以解释灰姑娘和王子结婚后会过何种生活。也可以解释为什么处于第一种心理地位（我＋你＋）的人能够成为好的领导者，即使在最极端的逆境中，仍旧可以保有对自己和下属的尊重。这四种心理地位很难通过外力改变：(1)我＋你＋（成功）；(2)我＋你－（自大）；(3)我－你＋（抑郁）；(4)我－你－（无望）。牢固的改变只能通过内在产生，或是自发的，或是通过某种"治疗"性干预，即专业的心理治疗或爱。爱是自然的心理治疗。

不过，有些人的信念不是那么确定，所以他们会在不同的心理地位间摆动：例如，从我＋你＋到我－你－，或者从我＋你－到我－你＋。就心理地位来说，这些人具有不安全或不稳定的人格特征。安全或稳定的人是心理地位不可撼动的人，无论是好是坏。心理地位这一概念若要具有实用价值，必须能够应对缺乏安全感之人心理地位的易变性和不稳定的特点。沟通分析的应对方法是分析个体在特定时刻的所作所为。如果 A 中午时表现的是第一种心理地位（我＋你＋），我们就说："A 处于第一种心理地位。"如果在下午6点，他表现得像第三种心理地位（我－你＋），我们就说："中午，A 处于第一种心理地位；下午6点，处于第三种心理地位。"从这个例子中，我们可以总结出：(1) A 的第一种心理地位不稳固；(2) 如果他有一些不良症状，只有在特定情况下才会发作。如果在所有情况下，他都表现为第一种心理地位，我们就说："A 稳定地处于第一种心理地位。"假如 A 稳定地处于第一种心理地位，我们可以预测：(1) A 是赢家；(2) 如果他在接受心理治疗，现在已被治愈；(3) 他不玩心理游戏，至少没有玩的冲动。他拥有社交控制，即可以自主决定是否在某一时刻玩心理游戏。如果 B 在所有情况下都表现出第四种心理地位，我们就说："B 稳定地处于第四种心理地位。"从中可以预测：(1) B 是输家；(2) 治愈他很难；(3) 我们无法阻止他玩心理游戏，这些游戏可以证明他的生活没有意义。通过仔细分析 A 与 B 参与的真实沟通，我们可以得出以上结论。

一旦做出预测，我们就可以通过观察轻松地加以检验。如果当事人之后的行为没有验证预测，要么是我们的分析错，要么是我们的理论错了且需要修正。如果事后的观察确实验证了预测，那么理论的有效性就得到了加强。到目前为止，所有迹象均支持我们的理论。

D. 赢家和输家

为了验证预测，我们有必要对什么是成功进行界定，即赢家和输家。赢家是成功实现所说的话的人。输家是没有实现计划要做的事的人。某人说："我要去里诺赌博。"他只是说要去那里，并要赌博，并没有说是否要赢钱。如果他说："我要去里诺，这次要赢钱。"那么他是赢家还是输家取决于他回来时兜里有多少钱。如果赢钱了，就是赢家；如果没有赢钱，就是输家。一个女人离婚了，除非她说过"我永远不会离婚"，否则就不能界定她为输家。如果她宣布："有一天，我要辞职并且永远不再工作。"之后，她即使不工作也有生活费，那么她就是一个赢家，因为她实现了计划要做的事。她没有说明要怎样实现这一计划，因此无论用何种方式实现，都没有人能指责她为输家。

E. 三方的心理地位

到目前为止，我们主要谈的是两方的心理地位："我"和"你"。但心理地位这个概念就像手风琴，可以扩展，涵盖除了四种基本心理地位之外的各种态度。态度有很多种，甚至可以说，世界上有多少人，就涉及多少种态度。因此，当我们探讨三方的心理地位时，包含如下的组合。

1a. 我＋你＋他们＋。这是民主社群式的心理地位，像一个和睦的家庭。在很多人眼中，这是他们奋斗的理想，是"我们爱每一个人"的宣言。

1b. 我＋你＋他们－。这是挑唆者的心理地位，可能是饱含偏见的势力之人或犯罪团伙，宣言是"谁需要他们？"。

2a. 我＋你－他们＋。这是鼓动者或者不满者的心理地位，有时也是某些传教士的心理地位。宣言是"你们没有那边那些人好"。

2b. 我＋你－他们－。这是纯粹的傲慢者的心理地位，他们是孤独且自以为是的批判家。"每一个人都要臣服于我，作为下等人，你们必须尽量模仿我的样子。"

3a. 我－你＋他们＋。这是纯粹忧郁者的心理地位，他们是自我惩罚之人或受虐狂。"我是全世界最没价值的人。"

3b. 我－你＋他们－。这是一种奴性的心理地位，这些人谄媚地为权势服务并获得赏金。"与其他下等人不同，我贬低了自己，但你给了我丰厚的酬劳。"

4a. 我－你－他们＋。这是一种奴态但羡慕的心理地位，有时也是一种政治姿态。"他们讨厌我们是因为我们不富裕。"

4b. 我－你－他们－。这是愤世嫉俗之人的悲观的心理地位，或是那些相信命由天定和原罪的人的心理地位。"世上没有一个人是好人。"

三方的心理地位可能也不稳固，使三方中的一方有改变的可能。例如：

1. 我＋你＋他们？这是福音传道者的心理地位。"我和你都是好的，但在我们看到他们的资质或在他们站到我们这边之前，我们不知道他们怎么样。"

2. 我＋你？他们－。这是贵族阶层的心理地位。"其他人多数不好，至于你，我需要看到你的资质才知道。"

现在，我们谈过4种两方的心理地位和8种三方的心理地位，总共12种。一方不确定的心理地位数量应该与之相同，也有12种，两方不确定的有6种（比如，"我＋你？他们？""我－你？他们？"等），三方都不确定的（？？？）有1种。三方都不确定的人很难与他人建立关系。这样一共有31种可能的类型，已经足够让生活变得有趣。当我们开始考虑＋和－所代表的含义时，情况又会变得复杂。前面说过，＋代表好，－代表不好。在这里，我们需要回答的是，好与坏这对形容词中究竟包含了怎样的特质类型。每个家庭对什么好和什么不好有自己的强调。这些公式里的符号具有现实生活中的意义。

F. 心理地位——形容词

心理地位越简单，越难处理，同时也对社会最危险。最简单的心理地位是基于一对词语做出的好与不好的判断：白人—黑人，富有—贫穷，聪明—愚笨，犹太—非犹太，诚实—狡诈。每一对都可以演化为四种类型，不同的家庭会有不同的强调，并且以此为基础，从小开始对孩子加以训练。例如，富有—贫穷这对词语可以基于父母的态度演化为四种类型。

1. 我有钱＝好，你没钱＝不好。（势力的、高傲的）
2. 我有钱＝不好，你没钱＝好。（反叛的、浪漫的）
3. 我没钱＝好，你有钱＝不好。（怨恨的、革命的）
4. 我没钱＝不好，你有钱＝好。（势力的、奴态的）

（在不重视钱的家庭，有钱和没钱不是他们关注的，因此上述四种类型也不适用。）

每一对＋和－中包含越多的形容词，心理地位就越复杂、越有弹性，处理时也需要更多的脑力和辨别力。有的形容词起加法作用，增加描述，用以强调（不但……还……）；有的起减法作用，用以缓和（不过至少他也……）；

第五章　早期发展

有的进行权衡（但是哪一个更重要呢？）；等等。因此，对一些黑人来说，有钱的、狡诈的白人非常不好（他全是坏：－－－），而有钱的、狡诈的黑人则没有那么不好（至少他是黑人，所以是：－－＋），有钱的、诚实的白人也没有那么不好（至少他是诚实的：－＋－），没钱的、狡诈的白人也没有那么不好（至少他像我们一样穷：＋－－）。不过，有的情况是，没钱的、狡诈的白人最遭根，如果他有钱，则可以容忍。这是因为它掺杂了另外一对词的影响：狡诈获益成功＋，狡诈获益失败－。这样，那些贫穷的、狡诈的白人就是－－－，而那些有钱的、狡诈的白人就是＋－－。还有一种情况是限定条件：作为有钱的白人是好的（对经济公司）；但如果他诈骗，则变为不好（＋＋＋→＋＋－）。

从以上内容可以看出，一个人对代词的选择（我、你或他们；＋、－或？）决定了最终的命运及脚本结局，＋和－中涉及的形容词无法决定结果。因此，一个人的心理地位如果是我＋你－他们－（2b），最有可能的结局是在修道院、监狱或医院里孤独终老，或者孤零零地躺在太平间里；而他究竟是在宗教、金钱还是种族、性别等方面目空一切，则不对结果产生影响。一个具有我－你＋他们＋（3a）的心理地位的人，最终的结局基本是非常痛苦的，有自杀的可能，而不论他在哪个方面都感到没有价值。因此，代词决定了脚本最终的结局，是赢家还是输家。而形容词决定了他的脚本的内容及生活方式：宗教、金钱、种族和性别等。形容词与结局无关。

到现在为止，我们必须承认，以上没有什么内容不能被一个6岁的小孩理解，因为这会在他们身上发生。"妈妈说我不能和你一起玩，因为你（脏、普通、坏、是某某教徒、是某某民族或某某地方的人等）。"这是我＋你－。"我会和你玩，但不想和他玩，因为他撒谎。"这是我＋你＋他－。被排斥的孩子回应："我才不想和你们玩，你们这些娘娘腔。"这是我＋你－他－。如果不深入思考，很多人难以理解心理地位的核心原则：只有代词及符号（＋、－）起决定性作用；形容词只是人们使用时间的方式而已。形容词只是赋予人们说完"你好"后的谈资，而对之后会发生的事、或好或坏的人生以及最终的结局没有影响。

　　心理地位对日常社交也很重要。人们最先感受到的就是彼此的心理地位。在多数情况下，"物以类聚，人以群分"。那些对自己和世界都赞赏有加的人（＋＋）通常喜欢与类似的人在一起，而不喜欢与抱怨的人在一起。那些觉得自己很出众的人（＋－）喜欢在俱乐部或会所聚会。如果痛苦的人也喜欢被人陪伴，那一定是在"不太好"的酒吧，与自卑的人（－＋）在一起。那些感觉很绝望的人（－－）会聚集在咖啡馆或街上嘲笑一切。在西方国家，人们如何穿衣可能比他在社交场合如何表现更能体现心理地位。＋＋的人穿着整洁但不会华而不实。＋－的人喜欢制服、装饰、珠宝以及一些特别的设计，以显示自己的出众。－＋的人穿着有些破旧或随便，但不一定非常邋遢；或者他会穿一套"下等"的制服。－－的人则倾向于穿"去你的"的制服，展示出自己对一切的鄙视。精神分裂症患者的衣服则将破旧与优雅、粗笨与苗条、紫色与灰色、磨破的鞋子与钻石戒指混合在一起。

　　我们在前面已经提到，情况改变时，人们仍旧会固守自己的心理地位——一个觉得自己很富有的女人就算失掉了钱，也不会觉得自己变成穷人了，只是经济上有点窘迫；更惨的是，一个觉得自己很穷的女孩，即使有了很多钱，也不会觉得自己富有。对心理地位的固着在日常生活中让人觉得恼火和困惑，比如，"我是好人（尽管事实上我做了坏事）"。有这种心理地位的人希望别人永远以好的方式对待他；如果没有，他就会感觉自己受到了侮辱。

　　在婚姻冲突中，这很常见。马蒂·柯林斯坚持认为自己是一个好丈夫，尽管他每周六醉酒时都会打自己的妻子。更令人吃惊的是，他的妻子斯科提却用这样的话支持他的丈夫："你怎么能对圣诞节送你花的人发火呢？"我们再说斯科提，尽管她公然撒谎并从丈夫的钱包里偷钱，她却坚信自己是一个非常诚实的人。在1周中的其他时候，丈夫也能够支持她的这种心理地位。但一到周六晚上，她就会骂他是废物，他则骂她是骗子。他们的婚姻建基于一个双方契约，即忽视实际表现与宣称行为的差异。当差异被提起时，双方都会非常愤怒。如果"好"的心理地位被威胁得太严重,就会导致离婚。离婚之所以发生,是因为:(1)配偶中的一方无法忍受被揭穿;(2)另一方无法忍受昭然若揭的假象,而假象是避免揭发的必需品。

G. 脚本选择

脚本发展的下一步是找到剧情和适当的结局,这是孩子对"像我一样的人身上会发生什么?"这个问题的解答。因为孩子早已被教会,因此他知道自己将成为一个赢家还是输家,他应该如何感知他人,别人会怎样对他,以及"像我一样的人"究竟是什么人。迟早,他会听到一个"像我一样的人"的故事,这个故事会告诉他将朝什么方向迈进。这个故事可能来自母亲读给他的童话,也可能来自祖母讲给他的非洲南西的故事,或者来自他道听途说的街头帮派的传奇。不过,无论故事是在哪里听到的,当他听到时,他都会说:"那就是我!"之后,故事就演变为他的脚本,他将花费一生的时间设法让它实现。

孩子的早期经验包括吃母乳或用奶瓶,以及在卫生间、卧室、厨房和客厅里发生的事。孩子在这些早期经验的基础上形成了他的信念,做出了他的决定,并采纳了某种心理地位。然后,他根据听到或读到的故事为自己挑选了一个预言和一个计划:他会怎样着手成为一个赢家或输家,情节如何,结局怎样。这是他长达一生的脚本的第一个清晰版本。接下来,是时候考虑脚本建构的各种推动力以及构成元素了。为了形成脚本,人必须有可用的脚本装置。

第六章

可塑的年代

A. 父母设定的程序

一般情况下，孩子6岁时已经离开幼儿园（至少在美国如此），进入了一个竞争更为激烈的世界——一年级。在这里，他需要独自与老师以及其他男孩、女孩打交道。幸运的是，他此时已经不再是无助的新生儿，对所来的世界一无所知。他的生活从家庭扩展到人群熙攘的校园，就仿佛从郊区来到超级大城市。他需要与各色人等打交道，而他脑中早已准备好了一整套应对他人的方案。他已经形成了与他人相处的独特方式，至少是生存下去的方法，并且形成了自己的人生计划。中世纪的牧师或教师可能很了解这一点，他们会说："把你的孩子交给我，6岁之后就可以带回去了。"一个好的幼儿园教师甚至可以预测某个孩子会有怎样的人生和结局：快乐，还是不快乐；成功，还是失败。

人的一生是喜剧还是悲剧，一个还未上学的顽童已经对此有了计划。此时，这个孩子关于世界及其运作的方式还知之甚少，他的心被父母灌输的事物填满。然而，正是这个懵懂的孩子对未来做出了决定，成为贫民还是国王，妓女还是王后。此时，他还无法区分现实与幻想，多数日常生活事件也受到了扭曲。他被告知如果在婚前发生性行为，就会受到惩罚；在婚后，则不会。他相信太阳会掉下来，然后花10年甚或40年才发现自己总想躲避太阳是出于这个原因。他分不清腹部和胃部。他太小了，小到除了知道晚餐想吃什么外，无法做出更多决定。但正是这个孩子，成了"人生的君主"，决定了自己未来将如何死去。

孩子所做的人生计划严格遵照家庭指令。通常，通过提一些问题就可

第六章 可塑的年代

以发掘一些重要的指令，在与患者的第一次面谈中或许就可以有所发现："小时候，你的父母跟你说过什么？""小时候，你的父母怎样跟你描述生活？""父母生气时，他们会对你说什么？"通常，患者的回答不像指令，但如果能够带有一点火星人的思维，就可以发现指令的存在。

例如，第五章开头列举了父母训练孩子时使用的一些语言，其实就是父母的指令。"公众表现"实际是命令孩子炫耀。孩子通过观察妈妈的表现很快就可以明白，他如果炫耀，妈妈会表现得很高兴，他如果不炫耀，妈妈会表现得很失望。同样，"快来看，多可爱啊"意思是"好好表现！"。"快点儿"和"排完便前，你得一直坐在这儿"是消极的指令，或者禁止信息："别让我等着"以及"不许反驳"。"让他慢慢来"则是许可信息。最开始，孩子通过观察父母的反应理解父母传达的信息，当孩子掌握了语言，则可以从真实的话语中获取信息。

孩子一出生是很自由的，但很快就会通过学习而变得不同。在最初2年，孩子主要由母亲设定程序。这个程序构成了脚本的基本框架，称为原始草案，最早是关于吞食与被吞食的，长牙后则是关于撕咬与被撕咬的。用歌德（Goethe）的话说，就是做铁锤还是铁砧的问题①，这是赢家与输家的最原始形式。希腊神话和古代祭祀中有过这样的记载，孩子被吞食②，诗人被肢解③。在婴儿时期，妈妈或孩子，究竟谁具有掌控权是显而易见的，但这迟早会反过来。然而，当个体处于压力之下或坏情绪之中，早年经历会重现。很少有人记得那个年龄发生的事，但正是这些事对人们生活的诸多方面至关重要，因此需要在父母、亲戚、育儿师、儿科医生，甚至是梦及家庭相册的帮助下重建。

---

① 出自歌德的《宴歌集·科夫塔之歌》，"不是成功地支配他人，就是失败地听命于人，不是忍辱，就是获胜，不做铁砧，就做铁锤。"——译者注
② 宙斯的父亲担心自己的王位被自己的孩子推翻，于是每出生一个孩子，就将孩子吞到肚子里。——译者注
③ 希腊神话中的俄尔普斯（Orphens）由于不敬重酒神，被酒神手下的狂女杀害，尸体被撕得粉碎，抛到荒郊野外。——译者注

2—6岁是脚本发展的时期，之前的脚本基础变得更加牢固。几乎每个人都能记得这个阶段发生的一些沟通、事件或者留有某些印象。这一时期与俄狄浦斯情结的发展同步并且联系紧密。在断奶和如厕训练后，全世界都很普遍且影响深远的父母指令与性和攻击有关。各种生物依靠经由自然选择形成的神经回路得以生存。养育、性交、打架均需要其他人在场，属于"社交"行为。养育、性交和打架的冲动逐渐使个体具有了某种品性：占有欲、男性化、女性化或攻击性。同时，大脑也具有抑制这些冲动的神经回路，使人具有相反的特性：放弃、沉默及克制。这些特性使人们至少能在一部分时间内平静地相处或温和地竞争，而非疯狂地攫取、性交或者争斗。排泄以某种未知的方式参与人们的社会化过程，人脑控制排泄的神经回路使人类具有遵守秩序的品质。

父母设定的程序决定了冲动的表现时间与表现方式，以及抑制的表现时间与表现方式。它以大脑的神经回路为依托，设置特定的行为模式，从而获得某种结果或结局。由于父母设定了程序，个体会形成一些新的品性，以平衡各种冲动与抑制。在占有和放弃中，产生了耐心；在男性化/女性化和沉默中，产生了坚毅和温柔；在争斗和克制中，产生了机敏；在混乱和秩序中，产生了整洁。所有这些特性：耐性、坚毅、温柔、机敏以及整洁，都是在2—6岁这个可塑时期，由父母教授并设定程序的。

从生理的角度，设定程序意味着助长与促进，是在脑中建立了一条少有阻碍的路径。从操作的角度，设定程序是指某一刺激更有可能引发一个既定的反应。从现象学的角度，父母的设定程序意指反应由父母的指令决定。父母的指令就像事前录制好的音轨，仔细聆听，就可以在脑中听到它们的声音。

B. 火星人的思考

当父母干涉或试图影响孩子的自由表达时，就将指令赋予了孩子。但父母、旁观者和孩子对指令有各自不同的理解。事实上，理解指令有五种视角：

(1)父母说他们是什么意思；(2)一个毫不知情的旁观者认为父母是什么意思；(3)父母的话表面是什么意思；(4)父母真正的意思是什么；(5)孩子觉得是什么意思。前两项是"直接的"或者地球人的思考，后三项则是"真实的"或者火星人的思考。

喝酒的男孩布奇

现在我们来看一个高中男孩的案例，他叫布奇，是一个严重的酗酒者。6岁时，母亲看到他用力吮吸威士忌酒瓶的情景后，说："你太小了，还不能喝威士忌。"

(1)母亲说她的意思是"我不希望我的儿子喝威士忌"。(2)毫不知情的旁观者，即孩子的叔叔正好在场，说："她当然不想让孩子喝威士忌，只要是一个懂理的母亲，都不会这样做。"(3)母亲字面上说的是"你太小了"，不能喝威士忌。(4)她真正的意思是"喝威士忌是男人的事，你还只是一个小男孩"。(5)孩子的理解是"当你能证明你是一个男人时，你就能喝威士忌了"。

对地球人来说，母亲这样制止孩子听起来很正常。但孩子会用火星人的方式思考，除非他父母禁止他这样思考。孩子的想法未经污染，这正是他们的想法总是很新奇、很新鲜的原因。孩子的任务是了解父母真正的意图，因为这有助于维持父母对他们的爱，或者至少是父母的保护，最糟糕的情况是维持自身的生存。另外的原因是他们爱父母，他们人生的一个重要目标就是使父母高兴（如果父母允许他们这么做），为了达到这个目标，他们必须知道父母真正想要的是什么。

因此，尽管父母的指令表达得不直接，孩子仍会努力理解其内涵，或称作火星人眼中的要点。基于父母的指令，孩子开始制订自己的人生计划。猫和鸽子也能学会这样做，只是花费的时间多些。我们之所以称之为设定程序，是因为指令的影响可能是永久的。对孩子来说，父母的指令就是命令，除非发生某种巨变，否则孩子终生都会遵守父母的指令。只有极端的痛苦

（战争、入狱）或极端的着迷（皈依、恋爱）才可能使人快速摆脱指令，而依靠生活经历或心理治疗来改变，则要慢很多。父母离世也不一定可以去除符咒般的指令；在大多数情况下，他们离世只是进一步加强了指令的影响。只要一个人的"儿童"无法由顺从变为自由，那么无论他的"父母"要求他做多么痛苦的事，这个"被脚本驱使的人"都会做；无论他的"父母"要求他做出什么牺牲，这个"受脚本折磨的人"也都会做。这就好比妓女和皮条客之间的关系，她们宁愿受皮条客的剥削和折磨，任人宰割，也不愿意冒险探索没有皮条客保护的未知世界。

火星人依据结果将父母的话翻译为他们真正想表达的意思，他们不会从表面意图推断，而会根据最终表现出的结果判断。因此，父母的一些表面上的保护其实给孩子指派了不恰当的任务。一个青少年男孩的汽车出了事故，修车花光了钱，这让他父亲很痛苦。这位"好爸爸"时不时会就这个问题与他"沟通"。一次，他非常和蔼地抱怨："唉，这事让我的压力好大，不过不用太担心。"这种文雅的宽宏大量很自然会被儿子理解为"要担一些心"。但如果这个男孩表达了他的担心，并尝试做一些特别的事情来弥补，父亲就会指责他："我告诉你了，不要'太'担心。"火星人会这样翻译这种"体贴"的态度："不要太担心"意思是"你要担心到我恰好可以说你太担心的程度"。

我们来看一个更戏剧化的例子。一位女服务员在端盘子方面非常熟练，她可以在一个繁忙且拥挤的餐馆里用手和胳膊端起很多装有热食物的盘子，并快速在桌子间穿行。她熟练且毫无差错的表现深得老板和顾客的赞赏。一天，她的父母来这里吃饭。这次轮到父母欣赏她的表演了。她快速经过父母的桌子，端着通常数量的盘子，正在这时，她极度不安的母亲大喊："小心！"然后，在她的职业生涯中，她第一次……多数地球读者不需要翻译，也能够把故事的结局补充完整。简言之，"小心！"常常意味着"犯错吧，这样我就可以告诉你'我跟你说过要小心'"。这就是最终的结果。"小心，哈哈！"是更具挑衅的表述。如果"小心！"是来自"成人"的建议，还具有一些价值，那么来自过分关切的"父母"或"儿童"的"哈哈"则具有相反的效果。

第六章 可塑的年代

在布奇的例子中,"你太小了,还不能喝酒"这句话出自一个暴饮暴食的母亲之口,意思是"赶快长大,开始喝酒,这样我就可以表达反对了"。这就是她的这种表达的最终结果。布奇知道如果他想从母亲那里勉强得到一些关注(母亲的爱的代替物),他迟早都要这么做。他将母亲的愿望理解为自己的使命。他的父亲就是他的好榜样,他每天工作得非常努力,但是一到周末就会严重酗酒。布奇16岁时就已经时常喝醉了。17岁时,他的叔叔叫他坐下来,他俩之间的桌子上摆着一瓶威士忌,叔叔说:"布奇,现在我来教你怎么喝酒。"

他父亲曾经带着非常轻蔑的笑容对他说:"你真是太愚蠢了。"这几乎是父亲唯一一次与他说话。因此,布奇很早就决定表现得很笨,因为他父亲已经清楚地表达了他在家里不想要任何"聪明的蠢货"——这又是一个说明火星人思维的价值的例子。他父亲真正说的是:"我在家时,你最好表现得笨一点。"布奇能够明白。火星人的思考到此为止。

很多孩子都是在父亲既努力工作又严重酗酒的家庭中长大的。努力工作是填补喝酒之间时间空当的惯例。喝酒会妨碍工作,喝酒是劳动者的诅咒。另一方面,工作也会妨碍喝酒,工作是喝酒者的诅咒。喝酒与工作背道而驰。如果喝酒是脚本或人生计划的一部分,工作就是应该脚本。

图6是"脚本矩阵(script matrix)",展示出布奇接受的脚本指令。在上面,父亲易怒的"父母"说:"做个男人,但是别表现得那么聪明。"同时,在下面,他嘲讽的"儿童"说:"表现得笨点儿,哈哈。"在上面,母亲溺爱的"父母"说:"做个男人,但是现在你太小了。"同时,在下面,她的"儿童"又在怂恿:"别那么柔弱,喝酒。"在中间,父亲的"成人"以及叔叔在向他展示喝酒的方法。

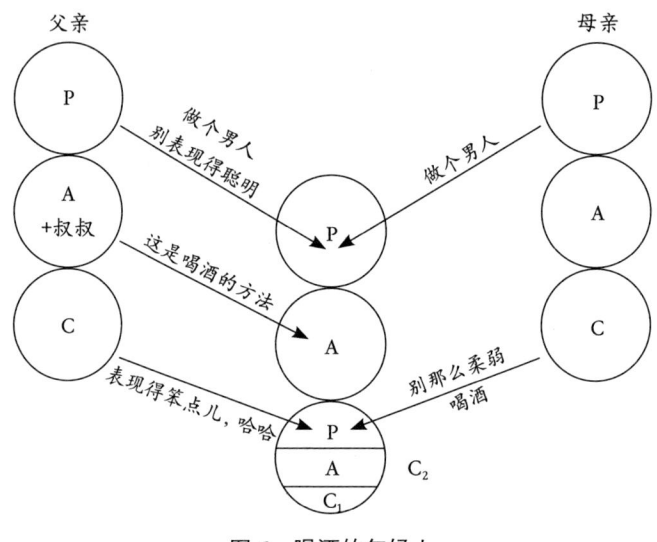

图 6 喝酒的年轻人

C. 小律师

火星人的思考方式能够使孩子知道父母"真正"想要的是什么，即父母最可能做出赞成反应的事。通过有效使用火星人的思维，孩子确保了自己的生存，并通过实现父母的愿望表达了对父母的爱。这样，他逐渐形成被称作"顺从儿童（Adapted Child）"的自我状态。"顺从儿童"想要也需要用顺从的方式行事，并同时避免不顺从的行为，甚至是不顺从的情感，因为不顺从的表现不能从周围人那里获得最佳回应。同时，他必须将想要自我表达的"自然儿童（Natural Child）"束缚起来。儿童的成人自我状态（见第113页图7中的AC）负责调和两种"儿童"间的平衡，它必须像一台运转得极度敏捷的计算机，决定在不同情境、不同时刻，什么是必须做的，以及什么是被允许的。这个"成人"特别擅长发现人们想要什么，可以容忍什么，最不济也能够发现人们因什么而兴奋、生气，或因什么而感到内疚、无助、恐惧和受伤。儿童的这个"成人"就像热忱、敏锐的人性研究专家，因此我们将之称为"教授(Professor)"。他实际比任何成年教授都更了解实用的心理学和精神病学。不过,有了多年的训练与经验,成年教授也可以达到他们4岁时33%的水平。

孩子学会火星人的思考方式后,也建立起了良好的"顺从儿童"。此时,"教授"将注意力转移至合法式思考方式上,从而使他的"自然儿童"能有更多的表达机会。合法式思考方式始于可塑的年代,在童年晚期达到最为成熟的发展。如果获得父母的鼓励,这种思考方式可以一直延续至成年,使他成为真正的律师。合法式思考方式用通俗的话说就是逃避警察式的思考方式。[1] 逃避警察式的思考方式在个体性道德方面表现得很普遍。例如,一个女孩的父母告诫她不可以失去处女身,其实她知道父母"真正的意思"是不要卷入性活动,但她会通过与其他人相互手淫、口交或从事其他形式的性行为,使她能够遵守父母告诫的表面含义。如果父母告诫她远离"性",她可能会进行没有性高潮的性交。在性方面,最经典的逃避警察式的行为发生在20世纪初的巴黎妓女身上(据我所知,现在还在使用)。她们去忏悔时,总因没有获得性兴奋,所做之事只是交易,而被赦免。只有她们享受性时,才是罪恶。

父母认为给孩子一个禁令就能避免问题,而没有充分考虑孩子的精明之处。其实,正是父母教会了孩子如何变得精明。因此,一个被警告"不要和女人鬼混"的男孩会将其当作可以与其他男孩(在有些情况下,甚至是羊或牛)鬼混的许可。用这种合法的方式思考,他就是清白的,因为他并没有做父母禁止他做的事。一个被母亲告诫"不要让男性碰触你的身体"的女孩可能决定将其理解为自己碰触自己没问题。通过这种逃避警察式的思考方式,她的"顺从儿童"遵从了母亲的意愿,同时"自然儿童"又享受了自慰的快乐。同样,一个被叮嘱"不要和女孩鬼混"的男孩会将其当作可以和自己鬼混的许可。他们都没有违反父母的禁令,因为孩子会像律师一样寻找逃避的方法。在脚本分析中,父母的禁令用法律术语命名为"禁止信息(injunction)"。

一些孩子喜欢顺从,不会用躲避警察的方式思考。另一些孩子喜欢做一些有趣的事。就像很多人喜欢研究如何钻法律的空子,很多孩子对如何淘气又不违反父母的禁令感兴趣。无论在哪种情况下,这种精明皆是父母所教、所鼓励的,是父母设定的程序的一部分。在有些情况下,这会导致抗脚本的形成,即孩子在不违反最初的脚本指令的同时,成功逆转脚本的全部内容。

D. 脚本装置

脚本分析师并不是一开始就知道人会依照童话或神话的方式建构人生的。他们纯粹通过观察发现,决定一个人最终命运的不是成年后的规划,而是童年时的决定。不论人们怎么认为、怎么说自己将如何对待人生,似乎都是被内心的一个冲动驱使,努力争取着某个最终的结局。这个结局常常与他们写在自传或简历中的不同。很多想挣钱的人却损失了金钱,与此同时,他身边的其他人都变得富有了。某些说要寻找爱的人,却找到了恨,甚至是在爱他的人身上。那些声称为了孩子的幸福可以付出一切的父母,却令他们的孩子最终沦为吸毒者、罪犯或自杀者。那些理直气壮的信徒却成了杀人犯和强暴儿童的人。这些矛盾自人类出现便已存在,它们也被编成了歌剧或报纸上的新闻。

这些矛盾从"成人"的角度很难讲得通,但我们逐渐发现,它们对人格中"儿童"的部分说得通。正是"儿童"这部分与神话或童话相似,并相信世界曾经且只能依此运作。如此,孩子依照喜欢的故事情节计划人生就不足为奇了。真正让人惊奇的是,这些计划会持续20年、40年甚至80年。最后,人们通常对此习以为常。当我们与那些尝试自杀的人、发生车祸的人、精神错乱的人、罪犯或离婚的人做回溯工作时,如果抛开诊断去了解真相,我们迟早会发现,这一切几乎在6岁前都已计划完毕。不同的脚本或人生计划含有某些共同的元素,称为"脚本装置"。好的脚本(创作家、领导者、英雄、值得尊敬的祖父、优秀的从业者)中也包括这些装置。脚本装置关乎人们如何使用一生的时间变得与童话故事中的设置相同。

在童话故事中，主人公的人生程序由男巨人、女巨人、食人妖、女巫、仙女教母、感恩的野兽、生气的巫师等设定。而在真实生活中，以上所有角色均由父母扮演。

心理治疗师对"坏"脚本的了解多于对"好"脚本的了解，因为坏脚本更加戏剧化，更常被人们讨论。例如，弗洛伊德介绍过无数个输家的个案历史，而对于赢家，只谈过摩西①、达·芬奇和他自己。在赢家中，很少有人愿意花时间思考自己如何成为现在的样子，输家则常常迫切地想了解自己为何变得如此，并希望采取一些行动。在接下来的章节中，我们会从输家的脚本谈起，对此，我们已掌握了非常精确的知识。他们的脚本装置由以下项目构成，已经被儿童用火星人的思维翻译为父母的指令。

1. 父母告诉孩子如何结束他们的生命。"走失！""猝死！"是一些关于死的判决。"很富有地死去"也是关于死的判决。"最后你会像你（喝酒的）父亲一样"是对人生的判决。我们将这种指令称为脚本结局（script payoff）或诅咒（curse）。

2. 然后，父母给予孩子一个不公正的、负向的指令，使他们无法摆脱诅咒："别打扰我！""别表现得那么聪明！"（=走失！）或"停止抱怨！"（=猝死！）。这是脚本中的禁止信息（script injunction）或称阻碍器（stopper）。禁止信息由父母的"控制型父母"或疯狂的"儿童"发出。

3. 父母会鼓励导致结局的行为："喝酒！"或"你不能就这样放他走！"这称作脚本挑唆（script provocation）或脚本引诱（script come-on），来自父母恶作剧的"儿童"或调皮鬼（demon），通常伴随着父母的"哈哈"。

4. 同时，在孩子做出导致结局的行为前，父母给予他们填补时间的行为指示。父母采用的是道德教育的形式。比如"努力工作"，可能意味"工

---

① 《旧约》中希伯来人的先知和立法者，曾率领以色列人逃出埃及。——译者注

作日每天努力工作,这样周六晚上就可以喝到醉"。"攒下每一分钱"可能意味"攒下每一分钱,这样你就可以一次性地把它们丢掉"。这是抗脚本的宣言,来自养育型"父母"。①

5. 此外,父母也需要教会孩子在真实生活中执行脚本的必要知识:如何调酒、如何记账、如何欺骗。这称作模式或程式,来自"成人"的教导。

6. 父母赋予孩子一套脚本装置,就孩子来说,他们自身具有反抗整个脚本装置的愿望和冲动。比如,"敲门"(对"走失")、"表现得聪明"、"休假"(对"努力工作")、"现在就把钱花掉"(对"节省每一分钱")和"出错"等。这些反抗行为被称作脚本式冲动(script impulses)或调皮鬼。

7. 摆脱诅咒的方法。"40岁之后你便可以成功。"打破诅咒称作抗脚本或内在解脱(internal release)。不过,通常的抗脚本是死亡。"你将在天堂得到回报。"

同样的脚本装置也存在于神话和童话故事中。结局或诅咒——"走失!"(亨舍尔和格莱特②)或者"猝死"(白雪公主和睡美人)。禁止信息或阻碍器——"不要那么好奇!"(亚当和夏娃,潘多拉)。挑唆或引诱——"用纺锤扎你的手指,哈哈"(睡美人)。应该脚本的宣言——"在遇到王子前努力工作!",或者"在她说爱你前保持风度"(美女与野兽)。程式——"善待动物,有一天他会在你需要时回报你"(金发姑娘③)。脚本式冲动或调皮鬼——"我只看一眼!"(蓝胡子④)。抗脚本或摆脱诅咒——"当她把你扔向墙时,你就不再是青蛙"(青蛙王子),或者"做12年苦力,之后你可以获得自由"(赫

---

① 此处更有可能是"应该脚本",而非抗脚本。详情请见译者序中的说明。——译者注
② 出自《格林童话》,亨舍尔和格莱特兄妹被父亲丢弃在树林中而迷了路。——译者注
③ 出自英国童话《三只熊》。——译者注
④ 蓝胡子的妻子总是一个个死去。一个女人又嫁给了蓝胡子,蓝胡子出门前将钥匙留给她,警告她不可以打开一个小房间的门。但她受好奇心驱使打开门后发现,那个房间里藏着他杀死的一个个妻子。后来,她被哥哥们救下了。——译者注

拉克勒斯①)。

这些童话故事与脚本装置十分类似。诅咒、阻碍器和引诱构成了脚本的控制性力量,另外四个则可以用来与脚本的控制力量抗争。孩子生活在或美丽、或平淡、或可怕的童话世界,他们相信魔法。因此,他们总是通过迷信或幻想,寻求魔法般的问题解决方法。当这个方法不起作用时,他们就会再次求助于调皮鬼。

但调皮鬼有一个特性。当孩子身上的调皮鬼说"我要反抗你,哈哈"时,父母的调皮鬼就会说:"这正是我想让你做的,哈哈。"这样,脚本挑唆与脚本冲动,脚本引诱与调皮鬼,共同作用,便注定了输家的命运。当父母赢了时,孩子就输了;孩子是在尝试赢的过程中输掉的。在第七章中,我们会更详细地讨论这些脚本元素。

— 注 释 —

[1] "逃避"有几个含义:逃避逮捕、获得较小的刑罚(避重就轻地认罪)、背信(告密揭发)、找到托词或钻空子。在本文中指最后一种意思。

---

① 希腊神话中的大力士。为了赎杀子之罪,完成了12项"不可能完成"的任务。——译者注

第七章

脚本装置

为了理解脚本运作的原理,并在治疗中对脚本做出处理,我们需要了解脚本装置最新且更为全面的信息。尽管我们对脚本基本架构的知识仍有欠缺,对脚本传递仍有不确定,但自从其第一次被提及,在短短10年间,我们已经建立了一个非常精细的模型。最开始,我们对脚本装置的了解有如1893年生产的单汽缸汽车,而现在已经达到非常先进的T模型福特汽车的水平了。

从上一章可知,脚本装置包括七个部分。结局或称诅咒,禁止信息或称阻碍器,挑唆或称引诱,这三项共同控制着使人走向最终命运的脚本的发展。我们将其称作脚本控制。在多数情况下,这三项在6岁前即已完成编码。如果某人有抗脚本,或称诅咒解除器,也是在6岁前就形成的。之后,应该脚本或称生存法则,以及父母的行为模式和指导开始更牢固地发挥作用。调皮鬼代表了人格最古老的层面(孩子的"儿童"),它自始至终都存在。[1]

A. 脚本结局

脚本结局在临床实践中可以被简化为四种类型:成为孤独的人、成为乞讨的人、疯掉或猝死。吸毒或酗酒是达成任何一种结局的最好的方式。孩子可能用火星人的思维或合法式思维,朝对自己有利的方向解释父母的指令。例如,一个母亲对所有孩子说,他们最终都会进精神病院。结果确实如此。女孩最终成了患者,男孩最终成了精神治疗师。

暴力是一种特殊的结局,存在于"躯体脚本"中。躯体脚本与其他所有脚本不同,因为这种脚本中流通的货币是人类的血肉和尸骨。一个目睹、引

第七章 脚本装置

发或经历过残害或杀戮的孩子与其他孩子截然不同,并永不会再相同。如果一对父母在孩子很小时就让他迫不得已地自我抚育,他很自然会关心钱的问题,钱通常会成为其脚本及结局中主要流通的货币。如果父母严厉地斥责孩子并说让他去死,话语可能就成为他的脚本货币。脚本的主题与童话的主题相似:爱、憎恨、感激以及复仇。任何一个主题都可以用任意一种货币表达。

脚本分析师此时面对的一个问题是:一个父亲或母亲可以用多少种方法告诉孩子要长寿,还是死掉?他可以在祝酒词或祈祷仪式中照本宣科地说"长命百岁!",或者在吵架时说"去死!"。人们很难意识到或承认母亲的话对孩子的无穷力量(或是妻子的话对丈夫的影响;或是反过来,丈夫的话对妻子的影响)。就我的经验来看,很多人被他爱的人(甚或是憎恨的人)说"去死"后,不久后就会进医院。

很多时候,祖父母控制着孩子的结局。他们或者直接控制,或者通过孩子的父母间接控制。祖母可能会用生存指令从孩子父亲的死亡指令中挽救孩子,也可能通过向孩子母亲传递美狄亚脚本(或称"过度脚本"),使母亲推动孩子以某种方式走向死亡。

所有这一切都会注入孩子的"父母"中,并可能保存一生:有人温柔地渴望他长命百岁,或者有一个尖刻的声音催促他尽快死亡。有时,死亡指令中没有愤怒,只有无望或绝望。孩子自从出生,就吞饮了母亲的愿望,因此通常是母亲为孩子做出决定。父亲后来会加入,要么与母亲一致,要么发生冲突:为母亲的诅咒加码,或为其减刑。

患者通常记得自己年幼时对结局指令的回应,不过他们不会将自己的回应说出来。

母亲:"你简直和你爸一样。"(父母离婚了,父亲独自住在一个房间。)儿子:好样的,真聪明,父亲。

父亲:"你最后会像你姨妈一样。"(母亲的妹妹,进了精神病院或者自杀了。)女儿:如果你这样说的话。

母亲:"去死吧!"女儿:我不想死,但是如果你这么说,我想我只好去死了。

父亲:"你这脾气,迟早有一天会杀人。"儿子:好吧,如果我杀不了你,就杀别人。

孩子非常宽容,只有在父母几十、几百次地给予指令后,才会决定遵从指令。一个女孩来自一个很混乱的家庭,她无法从父母那里得到任何支持,她清晰地描述了最后做出决定的那一天。当时她13岁,哥哥们把她带到谷仓,让她做各种性表演取悦他们。结束后,哥哥们开始嘲笑并议论她。他们确信地说她要么会变成妓女,要么会疯掉。当天晚上,她仔细思考了很久,第二天早上决定疯掉。之后,她很快疯了,并且保持了很多年。她的解释非常简单——"我不想做妓女"。

尽管父母会给予孩子指令,但如果孩子不接受,也不会发挥作用。虽然孩子在接受指令时不会像在麦迪逊大道上的总统就职典礼那样大张旗鼓,但他至少会大胆地表达一次。"等我长大了,我会像妈妈一样"(=结婚生子),或者"等我长大了,爸爸做什么,我就会做什么"(=在战争中被杀),或者"我希望我已经死了"。我们需要询问患者,"小时候,你决定怎样对待你的人生?"如果他做出了惯常的回答("我想当消防员"),我们就需要澄清:"我的意思是说,你决定要怎样死去?"人们对人生结局做出决定时还很年幼,很难有清晰的记忆,因此你在提问时很难得到你想要的答案,不过我们可以从他后续的经历中进行推断。

B. 禁止信息

真实生活中的禁止信息并不是像魔法一样发挥作用的,而是取决于人类心智的生理特性。父母说一次"不要吃那些苹果"或者"不要打开那些柜子",不会发挥作用。任何火星人都知道,这样的禁止信息只会增加孩子挑战的欲望。如果想让一个禁止信息牢固地锁入孩子的大脑,需要一遍遍重复，且每一次违反都要遭受惩罚。然而也有例外，比如，对于那些遭受过暴打的孩子，仅一次经历就足以形成持续一生的禁令。

禁止信息是脚本装置中最重要的部分，存在不同强度。它像心理游戏一样，也被划分为不同程度：一度、二度和三度。不同程度的禁止信息会造就不同类型的人：赢家、非赢家和输家。（这些概念之后会详述。非赢家是那些既不赢也不输的人，最后获得平局。）一度禁止信息（社会可接受且很温和）是一些直接的指令，通过赞成或不赞成得以强化。（"你一直都温和安静。""别太野心勃勃。"）带有这种禁止信息，仍旧可能成为赢家。二度禁止信息（隐晦的、粗暴的）是隐晦的指令，父母通过引诱式的微笑或威胁式的皱眉隐晦地传递给孩子，最容易养出非赢家。（"别告诉你父亲。""闭严你的嘴。"）三度禁止信息（非常粗暴、苛刻）是不可理喻的禁令，由恐惧驱使。此时，话语变成尖叫，面部表情如噩梦般扭曲，身体惩罚变为恶意攻击。（"我要把你该死的牙打掉。"）这一程度的禁止信息无疑会造就输家。

如人生结局一样，禁止信息通常由于存在父母两方而变得复杂。因此一方可能说："别表现得很聪明！"另一方却说："别表现得那么愚蠢。"冲突的禁止信息将孩子置于两难的境地。不过，能够结婚的两个人被赋予的禁止信息多数是一致的。如果一方是"不要表现得很聪明！"，另一方是"安静点，否则把你该死的脑子打出来"，真是一个令人悲伤的组合。

禁止信息在孩子很幼小时便已植入脑中，那时的父母在孩子看来像有神力的巨人。给出禁止信息的母亲（她的"控制型父母"或"儿童"）用白话称作"仙女教母"（如果她是慈爱的），或称作"巫婆母亲"（如果她不慈爱）。在有些情况下，用"母亲的疯狂'儿童'"命名更适合。同样，"控制型父亲"被称作"愉快的绿巨人""丑陋的巨人"或"父亲的疯狂'儿童'"都很合适。

C. 引诱

挑唆或引诱是将孩子造就为好色之徒、成瘾者、罪犯、赌徒或持失败型脚本的其他人。对于男孩,引诱就像在真实生活中上演了《奥德赛》(*Odyssey*)的剧情,他是尤利西斯(Ulysses)[①],母亲像塞壬(Siren)[②],引诱他走向最终的命运;或者母亲像喀耳刻(Circe)[③],将他变成猪。对于女孩,引诱的父亲就像老色狼。孩子年幼时,父母只是笼统地邀请他们成为输家:"他肯定很笨,哈哈"或者"她肯定是一个邋遢鬼,哈哈"。等他们稍大一些,引诱变为更具体的讥讽和嘲笑,"他总是打自己的脑袋,哈哈",或者"她总是弄丢自己的裤子,哈哈"。在青少年期,引诱更加针对个人(带着意外或有意的口气说),"好好看看吧,亲爱的!""喝吧""现在你的机会来了""全投了吧,没什么差别",每一种说法都伴随着"哈哈"。

引诱是在关键时刻,"儿童"听到"父母"低语:别停止想性或钱的事,别让它这么走了。"来吧,亲爱的,你会损失什么呢?"这些话来自"父母"的调皮鬼,对此,"儿童"的调皮鬼会加以回应。之后,"父母"会很快转换态度,同时杰德一败涂地。之后,愉快的"父母"说:"你又这样了。"杰德带着通常称作"吃屎般的笑容"回答:"哈哈!"

引诱会给孩子带来情绪困扰,而且必定在孩子很小时便已发生。父母将孩子对亲密的渴望转化为对其他事物的渴望。转化的爱一旦被固定下来,就会成为一种情感障碍。

[①] 罗马神话中的英雄,对应希腊神话中的奥德修斯——史诗《奥德赛》的主角。——译者注

[②] 希腊神话中的海妖,用美妙的歌声诱惑船只上的海员,从而使船只在岛屿周围触礁沉没。尤利西斯为了抵挡塞壬的歌声诱惑,让同伴把自己绑在桅杆上,并且用蜡封住耳朵。——译者注

[③] 希腊神话中的巫术女神。在给尤利西斯的水手的食物里放药,把他们变成了猪。——译者注

D. 电极

引诱源自父亲或母亲的"儿童",并被植入了孩子的"父母"(图7中杰德的PC)。它像电极中的"阳极",引出自动化反应。当杰德头脑中的"父母"(PC)触动按钮,他马上进入状态,无论他身体的其他部分想还是不想。他开始说傻话,表现得很笨,再喝一杯,或者将所有家产投注于下一场比赛,哈哈哈。禁止信息的起源并不总是那么清晰,但同样被植入孩子的"父母"(PC),扮演阴极的角色。它阻止杰德做某些事,比如清楚地表达或思考,或者在他性欲旺盛或想要大笑时,让他熄火。很多人都见过在性兴奋过程中突然不再兴奋的人,以及即将展露笑容但突然绷起脸的人,仿佛某人关掉了他脑中的按钮。由于引诱与禁止信息具有这样的效果,我们将孩子的"父母"(PC)称为"电极"。

电极这个名字来自一个名叫诺维尔的患者。在团体治疗中,除了别人与他讲话外,他总是紧张地坐着不动。别人问话后,他立刻谨慎地回答出一串陈词滥调("诺维尔终于说话了,哈哈"),之后又恢复原状。很快,我们了

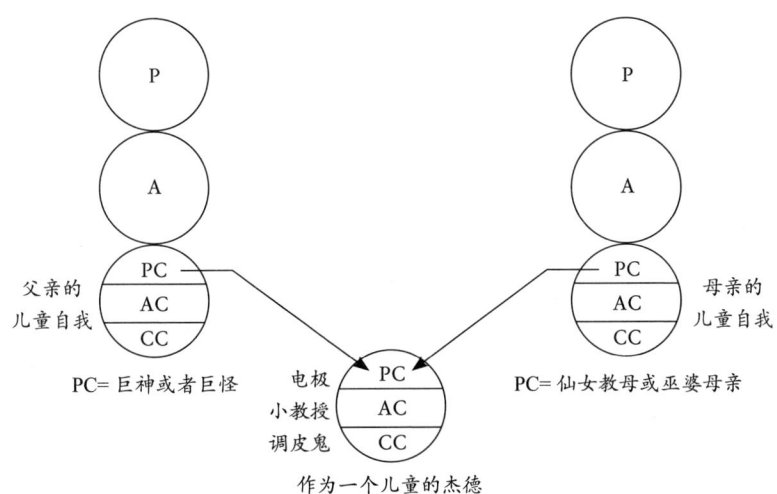

图7　脚本中禁止信息的起源及植入

解到，他头脑中有一个严格的"父亲"控制着他的表现，"一动不动地坐着"是他的关闭按钮，"说话"是他的开启按钮。诺维尔本身在一个实验室工作，他发现自己竟与大脑里插了电极的动物的反应如此相似，感到相当惊讶。

电极对治疗师来说绝对具有挑战性。治疗师必须与患者的"成人"一同工作，才能不理会父母为他们设定的程序以及违抗父母时感到的威胁，这样，患者的"儿童"才能获得自由生活及自发反应的许可。即使父母控制比较温和，治疗起来也已经相当困难。假如禁止信息是来自女巫或巨人的命令，他们由于暴怒而面目狰狞，声音刺耳使孩子无力还击，手高高举起随时要将羞辱与恐惧打到孩子的脸上或头上，那么治疗需要花费巨大的力气。

E. 口袋与事物

如果孩子被赋予的各种控制相互冲突，他也许仅可以找到一种能够进行一定的自我表达并解决困境的方法。之后，即使不恰当，他也会情不自禁地做出这种行为或反应。周围的人可以明显看出他在对头脑中的事件做反应，而非对外部真实的事件做反应。然后我们就说，他是装在袋子里的人。如果这个袋子被能力与才干以及赢家的结局指令武装，这就可能是一个赢家的袋子。然而，在大多数情况下，装在袋子里的人是输家，因为他们的行为不具适应性。摆脱袋子（有时也叫"容器"）的人会立刻开始做自己的事，也就是他一直最想做的事。如果他做的事碰巧具有适应性，并且有"成人"的理性掌控，他最后也可能成为一个赢家。但如果他过度放纵，最终也可能成为输家。事实上，当一个人冲破袋子，开始做自己的事情时，结局指令会决定他是会明智行事以成为赢家，还是会过度行事以成为输家。有时，他可以将结局指令连同脚本装置的其他部分都丢进袋子，成为一个真正属于自己的人，决定自己的命运。但是对于杰德来说，如果没有外人客观的评价，他很难知道自己是真正被解放的人，还是只是愤怒的反叛者，抑或跳出一个袋子又跳入一个瓶子的精神分裂症患者（跳入瓶子后可能盖上了瓶塞，也可能没有）。

F. 生存法则（应该脚本）

父亲和母亲的"自然父母"（与控制型"父母"相区别）在某种程度上是一种生物学程序，天生具有养育与保护的特性。父母双方无论自身存在什么问题，他们从本质上还是希望杰德安好。他们可能没有什么学识，但"自然"父母对孩子总是充满善意，至少不想伤害孩子。他们依据自己对世界的理解和自己的生活理论鼓励杰德，目的是让杰德幸福和成功。他们将从祖父母那里习得的生存法则传递给他，折射出地球人的行为规范："努力工作！""做个乖女孩！""要省钱！"或"永远守时！"。这些都是常见的中产阶级生存法则。不过每个家庭又有特别之处："不能吃淀粉！""永远别坐在公用马桶上！""每天吃一次通便剂！"或"手淫会耗尽你的骨髓！"。这是一些特殊的例子。"永远不要卡中间的牌"[①]是最好的生存法则之一，因为它具有禅的意味；无论从字面含义还是从象征含义，它都很好地反映了火星人思维，并可以在意想不到的时候派上用场。

既然生存法则源自养育型"父母"，脚本控制源自控制型"父母"或疯狂的"儿童"，冲突就不可避免。冲突的类型有两种：一种是内部冲突，一种是外部冲突。内部冲突来自同一个父母的不同自我状态。比如，上面父亲的"父母"说："要省钱！"下面父亲的"儿童"说："把钱都投到下一注里！"这就是内部冲突。如果父母中的一方说"要省钱"，另一方却给出了要赌博输钱的指令，就构成了外部冲突。

脚本控制在孩子很小时便已植入脑中并开始发挥作用，而应该脚本的宣言只有在孩子更大时才有意义。杰德在2岁时便可以理解"不许动它！"这个禁令，而对"要省钱！"则要等他进入少年期需要用钱买东西时才能理解。脚本控制由孩子幼年时的母亲发出，那时，母亲在他们眼中具有魔法，

[①] 扑克用语，比如有了4和6，等待5就是卡中间的牌。——译者注

因此她们的诅咒才具有无比的力量与持久性。而生存法则是由仁慈、勤劳的家庭主妇给予的，并且仅仅是劝告式话语。

　　脚本控制与生存法则之间的竞争并不公平，因为如果存在正面冲突，脚本控制一定会取胜，除非有其他因素的介入，比如治疗师。额外的困难是，脚本总会如实反映情况：比如，孩子可以看到人们确实表现得很笨。而对应该脚本，就孩子的经验来说，他可能见过，也可能没见过通过努力工作、做一个乖女孩、省钱、准时、不吃淀粉、不坐公用马桶、服用通便剂以及不手淫而获得幸福的人。

　　当治疗师告诉患者其困扰源自童年早期时，患者常常感到困惑。关于这一点，脚本和应该脚本的交替可以解释。他们也许会问："那么为什么在整个高中时期我都很正常？"答案是，高中时期的他们遵从的是应该脚本，之后由于某些事件发生，导致了"脚本发作"。这"至少"是一种解答；虽然没有解决所有的问题，但至少提供了一个看问题的方向。

　　当一个人尝试同时执行坏脚本以及好的应该脚本时，就会产生奇怪的行为。例如，一个女孩，她父亲愤怒的"父母"经常对她说："去死吧！"而母亲担忧的"父母"总是告诫她要穿好胶底鞋，这样才不会把脚弄湿。因此，当她遵从父亲的指令从桥上掉下来时，正好就会穿着胶底鞋。（遵从妈妈的指令，她得救了。）

　　应该脚本决定了一个人的生活风格，脚本控制决定了他最终的命运。如果这二者是和谐的，人们很少会留意他们生活的细节；但如果它们是冲突的，最终可能会带来令人惊讶的结果，并成为新闻的头条。例如，一位工作努力的教堂执事成为议会主席，他的结局可能是工作30年后退休，也可能是由于挪用公款入狱。一位贤良淑德的主妇成为年度最佳母亲，她的结局可能是庆祝金婚，也可能是跳楼。确切地说，世界上实际有两种人：真正的人和虚假的人（用配花嬉皮士的话说）。真正的人自己做决定，虚假的人则依靠命运签饼[①]做

[①] 签饼是中西方文化交融的产物，诞生于国外的中餐馆，是一种空心的、形如元宝的小点心，内藏印着睿智、吉祥文字的纸条。——译者注

决定。

命运签饼理论是说每个孩子都要从家庭这个碗里拿出两块签饼，一块是方方正正的，一块是有缺口的。方正的那块代表了宣言，例如"要努力！"或"坚持住！"，而有缺口的那块代表了脚本中设下的玩笑，如"忘记写作业""表现得笨点"或者"去死吧"。除非孩子将这两块签饼都扔掉，否则他的生活风格和最终命运都早已被书写好了。

G. 父母榜样 / 模式

使一个孩子成为淑女，要从祖母开始；同样，使一个孩子成为精神分裂症患者，也要从祖母开始。只有母亲教给佐伊（杰德的姐姐）必要的知识，她才能成为一个淑女。和大多数女孩一样，她从小就要通过模仿来学习如何微笑，如何走路和落座。长大一些后，母亲可以通过语言指导她如何着装，如何让周围的人感觉舒服，以及如何优雅地拒绝。在这些方面，父亲或许也能提供一些建议，不过对女孩来说，如何应对父亲本身也需要女性的指导。父亲的作用是施加束缚，母亲则是提供榜样，并通过"成人"的指导付诸实践。图8是一个叫佐伊的美丽淑女的脚本矩阵。佐伊最终是走上淑女之路，还是反叛一切教条的限制，既取决于她的脚本，也取决于她自己的决定。她被许可展现中等程度的性感或适度饮酒，但如果突然有一天，她变得更加活跃，是她打破了脚本，还是遵照了要反叛的引诱呢？在第一种情况下，她父亲会说（用火星人的话说）："别，别，别那么粗鲁。"在第二种情况下（他悄悄地对自己说）："现在我的小姑娘终于来劲儿了，哈哈，她可一点也不无聊！"

另一方面，如果佐伊的母亲不会优雅地落座，不会穿衣打扮，在表现女人味方面笨手笨脚，那么佐伊可能也这样。一些女孩的妈妈恰巧患有精神分裂症，或者在她们很小的时候，母亲就去世了，她们失去了可以效仿的榜样。"早上起床时，我甚至都不能决定要穿什么。"一个患有偏执型精神分裂症的女孩说。她妈妈在她4岁时就过世了。

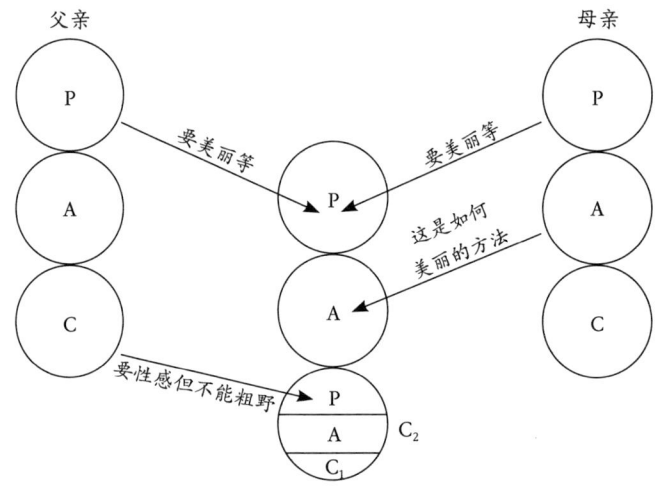

图 8　美丽的女士佐伊

对男孩来说，脚本和父母的榜样更可能影响他们对职业生涯的选择。杰德小时候可能会说："等我长大了，我想像爸爸那样当律师（警察、小偷）。"不过，事实也不总是如此。他们是否可以效仿父亲，还取决于母亲的设定。例如，"要像（别像）你父亲那样冒很多险，做很多耍聪明的事。"母亲的这些控制与脚本控制一样，与孩子具体选择什么职业没有太大关系，而是和职业的类型有关（在本例中，是指正当的还是不正当的、冒险的还是安全的等）。但无论母亲支持还是反对，都是父亲为孩子提供了行为榜样。

假如杰德从事了父亲的职业，那么从表面看，他违抗了母亲的意愿。但这可能是真正的反抗，也可能只是抗脚本。从另一方面来说，其实有三个母亲："父母""成人"和"儿童"。杰德可能违反了母亲的"父母"或"成人"所表达的愿望，却顺从了母亲的"儿童"未曾言明、但明显很欢喜的希望。若小男孩注意到母亲在听到父亲的各种奇遇时，露出了专注的表情与着迷的微笑，真正的脚本控制就开始发挥作用了。同样的道理也适用于父亲对佐伊的控制。他的"父母"及"成人"可能一直在告诫佐伊不要怀孕，但得知佐伊的同学怀孕时，他表现出了孩子般的兴趣与愉快。佐伊很可能会顺从父亲的这种"引诱"，尤其在有母亲为她树立榜样，而佐伊也是父母的非婚生子时。

有时，脚本矩阵是颠倒的，但在大多数情况下，控制来自异性的父母，而榜样来自同性父母。在任何情况下，榜样模式都是最终的呈现，是所有脚本指令最终的共同路径。

H. 调皮鬼

调皮鬼是人身上爱恶作剧的部分，也是心理治疗中的隐患。无论杰德制订了多好的计划，调皮鬼都会在关键时刻跳出来，把全部计划搞砸，并带着笑容和"哈哈"。无论治疗师制订了多好的治疗计划，患者总是更占上风。就好比治疗师与患者玩牌，当治疗师拿到四个A，觉得自己稳赢时，杰德却打出王牌，他的调皮鬼在这一局大获全胜。之后，他愉快地跑开了，留下治疗师一人思前想后，试图理解究竟发生了什么。

即使治疗师做足准备，仍会无计可施。好比杰德推石头，治疗师事先就知道，在他马上把石头推至山顶之际，调皮鬼会分他的神，让石头一路滚回山底。可能也有其他人了解杰德的情况，但调皮鬼早已开始行动，确保杰德避免任何人对他的干扰。如果是在治疗中，患者就会开始爽约，渐渐疏远，如果有人给他压力，他会干脆放弃治疗。之后，他可能会再回来，不过是变得更悲伤，而不是更明智，他甚至意识不到自己不来咨询有多欢欣。

调皮鬼出现的时间很早，那时杰德还小，仍需坐在高脚凳上吃饭。他会把食物撒在地上，脸上闪烁着愉快，等着看父母怎么办。如果父母的反应友善，他之后还会恶作剧，再之后可能变得幽默风趣、爱开玩笑。如果遭到父母打压，调皮鬼一定会潜伏起来，趁某个不注意的时刻跳出来，像杰德最初搞糟食物一样，搞糟他的生活。

I. 许可

人们总是把负面的话讲得既大声又清晰，并强力执行，而积极的话则如雨滴落入大海，几乎悄无声息或只能激起微弱的涟漪。"努力工作"通常见于教科书，而"别混日子"才是家中常说的话。"永远守时"是一句教育性的格言，而"别迟到"在日常生活中才更常见。人们经常说"别傻了"，而不是"要聪明"。

这种表述方式使父母设定的大多数程序都是消极的。每一位父母都在孩子的脑袋里塞满了约束与抑制。不过，他们也给予了孩子许可。禁令阻碍了孩子对环境的适应（不适应的），而许可允许孩子自由选择。许可不会给孩子带来困扰，因为它们并没有与强迫联系在一起。真正的许可只包含允许，就好像钓鱼许可证。有钓鱼许可证的孩子并不必须钓鱼，他愿意钓就钓，不愿意钓就不钓。当他想去钓鱼且环境允许时，就可以去钓鱼。

我们需要再说一次，美丽（比如还有成功）并不关乎生理上的特征，而关乎父母的许可。生理特征只能使一个人漂亮或上镜，只有父亲的笑容才能使一个女人的眼中散发美丽的光彩。孩子做事是为了某些人。男孩会为了母亲而聪明、擅长运动或者成功，女孩则会为了父亲而聪慧、美丽和富有生育能力。反过来，男孩也会为了他的父母变得愚蠢、脆弱、笨拙，女孩也会为了父母而蠢笨、丑陋或冷淡，只要这些是父母想要的。需要补充说明的是，孩子想做好这些事，必须向某些人学习。脚本装置的真正含义正是为某些人做事，以及向某些人学习。前面已经提到，孩子通常是为了异性父母做事，向同性父母学习。

许可是脚本分析师最主要的治疗工具，因为它是局外人帮助患者解除父母诅咒的唯一方法。治疗师通过以下话语给予患者的"儿童"许可，"你有权利这样做"或者"你不必这样做"。这两种说法都是在告诉"父母""不要干扰他"。因此，许可可以划分为肯定式许可和阻断式许可两种类型。肯定式许可（也称许可证）切断禁止信息，"不要干扰他"的意思是"让他自己做！"。阻断式许可（也称外部解除）切断引诱，"不要干扰他"的意思是"停止朝某个方向推动他！"。有些许可既可被看作肯定式许可，亦可被看作阻断式许可，特别是抗脚本。因此，王子在树林里亲吻了睡美人时，既给了她醒来的许可，又阻止了巫婆的诅咒。

最重要的许可之一是停止表现愚蠢、开始思考。许多年迈的患者从幼年开始就没有独立思考过一次，他们已经忘记思考是何种感受了，甚至不知道思考意味着什么。不过，适时给予许可后，他们仍旧可以思考，哪怕是在65岁或70岁。他们会格外高兴地大声讲出对自己成年生活的第一次理智的观察。为了给予患者思考的许可，通常需要去除之前的治疗师的工作。因为有的患者已经在精神病医院或诊所度过了数年，那里的工作人员反对任何独立的思考，因为他们认为思考是一种"理智化"的罪恶，必须迅速忏悔，且保证不再沉溺其中。

很多吸毒者和强迫症患者都是受了父母的引诱。一个海洛因成瘾者的母亲说："别停止吸毒（否则，你也不用回家来要钱）。"一个好色的男人或者一个女色情狂的父母说："别停止想性方面的事。"许可作为一种治疗方法的理念源自一个嗜赌者。他说："我不需要某人告诉我别赌了，而是需要有人给我停下来的许可，因为我脑袋里有一个声音说我不能停下来。"

许可可以使杰德变得更灵活，而不是被脚本中的宣言与控制束缚，以固化的行为模式做出反应。这与"放任型养育（permissive upbringing）"没有关系，因为放任型养育中也满是训诫。最重要的许可是能够爱，能够改变，以及能够把事情做好。一个充满许可信息的人与一个处处被束缚的人一样容易辨认。"他肯定有可以思考的许可""她肯定有可以美丽的许可""他们肯定有享受生活的许可"，这是火星人表达赞美的方式。

（脚本分析的前沿之一是深入探究许可，主要通过观察幼儿眼睛的活动来了解。在某些情况下，孩子会从眼角瞥父母，看他们是否有做某事的"许可"；在另外一些情况下，他似乎可以"自由"地按自己的意愿做事，而不请教父母。通过观察与仔细评估，也许可以发现"许可"与"自由"之间的重要差异。）

J. 内部解除

内部解除，也称破咒者，是去除禁止信息，使人从脚本中解放出来，实现自主的元素。它是脚本中预设的"自我摧毁"装置，在某些人的脚本中非常明显，而在另一些人的脚本中需仔细探寻或解码，就好像古希腊德尔斐[①]的神谕。关于内部解除，我们在临床方面的了解不是很多，因为人们之所以前来寻求治疗，正是因为自己无法找到它；但治疗师并不能只是等待或亲自尝试去找。例如，在"等待尸体僵硬"或称"睡美人"的脚本中，患者认为只有等到带着金苹果的王子，她才能摆脱僵死。她很可能觉得治疗师就是那个王子。但是出于伦理道德的考虑，治疗师是不会接受这份荣耀的。另外，也可能由于前一个（没有执照的）治疗师接受了这份荣耀，而使自己的金苹果不复存在。

有时，破咒者非常具有讽刺意味。在输家脚本中，这种情况非常普遍："你死了之后，事情就会变好。"

内部解除可能是以事件为中心的，也可能是以时间为中心的。"当你遇到一个王子时""你在打斗中死了之后"或者"你生了三个孩子之后"，都是以事件为中心的抗脚本。"等你过了你父亲去世时的年龄"或"等你在公司工作了30年后"，都是以时间为中心的。

下面是一个在临床实践中表现出内部解除的案例。

查克

查克是落基山脉与世隔绝的一个地区的全科医生。这个地区方圆数千

[①] 古希腊神庙所在地，也是阿波罗神谕的发布地点。——译者注

第七章 脚本装置

米再无其他医生。他夜以继日地工作，但无论多努力，仍旧无法供养自己的大家庭，并且在银行总有欠款。长期以来，他一直在医学杂志上刊登广告，试图寻求合作伙伴来缓解压力，却坚持说还没有合适的人选出现。他在田野里、家里、医院里，有时甚至在悬崖峭壁上为人做手术。他极为机智，但也几乎精疲力竭。他和妻子一同来接受治疗，因为他们的婚姻出了问题，他的血压也在日渐升高。

最后，他发现附近有一所大学的附属医院，其中有一些全科医生想转为专科医生。这次，他终于找到可以接替他做乡村医生的人了。他放弃了原来那种复杂但报酬不错的工作，做了一名住院外科医生，领取固定薪金，同时，他发现自己的收入可以供养家庭了。

他说："我一直想过这样的生活，但我一直都认为只有我得了冠心病，才能摆脱操控我的'父亲'。但我现在没有冠心病，这是我一生中最幸福的时刻。"

这个例子很明显，他的破咒者是冠心病，他一度认为这是摆脱困境的唯一方法。但在团体的帮助下，他健康且成功地摆脱了脚本。

查克的例子简单明了地展示了整个脚本装置的运作方式，我们在图9的"脚本矩阵"中加以呈现。他的应该脚本来自父母双方："努力工作"。他的父亲为他树立了努力工作的医生的榜样。母亲的禁止信息是"永远不要放弃，努力工作直到你死掉为止"。但父亲赋予了他破咒者："如果你得了冠心病，就可以放松了，哈哈。"治疗要做的就是进入他脑中不断发出这些指令声音的部分，通过给予许可来消除禁令："你无须得冠心病，就可以放松。"当许可穿透脚本装置的所有外壳与设置后，诅咒便可以破除。

需要注意的是，和他说"如果继续这样，你就会得冠心病"是没有用的。（1）他能够很好地意识到健康的威胁，再告诉他一次只会让他更痛苦；（2）他想得冠心病，因为无论如何，这都会让他感到解脱。他需要的不是威胁，也不是命令（他脑中已经有足够多的命令了），而是使他从各种命令中获得解脱的许可，这也是查克最后得到的。之后，他就不再是脚本的受害者了，

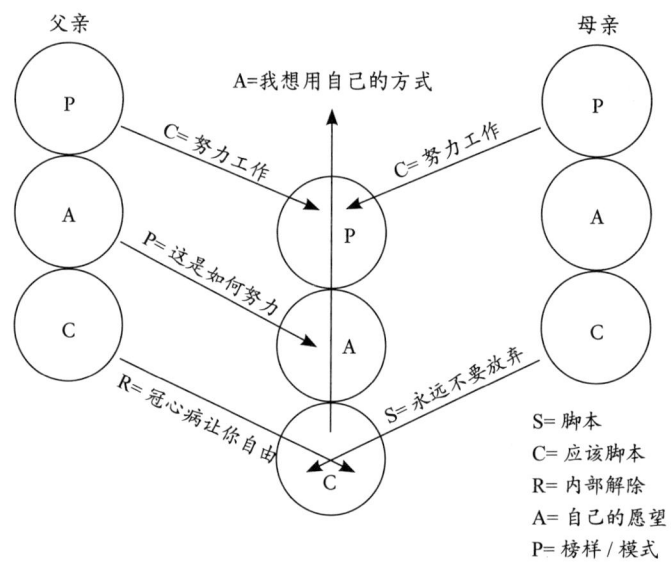

图 9　努力工作的赢家

而是自己的主人，做自己想做的事。此时，他可能仍旧努力工作，仍旧效仿父亲，但不再受脚本折磨而过度工作，也不再受脚本驱使而走向死亡。50 岁时，他可以自由地实现自己的愿望，做出自己的选择。

K. 脚本零件

脚本零件（script equipment）是组建脚本装置的螺丝和螺母，像一组自装式套件，内容一部分由父母提供，一部分由孩子自己提供。[①]

克莱门蒂娜

克莱门蒂娜由于恋爱问题而非常抑郁。她害怕对恋人坦白，因为担心会失去他。同时，她也很害怕由于自己不坦白而失去他。其实并没有什么

[①] 脚本零件的概念理解起来较为困难，译者的督导认为，这是发生在孩子身上的全部事件，脚本零件的一部分内容形成了脚本装置。——译者注

糟糕的事,她只是不想让恋人知道她对他的感情多么炙热。内心的冲突使克莱门蒂娜时而冷漠,时而恐慌。当她谈起这件事时,她内心混乱不堪,手紧紧抓着脑袋。

她的父母对此会说什么呢?好吧,她的父亲会说:"别急。不要失去理智。"她妈妈呢?"他在利用你。不要太依恋他。他迟早会离开你。你对他不合适。他对你也不合适。"接下来,她讲述了自己的一个经历。

5岁时,一个正值青春期的叔叔对她表现出性欲,使她也感觉到了性欲。她从来没有告诉父母。一天,她正在洗澡,父亲夸她特别可爱。家里正好有些客人,父亲把裸体的她举起来让客人看。客人之一就是那个叔叔。她的反应是怎样的呢?"我想躲起来。我想躲起来。""天啊,他们会发现我一直在做什么。""对于父亲这样的做法,你感觉如何?""我真想踢他的生殖器。另外,我也知道生殖器是什么样子,我看过叔叔勃起。""其中包含了'哈哈'吗?""有,在我内心深处。这是一个秘密。最糟的是,尽管我对此有很多情绪,但在我心底,我知道我喜欢这件事。"

借由这些反应,克莱门蒂娜建构了自己的脚本——炙热的情感,然后躲起来。不过,同时,她也想结婚,维持婚姻,生儿育女。

1. 她从父亲那里获得了两个应该脚本的宣言:"别着急"和"不要失去理智"。这与她结婚成家的愿望相适应。
2. 她从母亲那里获得五个禁止信息,可以被总结为"不要依恋任何人"。
3. 叔叔给了她要情感炙热、要有性欲的引诱,被父亲制造的裸体画面挑唆、加强。
4. 来自"父母"的调皮鬼的引诱与挑唆不断强化她自己的调皮鬼。
5. 其中很强地暗示了一个内部解除:带着金苹果的熟悉的王子——与父亲不同;如果她可以找到的话。

有趣的是,她在一次会面中就讲出了所有的事。正如某些成员的评论,她好像很乐意把这些事拿出来①让每一个人看。

L. 渴望与对话

杰德虽然被困在由脚本装置织成的网中,但他仍旧有属于自己的渴望。这些渴望通常显现于他闲暇时的白日梦或临睡前的模糊状态:今早,他本可以做出的英勇行为或未来期待的安宁生活。所有的男人和女人都有属于自己的秘密花园,他们守护着大门,防止粗俗之人的亵渎与入侵。秘密花园中包含的是视觉图像,呈现了如果可以随意做,他们会做的事。幸运的人找到了合适的时间、地点、人物,做了这些事,而其他人只能在自己花园的高墙外愁眉不展地徘徊。这就是本书想谈及的:墙外发生了什么,墙外与他人的互动既可以润泽墙内的花朵,也可以烧焦这些花朵。

人们想做的事以视觉图画的形式存于脑中,仿佛一部自制的生活纪录片。人们真正做的事由脑内的说话声决定,这些说话声是一些内部对话。人们说的每句话,做出的每个脚本决定,皆是这些对话的结果:"妈妈""爸爸"和"成人"都说"你最好……"。"儿童"被各种声音围困,试图突破并实现自己想做的事。没有人确切地知道我们大脑幽深的沟回里究竟储存了多少对话,其数量之巨大,几乎没有穷尽。所有问题的答案已然存在于这些对话中,甚至是我们从来没有想过的问题中。如果"按对了按钮",这些答案有时会以诗歌的形式倾涌而出。

现在,请用左手抓住右手的食指。你的手正在对手指说什么?手指自己又在说什么?如果你做得没错,很快就会发现它们正在进行有趣且生动的对话。最令人惊讶的是,这些对话其实一直存在,身体的其他部分也是如此,至少有几百个对话。如果你觉得胃寒不适,那你剧烈搅动的胃正在对堵塞的鼻子说什么?如果你坐在那里,脚不停摆动,那么脚今天想对你

---

① 作者原文用了hold it up,与前文她的父亲将裸体的她举起来(held her up)让客人看是一样的词。——译者注

说什么？问它，它会回答。这些对话就存在于你脑中。对话的发现者是格式塔疗法的创始人 F. S. 皮尔斯（F. S. Perls）。同样，你所有的决定也是由脑中的四五个人做出的，有时你特别自信，忽略了这些声音，不过下一次，你不那么自信时，一定会听到。脚本分析师知道如何放大和辨识这些声音，这是治疗中相当重要的一部分。

脚本分析的目标是给予杰德和佐伊自由，使他们能够将容纳渴望的花园之门向世界敞开。我们需要斩断他们脑中的各种嘈杂之声，直到"儿童"可以说："但这就是我想做的，我要按照自己的方式来做。"

M. 赢家

赢家也是设定程序的结果。不同的是，他们获得的不是诅咒而是祝福："长命百岁！"或"成为一个伟大的人"。他们的禁止信息是适应性的而非局限性的："不要自私！"，而引诱是"干得漂亮！"。尽管他们的脚本控制都是善意的，也拥有许可，但仍有存在于原始大脑黑暗的沟回里的、需要对付的调皮鬼。如果调皮鬼是他的朋友而非敌人，它可以助他成功。

N. 每一个人都有脚本吗？

现在还无法肯定地回答这个问题，但可以肯定的是，每个人从幼年开始就被不同程度地设定了程序。前面提到，有些人通过周围环境的巨变获得自主，有些人通过内心重构获得自主，还有一些人是运用抗脚本。重点在于许可。杰德拥有的许可越多，就越少被脚本束缚。换句话说，脚本控制越强，他被脚本束缚得越严重。全体人类成员构成一条曲线。一端是通过某种方式获得了自主的人，另一端是被脚本束缚的人。大多数人落在二者之间，可以随环境或视野的改变而改变。被脚本束缚的人有两种。一种是受脚本驱动的人，他们拥有很多许可，但在享受之前，必须满足脚本的要求。一个好的例子是，某人工作很努力，在休闲时间才会快乐地玩。另一种是受脚本折磨的人，他们拥有的许可很少，几乎把所有的时间都用在不惜任何代价执行脚本上。典型的例子是严重的酗酒者或者吸毒者，他们用最快的速度走向死亡。受脚本折磨的人是悲剧式脚本的受害者。不过，一次都没有听过脑内调皮鬼的声音的人几乎不存在。例如，在需要卖出时告诉他要买进，在需要留下时告诉他要离开，在需要保持安静时告诉他应该说话。

O. 抗脚本

但也有人反抗他们的脚本，公然做与他们"理应"做的相反的事。常见的例子有"反叛的"青少年，以及说"我最不想变得像我妈妈那样"的女人。遇到这种情况时，需要仔细评估，因为有几种可能性：（1）他们可能一直生活在应该脚本中，公然反抗只是"脚本发作"的开端；（2）相反，他们可能一直生活在脚本中，现在转换到应该脚本中；（3）他们可能发现了破咒者，从脚本中获得了解放；（4）父母双方可能给了他不同的脚本指令，或两对父母给了他不同的指令，现在他从一个指令转换到另一个指令；（5）他们只是遵从了一种特殊的脚本指令，内容就是反叛；（6）这个人可能是"遵从脚本失败者"，他无法遵从脚本的指令，于是放弃了。这是很多抑郁症患者或者精神分裂症患者的病因；（7）还有一种情况是他们通过自己的努力或者治疗师的帮助，从脚本中解放出来，真正自由了；（8）真正自由与"进入抗脚本"需要仔细区分。列举这些可能性是为了强调脚本分析师的思考必须十分缜密，只有这样才能正确理解行为改变的原因。

抗脚本与埃里克森命名的"自我同一性混乱"类似。如果我们把脚本比作计算机的穿孔卡[①]，那么把卡片翻过来就是抗脚本。这是一个粗糙的类比，但指明了要点。母亲说："不要喝酒。"杰德就喝酒。母亲说："要每天洗澡。"

[①] 早期计算机的信息输入设备，通常可以储存80列数据。——译者注

杰德就不洗。母亲说："不要思考。"他就思考。母亲说："努力学习。"他就辍学。简言之，杰德是在一丝不苟地挑衅。准确了解杰德在何时、何地会反叛，要诉诸其父母设定的程序。之所以说反抗也是一种程序设定，是由于他反叛每一条指令，这与遵守每条指令是一样的。这样，所谓的"自由"其实只是反叛，它只是一种错觉。将父母设定的程序反过来，仍旧使他处于设定程序中。这种翻转只是将卡片调换了方向，而不是将卡片彻底撕毁，这就是抗脚本的含义。抗脚本是一个值得继续深入研究的领域。

P. 总结

输家的脚本装置一方面由禁止信息、引诱和诅咒组成。这些构成脚本控制，在6岁前即已牢固地植入脑中。为了与父母设定的程序抗争，他内心的调皮鬼有时会提供一个内部解除的方法。之后，他到了能够理解宣言的年龄，并因此形成应该脚本。从始至终，他都以父母为榜样，学习的行为模式既可以为脚本服务，也可以为应该脚本服务。赢家具有同样的脚本装置，但设定的程序更具适应性，他们通常更自主，因为他们拥有更多许可。但是所有人类都有调皮鬼，为他们带来突然的喜悦或悲伤。

需要说明的是，脚本控制是约束与局限，为杰德的所作所为设下了边界。而他以父母为榜样学到的行为模式及心理游戏教会他如何真正使用时间。因此，脚本是完整的生活计划，既提供了方法，又提供了限制。

—— 注 释 ——

[1] 在这里，我要再一次提醒读者，在本文中，"父母""成人""儿童"代表的是自我状态，父母、成人、儿童指的是真实的人物。

第八章

童年晚期

A. 脚本情节与英雄榜样

6—10岁是童年晚期,在精神分析中称作潜伏期。这是一个"运动"的阶段,孩子可以四处走动,尽自己所能观察周遭世界。此时,关于如何将脚本零件组装在一起,使自己成为拥有生活目标的人,他仍旧只有一个大概的想法,也称草案。他已经准备好从一个吃人的动物或者行为举止像人的动物转变为真正的人了。

孩子最初想长命百岁或获得永恒的爱,但在头五六年,发生的一些事可能让他改变主意。他可能决定要早早死去或不再冒险爱任何人。做这些决定时,他的经验非常有限,然而这些决定对此时的他却很适合。或者,他也可能从父母那里学到,生活与爱充满冒险,但非常值得。一旦做出决定,他便知道自己是谁,并带着"像我这样的人身上会发生什么?"这个问题开始看世界。他知道自己理应得到什么结局,但还不能理解它的含义,也不知道它感觉起来如何,以及怎样获得这个结局。他需要找到某种情节或某种生活模型,以容纳所有脚本零件。他也需要找到一个英雄榜样,向他展示实现这个结局的方法。同时,他也满怀希望地寻找和他拥有相似的脚本零件,却拥有不同的、更快乐的发展路径的英雄。他期望找到脚本问题的解决之道。

他读的故事书或他信赖的人(母亲、祖母、街上的孩子或耐心教导的幼儿园教师)所给他讲的故事为他提供了英雄榜样及生活模型。讲故事本身就是一个故事——甚至比所讲的故事更加真实、迷人。例如,从杰德的母亲说"你刷完牙后我给你读故事"到母亲微笑着说"讲完了",然后把他塞进被窝,在这之间发生了什么?杰德最后的问题是什么?母亲是如何把他塞进被窝的？这段时间内发生的事帮助孩子形成人生计划的肉，而听到的或书中的故事则给了他人生计划的骨。最终，骨包括：(1)英雄——他想成为的人；(2)恶人——他会找借口成为的人；(3)榜样——他知道他不得不成为的人；(4)情节——一系列事件，使他从一个角色转换到另一个角色；(5)演员——促成转换的其他人；(6)道义——一套道德准则，使他感到有理由生气、受伤害、内疚、正义或成功。如果环境允许，他的人生历程将依照他制订的人生计划展开。因此，了解人们在孩童时最喜爱的故事或童话非常重要，因为那是他脚本的情节，其中囊括了他所有不切实际的幻想和可以避免的悲剧。

B. 扭曲

在这个阶段，杰德也做出了明确的决定，他会努力感受哪种情绪。之前，他依次尝试过生气、受伤、内疚、害怕、无能、正义和成功，他发现家人对一些情绪很冷漠或彻底反对，但可以接受某一种情绪，并做出回应。正是这种情绪成了他的扭曲情绪。这种被偏爱的情绪将成为一种条件反射，持续一生。

我们可以用情绪转轮理论说明这一点。假设围绕一个中央广场，建造了36幢房子，住了36户人家，一个婴儿等待降生。一台万能的计算机控制着转轮的旋转。转轮中的小球掉到数字17，于是万能的计算机宣布："下一个婴儿将降生到第17户。"之后它又转了5次，数字分别是23、11、26、35和31，这5个孩子分别降生到对应的人家。10年后，每个孩子都学会了应该如何表现。生到第17户的孩子学会"在这个家中，当事情不顺时，我们感到生气"。生到第23户的孩子学会"在这个家中，当事情不顺时，我们感到伤心"。生到第11户、第26户和第35户的孩子分别学会当事情不顺时，感到内疚、害怕或无能。生到第31户的孩子则学会"在这个家中，当事情不顺时，我们寻找解决办法"。显然，生到第17户、第23户、第11户、第26户和第35户的孩子可能成为输家，而生到第31户的孩子更可能成为赢家。

但是，假设万能的计算机控制旋转时出现了其他的数字，或者同样的数字以不同的顺序出现，会怎样？婴儿 A 也许不是去了第 17 户，而是去了第 11 户，那么他将学会内疚而非生气。生到第 23 户的婴儿 B 与生到第 31 户的婴儿 F 调换了位置，那么婴儿 B 就不再是输家，婴儿 F 不再是赢家，而是反过来。

也就是说，抛开基因的影响不谈（如何影响还不确定），人们最喜欢的情绪是从父母那里习得的。一个喜欢表达内疚的患者如果生到其他家庭，可能变为喜欢生气。每个人都会为自己最喜欢的情绪辩解，认为这是在某个情境下最自然的、不得不产生的唯一一种情绪。这也是需要团体治疗的原因。假如上述 6 个婴儿 20 年后一同参加了一个治疗团体，婴儿 A 讲起一个事件，结束时，他说："很自然，我感到生气！"婴儿 B 会说："我的情绪可能是受伤害。"婴儿 C 说："我可能感到内疚。"婴儿 D 说："我会感到害怕。"婴儿 E 说："我会觉得自己很无能。"婴儿 F（我们假设他此时已经成了治疗师）说："我会去寻找解决此事的办法。"哪个婴儿是正确的？每个人都坚信自己的反应是"自然"的。但事实是，没有一个人的反应是"自然"的。每个人的反应都是学来的，或者说是在童年早期就决定好的。

更简单地说，几乎所有的愤怒、伤心、内疚、恐惧和无能感都是扭曲的。在运转良好的团体里，分辨扭曲与真正的、适当的情绪并不难。扭曲可能是任何一种情绪，对某人来说，扭曲情绪会习惯性地启动，是他玩的心理游戏的结局。团体成员能够很快辨识扭曲情绪，并能够预测某个患者何时会收集愤怒的点券，另一个患者何时会收集受伤的点券等。收集点券的目的是将其兑换为脚本结局。

团体成员得知他们遇到问题时最喜欢表达的情绪不是自然、普遍、不可避免的反应时，每个人都相当震惊。扭曲情绪是愤怒的人尤其如此，当他们的情绪被质疑时，会变得更加愤怒。扭曲情绪是伤心的人就会更加伤心。

C. 点券

心理学中也有"点券"这个词,是因为它和人们购买商品或汽油时获赠的蓝色、绿色或棕色点券的用法一样。以下是对商业点券的一些观察。

1. 它们是在正常商业交易之外获得的赠品;也就是说,人们要想获得点券,需要购买商品。

2. 大多数点券收集者都有一种偏爱的颜色。如果给他们其他颜色,他们会懒得拿或送人。不过,也有人什么颜色的点券都会收集。

3. 有些人每天将点券粘在一个小本上,有些人每过一段时间粘一次,有些人把它们扔在一边,直到某天感到很无聊并且没其他事好做时,再把它们全粘起来。还有些人一直忽略这些点券,直到某天需要时,才会把点券拿出来数,并希望已经积累够了一定数量,能从兑换商店免费获得他们想要的商品。

4. 有些人喜欢一起谈论点券,一起看商品目录,炫耀谁的点券多,哪种颜色兑换的商品更好或更便宜。

5. 有些人只攒很少点券,兑换一些小物件;有些人攒得较多,兑换品较大;还有一些人沉迷于积攒点券,希望兑换一个真正的大奖。

6. 有些人知道点券不是真的"免费",兑换品的价格早已含在商品中;有些人根本不会停下来思考;还有些人其实知道兑换品并非免费,但假装不知道,因为他们既享受攒点券的快乐,也享受免费获得赠品的这种错觉的快乐。(有时,兑换品的价格并没有加到所购商品之上,售货商自己承担了损失。不过一般来说,还是顾客在为点券买单。)

7. 有些人喜欢去无点券商店直接为所购商品本身付款,他可以用省下来的钱在任何时间、任何地点购买想要的东西。

8. 那些极度渴望"免费"获得东西的人,可能去购买伪造的点券。

9. 让一个认真积攒点券的人放弃点券通常很难。他可能会把点券放在一个抽屉里,暂时忘记它们。但如果在某次交易中,他获赠一大把点券,就会把以前积攒的所有点券拿出来数一数,看看可以兑换什么。

心理上的点券兑换的是沟通中的"扭曲"。在杰德小时候,父母教会他当事情不顺时应该如何感受:最常见的是生气、伤心、内疚、害怕或无能感;但有时是愚笨、困惑、惊讶、理直气壮或得意扬扬。当杰德学会利用某种情绪,并通过玩心理游戏尽可能多地收集他最喜欢的情绪时,它就变为了扭曲情绪。他这样做的部分原因是随着时间的推移,这种情绪与性扯上了关系,或成为性欲的替代物。例如,很多成年人体验到的"理所应当"的愤怒就属于这种类型,它通常是"这回我可逮到你了,你这个混蛋"这一心理游戏的结局。患者的"儿童"满是压抑的愤怒,他一直在等待某人做出某事,然后就可以理直气壮地表达愤怒。理直气壮的意思是,他的"成人"与他的"儿童"站在一起,向他的"父母"表达"在这种情况下,没人有理由责怪我的愤怒"。因此,没有了"父母"的责备,他开启了冒犯者模式,说:"哈!没有人可以指责我了。现在我可逮到你了!"用沟通分析的话说,他现在得到了"免费"生气的机会,即无须内疚。有时,情况不同。"父母"对"儿童"说:"你不会就这样放过他,是吧?""成人"与"父母"站在一起,说:"任何人在这种情况下都会生气。""儿童"可能非常乐意顺从这种规劝,但也可能像公牛费迪南德[①],本不愿参与冲突,但又不得不开始打斗。

心理点券与商业点券的模式相似:

1. 它们是常规沟通的副产品。例如,夫妻双方的争吵通常是从日常的实际问题开始的,这些问题就是"商品"。当"成人"解决问题时,"儿童"则焦急地等待着拿赠品。

[①] 动画片《公牛历险记》(*Ferdinand*)的主人公,它是西班牙乡村的一头喜欢闻花香而不喜欢斗牛的温和公牛。——译者注

第八章 童年晚期

2. 收集心理点券的人也有最喜欢的"颜色",如果给他们其他颜色,他们可能懒得收集。收集愤怒的人不会理会内疚和恐惧,或者会让其他人收集。其实,在婚姻游戏中,夫妻双方配合得很好,一方收集所有愤怒,另一方收集所有内疚或无能感,他们这样实现了双"赢",都增加了自己的点券数量。不过,也有一些人,任何形式的点券都收集。他们极度渴望情绪,会玩"温室"的心理游戏[①],并会兴高采烈地炫耀产生的任何一种情绪。心理学家善于捕捉微弱的情绪,如果他们做团体治疗,也会鼓励患者这样做。

3. 有些人每晚入睡前会回顾他们当日的伤心和愤怒;有些人不常这样做;有些人无聊或没有其他事可做时才会这么做。还有些人一直等着,直到需要一次大发作,才会把所有愤怒和伤心拿出来,希望数量足够,确保他有理由爆发"正当"的愤怒或其他剧烈的情绪。有些人喜欢攒,有些人喜欢花。

4. 有些人喜欢向别人展示收集的情绪,并且喜欢谈论谁的生气、伤心、内疚、恐惧等更多更好。一些沙龙实际成了人们炫耀点券的展室:"你觉得你老婆不可理喻——好吧,你听听我的!"或者"我知道你的意思。那可比我的伤心(害怕)差远了。昨天……"或者"尴尬(内疚、无能)?我比你惨多了!"

5. 心理点券兑换店的奖品与商业兑换中心一样:有小奖品、大一点的奖品和超大奖品。攒了一两"本"的只能兑换小奖品,比如"免费"的(指有正当理由的)饮酒或性幻想;攒了10"本"的可以兑换草率(但不成功)的自杀或外遇;攒了100"本"的可以兑换大奖:"免费"的放弃(离婚、停止治疗、辞职)、"免费"进入精神病医院(通俗地说就是疯了)、"免费"的自杀或"免费"的杀人。

6. 有些人知道心理点券并不完全免费,收集情绪需要付出孤独、失眠、血

[①] 大意是对所谓的"真实感受"报以过分夸张的尊重,可参见《人间游戏》一书。——译者注

压升高或胃部不适的代价,因此他们会停止收集。有些人永远不了解。还有些人知道却继续玩游戏、收集情绪,因为如果不这样,生活就会了无生趣。他们无法为自己的生活方式找到正当理由,因此不得不搜集各种理由,让自己爆发点活力,从而让自己感到满意。

7. 有些人喜欢直接交流而不是玩游戏:也就是说,他们不会做出挑衅行为以收集心理点券,也不会回应别人的挑衅行为。他们用省下的精力在合适的时间、合适的地点与合适的人进行更适当的表达。(有的人收集心理点券毫无痛苦,另外一些人则要付出代价。因此,一个罪犯可以享受抢银行的乐趣,而不会感觉不好或担心被抓;显然,一些职业骗子或靠出老千赚钱的人也可以过得非常快乐,只要他们不太贪婪、不太过分。有些青少年很享受让长辈沮丧,而不会自责或有其他不良感受。但是,一般来说,收集心理点券的人迟早会付出代价。)

8. 有些人会收集"伪造"的点券,特别是偏执狂。即使没人挑衅,他们也会幻想被挑衅了。因此,当他们失去耐心时,会理直气壮地自杀或杀人,而无须等到真实生活中自然发生一些事,使他们攒够恼火而有理由地爆发。在这方面,有两类偏执狂:一类是"儿童"偏执,他们收集伪造的错误,"看他们对我做了什么";另一类是"父母"偏执,他们收集伪造的正义,"他们不可以这样对我"。偏执狂中其实存在两种情况:一种是放大型,一种是真正伪造型。前者产生了错觉,他们从这里或那里搜集非常小的点券,但把每一个都放大,于是很快就可以体验到巨大的情绪。后者产生了幻听,他们可以在脑中制造点券,并认为自己具有无穷的正义。

9. 让患者放弃积攒一生的心理点券就像让一位主妇烧掉购买商品获赠的所有点券一样难。这是阻碍人们痊愈的因素,因此若想获得治愈,患者不仅需要停止强迫性地玩心理游戏,还需要放弃使用以前积攒的点券的快乐。仅"原谅"过去的错误并不够:如果他真想放弃脚本,必须切断过去的错误与未来生活之间的联系。就我的经验来说,"原谅"意味着把心理点券放到抽屉里,而不是永远丢掉它们。如果事情顺利,它们会一直待在抽屉里,但如果出现新的冒犯,心理点券会被再次拿出,加诸新的之上,兑换更大的奖品。因此,一个"原谅"了妻子的酗酒者在妻子再一次疏忽时,不会只是小小放纵一下,而是会拿出因她的过失收集的所有点券,咒骂侮辱他们的整个婚姻,然后继续饮酒作乐,最后可能死于震颤性谵妄[①]。

到目前为止,还未谈过"好"情绪,比如正义、胜利和愉快。正义的点券用愚人金[②]制成,除了在傻瓜天堂,在其他地方无法流通。胜利的点券闪闪发光,但有品位之人并不会收集,因为那只是镀金的而已。不过,它倒可以演化为一场有正当理由的庆祝会,在给一票人带来乐趣方面有其价值。欢乐与绝望一样,是真正的情绪,它不是心理游戏的结局;因此我们称之为金色的欢乐,就像我们说黑色的绝望一样。

关于"好"情绪,临床上有一类人总收集"棕色"点券,即上面讨论过的各种"感觉不好"的"坏"情绪。他们通常很难接受金色点券,即别人给予的赞美或"安抚"。他们只对旧有的、熟悉的、糟糕的情绪感觉自在,而不知如何安放好的情绪,于是他们拒绝好情绪或者假装没听见而忽略它们。实际上,热衷搜集棕色点券的人甚至能把最真诚的赞美转变为含沙射影的侮辱。对他们来说,就连拒绝赞美或忽略赞美都是一种浪费,他们会将赞美变为伪造的棕色点券。最常见的一个例子是:"天呀,你今天看起来太漂亮了!"他们的反应是:"我知道你不喜欢我上周的打扮。"另一个例子是:"天呀,你这件衣服真漂亮!"引发的反应是:"就是说你不喜欢我昨天穿的那件!"只要稍加练习,任何人都能学会在令人愉快的金色点券上喷上粪渣,变为令人厌恶的棕色点券,学会将赞美变为侮辱。

[①] 一种急性脑综合征,多发生于酒依赖患者突然断酒或突然摄入减量时。——译者注
[②] 也就是黄铁矿(FeS_2),因其浅黄铜色和明亮的金属光泽,常被误认作黄金,故又称作"愚人金"。——译者注

下面这桩逸事说明对火星人来说，理解心理点券这一概念一点也不难。一天，一位女士参加完团体回到家中，她第一次听说心理点券这个概念，并解释给12岁的儿子听。儿子说："妈妈，你等下，我很快回来。"儿子回来时拿了一卷纸质点券，一个分割器和一个划分了区域的小本。他在第一页写下："这页贴满时，你就可以获得一次免费的痛苦。"他完全理解了这个概念。如果别人没有主动激惹你、侮辱你、引诱你或吓唬你，你就可能开始玩心理游戏，诱使他们这样对你。这样你就可以收集免费的生气、伤心、内疚或害怕，几次下来，便可以获得一次免费的痛苦。

心理点券和商业点券还有另外一个类似的地方。一旦使用过，就无效了。不过，人们还很喜欢怀旧地谈论他们换来的东西。这里有一个关键词是"回忆起（recall）"。通常，人们谈话时会说："你记不记得（remember）……时。"而当人们谈论很久前即已使用过且已经无效的点券时，会说："你能不能回忆起……""你还记得我们在约塞米蒂国家公园的美好时光吗？"这是对往事的追忆。而"你能回忆起在约塞米蒂国家公园发生了什么吗？你先是把挡泥板撞凹了，接着忘了……就我的记忆，你之后……另外又……"这种说法属于不能再次使用的责备，意思是说不能再兑换有理由的愤怒。律师工作时经常使用"回忆起"这个词，而不是"记得"这个词。他们将原告已经褪色的心理点券，有时甚或是伪造的心理点券，呈献给法官及陪审团。法官是心理点券的爱好者和行家，他们会查看人们收集了多少点券，并且能够估量它们在法庭这个兑换场中的价值。

不真诚的夫妻经常用已经兑换过的或伪造的点券欺诈对方。例如，弗朗西斯科发现妻子安吉拉与上司有婚外情，在上司对妻子进行暴力威胁时，他救了妻子。在一场剧烈的冲突后，他原谅了她，她感谢了他。但后来，每次喝醉时（很经常），他都会再次提起这件事。用点券的话说，他第一次发脾气是正当的，她真诚地感谢了他，他慷慨地原谅了她。这种解决方式很恰当，所有点券都获得了兑换。

但是，如前所述，"原谅"真正的含义是把点券放入抽屉，直到再次需要，即使它们已经被兑换过。在弗朗西斯科的例子中，他每周六晚都把那些已经兑换过的点券拿出来，在安吉拉面前晃。安吉拉不会指出这些点券已经兑换过，而是羞愧地垂下头让弗朗西斯科再获得一次免费生气的机会。作为回报，安吉拉总是给他一些伪造的感谢点券搪塞他。她第一次感谢他，是真正的感激，是金色点券，而后来的感谢则厌烦且虚假。后来的感激点券是愚人金，只是黄铁矿的，它只有在弗朗西斯科醉酒后的傻瓜世界被视为珍宝。当他清醒后，他们可以彼此真诚，并知道此事已经过去。但当他醉酒时，他们彼此欺骗。他用作废的点券勒索她，她也用同样的方式回报他。

总之，心理点券与商业点券具有极高的相似性。每个人接受的家庭教养虽不相同，但对待这二者的方法是相同的。有些人的家庭教会他们兑换掉点券然后忘掉它们。有些人被教会把点券攒起来，然后尽情享用它们。这些人会把纸质的点券收集起来，期待数量不断增加，某天能兑换一个很大的奖品。他们会用同样的方法对待愤怒、伤心、恐惧和内疚，先压抑情绪，直到受够了，再将其兑换，造成巨大的后果。还有一些人的家庭允许欺骗，他们会在欺骗上花很多心思。

心理点券以情绪记忆的方式储存，它们的表现形式可能与持续躁动状态下的分子模式或在约当曲线①上一圈圈旋转的电位相似。累积的能量只要没有释放，就永远不会耗竭。分子模式或电位衰减的速度一方面取决于基因，另一方面取决于"早期调节（early conditioning）"，用我们的话说，就是父母设定的程序。无论如何，一个人如果总拿出相同的点券一遍遍向听众展示，这些点券看起来就会越显陈旧、让人厌烦，听众也会越来越疲倦，并将其视为陈词滥调。

---

① 也称若尔当曲线，简单来说是平面上一条连续的简单曲线。——译者注

D. 幻觉

童年期的幻觉主要与表现得好就会得到奖赏，表现不好就会得到惩罚有关。好主要是指不生气（"注意脾气，注意脾气！"）或不会有性方面的表现（"下流，下流！"），表达害怕或惭愧则没有问题。也就是说，杰德既不应该表达"保护自我的本能"（表达生气可令人满足），也不应该表达"保护种族延续的本能"（孩子很小就会表达，并能从中获得快乐）；而对不令人满足、不令人愉快的情绪，他想表达多少就可以表达多少。

世上存在很多奖惩制度。除了各处皆有的法律制度外，还有宗教制度和思想制度。不过，对脚本分析师来说，每个家庭特有的、非正式的、隐藏的奖惩制度才最为重要。

对小孩来说，圣诞老人观察并记录他们的行为表现。但只有"小小孩"才相信圣诞老人，"大小孩"并不相信，至少不相信他会在每年特定一天穿着化装舞会的服装到来。事实上，是否相信圣诞老人是区分大小孩与小小孩的标志，除此之外，还有婴儿从哪里来这个问题。不过，大小孩和成人也有属于自己的圣诞老人，每个人的各不相同。有些成人对圣诞老人的家人更感兴趣。他们坚信只要自己表现良好，迟早有机会受到圣诞老人的儿子白马王子或他的女儿雪姑娘，甚至是他的妻子更年期太太的眷顾。实际上，大多数人终其一生都在等待圣诞老人或他的某个家庭成员。

在下方，有一个与圣诞老人相反的人物。圣诞老人是穿红色衣服的、快乐的人，来自北极，带着礼物。而与他相反的则是一个穿黑色斗篷的、冷酷的人，来自南极，带着长柄刀。他的名字是死神。这样，人类在童年晚期就划分为两类：一类为生，一类为死。生的一群一生都在等待圣诞老人，死的一群则终生都在等待死神。所有脚本都建基于这两个基本幻觉：要么是圣诞老人最终为赢家带来礼物，要么是死神最终为输家解决一切问题。因此，关于幻觉，要问的第一个问题便是："你在等待圣诞老人，还是死神？"

但在"最终的礼物"(永生)或"最终的解决"(死亡)到来前,还有其他可能性。圣诞老人可能会赠予乐透彩大奖、一份养老金或延长的青春。死神也可能赠予永久的残疾、性欲的丧失或提前衰老,无论是哪种情况,都会在一定程度上减免当事人的责任。例如,等待死神的女性坚信更年期能够带来救赎与安歇:所有性欲消失,取而代之的是热潮红或忧郁症,这使她们更有理由不再活下去。相信更年期可以拯救她们的迷思用脚本分析的语言被称作"木卵巢"。一些男性也会有"木睾丸",是对男性更年期的迷思。

每个脚本都是基于这样的幻觉,打破幻觉使人痛苦,但这是脚本分析师必须做的工作。直言不讳地指出幻觉是速度最快、痛苦最少的打破幻觉的方法。幻觉在沟通中具有重要作用,因为它提供了积攒心理点券的理由。等待圣诞老人的人可能会积攒称赞,以彰显自己优秀的表现,或者积攒各种"痛苦",以期获得他的同情;而等待死神的人会积累内疚或绝望,以展示自己配得上他,或对他的到来感恩戴德。但人们无论将点券呈现给圣诞老人还是死神,都是期望用自己聪明的营销手段换取自己渴望的商品。

这样,幻觉与点券兑换店就息息相关,兑换店有两种,兑换规则不同。杰德可以通过做好事或者忍受痛苦来积累足够多的金色点券或棕色点券,并在圣诞老人的商店兑换免费礼品;也可以通过累积内疚或绝望,从死神的商店兑换免费礼品。实际上,圣诞老人和死神并没有开商店,他们更像到处流动的小贩。杰德必须一直"等待"他们到来,却永远不知道他们到来的准确时间。这就是杰德必须保留点券并随时准备好的原因,如果圣诞老人或死神路过,但他错过了,那么下一次机会就不知何时才能到来了。如果他积攒的是快乐,那么他必须时刻积极思考,因为圣诞老人会恰好在他放松的那一刻到来。同样,如果他积攒的是痛苦,那么他绝不能冒看起来很快乐的危险,假如被圣诞老人逮个正着,他也会错失机会。等待死神的人也一样。他们绝不敢冒险享受片刻没有内疚或绝望的时光,因为那一刻可能正是死神到访的一刻,之后,他们需要接受惩罚,再活一轮,时长是——好吧,只有死神才知道这悬而未决的状态会持续多久。

幻觉是人们将自己的存在置于"只要"和"总有一天"之上。在某些国家，政府奖券为杰德的梦想成真提供了唯一的可能性，而其他成千上万的人终生只能日复一日地等待好运降临。目前真实的情况是，圣诞老人确实存在：每次抽奖，某个人确实可以中奖，梦想成真。但在多数情况下，让人奇怪的是，中奖并没有给他们带来快乐。很多人让所中之奖从指缝溜走，然后变回从前的状态。这是因为人们将整个幻觉系统看作奇迹：奖赏不仅奇迹般到来，奖赏本身也是奇迹。一个表现良好的孩子知道圣诞老人会在他睡着时顺着烟囱爬下来，留给他一辆红色的四轮马车或一个金色的橙子。但这辆小马车或这个橙子绝不是普通之物，而是有神力的、特别的、镶满红宝石和钻石的。假如杰德确实得到了小红马车或橙子，但发现它是普通的、与其他人一样的，他会非常失望，并问："就这样吗？"杰德的父母可能非常困惑，他们以为这就是杰德想要的。同样，赢了乐透彩的人发现他们买到的东西与其他人买到的东西相同，也常常会问"就这样吗？"，然后将其挥霍。他宁可回到过去，坐在树下等待奇迹，也不愿意好好享受现在拥有的东西。换句话说，幻觉总是比现实吸引人，即使是最具吸引力的现实，也敌不过虚无缥缈的幻觉。

在这类人中，最典型的是具有"永不放弃"这种脚本的人。他们最不愿意放弃的事情之一便是肠的运动，因此患有慢性便秘。他们的幻觉是，只要坚持足够久，圣诞老人就会到来，就算坚持不了那么久，至少也能获得一点东西，弥补无法得到的礼物。在这类人中，有些人可以绝好地享受他所拥有的丰厚现实，却更愿意"坐"在家中，等待一些不知道是谁的人前来拯救。有一位女士，即使她躺在分析椅上，也会说："我正坐着思考。"她在家也会花很多时间便秘。她发现自己很难与其他人融合，因为无论走到哪里，她心里都带着一个马桶，不论她的"成人"在做什么，她的"儿童"总是坐在她最喜欢的位置上。

事实上，"儿童"几乎从未放弃过幻觉。有些幻觉十分普遍，如弗洛伊德所说，它们可能始于生命头几个月，甚或始于子宫。子宫是一个神奇的世界，出生后的人们只有通过爱、性或药物（邪恶之人可能通过大屠杀）才能再次体验。弗洛伊德将最初的三个幻觉命名为"我是永生的、无所不能的、不可抗拒的"。当然，最初的幻觉不会持续很久，因为婴儿不得不面对现实：母亲、父亲、时间、重力、未知、吓人的画面和声音，以及由饥饿、恐惧和疼痛带来的内部感觉。但是，最初的幻觉很快会被条件式幻觉取代。条件式幻觉对脚本的形成具有强烈影响，它们的表现形式为"只要"："只要我以正确的方式表现，圣诞老人就会到来"。

就幻觉来说，全世界的父母都一样。如果孩子相信父母具有神力，部分原因是父母自己也这样认为。没有哪个父母从未或多或少地向子女传递过这样的观念："如果你按照我说的去做，所有事情都会有好结果"。对孩子来说，这意味着"如果我按照他们的话做，我将受到神力保护，我将美梦成真"。他如此坚信这一点，几乎没有可能动摇这个信念。如果他的梦想没有实现，他不会怀疑神力是否存在，而会归因于自己破坏了规则。如果他反抗或抛弃了父母的指令，并不意味他丢弃了幻觉中的这个信念，只意味着他无法再忍受这个要求，或认为自己永远无法达到这个要求。他们对可以遵守这一规则的人要么嫉妒、要么嗤之以鼻。他们内在的"儿童"仍旧相信圣诞老人的礼物，但反叛者会说："我能从他那批发礼物（毒品或革命）。"而绝望者会说："谁需要他的酸葡萄？死神的葡萄才更甜。"随着人们长大，有些人可以自发地放弃幻觉。放弃幻觉时，他们不再具有没有放弃幻觉的人身上的嫉妒或嘲笑。

"父母"的训诫最好表达为："做正确的事，将没有灾祸降临于你！"这是有历史记录以来，每个国家建立道德体系时最基本的箴言。最早的记录见于5000年前古埃及普塔霍特普（Ptahhotep）①书写的箴言录②。"父母"的训诫最糟糕的表达方式是："如果你杀死某些人，这个世界将变得更美好，你也会因此获得永生，变得万能，具有不可抗拒的力量。"奇怪的是，从"儿童"的角度，这两种说法都是爱的宣言，因为它们都是"父母"的保证："如果你

---

① 古埃及第五王朝法老杰德卡拉统治时期的贤者。——译者注
② 箴言录以教育即将担任高级官员的权贵子弟为目的。突出服从父亲和上司的要求，倡导谦恭、忠于职守以及在必要时保持沉默。——译者注

按照我说的做,我将爱你、保护你,没有我,你一无所有。"这种承诺清晰地显现于一些文字中。第一种见于《圣经》,上帝将会爱你、保护你。第二种见于希特勒(Hitler)的《我的奋斗》(*Mein Kampf*)等作品。希特勒保证说德意志帝国将延续千年,实际表达的就是一种永生。当他的追随者将波兰人、吉卜赛人、犹太人、画家、音乐家、作家和政客关入集中营时,确实体验到了万能感和不可抗拒的力量感。但随着拿破仑式的步兵、炮兵及空军的到来,现实逐渐取代了幻觉,数百万的希特勒追随者变为必有一死、虚弱无力和可被抗拒的了。

粉碎最初的幻觉需要巨大的力气。这些幻觉的粉碎最有可能发生于战争年代。托尔斯泰(Tolstoy)伯爵加入战斗后,愤怒地大喊:"他们为什么向我开火?每个人都喜欢我啊(=我不可抗拒)。"条件性幻觉也是如此:"如果我按照'父母'告诉我的去做,一切都会有好结果。"有一幅让人毛骨悚然的画,是用武力打破这种普遍存在的幻觉的例子。画中一个大约9岁的小男孩站在波兰一条街的中间,尽管街边站立了很多旁观者,小男孩依旧看起来很孤单、无依无靠。他前面挂着一个已经死亡的骑兵的头颅。他脸上的表情清晰地表达出:"但是妈妈告诉过我,如果我是好孩子,一切就都没问题。"每个人都可能遭受的最为残酷的心理打击,便是发现自己的好妈妈欺骗了自己。德国士兵加诸这个陷入绝境的小男孩的痛苦也是如此。

治疗师既充满人性又相当尖锐,如果患者明确且自愿地同意,治疗师也会做打破幻觉的工作:不是折磨,而是手术。患者的整个人生都建基于幻觉,为了让患者好转,治疗师必须摧毁幻觉,让他们回归此时此地的真实世界,而不是总生活在"只要……"或"总有一天……"的世界里。这是脚本分析师必须履行的、最为痛苦的工作:告诉患者最终没有圣诞老人。不过,破除幻觉的工作可以通过细心的准备与铺垫,较为温和地执行,从长远的角度来看,患者还是会原谅治疗师的。

在杰德得知孩子是怎么来的之后,童年晚期的另外一个幻觉也被撼动了。为了维持父母被虚构出来的纯洁,他不得不这样对自己说:"好吧,但'我的'父母没有这么做。"当治疗师面质杰德不可能由处女所生，父母至少要做一次爱，如果他还有兄弟姐妹，父母至少要做几次爱的事实时，治疗师明显可以看到杰德粗鲁、愤怒的反应。这相当于告诉他，母亲背叛了他，这是一件不应该让其他人知道的事。有时，治疗师还需要完成反向的工作，将患者心中的母亲或世界的堕落形象恢复为较为体面的状态。很多孩子幻想母亲拥有童贞，这根本是不可能的，却会影响孩子的精神世界以及他们的真实生活。

相信圣诞老人、死神和母亲的童贞也许可以被看作正常的，因为对于理想主义者或脆弱的灵魂来说，他们需要急切地抓住什么，以获得精神的滋养。而另一方面，困扰之人之所以困扰，是因为他们有自己独特的幻觉。轻则为"如果你每天灌肠，将健康和快乐"，重则为"如果你病得够重，就可以避免父亲死掉。如果他死了，是因为你病得不够重"。有些人甚至还与上帝签署了个人协议，不过并没有征求上帝的意见，也没有获得上帝的签字。事实上，就协议内容来说，上帝是拒绝签字的：一个常见的例子是"如果牺牲了我的孩子，母亲就会永葆健康"，或者"如果没有性高潮，上帝将赐予我一个奇迹"。就像之前提到的，后面这种幻觉几乎成了巴黎妓女中的一种习俗，"不管我和多少男人发生过性关系，甚至我知道自己染上了疾病，但只要我是在做生意，而不是在享受，我仍旧可以进入天堂。"

在童年早期，孩子不切实际的、神奇的幻觉可以被接受。在童年晚期，这些幻觉开始接受现实的检验，不过有些部分仍旧很难放弃。未放弃的幻觉留下了一个秘密的核心，构成了人生的基础。只有最强大的人才能面对荒谬的、赌博似的人生，而无须任何幻觉。人们最难放弃的，甚至在成年后也最难放弃的幻觉之一，即为自主或自我决定的幻觉。

这一点在图10中呈现。真正自主的区域，用 A_1 标示。这个区域代表真正理性运转的"成人"，没有"父母"的偏见以及"儿童"急切渴望式的思考。人格的这个部分可以仔细搜集信息、观察，真正自由地做出"成人"的判断。在商业交易或专业工作中，它可以高效工作，例如机械师或外科医生可以基于以前的学习、观察和经验做出良好的判断。P 区域是人们清楚地知道产生"父母"影响的区域：从父母那里获得的观念和偏好，涉及食物、服饰、举止和宗教等。我们可以将其看作从小获得的"教养"。C区域是他明确知道来自"儿童"的东西，包括急切的渴望或儿时的品位。只有能够识别并区分这三个区域，他才是自主的：他知道什么是"成人"且实际的，什么是从别人那里接收的，以及什么是由早期冲动决定的，而不是由切实的思考和理智的判断决定的。

标"错觉"和"幻觉"的区域是杰德错误生活的地方。"错觉"是他自认为根据自己的观察和判断形成的属于自己的想法，但实际是父母强加给他的想法，这些想法与他结合得如此紧密，以至他以为那是真实自我的一部分。幻觉与之类似，是来自"儿童"的想法，却被看作"成人"的、理性的，并试图合理化的想法。错觉和幻觉都称作污染。所谓自主的幻觉就是说，以为图10中整个 A_1 都是未经污染的、自主的"成人"，但其实它很大一部分属于"父母"和儿童"。真正的自主如图11所示，能够意识到"成人"的界限，能够意识到阴影部分属于其他自我状态。

图10和图11实际给了我们一个测量自主的方法。图11中的"成人"除以图10中的"成人"，结果可以称作"自主的程度"。如果图10中的"成人"更大，而图11中的"成人"更小，就会导致自主程度低，幻觉更多。如果图10中的"成人"小（尽管永远大于图11中的"成人"），而图11中的"成人"大（尽管永远小于图10中的"成人"），则幻觉更少而自主程度高。

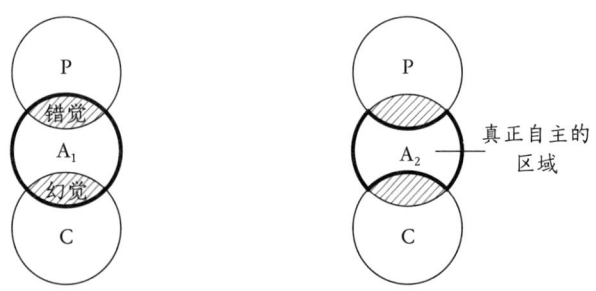

自主程度 = A_2/A_1

图10　幻觉的自主　　　图11　真正的自主

E. 心理游戏

在婴儿期,孩子从"我好—你好"的心理地位出发,表达得非常直接。但他很快发现,他的"好"并不完全是与生俱来、不可置疑的权利,而是在某种程度上取决于他的表现,特别是他对母亲的回应。学习进餐规矩时,他发现母亲对他无可挑剔的"好"居然有所保留,这让他很伤心。他也用否认母亲"好"的方式回应母亲,不过晚餐结束时,他们又会彼此亲吻、和好。这为玩心理游戏打下基础,并于如厕训练时上演。如厕训练时,孩子占上风。到了吃饭时间,孩子饿了,会对母亲有所求;而在卫生间,则是母亲对孩子有所求。在餐桌上,孩子不得不以特定的方式回应母亲,以获得好的评价,而现在则是母亲需要好好对待他,以获得孩子好的评价。此时,他们已经很少彼此直接表达,母亲会利用孩子身上的可乘之机为孩子设置一点骗局,同样,孩子也会对母亲这样做。

到孩子上学时,他可能已经学会了几个比较温和的游戏,或者还可能学会了两三个比较严重的游戏,最糟的情况是他们的生活中已经充满了游戏。情况如何,取决于他们的父母有多聪明或多粗暴。父母越要求"做事聪明",孩子就越不诚实;父母越粗暴,孩子就越要玩严重的游戏以求生存。临床经验表明,使一个孩子变坏并束紧他的最好方式就是经常违背他的意愿给他使用灌肠剂,就像使一个孩子变坏和崩溃的最有效方法是在他痛哭时残忍地抽打他。

到了学校,他终于有机会将在家中学到的游戏在其他孩子和老师身上试验。通过与他们互动,他加重了一些游戏,减弱了一些游戏,丢弃了一些游戏,也学会了一些新的游戏。此时,他也有机会检验他的人生信念和心理地位。如果他认为自己是"好"的,他的老师既可以使他更确信这一点,也可以通过贬低他让他发生动摇。如果他认为自己是"不好"的,老师要么可以使他更确信这一点(这正是他希望的),要么可以努力帮助他建立信心(这会使他不安)。如果他认为世界是好的,也会认为老师是好的,除非老师证明自己是坏人。如果他认为别人是不好的,那么他会通过惹老师生气来证明自己是对的。

无论对孩子,还是对老师,都有很多特殊的情境很难预知或应对。对于孩子,老师可能会玩一个名叫"阿根廷"的游戏。"阿根廷最有趣的是什么?"她问。"潘帕斯草原。"有人回答。"不是。""巴塔哥尼亚高原。"有人说。"不是。""阿空加瓜山。"另一个学生说。"不是。"此时,他们知道发生了什么。记住书上写了什么,或自己对什么感兴趣是没用的。他们应该做的是猜想"她"脑中的答案。老师使他们陷入困境,他们只好放弃。"没有人想回答了吗?"她用虚假的温和的声音说:"是加乌乔人[①]!"她用胜利的语调宣布,让所有学生同时感到自己很蠢。他们无法阻止她,就连班中最友善的学生也厌恶她这样做。另一方面,就算是最有经验的老师,也很难对某些学生保持"好"的态度。这些学生通常是在家中被强迫灌肠的孩子。他们会拒绝回答老师的提问,如果老师强迫他回答,就相当于在强奸他的思想,与此同时,她也证明了她比他的父母好不了多少。此时,老师对学生无能为力。

其他每一种心理地位都有其特定的心理游戏。通过与老师玩游戏,杰德可以发现老师会落入哪些心理游戏,并可以不断磨炼自己的技巧。在第二种傲慢的心理地位中(+-),他可能会玩"现在我可逮到你了"的游戏;在第三种抑郁的心理地位中(-+),他可能会玩"踢我吧"的游戏;在绝望的心理地位中(--),他可能会玩"让老师难过"的游戏。杰德会放弃老师拒绝玩或可以应对的游戏,不过他可能在其他同学身上继续尝试。

从很多方面来说,第四种心理地位都是最难处理的一种。但如果老师能够保持冷静,并能够用适当的语言安抚杰德,而不是给予虚假的安抚、指责或道歉,她很有可能帮他松动绝望的顽石,将他推向"好"感觉的阳光中。

总之,孩子会在童年晚期决定保留哪些心理游戏,放弃哪些心理游戏

[①] 阿根廷和乌拉圭潘帕斯草原上的牧民和富有传奇色彩的骑手,以豪勇和藐视律法闻名。——译者注

（如果有的话）。这些心理游戏都是他们从家中学会的。此时，需要提问的最重要的问题是："在学校，老师与你相处得怎样？"接下来要问的是："在学校，其他孩子与你相处得怎样？"

F. 人格面具

童年晚期结束时，一些事情已经定型，即为以下问题的答案："如果你不能按照真实想法直接表达，那么不诚实的最舒服的方式是什么？"杰德从父母、老师、同学、朋友和敌人那里学来的一切都可以解答这个问题。结果就是他形成了人格面具（persona）。

荣格将人格面具定义为"特别采取的态度"，它是个体戴上的面罩，"与自己可觉察的意图一致，同时亦能够符合所处环境的要求与主张"。因此，"就其真实人格来说，他欺骗了别人，通常也包括自己"。人格面具是社会性人格，多数人的社会性人格都与处于潜伏期的孩子（大约6—10岁）的人格很像。这是因为人格面具确实是在那个时期形成的，它是在外界环境的影响下，由儿童自己决定的。当成年杰德表现出恭顺、顽强、可爱或热爱挑战等社会品性时，他并不一定处于"父母""成人"或"儿童"状态中（当然他也有可能在）。不过，他的行为举止确实很像小学生，让自己在"成人"的指导和"父母"的限制下变得顺从。这种顺从就是他的人格面具，与他的脚本匹配。如果他是赢家脚本，他的人格面具将非常具有魅力。如果是输家脚本，则很令人反感，而真正的他可能并非如此。人格面具通常依照他的榜样塑造。真正的"儿童"躲在人格面具后，伺机出现，当他积累了足够多的心理点券后，就会理直气壮地丢掉面具。

这里要问患者的问题是："你是哪种人？"或者更好的问题是："其他人怎么看你？"

人生脚本——改写命运、走向治愈的人际沟通分析

G. 家庭文化

所有文化其实都是家庭文化，是一个孩子在只到膝盖那么高时学到的东西。人们可以在家庭之外学习技能，但价值观由家庭决定。脚本分析师用一个问题便可探究问题的核心："晚饭时，你的家人会谈论什么？"通过这个问题，他希望了解沟通的内容以及沟通的类型，内容可能重要也可能不重要，但是沟通类型永远重要。有些儿童与家庭治疗师甚至会亲自到患者家中与他们共进晚餐，因为这是在短时间内获得大量可靠信息的最佳方法。

脚本分析师的口号之一应该是"想想括约肌[①]！"。弗洛伊德和亚伯拉罕最先阐述了人格结构以躯体孔洞为中心这一思想。心理游戏和脚本也是如此。每个心理游戏和脚本都有相应的生理迹象及症状，它们通常也是以特定的孔洞或括约肌为中心的。家庭文化展现于晚餐餐桌之上，也常常以"家庭括约肌"为中心。了解家庭最喜欢的括约肌对治疗患者大有裨益。

四个外部括约肌分别与口部、肛门、尿道及阴道相关。不过，与这四个部位相联系的内部括约肌也许更重要。另外，还有一个假想的括约肌，用精神分析的语言，称作泄殖腔[②]括约肌。

尽管嘴确实有它的外部括约肌，术语称作口轮匝肌，但它并不是"口部"家庭关注的肌肉，尽管他们有关于嘴的座右铭是"把你的嘴闭起来"。"口部"家庭主要讨论的是食物，括约肌主要涉及喉咙、胃部和十二指肠。因此，"口部"家庭的人是典型的饮食爱好者和胃部不适者，这也是他们晚餐谈论的主题。来自这类家庭的"歇斯底里者"会有喉部肌肉痉挛，"身心失调者"会有食道、胃和十二指肠痉挛，他们还可能呕吐或有呕吐的恐惧。

[①] 指分布在人和动物某些管腔壁上的环形肌肉，保持身体管道或通气口的收缩，并能在正常的生理作用下舒张。——译者注

[②] 泄殖腔是动物的消化管、输尿管和生殖管最末端汇合处的空腔，有排粪、尿和生殖等功能。——译者注

肛门是最卓越的括约肌。"肛门"家庭讨论直肠的运动、促便剂、灌肠剂和贵族式的结肠冲洗。生活对他们来说是一连串需要不惜任何代价尽快摆脱掉的有毒害的东西。他们对排泄物很着迷，如果自己或孩子的粪便块大、结实、形状美观，他们会感到很骄傲。他们可以根据排泄量判断腹泻，黏液性或出血性结肠炎是他们永恒的兴趣点，并且可以做出细致的区分。这种文化与性欲（或反对性欲）相融合，产生的格言是"夹紧你的肛门，小心被骗"。这也意味着他们要摆出一副毫无表情的面孔，这种哲学最终体现在赚钱成功上。

　　"尿道"家庭说话很多，各种想法像流水一样滔滔不绝，只有快结束时才结巴几下。不过话说回来，他们永远不可能真正结束说话，就好像只要有时间，最后总能再挤出几滴尿一样。有些人精力旺盛（full of piss[①] and vinegar），据说他们被激怒（piss off）时，就会开始表现不敬（piss on）。有些儿童为了对抗规矩会收紧尿道括约肌，尽量长时间憋尿，从这种不舒服的体验中获得愉悦。当他们最终尿出来时，会获得更大的愉悦。他们有时会半夜尿在床上。[1]

　　有些家庭吃饭时讨论性的罪恶。他们最喜欢说的话是"在我们家，女人会一直交叠双腿"。如果她们没有交叠双腿，也会把阴道括约肌紧紧夹起来。他们认为其他家庭的女性阴道括约肌是大开的，双腿是松散的，晚餐的话题是低俗、色情的。

　　我们用以上这些常见的例子阐述了括约肌理论，其实，更常用的名称是婴儿性欲理论。该理论由埃里克森提出，他对此进行过最完整、最清晰的阐述。他将发展划分为五个阶段，每个阶段都围绕着一个特定的生理区域（口部、肛门或生殖器）。每个区域有五种不同的"使用"方式，包括吸收式（1型和2型）、保留式、消除式和侵入式。这样，他得到了25种可能的组合。他将这些组合与特定的态度、性格以及独特的个人发展路径联系起来，与

[①] 原文用了很多带有"尿（piss）"字的短语。——译者注

脚本式人生历程相似。

父母的禁止信息"把你的嘴闭起来"用埃里克森的话说,是口部保留式用法;"收紧肛门"是肛门保留式用法;"把你的腿交叠起来"是生殖器保留式用法。饮食爱好者是口部吸收式用法,呕吐是口部消除式用法,说猥亵的话是口部侵入式用法。因此,询问患者吃饭时家里会谈什么,通常可以准确地发掘家庭文化涉及的区域和使用方式。这一点很重要,因为特定的心理游戏、脚本及其伴随的躯体症状,都是与某些区域及使用方式联系在一起的。例如,"笨手笨脚"这个心理游戏对应的区域是肛门,"我只是试着帮你"对应的模式是侵入,"酗酒"对应的是口部吸收。

神秘的"泄殖腔括约肌"存在于困惑的人的脑中,他们的"儿童"以为,无论男女身体下方都只有一个开口,并可以随个人意志关闭。这导致他们形成的脚本对理性的人来说很难理解,尤其在他们认为这个括约肌还可以控制嘴时。因此,僵直型精神分裂症患者可以一下关闭所有通道:他夹紧全部括约肌,这样就没有任何东西可以进出他们的嘴巴、膀胱或直肠。不过,必须定时给他用鼻管喂食、用管导尿和灌肠,以保证他的生理安康及生存。他的脚本宣言是:"宁可死了,也不让它们进来!"这是控制括约肌的"儿童"最直接的理解,然而他们对括约肌如何构成、如何工作毫无概念。

大多数脚本都围绕着一块特定的括约肌,脚本涉及的心理与某个躯体部位关联。这正是脚本分析师需要"思考括约肌"的原因。某块括约肌经常紧张,会影响一个人全身的肌肉,肌肉状况又与他的情绪态度及兴趣喜好相关,并且会影响人们回应他的方式。这就是"括约肌感染"理论。

假如杰德右脚大脚趾由于扎了一个小碎片而受到感染,他就会开始跛着走路。这会影响他腿上的肌肉。为了配合腿部,他的背部也会变得紧张。不一会儿,他的肩膀也受到影响。很快,颈部肌肉也受到牵连。如果他走路很多,肌肉不适进一步发展,最终头和头皮也受到影响。接着,他可能头痛。随着走路越来越困难,他的身体也越来越僵硬。感染进一步发展,他的呼吸和消化也越来越吃力。此时,有人可能会说:"这种状况很难治愈,因为已经波及他的内脏器官、头和全身肌肉。他整个身体都出了问题。"不过，在需要手术前，他会接着说："我可以治愈他所有的问题，包括发烧、头疼和全身肌肉紧张。"他拔出脚趾上的碎片，感染消退，杰德不再跛行，他的头皮和颈部肌肉放松下来，头痛消失。随着他身体其他部位的放松，一切恢复正常。因此，虽然他的疾病涉及全身，但如果找到小碎片的位置，将其移除，就可痊愈。被治愈的不仅是杰德，他周围的人也可以放下心，获得放松。

当某块括约肌收紧，也会产生同样的链条式反应。为了牵引和支撑这块括约肌，它周围的肌肉也需要收紧。为了配合这些肌肉，距离更远的肌肉也会受到影响，最后，全身肌肉都会受到牵连。其实，这一点很容易说明。假设某位读者正坐着阅读，他的肛门是收紧的。很快，他就会注意到自己背部下方及腿部的肌肉也收紧了。如果他从椅子上站起来，肛门仍旧是收紧的，他会发现他不得不噘起嘴唇，这又会影响他的头皮。换句话说，紧缩的肛门改变了他全身肌肉的动力系统。脚本要求"夹紧肛门，小心被骗"的人，他们身上就会发生上述情况。他们全身的肌肉都受到牵连，包括控制面部表情的肌肉。面部表情会影响他人回应他的方式，事实上，他的表情可能正是对他人"儿童"的引诱。被引诱之人是能够在他的脚本中扮演角色之人，注定会开启他的脚本。

下面是一个具体的例子。假设有一个叫安格斯的人，他的肛门是收紧的。他的脚本对手叫拉娜。拉娜一直在寻找一个像安格斯这样的人，安格斯一直在寻找像拉娜这样的人。拉娜看到安格斯时，通过他的面部表情立刻判定这正是她想找的人。随着交谈，安格斯表达了自己的态度和兴趣，拉娜"儿童"的直觉更加确定安格斯就是她找的人。拉娜在安格斯的脚本中扮演的角色开启脚本。安格斯的应该脚本是每时每刻都要收紧，而脚本则是其他内容。然而，无论他多努力遵照父母的指令保持收紧，迟早都会有放松警惕的一刻，这一刻正是脚本接管的一刻。他放松的这一刻，正是拉娜一直等待的时机。拉娜以某种方式按下了按钮，安格斯"被骗"，拉娜完成了使命。只要安格斯试图收紧肛门，就会一次次"被骗"，这就是脚本运作的方式。如果安格斯是赢家脚本，那么他将承担敲诈的角色，比如成为来自"肛门"家庭的金融家。

因此，脚本分析师会考虑括约肌的问题，这样他就知道需要对什么做出处理。放弃了脚本的患者全身肌肉都会更加放松。比如，之前夹紧肛门的女士会停止在椅子上扭动；夹紧阴道的女士不会再在坐着时把胳膊紧抱在胸前，双腿交叠起来，右脚再紧紧扣在左脚踝内侧。

晚餐谈话以父母为主导，他们教会孩子终生盯紧身上的某块肌肉。这些教诲在童年晚期对孩子有重大影响，我们对此进行了总结。现在是讨论脚本的下一个阶段发展的时候了。

— 注 释 —

[1] 但请不要试图通过揍尿床的孩子来治愈他们。

第九章

青春期

人生脚本——改写命运、走向治愈的人际沟通分析

　　青春期意味着高中和大学岁月，意味着驾照、成人礼，意味着拥有了主动权和自己的事情。青春期意味着这里或那里长毛发，意味着要戴胸罩和月经来潮，意味着要刮胡子和让你万分苦恼且无心做事的青春痘。青春期意味着你要为今后成为哪种人做决定，或者至少在真正做出决定前，知道如何打发时间。青春期意味着（如果你真想知道青春期的意义的话）要读关于某一主题的300多本书、一些绝佳并已绝版的著作，以及几千篇杂志与科学期刊中的论文。而对脚本分析师来说，青春期意味着脚本的预演，是正式上演前的试验。它意味着你到了真正要回答这个问题的时候，"说完'你好'后，你会说什么？"或者，"当你的父母和老师完全不再告诉你如何利用时间时，你自己会如何利用时间？"这个问题此时必须回答，否则你就不知道要如何生活。

A. 闲谈

　　青春期的孩子开始谈论一些东西，比如，汽车和运动，这种谈话其实只是一种卖弄，知道得多者胜出。此时，脚本表现为比任何人知道得都多，或比任何人知道得都少；或者表现为谈论谁更成功，谁更不幸——"我比你开心多了"或"我比你还惨"。有些输家甚至觉得连自己的不幸都那么微不足道，他们无论如何都赢不了。闲谈的第二个方面关于观念与情绪，他们会与彼此比较人生观，"我也是这样"或"我不这么看"。赢家更加高尚、坚韧，输家更多内疚、痛苦。非赢家卡在两者之间，仅仅感到平淡。闲谈的第三个方面是"家长会"："对行为不当的教师和家长或男、女朋友，你会怎样应

对？"会谈这些问题的通常属于生的一群，他们等待圣诞老人带来更好的车、更好的球队、更好的机会、更好的老师、父母或男女朋友。而等待死神的一群则鄙视这些，他们会用更接近脚本的方式度过时间。他们会抽大麻、服用迷幻剂，他们说一起去旅行，实则在一起说唱[①]。无论杰德属于哪一群人，在说话的内容和方式上，他都要学会什么可以被接受，什么不被接受。另外，他也学会了与同辈人比较心理点券。

B. 新榜样

杰德通过闲谈以及阅读过和看到过的东西，将脚本草案中来自神话或具有神力的榜样替换为更接近现实的人物。他们是他可以效仿的真实人物，无论健在还是已故。他也更了解真实的坏人是什么样的，以及他们如何做坏事。同时，他们有了绰号或昵称（弗雷德里克、弗雷德或弗雷迪；查尔斯、查理或查克），能够显示别人如何看他，以及他们必须反抗什么或注定成为什么。被称作胖子、马脸、眨巴眼或傻子的人需要更费力才能获得幸福的结局。被称作大波妹或毛猴的人可能发现与他人发生性关系很容易，但如果他们想要的是其他的呢？

C. 图腾

很多人会反复梦到一种动物，有时是某种蔬菜。这就是他们的图腾。对女性来说，图腾有鸟、蜘蛛、蛇、猫、马、玫瑰、香草和白菜等。男性最喜欢的有狗、马、老虎、巨蟒和树等。图腾以多种形式出现。有时，它们很可怕，比如蜘蛛和蛇几乎总是如此；有时很亲切，比如猫和白菜。如果一位女士的图腾是猫，她堕胎或流产后很有可能梦到死掉的小猫。

[①] 早期的说唱多满口脏话，表现叛逆。——译者注

在真实生活中，患者对待图腾动物的方式与在梦中对待它们的方式非常类似。消极图腾通常与过敏反应联系，积极图腾通常与喜爱反应联系，类似对宠物的喜爱，尽管宠物也可能引发过敏。有些人很羡慕他们的图腾，并努力成为它们。比如，很多女性经常说她们希望自己像猫。女性在社交场景中的肢体动作通常都遵照固定的模式，但我们通过观察她们头部的动作可以推测她们的图腾是什么。她们可能在模仿猫、鸟或蛇。观察一下真实的猫、鸟或蛇，便可以验证我们的推测。男性的肢体活动可以更自由，有人会像马一样跺脚，或者像蟒蛇一样甩出胳膊。这并不是观察者的主观想象，仔细听他们使用的隐喻和他们做的梦就可以得到证实。

人们通常会在16岁前放弃图腾崇拜。如果至青春期晚期，图腾仍旧以梦、恐惧、模仿或嗜好等形式出现，那么当然要加以重视。如果一个人的图腾不显而易见，可以询问"你最喜欢的动物是什么？"或"你最想成为什么动物？"的问题。通过这两个问题，很容易得知积极图腾。也可通过询问"你最害怕什么动物？"而得知消极图腾。

D. 新的情绪

手淫是个人的事。他不确定应该如何应对性的感受，或如何将其融入自己的人生计划，因此他用自己熟悉的情绪应对，即扭曲情绪。手淫使他承受巨大的痛苦，甚至危及生存：手淫是他在某个时刻完全由自己决定要做或不要做的事，因此他个人必须对结果完全负责。他可能产生一些非常个人化的感受，例如，内疚（因为手淫是不道德的）、恐惧（因为他认为会损伤身体）或无能（因为他认为自己的意志不坚定）。这些情绪皆源自他脑中"父母"与"儿童"的对话。另外，他还可能产生人际型情绪（伤心、生气或窘迫），取决于他认为别人会怎样回应他。别人对他的回应可能是真实的，也可能是他幻想出来的，因为他会觉得别人终于有原因嘲笑他、讨厌他或羞辱他了。无论是哪种情况，手淫都给了他一个方法，让他将新产生的性的感受与童年时学到的情绪结合起来。

同时，他也变得更加灵活。他从同学、老师身上获得了"许可"，能够运用各种情绪，而不只是家庭鼓励的那些情绪。他也学会了冷静：并不是所有人都会为他家人担心的事担心。他的情绪系统的改变使他逐渐与家庭分离，并逐渐与同龄人靠近。他根据新环境改编了自己的脚本，使它更"有模有样"。他甚至可能改变了自己的角色，从完全的失败者变为部分成功者，从输家变为非赢家，至少持平。如果他拥有赢家脚本，他会发现胜利需要一定的客观性。现在，他处于竞争性环境，无法自动获得胜利，需要一定的规划与努力。他也学会了即使经历一些失败，也不放弃。

E. 躯体反应

在所有这些压力与改变下，以及为了实现目标（或好或坏）必须保持冷静的要求下，他越来越能觉察自己躯体的反应。此时，父母不在他身边为他提供爱和保护。从另一方面说，他也不需要在父母暴怒、醉酒、数落和争吵时畏首畏尾了。无论家中怎样，如今他都已置身事外。他现在要做的是在其他同伴面前站起来背诵诗歌，要在其他男女生评价的目光下独自走过长长的走廊，而其中很多人已经知道他的弱点所在。所以，他有时会不自觉地出汗，手抖，心跳加速。女孩会脸红，衣服变潮，胃部汩汩作响。无论男女，都会感觉到身体各种内部和外部括约肌时不时地收紧与放松。从长远的角度看，括约肌活动的重组会决定哪种"身心疾病"在他们的脚本中起主要作用。杰德的心理问题已经括约肌化。

F. 前屋和后室

"前屋"发生的事与"后室"发生的事可能具有不同的色彩，正如下面这桩逸事。卡桑德拉是牧师的女儿，她穿着草率，但有种古怪的性感，她的生活与之类似：草率，但具有古怪的性感。显然，父亲以某种方式教导她要具有魅力，但母亲又没有教会她实现的方法。她同意母亲没有教她怎么穿衣以及如何保养身体，但她否认父亲教她性感，"他是一个非常受欢迎的人，在道德上非常自律，是一个牧师应该有的样子。"但当治疗师和团体其他成员进一步询问她父亲对女性的态度时，她说父亲的态度很恰当，令人满意，不过他偶尔和几个朋友坐在后室讲黄色笑话，拿女性在性方面的表现说笑。因此，她父亲在"前屋"的表现非常得体，但在"后室"展现了人格的另一面。换句话说，他在前屋展现的是"父母"或乖男孩，在后室展现的是他淘气的"儿童"。

孩子很小的时候就能觉察父母的人格具有多面性，但在青春期前，他们不知如何判断。如果孩子的家中既包括前屋行为又包括后室行为，他会很不满，并将其看作世界虚伪的例证。一位女士的儿子已经18岁，大学假期回家时，她带他去吃晚餐。她给自己点了马提尼酒，却告诉儿子不能喝，尽管她知道他很喜欢喝酒，并且饮酒过量。其他团体成员花了几小时听她抱怨儿子喝酒的问题。之后，他们一致认为，如果她不点酒或干脆允许他和自己一起喝会更好，但如果这样，她又为他设定了酗酒的脚本。

用脚本的话说，前屋代表的是抗脚本[①]，由父母的训诫掌管；后室代表的是脚本，是真正会采取的行动。

G. 脚本与抗脚本

青春期是杰德在脚本与抗脚本之间摇摆、痛苦的时期。他遵循父母的教导，接着又反叛这些教导，反叛之后发现自己还是处于父母设定的脚本里。他发现反叛是徒劳的，于是再一次开始遵从父母的教导。青春期结束时，例如大学毕业或退伍时，他已经做出了某种决定：要么稳定下来，遵从

[①] 此处更有可能是"应该脚本"，而非抗脚本。详情请见译者序中的说明。——译者注

父母的教导；要么脱离父母的教导，向下滑去，走向脚本结局。他会依照自己的决定活到40岁，然后进入第二个痛苦期。如果他一直遵照父母的教导而活，此时会尝试摆脱教导：离婚、辞职、携款而逃，也可能是染头发或买把吉他。如果他一直生活在脚本中，此时可能通过参加匿名戒酒者互助会或进行心理治疗来寻求改变。

青春期是杰德第一次感到可以自主选择的时期：不幸的是，这种自主感可能只是幻觉。通常，他做的只是在遵照父母的"父母"训诫和遵照父母的"儿童"发出的引诱间摇摆，摇摆程度或强或弱。青少年吸毒者并不一定是在反叛父母的权威，而是在反叛"父母"的宣言，只可惜他们这样做时，又陷入了父亲或母亲疯狂的"儿童"发出的引诱。"我不希望我儿子喝酒。"一位母亲一边这样说，一边喝着酒。如果他没有喝酒，他就是一个好孩子，他遵从了母亲。如果他喝了，就是一个坏孩子，其实仍旧遵从了母亲。"不要让别人掀起你的裙子。"一位父亲一边对女儿说，一边盯着女服务员的裙子。无论她有没有让别人掀起她的裙子，她其实都遵从了父亲。她可以在高中时与别人同居，然后改变；也可以一直在结婚前都保持处女之身，之后再发生婚外恋。但无论是这个男孩，还是这个女孩，都可以在某个时间做出决定，脱离脚本，按照自己的方式生活，尤其是在他们拥有自主决定的许可时。不过，这个许可不是"（只要按照我的方式）你可以自己做决定"这样的许可。

H. 对世界的看法

孩子对世界的看法与父母对世界的看法非常不同。在孩子眼中，世界是童话般的，布满怪物与魔法。这种看法会持续一生，构成脚本的原始基础。举一个很简单的例子，孩子会在夜晚产生恐惧。杰德大喊说自己屋里有一头熊。父母的反应可能是进来打开灯，让他看并没有熊；或者变得非常生气，告诉他安静下来，赶快睡觉。不论父母做何回应，杰德的"儿童"都坚信这里正有或曾经有一头熊。就像伽利略大喊"它仍然在动!"①,父母的两种应对方式都没有改变孩子认为有熊的事实。父母讲道理式的反应让孩子感到,有熊时,父母会来保护自己,然后熊藏了起来;父母愤怒式的反应让孩子感到,有熊时,他只能独自一人面对。但无论是哪种情况,熊还是存在的。

杰德对世界的看法是形成脚本的背景,长大后,他对世界的看法变得更加详尽、更加隐晦,不过,他的幻觉②还是可以折射他最初对世界的曲解。除此之外,除非它以梦的方式出现,否则我们无从知晓。当我们了解患者对世界的看法后,他的行为就显得连贯起来,可以被理解了。一位名叫旺达的女士深受钱的问题困扰,她丈夫无论受雇于谁,都会在经济方面惹上麻烦。在其他团体成员质疑她丈夫的行为时,旺达都会愤怒地为丈夫辩解。同时,她也深受家庭饮食质量问题的困扰。事实上,她无须那么担心,因为她的父母很富裕,她总可以向他们借到钱。2年来,治疗师都无法在脑中建构一幅完整的图画,理解她身上发生的事。直到有一天,她做了一个"脚本梦"。在梦中,她"住在一个集中营,集中营由住在山上的人看管"。若想得到足够多的食物,对付那些富人唯一的方法要么是讨好,要么是欺骗。

这个梦使她的生活方式得以被理解。她丈夫与老板玩的是"骗乔伊一把"的心理游戏,这样,旺达就可以玩"维持生计"这个游戏。如果丈夫挣到了钱,他会非常小心地确保第一时间损失掉它们,这样,他们的游戏就都可以继续了。当情况非常糟糕时,旺达会帮他一起骗父母一把。然而,让他们郁闷的是,最后总是他的老板或她的父母掌控了整个局面。在团体中,她极力否认以上分析,因为很明显,如果她承认,游戏就被打破了(最终还是被打破了)。她的生活其实很像她的梦。她丈夫的老板和她的父母就是住在山上的那些富人,他们掌控着他们的生活,他们要么需要讨好,要么需要欺骗,才能维持生存。

---

① 宗教法庭迫使伽利略放弃地球围绕太阳转的主张,承认地球是静止不动的,于是伽利略说出了这句名言。——译者注

② 见第八章D部分,指"父母"对"成人"的污染。——译者注

集中营正是她对世界的看法,是脚本形成的背景。现实中她的生活与梦中在集中营的生活类似。在她讲这个梦之前,她的治疗是"有好转"的典型。她确实有了很大进步,不过现在很明确的是,这些进步仅意味着"如何在集中营中过得更好"而已。它对脚本没有任何影响,只是让她在脚本中过得更舒服。为了痊愈,她必须离开集中营,回到现实,并能够在现实中舒适地生活,或许需要等到处理完家庭问题之后。有一点非常有趣,需要指出,即她和她的丈夫如何基于互补的脚本选择彼此。他的脚本需要可以被欺骗的住在山上的富人以及一个担忧的妻子。而她的脚本需要一个善于欺骗而使她很容易被利用的人。

患者对世界的看法通常与他们真实的生活相差甚远,无法仅通过观察或解读加以了解。清晰掌握这一图景的最好方法是通过梦。当患者讲出"脚本梦"时,治疗师马上可以辨认出来,因为很多事情变得可以理解。从内容来说,这个梦与患者真实的生活没有相似性,但从人际交互的角度看,它们完全是一样的。一位总是在"寻找出路"的女士,梦到被别人追赶,她发现一个向下倾斜的管道。她爬进管道,追她的人无法追上来,只好守在洞口,等待她再爬出来。可是,她发现在管道的另一端还有一群危险的人在等她出来。因此,她前进不了,后退不得。同时,她也不能放松,因为如果她一放松,恰好就会滑到在下面等着的那伙人的手里。因此她的双手必须紧紧抵住管壁,只有这样才能安全。

用脚本的话说,她生活中的大多数时间就像在用这个难受的姿势困于这个管道。从她的态度与既往史看,她的脚本结局是厌倦了撑在那里的生活,然后向下滑入死神的怀抱。在这之前,这位女士在团体治疗中也颇有进展。换句话说,这种进展意味着"如何使撑在管道中等死的过程更加舒适"。从脚本的角度,治愈意味着从管道中出来,回到真实的生活,并能够感到舒适。管道就是她的脚本背景。当然,就算只上过心理学入门课的学生也知道,还可以从其他很多视角解释这个梦。但从脚本的视角解释非常重要,因为它让治疗师、团体成员、患者及其丈夫了解到他们正在处理什么,已经处理了什么，以及仅强调"有进步"是不够的。

管道这个图景可能从患者儿时开始就一直存在，因为她反复多次做过这个梦。集中营的场景显然是旺达长大后对童年梦魇的改编，早年的噩梦她已记不起来。但很明显，青春期的旺达根据阅读与幻想改编了她的早年经验。青春期的孩子将婴儿期害怕的管道以更贴近现实、更当代的形式加以展现，并在此基础上形成脚本背景，建立人生计划。旺达非常不情愿探究丈夫的"骗局"，我们从中可以看到人们多么固着于自己的脚本，同时又在抱怨他们过得多么不如意。

有一种脚本背景可以持续一生，即厕所。上一章，我们举了一位女士的例子，她的"儿童"将整个人生都花在坐在马桶上，即便她躺在沙发上也是如此。对她来说，进步意味着"在你走到哪里就把马桶带到哪里的情况下，如何可以拥有丰富的社交生活和享受聚会"。治愈则是指站起来，走出去，将使她感到安全的马桶置于脑后，这是她不情愿做的事情。另外一个女孩抱怨在众人面前总感到不自在，她的脚本使她好似生活在陡峭的悬崖边。她其实有一个手提悬崖，无论走到哪里都可以把它带着。有进步的意思是处于悬崖边时仍旧感到快乐，而治愈的意思是能够爬下悬崖与他人共舞。

I. T恤衫

到目前为止，本章谈到的所有内容都可以归纳为患者与他人互动、给他人"留下印象"的方式，我们将其称作他的"T恤衫"。T恤衫上印有极具创造性、艺术性且很简短的一两句话，有经验的人可以看出患者最喜欢的闲谈、心理游戏、情绪、外号、他在前屋和后室会做什么、他生活在什么样的精神世界、他的脚本将他推向何种结局，有时也可以看出关键的括约肌、他的榜样及图腾。

人们通常从高中或大学早期开始"穿T恤"，因为那个年龄的人都这么穿。之后，他的T恤可能会被装饰，或者印的语句稍有变化，但核心含义不会改变。

所有胜任的临床治疗师，无论来自哪个学派，都有一个共同的特点：他们是良好的观察者。因为他们观察的内容相同——人类行为——因此在看到什么、如何分类、如何解释方面具有相似性。所以，精神分析的"人格防御"或"人格盔甲"、荣格的"态度"、阿德勒的"生活谎言"或"生活风格"，以及沟通分析用"T恤"做的隐喻，实则描述了非常相似的现象。[1]

现实的T恤上印的语句（"地狱的天使""失败者""黑豹""哈佛田径队"或者"贝多芬"等）表明了一个人属于哪一群体，同时暗示了他的人生哲学以及可能如何回应某一刺激。但没有明确表明他将如何欺骗他人，并预期获得怎样的人生结局。例如，前三类中的很多人会一起乘坐一辆上面写着"去你的"的有轨电车，但他们彼此并不熟悉（从心理的角度）。我们很难预测哪些人想被杀死，成为殉难者；哪些人只想被粗暴地对待，从而有机会大喊"警察太残忍了！"；哪些人是直接真诚表达的人。T恤上的语言展现了他们的群体态度以及他们共有的心理游戏，但每一个人的脚本和结局并不相同。

沟通分析中的脚本式T恤是个体通过行为清晰展现出来的态度，清晰程度好似在T恤前面印上脚本宣言。一些常见的脚本式T恤包括"踢我吧""别踢我""我酗酒，我自豪""看我多努力地尝试""匆忙离去""我很脆弱"和"想被修理？"。有的T恤胸前包含一个信息，背后又包含相反的信息。比如，一位女士胸前写着"我想找一个丈夫"，转身时，背后却写着"但你不合格"。一位男士胸前写着"我酗酒，我自豪"，背后则可能写着"别忘了，这是病"。一些易性者穿着格外艳丽的服装，胸前写着"你不认为我很棒吗？"，而后背却写着"难道这还不够吗？"。

还有一些脚本T恤描述了一种"俱乐部式"的生活方式。"没有人知道我的困难（NOKTIS①）"像拥有很多分支部门的联谊会，其中之一是忧郁俱乐部。忧郁俱乐部在火星人眼中是一个小小的木屋，里面稀稀落落地摆

---

① 英文全称是 *Nobody Knows the Trouble I've Seen*。——译者注

放着一些破败的家具，墙上没有挂画，只有一幅镶框格言："今天杀死自己如何？"其中有一个小图书馆，里面装满了悲观主义哲学家的报告及著作。NOKTIS的关注点不在于究竟有多少困难，而在于"没有人知道"。NOKTIS也会确保没人知道，因为别人一旦知道，他就无法说"没有人知道"了，他的T恤也就失去了要点。

T恤通常源自父母最喜欢说的话，比如："世界上没有人会像你父母一样爱你"。这种对未来不抱期望的T恤是分离性的，它将穿它的人与其他人分开。不过稍做改变，它又可以变成结合性的，将其他人吸引过来，而非隔离。他们会一起闲谈，"这不是太糟了吗？"，并玩"没有人会像父母一样爱我"的心理游戏。对其他人来说，吸引他们的正是T恤背后的"那么你呢？"。

下面，我们来详细了解两个常见的T恤，我将展示这一概念在预测人们重要行为上的价值。

你不能相信任何人

有些人很快就会断定他们不能相信任何人。不过，他们总是这样说，行为却并不总与言语一致。事实上，他们总是"相信"别人，结果常常很糟糕。T恤比"人格防御""态度""生活风格"等概念好，因为后者倾向于关注事物的表面，而沟通分析师习惯于首先观察存有骗局或自相矛盾的地方，并且在发现时颇为高兴而非惊讶。当他看到T恤时，最先找的就是这些内容，这也是它具有治疗优势的原因。换句话说，人格分析师能够有效地分析T恤的正面，却看不到T恤背后心理游戏的格言或与正面相反的话。或者，他们需要相当长的时间才能看到反面，而游戏分析师从一开始就会去看反面。

因此，处理"你不能相信任何人"［或"如今你不能相信任何人（YOCTAN[①]）"］这种T恤，不能只看表面。它并不意味当事人由于不信任而避免与他人纠缠。恰恰相反，它意味当事人会寻找与他人纠缠的机会，以

[①] 英文全称是You Can't Trust Anybody Nowadays。——译者注

第九章 青春期

证实自己的宣言和强化心理地位（我好，他们不好）。因此，说YOCTAN的人会选择与靠不住的人交往，与他们制定模糊的合约，然后在出岔子时，满怀感激甚至兴奋愉快地收集棕色点券，因为这肯定了他的"你不能相信任何人"的信念。在极端的情况下，他会一次次被他精心挑选出来的不可靠的人出卖，然后觉得自己拥有了杀人的理由。一旦积攒了足够多的棕色点券，他们可能会挑选一个从来不认识的人作为杀害对象，比如暗杀某个公众人物。

其他穿"YOCTAN"T恤的人，可能会抓住机会证明所谓的"权威"也不可信，比如逮捕暗杀者的警察。当然，警察也是YOCTAN玩家，并因此赚钱。他们的一部分工作就是要求他们不那么信任别人。接下来，一场战争拉开帷幕，YOCTAN业余玩家或半专业玩家与专业玩家展开了较量。这场战争可能持续几年，甚至几个世纪，包含许多场战役，例如，"栽赃""密码""阴谋"等。它的目标就是企图证明"荷马（Homer）不是荷马[①]，而是与他具有相同名字的另一个人""拉苏里（Raisuli）爱上了帕迪卡里斯（Perdicaris）"[②]，以及"加夫里罗·普林西普（Gavrilo Princip）不是加夫里罗·普林西普[③]，而是具有相同名字的另外一个人"。

"YOCTAN"T恤传递出穿着者的如下信息。他最喜欢的闲谈是关于欺骗与出卖的。他最喜欢的心理游戏是YOCTAN，结果证明的是其他人均不可信。他最喜欢的情绪是胜利，"现在我可逮到你了，你这个混蛋"。他的昵称是"狡猾的家伙"。他关键的括约肌是肛门（"夹紧肛门，小心被骗"）。他的榜样是能够证明"权威"不可信的人。他在前屋做的事温和、正直、坦率，但在后室不断算计，不值得信赖（就像自以为是的女房东说："现在，你

[①] 古希腊盲诗人，约生活在前9世纪—前8世纪，相传编写了史诗《伊利亚特》和《奥德赛》。——译者注

[②] 两个人物分别与1904年在摩洛哥发生的珀迪卡里斯绑架事件的绑匪和人质同名。——译者注

[③] 波斯尼亚萨拉热窝人，极端仇恨奥匈帝国统治波斯尼亚。1914年6月28日，时为学生的普林西普在萨拉热窝街头枪杀了奥匈帝国王储弗朗茨·斐迪南大公及其妻子。该刺杀行动成了第一次世界大战的导火索。——译者注

不能相信任何租户。有一天我检查了他们当中一个人的书桌,你永远猜不到我发现了什么!")。他的精神世界是自以为是,为了达到揭发不可靠之人的目的,他们觉得自己有权利做任何见不得人的事。他的脚本要求他被信任的人出卖,这样他才能在临死前用最后一口气喊出他的格言:"我早就知道。如今你不能信任任何人。"

因此,T恤正面写着"如今你不能相信任何人",其实是对好心人的一种不明显的邀请,让他们证明自己是一个例外,比如粗心的治疗师。如果治疗师事先没有了解这个知识,他只能在战争的硝烟散去后看到胜利者转身离开,背后写着"现在,你应该相信我说的了吧"。有这方面知识的治疗师仍然需要留意不能走得太快,否则患者仍旧可能说:"看吧,我甚至连你都不能相信。"之后,他继续保有这个信念,离你而去。在这两种情况下都是患者赢了。

不是每个人都……吗?

这类人的生活似乎是"生了麻疹没事,因为每个人都这样"。生了麻疹当然有事,因为它可能演化成非常危险的疾病。关于"不是每个人都……吗?"有一个经典的例子,一位参加治疗团体的女士对结肠冲洗上瘾。她开始谈论在结肠冲洗店的奇遇,其他人耐着性子听,直到有人问:"结肠冲洗究竟是什么?"这位女士相当惊讶,在座这么多人居然都不去冲洗结肠。"不是每个人都……吗?"她的父母这样做,她的大多数朋友也是在结肠冲洗店认识的。在桥牌俱乐部,他们的主要话题也是将一个冲洗店与另一个店做比较。

高中生最喜欢"不是每个人都……吗?"的T恤,尤其在啦啦队女队长、鼓乐队女领队以及急于求成的男生中。如果在家中或在学校受到父母和老师的强化,可能带来更糟糕的结果。在商业领域也很流行,殡仪从业者经常使用它,保险销售人员也会常常使用。有趣的是,很多股票销售员虽然也像殡仪从业者一样保守,却对它很警惕。这句话中最有影响力的关键词是"每个人"。谁是"每个人"呢？对穿这件T恤的人来说，"每个人"是那些"我说他们好的人，我希望也包括我在内"。为此，他们通常还有另外两件T恤，会在合适的场合穿。当他们与陌生人交往时，穿的是"不是每个人都……吗？"。但当他们与羡慕之人交往时，要么穿"我表现得怎么样？"，要么穿"我认识一些很杰出的人物"。他们是辛克莱·刘易斯（Sinclair Lewis）[①]笔下的巴比特[②]，是艾伦·哈灵顿（Alan Harrington）讽刺地称为"集权主义"的信徒，他们认为只有完全站在中心，才最安全。哈灵顿的榜样是一个彻底的"集权主义者"，他差不多每30秒就可以卖出一份保单。

穿这个T恤的人最喜欢的闲谈是"我也是"，最喜欢的心理游戏是"发现"事实上"每个人"都不如此，其实他一直知道。他最喜欢的情绪是（虚假的）吃惊。他的外号是"爱讨好"，他的榜样是能让每个人都遵守秩序的人。在前屋，他做着"好"的人应该做的事，明显地避免"不好"的人与事。但是在后室，他做着古怪甚至吓人的事。他生活在一个除了密友外人人都会误解他的世界。他的脚本要求他为自己隐秘的罪行筋疲力尽。当结局到来时，他不会辩解很多，因为他认为自己理应得到这样的报应，这与他的宣言一致，"破坏了'每个人'原则的人，必须受到惩罚"。他的T恤背后写的是"他与别人不同——肯定是疯子之类"。

与T恤接近的一个概念是墓碑，我们会在下一章详谈。

[①] 美国作家，1930年获诺贝尔文学奖。——译者注
[②] 辛克莱·刘易斯的长篇小说《巴比特》（*Babbitt*）中的主人公，是美国商业文化繁盛时期的一个典型的自以为是、夸夸其谈、虚荣势利、偏颇狭隘的市侩实业家。——译者注

— 注 释 —

[1] 很多精神分析师认为心理游戏仅仅是人格防御机制的同义词。实则不然。T恤是人格防御机制，而心理游戏属于社交心理学的开放式系统，不属于弗洛伊德所描述的封闭式能量系统。

第十章

成熟与死亡

人生脚本——改写命运、走向治愈的人际沟通分析

A. 成熟

成熟可以通过四种方式界定。(1)法律手段。一个人智力正常且达到21岁，即已成熟。按照希伯来律法，男孩在13岁时成为男人。(2)根据父母的偏见界定。如果他按照我的方式做事，便已成熟，如果他还按自己的方式做事，便不成熟。(3)由开始做某些事为标志。例如，通过了某种测试。在原始社会，这些测试苛刻且传统。在工业社会，拿到驾照通常是成熟的证明。在一些特殊情况下，孩子需要做心理测试，他是否成熟由心理学家说了算。(4)由生活状况决定。对脚本分析师来说，成熟与否通过外界事件检测。当某人即将脱离被指导、被保护的环境，独自应对世界时，测试便开始了。这可能是在大学高年级、实习的最后一年、升职时、假释期或蜜月尾声。无论在哪种情况下，当环境第一次要求他要么竞争，要么合作，以获得由脚本决定的成功或失败时，他便成熟了。

从这个角度，人生中通常意义的成功和失败取决于父母的许可。杰德可能有也可能没有从大学毕业的许可、完成实习的许可、维持婚姻的许可、停止喝酒的许可、获得晋升的许可、被选举的许可、被假释的许可、远离精神病院或通过心理治疗获得康复的许可。

对小学生至高中或大学初期的学生而言，他们的错误可以被原谅，甚至可以免于进少年监狱或改造学校，特别是在我们这个国家，通常都会给未成年人多一次机会。不过，也有一小部分青少年会自杀、杀人或吸毒，还有很多人会遭遇车祸和罹患精神疾病。在不那么宽容的国家，一个孩子如果没有考入大学或有犯罪记录，真的会影响一生。不过，早年的失败通常只是脚

本的预演，20几岁时，脚本才会真正上演。

B. 抵押

　　为了真正上演脚本、参与测试以及知道自己是怎样的人，杰德不得不进行抵押。在美国，如果他不能承担房贷、不能因为生意背上沉重的债务、不能为抚养孩子抵押劳动，他就不是一个男人。那些没有抵押的人被看作无忧无虑的、美好或幸运的人，但不是真正的人。银行家的电视广告向杰德展现了什么才是有意义的人生：为了买房子抵押未来二三十年的收入。等他还清贷款，也该进养老院了。避免此种危险的方法是贷更多款，买更大的房子。在世界上的有些地方，男人可以进行抵押来换取新娘。就像在我们国家，如果他努力工作，就可以成为价值50 000美元的房屋的"主人"，而在几内亚，他可能成为价值50 000个土豆的新娘的"主人"。如果他偿还得快，还可以升级到拥有更大的房子或价值100 000个土豆的模特。

　　大多数组织有序的社会总会以这样或那样的方式为年轻人提供抵押自己的机会，这同时为他们的生活赋予了意义。否则，他们只能把时间花在玩乐上，就像他们仍然在一些地方做的那样。如果是这样，我们将很难区分赢家与输家。有了抵押制度，赢家与输家自然分开了。那些连抵押的勇气都没有的人，肯定是输家（对于运行制度的人来说）。那些将人生一直用于偿还贷款且总无法摆脱赤字的人，是绝大多数默默无闻的非赢家。那些还完贷款的人是赢家。

　　对抵押贷款或土豆不感兴趣的人会用另一种方式表现——成为成瘾者。他们这样做是用身体做出了终身抵押，他们永远无法偿还，永远生活在脚本里。

C. 成瘾行为

最简单、最直接的成为输家的方式就是犯罪、赌博或吸毒。罪犯分两种：一种是赢家，一种是输家。赢家是内行，很少进监狱；输家则遵循"不要过得愉快！"的禁止信息。输家没有进监狱时在尽量享受，但接着就是遵照脚本，在监狱中度过单调的生活。如果他们被释放或假释，很快就会设法回到狱中。

赌博的人既可能是赢家，也可能是输家。赢家谨慎地赌，并从中赚钱。一旦有所盈余，就会停止赌博。输家则靠运气和预感，就算偶然赢了钱，也会尽快花掉。他们可能遵从这样的格言："这可能是骗人的，但除此之外，这里没什么好玩的。"他们如果有成为赢家的许可，则会赢。否则，必输。赌博成瘾者需要的不是分析他们为何会赌，这样的治疗少有成效。他们需要的是停止成为输家的许可，一旦获得许可，他们要么停止赌博，要么继续赌，但会赢钱。

母亲对成瘾者的影响在某些吸毒者身上表现得最为明显。前面提到，吸毒者可能受到这样的鼓励："只要母亲爱你，白粉和面粉有什么区别？"这类人需要的是停止吸毒的许可，也就是离开母亲并为自己而活的许可。这就是非常成功的锡南浓（Synanon）[①]运动所倡导的。母亲传递的脚本禁止信息是"不要离开我！"。进入锡南浓的人说："不离开你，就要待在这里。"

这同样适用于酗酒者和酗酒治疗团体。克劳德·M. 斯坦纳（Claude M. Steiner）发现，几乎所有酗酒者都被分析、劝说或吓唬过，但没有任何人直接告诉他们"停止喝酒！"。他们之前与治疗师的工作基本围绕以下方面："让我们来分析一下你为什么喝酒""你为什么不停止喝酒？""如果你一直喝酒，会伤害到自己"。无论是哪种做法，效果都不同于简单的祈使句——"停

[①] 一种治疗吸毒成瘾的心理治疗方法。——译者注

止喝酒"。"酗酒者"玩家喜欢花几年时间分析他为什么喝酒，或解释自己多么后悔堕落，但与此同时，仍在喝酒。吓唬他们喝酒会伤害自己是最天真、最无效的做法，因为那正是他们想做的。他们脚本中的禁止信息是"杀死自己！"。这样的威胁只是通过详细描述他将如何死去以及向他保证能够实现母亲为他设定的结局，而使他感到满足。酗酒者最先需要的是停止喝酒的许可。当他获得许可后，需要的是清晰的、无条件的"成人"契约，如果他可以做出的话。

D. 戏剧三角形

到了成熟期，脚本的戏剧特性已经成形。生活这出戏剧与剧院里的一样，依赖"转换"，史蒂芬·卡普曼（Stephen Karpman）用一幅简洁的图示清晰地总结了这些转换，他将其命名为"戏剧三角形"，见图12。无论在戏剧中，还是在生活中，每一个主人公（主角）都是从以下三个角色之一出发的：拯救者、迫害者或受害者；另外一个主人公（反面主角）也承担三个角色之一。危机产生时，两个演员在三角形中移动，即转换角色。最常见的转换见于离婚。比如，在婚姻中，丈夫是迫害者，妻子扮演受害者。一旦提出离婚诉讼，角色就会反转：妻子成为迫害者，丈夫成为受害者，而他们双方的律师则成为互相竞争的拯救者。

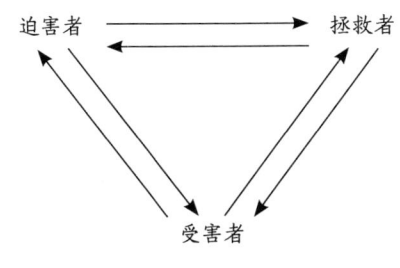

图12 戏剧三角形

事实上，人生中所有的挣扎都依据脚本在三角形中转换的挣扎。罪犯迫害他的受害者，受害者提出诉讼成为原告，变为迫害者，罪犯成为受害者。如果罪犯被抓住，警察也成为针对他的迫害者。然后他雇了一个专业拯救者——律师——来迫害警察。强奸未遂事件中也包含三角形中的转换。罪犯试图强暴女孩，罪犯是迫害者，女孩是受害者。拯救女孩的警察到来时，罪犯成了受害者。之后，罪犯的律师试图通过迫害受害的女孩和警察来拯救罪犯。童话故事也是戏剧，同样具有这些特征，比如小红帽。刚开始，小红帽是受害者，狼是迫害者，但猎人来拯救她时，她立刻变成迫害者，把石头放进狼胃里，使狼成为受害者。

脚本戏剧中也包含一些次要角色，他们是"串场人物"和"糊涂蛋"，可以扮演前述三种角色中的任意一种。"串场人物"是带来转换的人，通常是为了获得好处，他们对自己的角色很清楚：出售酒精、毒品、影响力或枪的人。例如，枪通常被称作"均衡器"，它可以使懦夫（受害者）变为狂妄之徒（迫害者），或能够促成从防御到攻击的转换。"糊涂蛋"是那些被利用，从而阻止或加速转换发生的人。最典型的"糊涂蛋"是陪审团，最辛酸的"糊涂蛋"是花钱阻止儿子进监狱的母亲。有时，这些"糊涂蛋"很被动，只是像鱼饵一样等待转换发生，例如，小红帽的外婆。需要说明的是，这里说的转换与第二章G公式中的转换是相同的含义。

在卡普曼提出的完整理论中，除了角色转换，还有很多其他有趣的内容，包括空间转换（个人—公共、开放—封闭、近—远）和脚本速度（在一定的时间内角色转换的次数）。空间转换可能发生在角色转换之前或之后，也有可能引发角色转换。我以"酗酒"的游戏为例，阐述了他描述的三种人物原型[①]，但他的理论贡献远不止于此，为生活、心理治疗及戏剧的诸多方面都带来了绝佳的洞见。

[①] 参见《人间游戏》。——译者注

第十章 成熟与死亡

E. 预期寿命

最近一项关于死亡原因的研究发现，很多人在准备死去时就会死去，比如冠状动脉血栓几乎可以凭主观意志罹患。大多数人的人生计划中都包括预期寿命这一项。在这里，需要询问患者的一个关键问题是："你将活多久？"通常，寿命中包含一个竞争因素。例如，一位男士的父亲40岁时去世，他的"儿童"可能就没有获得比父亲活得更久的许可。在人生的第4个10年，他可能一直处于隐约的担忧中。然后他会越来越清楚地意识到，他预计自己会在40岁前死掉，最难熬的时间段是在39岁与40岁的生日之间。如果他活过了40岁，他的生活方式可能发生以下四种变化之一：（1）安顿下来，更放松地生活，因为他度过了那个危险的年龄，并活了下来；（2）进入抑郁状态，因为他的存活表明他没有遵从脚本的禁止信息，因此会失去母亲的爱；（3）更加紧张忙碌地生活，因为他的时间就像借来的，死亡可能随时降临；（4）变得很退缩，因为他的死缓是有条件的，如果他过得太快乐，死期就会到来。很明显，在第一种情况中有比父亲活得更久的许可，如果他成功活下来的话；在第二种情况中没有许可；在第三种情况中有尽量侥幸逃脱的许可；在第四种情况中有讨价还价的许可。之前我们提到与上帝签署单方协议的问题，第四种情况正是一个非常好的例子，因为他没有与上帝协商，就自认为知道安抚上帝的方法。

一个具有竞争性的男性下决心比父亲活得久，他或许可以如愿以偿。但接下来要比母亲活得久，就更困难了，因为很少有男性会和自己的母亲竞争。同样，一个女儿会和母亲竞争，比她活得久，但很难超越父亲死去的年龄（如果父亲更年老时死去）。无论如何，一个比父母活得都久的人在晚年会感到不自在。接下来，他要跨越的障碍是比自己脚本中的榜样活得久。例如，一位医生37岁时前来治疗，因为他害怕死掉。可他刚刚过了38岁的生日，就不再来治疗了，因为那时他感到"安全"了。之后，他的竞争性变得更强，目标是活到71岁。有很长一段时间，他都无法解释为什么会选择这个时间。后来，治疗师发现他的榜样是威廉·奥斯勒爵士（Sir William Osler）①，他想追随他的脚步。威廉·奥斯勒正好活到了70岁。这位患者曾读过他的几本传记，并回忆起许多年前他便决定要比他活得久。

治疗这种寿命神经症其实非常简单。治疗师只需给患者比父亲活得更久的许可即可。精神分析在这方面确实可以取得成功，但主要原因并不是解决了患者内心的冲突，而是在患者感到危机的那几年，接受分析正好为他们提供了保护。事实上，没有什么冲突需要解决，"儿童"因为比父亲活得久而感觉不好并不是病态的。这只是"生存神经症"的一个特例，即当别人死去，而自己存活时，几乎任何人都会不同程度地产生的神经症。这也是"战争神经症""广岛神经症"及"集中营神经症"的主要影响。幸存者总是感到内疚，因为他们活了下来，而其他人在他们活下来的地方死去了。这也是目击过他人死亡的人与其他人不同的原因。"儿童"无法从这种情绪中"恢复"或"治愈"。我们能做到的最好的是让这种情绪处于"成人"的控制下，使当事人可以过正常的生活，并在某种程度上拥有享受快乐的许可。

F. 老年

老年时是否有生命力取决于三个因素：(1) 体质强健；(2) 身体健康；(3) 脚本类型。老年从何时开始也同样由这三个因素决定。因此，有人80岁时还充满活力，有人40岁时便已无所事事。体质强健是不可控因素，无法通过父母的程序设定而改变。身体残疾有时不可控，有时是脚本结局。"跛行者"脚本可能二者皆有。跛本身也许是由不可抗的身体疾病造成，但同时也可能是脚本的一部分，是当事人执行了母亲最终变为残疾人的禁令。这种情况有时发生在罹患小儿麻痹的年轻人身上，他们坐在轮椅里说："当我得

---

① 加拿大医学家、教育家，被誉为"现代临床医学之父"。——译者注

知患了小儿麻痹症时，几乎很高兴，仿佛这就是我在等待的东西。"如果他的脚本要求他变跛，上天也没帮他，他就可能遭遇车祸。上天解决问题的方法总是很简单。

有的老年人会欢迎中风或心肌梗死，不过原因不同：不是出于脚本，而是因为这些疾病可以缓解他们执行脚本的冲动。[①] 对于他们内在的"儿童"，这些灾难使他们变成了"木头腿"或"木头心"。这样，他们就可以对脑中的"父母"说："你总不能期待一个有木头腿或木头心的人执行你那巫婆的诅咒吧。"面对杰德大脑或心脏中的血块，只有最残忍的父母才不会甘拜下风。

如果一个人很小时便已残疾，就可能与母亲的脚本匹配或根本相反。如果匹配，孩子就会被培养为一个专业的残疾人士，有时是在外部机构的帮助下，例如，致力于帮助残疾儿童（只要他们保持残疾）或帮助智力发育迟滞儿童（只要他们保持智力发育迟滞）的机构。（这种拖拉出于一旦孩子康复，政府的资助就会停止的事实。）在这种情况下，母亲将学会"面对"，同时也会这样教孩子。但如果这与母亲的脚本不符，她就无法学会面对。她会不断尝试，孩子也会跟着做，最终成为单腿爵士舞蹈家，或畸形足的跳远运动员，或大脑受损的外科整形专家（所有这些例子在真实生活中都存在）。帮助残疾儿童和智力迟滞儿童的机构也很努力，如果他们的庇护者能够取得成功（在有外界帮助的情况下），他们也会非常高兴。如果母亲的脚本并不要求其拥有躯体或智力残疾的孩子，但孩子的残疾很严重，而且可能持续一生，母亲的人生就会变为无法实现脚本的悲剧。如果她的脚本需要残疾的孩子，而孩子的残疾是边缘性的、可治愈的，那么孩子的人生就会沦为不必要的、被母亲的脚本强加的悲剧。

现在回到老年问题上。一个人如果有"开放式"脚本，即使他体质强健，没有躯体残疾（或者只有一点小病或疑病症），也可能很早失去活力。这最

[①] 在这里，疾病具有一定的心理学意义，因为有的时候，由于脚本的原因，老年人会走向某个不好的结局，但他们会为这个结局设定一些缓冲策略，比如若生病了，他们可能就不必承担那样更恶劣的结局。——译者注

常发生在靠养老金度日的人身上。对他们来说,"父母"的训诫是"努力工作,不要冒任何险",结局是"在那之后,放弃"。杰德工作二三十年后,圣诞老人为他举办了退休晚宴,授予了他金表。接下来,他便不知要做什么了。他一直习惯于遵从脚本指令,但现在,脚本指令已经用尽,他脑中没有任何程序,因此只能坐着等待,直到有某事出现,比如死神到来。

这里有一个有趣的问题:圣诞老人来过后,你会做什么?对有"直到"脚本的人来说,圣诞老人会爬下烟囱,授予他自由证书。也就是说,杰德完成了脚本的要求,摆脱了抗脚本的束缚,现在可以自由地去做孩提时代便想做的事了。但走自己的路充满了危险,就像很多希腊神话描述的一样。在摆脱了巫婆父母的同时,他也失去了保护,并很容易受伤。童话故事也呈现了这一点。诅咒在给人磨难与苦难的同时,也给予了保护。施予诅咒的巫婆确保受难者在接受诅咒时仍旧可以存活。这正是睡美人被荆棘保护了100年的原因。但在她醒来的那一刻,诅咒消失,麻烦也随之而来。比较省事的情况是具有双重脚本:从父母一方获得"直到"脚本,从另一方获得"之后"脚本。一个常见的例子是"直到你生完三个孩子,才能自由"(来自母亲),"你自由之后,可以变得很有创造性"(来自父亲)。这样,佐伊的前半段生活受母亲控制和保护,后半段生活受父亲控制和保护。对男性来说,可能也有相似的双重指令,不过控制和保护的顺序可能相反:前半段是父亲,后半段是母亲。

老年人可以分为三种类型,在我们国家,以经济状况划分。有输家脚本的人会孤独地住在租来的房子里或破烂的旅馆里,他们被称作老男人或老女人。有非赢家脚本的人拥有自己的小房子,在里面可以做个人喜好的事情,人们知道他是一个老派人物。有赢家脚本的人则住在有经济补贴的退休房中,被称作资深市民或纳税人先生、夫人,他们给编辑写信时也会如此署名。

要治愈失去脚本的老年人,方法是给予许可,但他们很少加以利用。每一个大城市都有成千上万住小房间的老男人,他们盼望有人为他们做饭、和他们说话、倾听他们。同时，也有成千上万同样情况的老女人，盼望着能为某人做饭、和某人说话、倾听某人。然而，即使他们彼此相遇，也很少会抓住机会，每一方都更愿意待在他们熟悉的、无聊的环境中，弯着腰喝茶或看电视。他们坐在那里，抄着双手，等待着没有危险的、无罪的死亡到来。这正是小时候母亲给他们的指令，即使七八十年后，他们仍旧在遵守。之前，除了赛马或体育竞猜外，他们从来没冒过险，那么现在为什么要置自己于危险的境地呢？随着脚本实现，脚本消失了，但旧有的指令仍在他脑中萦绕。当死亡来临，他们会高兴地迎接。他们墓碑的正面将会刻着"与祖先同眠"，反面则刻着"我过了美好的一生，因为我从未冒过险"。

人们说21世纪的孩子将会在瓶子中长大，国家和父母会为他们的生活制定详细的准则，甚至从基因的层面设定程序。实际上，我们每个人都已生活在国家和父母制定的详细准则之下，这就是脚本设定的程序。脚本程序比基因程序更容易改变，但很少有人愿意使用此项功能。如果某人愿意改变脚本，他的墓志铭一定更鼓舞人心。几乎所有虔诚的墓志铭都可以被火星人翻译为"出生在瓶子里，并一直待在其中"。墓地中一排排十字架（或其他象征符号）下长眠着具有相同座右铭的人。不过，时不时还有惊喜："出生在瓶中，但我跳出来了"。但很多人都不愿意跳出来，即使瓶子并没有瓶塞。

G. 临终情景

死亡对已死之人不是一个行为，甚至不算一个事件。这都是幸存者的说法。死亡应是一种人际交互。在纳粹的死亡集中营中，躯体的恐惧与心理的恐惧相混合；在毒气室里，人的尊严、自我肯定和自我表达不复存在。他们不能戴上眼罩，不能抽雪茄，不能反抗，不能留下名垂千古的临终遗言，总之，他们在临死前无法与他人发生交互。这里只有将死者发出的刺激，而没有杀人者做出的回应。注定感降低了脚本结局带来的痛苦，从某种意义上说，全人类的人生目的便是为临终情景做准备。

在脚本分析中，关于临终情景可以这样询问："临终时，谁会在你身边，你的临终遗言是什么？"另外一个问题是："他们最后的话是什么？"第一个问题的答案通常是各种版本的"我会让他们知道"。"他们"指的是父母，对男性来说尤指母亲，对女性来说尤指父亲。这个回答意指"我会让他们知道我做了他们想让我做的事"，或者"我会让他们知道我没有必要做他们想让我做的事"。

实际上，对这个问题的回答正是对杰德人生目标的总结。治疗师可以把它作为打破杰德的心理游戏并使杰德走出脚本的有力工具：

"这么说来，你的整个人生就是在向他们证明你有权感到伤心、害怕、生气、无能或内疚。好吧。那将是你人生中最大的成就——如果你坚持这样做。不过，你也许希望找到人生中更有价值的目标。"

临终情景是婚姻中隐藏的脚本契约的一部分。丈夫或妻子脑中可能有一幅清晰的图画，即对方先死。在这种情况下，配偶通常有互补的脚本，也很乐意这样做。因此，他们相处融洽，并过着满足的生活。但如果双方脑中的图画都是对方先死，他们的脚本在这方面就有了冲突，年老时一起度过的日子则可能争吵不断，而非令人满足。不过，既然他们能够结婚，脚本在其他方面一定匹配。当某一方生病或处于痛苦中时，这种冲突会表现得最为明显。从临终场景的角度看，婚姻中一个常见的脚本是年轻的女性嫁给了年老的男性。虽然冷嘲热讽者会说她嫁给他是为了财产，但从脚本的角度考虑同样很重要。他处于危险期时，她总会陪在他身边，好的一面是为了照顾他，另一面则是因为她这样做就不会错过结局最终上演时的互动情境。如果他感觉到了这一点，一定会对他们的婚姻缺乏安全感，因为与一个等着自己死的人相处并不容易。同样的情况也会发生在与年老女性结婚的年轻男子身上，不过这种情况并不普遍。很明显，在他们最初的脚本草案中，年老的丈夫是父亲，年老的妻子是母亲。

第十章 成熟与死亡

H. 绞架上的笑容

真正的死亡要么出于不可控力,要么出于脚本指令。由不可抗拒的命运——疾病、战争或和平年代的暴力——导致的死亡,让人感受到的永远是纯粹的悲剧。而脚本带来的死亡常常以绞架上的笑容或幽默为标志。一个临死前脸上还挂着微笑或嘴上还在开玩笑的人,是由脚本驱使的。他的笑容或玩笑在说:"好的,母亲,现在我遵从了你的指示,哈哈。我希望你能高兴。"18世纪伦敦的罪犯是绞架幽默的忠实信徒,他们在被杀前,会面向围观的群众朗诵具有讽刺意味的短诗或警句,他们的死正遵从了母亲的禁止信息:"你最终也会像父亲那样被绞死,我的孩子!"很多名人的临终遗言也像笑话,同样与母亲有关:"你会死得很出名,儿子。"由于不可抗的因素而死,人不会如此轻浮,因为这与母亲的指令——"长命百岁!"或"快乐地死去!"——截然相反。就我所知,纳粹集中营中就没有出现过绞架上的幽默。另外,有一种特殊的指令:"像享受生一样享受死!"它允许孩子在临终前开玩笑,即使孩子死得远远早于母亲可以忍受的程度。这样的玩笑其实是为了减轻母亲的哀伤。

I. 死后的图景

在成功的脚本中,死后的图景美好而现实。杰德创立了一家大型机构,或留下了许多的著作,或养育了很多孩子和孙子。他知道他的创造使他的生命得以延续,那些与他有联系的人会到墓地探望他。

而有悲剧脚本的人对死后图景的看法却是可悲的幻想。例如,不切实际的自杀者会以为"他们会感到遗憾",并想象他们会为他举办一场悲凉、伤感的葬礼,但其实这可能发生,也可能不发生。愤怒的自杀者以为"我死了,他们就会遭到报应",并且同样错误地认为他达到了目的,其实别人可能只是很高兴他终于不再挡路了。"我要让他们看看"的自杀者并没有像想象的那样登上报纸的头版头条，而只是在死亡讣告中出现了一下。相反，那些绝望或受挫的自杀者本以为自己会默默死去，却由于某种复杂的原因登上了报纸的头版头条。还有一些自杀者本想通过保险给妻子留下一笔钱，却由于没有仔细阅读政策规定而无法实现愿望。

一般来说，自杀的后果不如杀人的后果容易预期。除了战士和匪徒，无论是自杀还是杀人，都不是解决人生问题的好方法。任何考虑自杀的人都需要被坚定地告知两条不可违反的原则：(1) 在所有孩子长到18岁前，父母不可以自杀；(2) 双亲若有任何一方在世，孩子不可以自杀。

既没有未成年子女，也没有双亲在世的人，需要从他个人价值的角度考虑自杀的问题。但每一个前来接受治疗的患者都需要坚定地承诺不违反以上两条规则中的任何一条。另外，每位患者也需要承诺不会不恰当地使用治疗师开的任何药物（包括企图自杀）。

J. 墓碑

墓碑和T恤一样也有两面。这里要问的问题是："他们会在你的墓碑上写什么？"以及"你会在自己的墓碑上写什么？"典型的回答是"他们会说我是一个好女孩，而我会说：'我已经很努力地尝试了，但没有成功。'"同样，这里的"他们"通常指代父母或代替父母位置的人。"他们的"墓志铭体现了抗脚本，而患者自己的墓志铭体现了禁止信息。在上面这个例子中，禁止信息是"努力尝试，但确保不成功"。墓碑上说的都是死者的好话，一面表达了她实现了抗脚本[①]，另一面表达了她是一个顺从的孩子，遵从了母亲的脚本指令。母亲的指令既可能是鼓励她的，也可能是让她泄气的。

如果患者拒绝回答关于墓碑的问题，说自己不会有墓碑，那么这个回答

[①] 此处的抗脚本更有可能是"应该脚本"。——译者注

本身也具有意义。一个逃避死的人其实也在逃避生。如果是这样，治疗师可以通过以下两个问题来坚持获得关于墓碑两面的答案："假如你有墓碑，上面会写什么呢？"或者"在这儿，你必须有一个墓碑"。

K. 遗嘱

一个人无论对身后之事有何种想象，遗嘱或遗书都给了他实现结局的最后机会。他一生可能都在隐瞒一个谎言或一笔财富，直到死后，真相才被揭露，仿佛一个胜利——与子孙后代开了一个玩笑。历史上有很多这样的例子：当手稿或画布被从壁橱中找到，隐藏的才华才得以呈现；一堆纸张中隐藏着出人意料的作品。隐瞒的财富或隐瞒的贫穷通常在查验遗嘱时才被发现。遗嘱通常是人们最喜欢的揭开骗局的方式。最常见的例子之前已经提到：母亲把钱留给了对她不孝的孩子，而只给了照顾她的孩子很少的钱。有时，只有在宣读遗嘱时，人们才知道当事人犯有重婚罪。这里要问的问题是："在你的遗嘱中，最重要的条款是什么？你死后，对于你永远离开了的那些人来说，最让他们惊讶的将是什么？"

到现在，我们陪伴杰德了解了他的脚本，从出生前一直到死后。但在我们谈如何治疗前，还有许多有趣的东西要谈。

第三部分

脚本的运作

第十一章

脚本的类型

A. 赢家、非赢家和输家

脚本是持续一生的计划。它基于孩子儿时的决定以及父母为孩子设定的程序。父母会不断强化他们赋予孩子的程序。强化通过日常接触实现，例如，为父亲工作的男性和每天给母亲打电话闲聊的女性。有时通过偶尔写信实现，虽没有那么频繁，但很微妙，且具有同样的影响力。父母死后，他们的指令比任何时候都更为鲜活地存在于孩子的记忆里。

之前提到，用脚本的话说，输家被称为"青蛙"，赢家被称为"王子"或"公主"。父母希望他们的孩子或者成为赢家，或者成为输家。无论选择了哪种，他们都希望孩子在已选定的角色中感到快乐，除非有特殊情况，否则父母不希望孩子的角色发生转变。一位母亲选择了"青蛙"，她希望女儿做一只快乐的青蛙，并会制止女儿试图成为公主的任何举动。（"你以为你是谁？"）一位父亲选择了"王子"，他希望孩子快乐，却常常宁愿看着孩子不快乐，也不肯让他变成"青蛙"。（"你怎么能这样对我们？我们已经给了你最好的一切。"）

关于脚本，首先要确定它是赢家脚本，还是输家脚本。通过听人谈话，很快就能发现。赢家会说这样的话："我犯了一个错误，但这绝不会再次发生"，或者"现在我知道做这件事的正确方法了"。输家则会说这样的话："要是……""我本应该……""是的，但是……"。非赢家脚本不输不赢，当事人工作非常努力，但目标不是赢，而是保持平局。他们是常说"至少"的人，例如，"好吧，至少我没有……"，或者"至少，我要感激还有这些"。非赢家是优秀的会员、职员和苦力，因为他们忠诚、勤劳、懂得感恩、不会惹是生非。

第十一章 脚本的类型

在社交方面，他们为人友善，在社区里备受称赞。赢家彼此争斗而将无辜的旁观者卷入时（有时波及上百万人），会间接给其他人制造麻烦。输家给自己和他人带来最多的痛苦。即使他们升至高位，仍旧是输家，结局到来时，他们会拉着别人一起摔下来。[1]

赢家是实现了与世界、与自己所订契约的人。也就是说，他打算做某事，承诺做某事，从长远的角度来看也确实做到了。他的契约或志向可能是攒10万美元，在4分钟内跑1英里①，或是获得哲学博士学位。如果他达到了目标，就是赢家。如果最后欠了债，洗澡时崴了脚，或读到大三就退学了，就是输家。如果他攒了1万美元，用4分5秒跑完1英里，取得了第二名，或者取得硕士学位后便去工作了，就是"至少者"：不是输家，也不是赢家。判断的重点是他为自己制定的目标。制定目标通常基于"父母"设定的程序，不过最终是"成人"做出的承诺。注意，目标为4分5秒跑完1英里的人，做到后仍旧是赢家；而目标是3分59秒的人跑了4分5秒，就算他打败了目标更低的人，也是非赢家。从短期来看，赢家能成为足球队长，与选美皇后约会，打扑克会赢。非赢家从来碰不到球，只能与选美亚军约会，在扑克比赛中打成平局。而输家根本不会参加球队，无法获得约会机会，在扑克比赛中也会输掉。

另外，亚军球队的队长与冠军球队的队长处于同一水平，因为每个人都有权选择自己的级别，并依照自己制定的标准对自我进行判断。举一个极端的例子，"在生活上，比任何流浪汉用的钱都少，且不生病"就是选定的目标级别。能达到这个目标的人就是赢家。试过了却生了病的人是输家。典型的输家是毫无缘由使自己生病或遭受损伤的人（就像第三章里的黛拉）。如果有理由，将成为成功的烈士，这是输家获得成功的最好方法。

如果输了，赢家知道下一步怎么办，但不会谈及此事；输家不知道怎么办，却会谈论如果赢了要做什么。因此，只需花几分钟时间听人们说话，就

---

① 1英里约为1.6千米。——译者注

能区分赢家和输家,无论在赌桌上、股票交易所里,还是在家庭争论或家庭治疗中。

基本规律似乎是赢家的脚本结局来自养育型"父母"的应该信息。非赢家的脚本结局来自控制型"父母"的禁止信息。输家的父母则为他们铺设了一条通往糟糕结局的路,并用自己疯狂的"儿童"进行挑衅和引诱,从而唤醒孩子身上具有自我破坏性的调皮鬼。

B. 脚本时间

无论是输是赢,脚本都是使用时间的方式,从向母亲的乳房问第一声"你好"开始,到在坟墓中说"再见"。通过不做与做,通过永远不做、永远做、之前不做、之后不做、一再做或做到无事可做,人的一生或空虚,或充盈。相应地,带来不同的脚本类型,"永不""总是""直到""之后""一再"和"开放"。通过希腊神话理解这些脚本最合适,因为希腊人对此有强烈的感受。

"永不"脚本以坦塔罗斯(Tantalus)①为代表,终生遭受饥与渴的折磨,尽管他能看到食物和水,但永远不能再吃喝。拥有这种脚本的人被父母禁止做他们最想做的事,因此他们一生想着过可望而不可即的生活,饱受诱惑。他们笼罩在"父母"的诅咒下,他们的"儿童"惧怕自己最想要的东西,他们折磨着自己。

"总是"脚本以阿拉克尼(Arachne)②为代表,她胆敢向女神弥涅尔瓦(Minerva)③挑战刺绣,结果被惩罚变成蜘蛛,并被诅咒一辈子织网。这种脚本来自心怀怨恨的父母,他们说:"如果那是你想做的,你就做一辈子好了。"

---

① 希腊神话中的宙斯之子,起初甚得众神的宠爱,但他恃宠而骄,侮辱众神,而被打入地狱,永受痛苦折磨。后遂以"坦塔罗斯的苦恼"喻指能够看到目标却永远达不到目标的痛苦。——译者注

② 希腊神话中拥有一手非凡的编织和刺绣本领的人类少女。——译者注

③ 罗马神话中的智慧、战争、月亮和记忆女神,也是手工业者、学生和艺术家的保护神。对应希腊神话中的雅典娜。——译者注

第十一章 脚本的类型

"直到"或"之前"脚本来自伊阿宋（Jason）[①]的故事，他被告知在完成一定的任务前，不可能成为国王。最后，他在适当的时间获得了回报，并快乐地生活了10年。赫拉克勒斯也有相似的脚本：直到做满12年奴隶，才能变成神。

"之后"脚本源自达摩克利斯（Damocles）[②]。他被允许享受做国王的快乐，直到发现仅用一根马鬃悬在头顶的一把利剑。"之后"脚本的格言是"你可以暂时过得快乐，但之后麻烦就会到来"。

"一再"脚本的代表人物是西西弗斯（Sisyphus）[③]。他被诅咒将一块巨石推到山顶，但每当他即将到达山顶时，石头就会滚下山，他不得不再次开始劳作。这是典型的"差点成功"脚本，总是伴随这样或那样的"要是"[④]。

"开放"脚本是非赢家脚本，描述了一幅"虚幻的美景"，来源于费莱蒙（Philemon）和鲍西丝（Baucis）的故事。他们因为做善事得到回报，变成长寿的月桂树。已经履行了父母指令的老人不知接下来要做什么，他们像蔬菜一样度过余生，或者像风吹树叶一样絮絮叨叨。这是许多母亲在孩子长大离家后的命运；也是许多依照公司制度与父母指示工作30年，然后退休的老人的命运。就像之前提到的，在"高级公民"社区里，到处都是已经完成脚本的夫妇，除了盼望"乐土"，他们不知如何安排时间。在那里，曾友善对待下属的人可以开着黑色的大汽车沿左边行车线缓缓行驶，而无须被那些缺乏教养、开着改装赛车的年轻人狂按喇叭。老爸说："年轻时，我也相当活跃，不过现在……"老妈补充道："不敢相信他们居然……我们总是……"

[①] 希腊神话中夺取金羊毛的主要英雄。——译者注
[②] 公元前4世纪意大利叙拉古的僭主狄奥尼修斯二世的朝臣。——译者注
[③] 希腊神话中科林斯的建立者和国王。他因触怒了众神而遭到严酷的惩罚。——译者注
[④] 意思是要是怎样，就会成功。——译者注

C. 性与脚本

以上所有脚本类型也适用于性的方面。"永不"脚本禁止爱或性,或者二者皆禁止。如果脚本禁止爱,但不禁止性,就会成为滥交的许可。水手、士兵和流浪汉会充分加以利用,娼妓会以此谋生。如果脚本禁止性,但不禁止爱,会造就牧师、和尚、修女以及做善事者,比如养育孤儿的人。滥交者总是眼巴巴地艳羡忠诚的伴侣和幸福的家庭,而博爱主义者总是试图脱离教会。

"总是"脚本的典型人物是由父母怂恿犯错,被赶出家的年轻人。例如,"如果你怀孕了,就去街上自己谋生吧""如果你吸毒,就自谋生路吧"。让女儿落入这般田地的父亲可能从她10岁起便对她有色情的想法。因发现儿子吸食大麻而将他赶出家门的父母当天晚上可能酩酊大醉,以减轻自己的痛苦。

父母设置的"直到"脚本最为明显,因为它通常由直接的命令构成:"直到结婚,你才能发生性关系;直到照顾好母亲(或者直到完成大学学业),你才能结婚"。"之后"脚本中"父母"的影响也同样直言不讳,悬挂的利剑闪耀的危险光芒显而易见:"等你结了婚,有了孩子,麻烦就会接踵而至。"从行为的层面翻译一下,它意味着"结婚前,尽量多交女朋友。"结婚后,这句话又可以缩短为"一旦有了孩子,麻烦就会到来"。[2]

"一再"脚本造就了总是做伴娘,却永远无法成为新娘的人;以及一次次尝试,却永远无法彻底成功的人。拥有"开放"脚本的是上了年纪的男人和女人,他们失去活力,没有遗憾,满足于回忆过去的成功。拥有这种脚本的女人热切盼望更年期到来,希望以此解决自己的"性问题";男性则期盼将时间花在工作上,以免除自己在性方面的义务。

在更私密的层面,每一种脚本都与真正的性高潮相关。"永不"脚本除了造就了老处女、单身汉、妓男、妓女外,还造就了许多性冷淡的女人,她们可能一辈子都没有体验过一次性高潮。"永不"脚本也可能造就对爱阳痿的男人,他们只在没有爱时才可以获得性高潮。弗洛伊德描述了一个经典案例,一位男士对妻子阳痿,但对妓女不会。"总是"脚本则催生了很多花痴女和风流男,他们一生不停地追求性高潮。

"直到"脚本产生了忙忙碌碌的家庭主妇和疲惫不堪的男商人,他们在把家里或办公室里的每个细节处理妥当之前,不会产生性欲。即便性欲被唤醒,他们也可能在最关键的时刻被"冰箱门"和"记事本"的游戏打断。这都是无关紧要但必须马上跳下床处理的小事,比如确保冰箱门关好,或记下明早到办公室必须先做的一些事。"之后"脚本会以担忧的方式干扰性生活。例如,担心怀孕会使女性无法享受令人愉快的性高潮,会使男性过早高潮。体外射精是避孕的一种方式,男性会在高潮前抽出,这种方法会使双方从一开始就紧张不安。如果两人都羞于用其他方法使妻子满意,妻子常常会受困于兴奋状态。其实,"满意"这个词通常用于讨论问题,体现了处理问题的结果,"高潮"比苍白无力的"满意"充实得多。

"一再"脚本是很多女性输家熟悉的脚本。她们在性交中越来越兴奋,就在她们即将高潮时,男人先达到高潮(可能是在女人的帮助下),她再一次滚回谷底。多年来,这种情况可能夜夜发生。"开放"脚本对老年人有影响,他们将性看作成就或义务。一旦青春已逝,他们就变得"太老"以致无法享有性生活。伴随皮肤、肌肉和大脑的老化,他们的腺体也由于弃用逐渐萎缩。在离世前,他们无事可做,唯有消磨时间。为了避免这种茫然的生活,脚本不应有时间限制,而应做出一生的设计,不管这一生有多长。

性方面的机能与驱力在某种程度上由遗传和化学物质决定,但童年期脚本决定的影响似乎更大。儿童的脚本决定由父母设定的程序导致。因此,不仅一个人性活动的终生授权及频率在很大程度上于6岁前就决定了,连爱的能力与意愿也在6岁前决定。这一点对女性似乎更适用。有些女性很小时便决定长大后成为母亲,另一些则在同一时期决定要永远做处女,或在结婚前保持处女之身。总之,男女双方的性生活会受到父母的观念、成人的警惕、童年的决定、社会压力与恐惧的持续影响，自然的冲动与周期被压制、夸大、扭曲、忽视或污染。结果是，但凡被称作"性"的东西，都带有色情的意味。在希腊神话里，奥林匹斯山上发生的一些简单的互动被演化为充满欺骗与诡计的民间故事，这构成了最原始的脚本：欧罗巴演化为小红帽，普洛塞庇娜（Proserpina）①演化为灰姑娘，尤利西斯演化为变成青蛙的愚蠢王子。

D. 时钟时间与目标时间

第二章讨论过在较短的社交时间内使用时间的方式，包括退缩、仪式、消遣、活动、心理游戏和亲密。每一种方式都有开端和结尾，结尾称为转换点。从长期来看，脚本也有转换点，通常意味着游戏玩家从戏剧三角中的一个角色转换到另一个角色。

理查德·谢克纳（Richard Schechner）②曾就戏剧中的时间模式做过细致的学术分析，它同样适用于真实的人生脚本这出戏剧。时间有两种最重要的类型，他称为："规定时间（set time）"和"事件时间（event time）"。规定时间由时钟或日历决定。某一行动从特定时刻开始，于特定时刻结束，或者要求在一段时间内完成，比如足球比赛。在脚本分析中，我们称之为时钟时间（clock time）。事件时间是以活动完成为先，不论花费多少时间，比如棒球比赛。我们称之为目标时间（goal time）。有些是两种时间的结合，比如拳击比赛：所有回合完成，可以结束比赛；一方被击倒，也可以结束比赛。前者属于规定时间或时钟时间，后者属于事件时间或目标时间。

谢克纳的观点对脚本分析很有用，特别是对"可以"和"不可以"脚本。父母可以给一个正在做作业的孩子五种不同的指令。"你需要充足的睡眠，所以可以做到晚上9点"，这是"时钟时间可以"。"你需要充足的睡眠，所以晚上9点以后不可以再做了"，这是"时钟时间不可以"。"你的作业很重要，

---

① 罗马神话中冥王普鲁托的妻子，对应希腊神话中的珀耳塞福涅。——译者注
② 美国纽约大学戏剧系著名教授，当今世界最有影响的戏剧导演兼理论家。——译者注

所以可以晚睡做完"，这是"目标时间可以"。"你的作业很重要，所以做不完不可以睡觉"，这是"目标时间不可以"。两种"可以"让孩子放松，两种"不可以"让孩子恼怒，这几种说法都没有做出最严格的规定。"你必须在晚上9点完成作业，然后去睡觉"，这是"时钟时间"和"目标时间"的结合，称作"要赶快"。很明显，不同指令会对孩子的作业和睡眠产生不同的影响。孩子长大后，又会影响他们的工作习惯和睡眠习惯。从火星人的视角看，父母的表述与对孩子脚本的影响可能完全不同。例如，"时钟时间不可以"并非导致睡眠充足，而是失眠，"目标时间不可以"可能导致孩子未来自我放弃。（第六章的查克有"目标时间不可以"的指令，他决定接受心理治疗而非罹患心肌梗死。其他有相同指令的人更愿意患冠心病。）

这种划分很重要，它能解释人们遵照脚本指令行事时，会选择如何使用时间。"你可以活到40岁"（时钟时间可以）之人通常总是忙着完成自己想做的事；"妻子活多久，你就可以活多久"（目标时间可以）之人可能会花很多时间担忧如何让妻子活得更久。"遇到合适的男人前，你不准做"（目标时间不可以）之人可能花很多时间寻找男人，而"21岁前不准做"（时钟时间不可以）之人会有时间做其他的事情。这也解释了为什么有些人以时间为导向，另一些人则以目标为导向。

— 注 释 —

[1] 所有这些（以及后面的大部分内容）对一些读者来说可能听起来很熟悉，因为它们被简化为简单的术语，而且我在其他地方也以类似的方式说过，因为这一部分是几年前写的。

[2] 这一节的一部分遵循了我之前工作的语言，如上所述，但我不知道如何用更好的方式来表达它。很久以来，我一直在课堂上这样说，这是许多脚本分析师所熟知的。

第十二章

典型的脚本

人生脚本——改写命运、走向治愈的人际沟通分析

　　脚本是局限人类自发且具有创造性的志向的人为系统，就如同心理游戏局限了人类自发且具有创造性的亲密关系。脚本仿佛父母放在杰德与世界（以及他们自己）之间的一块经过修饰、被霜覆盖的玻璃。杰德之后将这块玻璃保护起来，并时时保养。他透过玻璃望世界，世界也透过玻璃回望他，希望能看到他哪怕一点点真正人性的闪现，甚或爆发。然而，世界自身也有被霜覆盖的玻璃，因此能见度好不过在浑浊的河底戴着污浊的面罩相望的两个潜水者。而火星人已经擦净了自己的面罩，没有被霜覆盖，他能看得更清楚一点。以下是他所见的一些示例，有助于解释在不同情况下，脚本如何回答"说完'你好'之后，你会说什么？"这个问题。

A. 小粉帽（"流浪儿"）

　　小粉帽是一个孤儿，她曾常常坐在森林的空地上，等待需要帮助的人经过。有时，她会沿着不同的路闲逛，以防森林其他地方有人需要帮助。她非常穷，能够给予的很少，但她总愿意无偿地分享她的一切。当别人需要额外一双手时，她总会伸出自己的手。她满脑子都是父母在世时跟他们学到的智慧格言。她脑子里还有很多俏皮话，她喜欢给害怕在森林里迷路的人加油打气。通过这种方式，她结交了许多朋友。但每到周末，她几乎总是孤身一人，因为其他人都去草地上野餐了，而她被独自留在森林里，她感到有些害怕。有时，他们会邀请她一起去玩，但随着年龄的增长，这种机会越来越少。

　　她与小红帽过着截然不同的生活，事实上，她们唯一一次相遇时，相处得并不愉快。小红帽急着穿过森林，途经小粉帽坐着的空地。她停下来说

第十二章 典型的脚本

"你好",然后她们彼此对望了一会儿,认为她们也许可以成为朋友,因为她们看起来很像,除了一个穿红斗篷,一个穿粉斗篷。

"你要去哪里?"小粉帽说:"我之前从来没在附近见过你。"

"我母亲给外婆做了一些三明治,我要给她送过去。"小红帽回答。

"哦,真好。"小粉帽说:"我没有母亲。"

"还有——"小红帽骄傲地说:"等到了外婆家,我会被一只狼吃掉——我想。"

"哦——"小粉帽说:"好吧,一天一个三明治,狼儿就会远离你。聪明的孩子遇到会吃自己的狼时,马上就能认出来。"

"我觉得你那些俏皮话一点也不好笑。"小红帽说:"再见吧。"

"你怎么那么骄傲自大?"小粉帽问。可小红帽已经离开了。"她完全没有幽默感。"小粉帽自言自语,"但我想她需要帮助。"于是,小粉帽冲进森林去找猎人,请他保护小红帽不被狼吃掉。她终于找到一个猎人,是她的老朋友,她告诉他小红帽遇到了麻烦。小粉帽跟随猎人来到小红帽外婆家的门口,他们看到了发生的一切。小红帽和狼躺在床上,狼正要吃她,猎人杀死了狼。猎人与小红帽一边说笑,一边将狼剖开,并给狼的胃里装满石头。然而,小红帽没有感谢小粉帽,这让小粉帽很伤心。当一切结束后,猎人甚至与小红帽成了更好的朋友,这让小粉帽更伤心。她太伤心了,于是开始每天吃能令人兴奋的浆果,可晚上又会失眠,因此她晚上又要吃昏睡浆果。她仍然是一个可爱的孩子,仍然乐于助人,只是有时她认为自己必须吃大量昏睡浆果才行。

临床分析

主题:小粉帽是一个孤儿,或者某些原因使她觉得自己像一个孤儿。她是一个可爱的孩子,满脑子智慧格言与俏皮话,不过她总是把真正思考、组织与实施一些事的机会留给别人。她认真尽责,乐于助人,因此结交了许多"朋友",但最后总是出于某种原因被冷落。之后,她开始喝酒,并服用兴奋剂和安眠药，还常常想到自杀。说完"你好"后，她会说一些俏皮话，但这只是为了打发时间，直到她有机会问："有什么我可以帮你吗？"俏皮话说完后，她可以和输家保持"深厚"的友情，但与赢家的关系不怎么样。

临床诊断： 慢性抑郁反应。
童话故事： 小粉帽。
角色： 助人的小孩、受害者、拯救者。
转换： 拯救者（建议型、抚育型"父母"）转换到受害者（悲伤的"儿童"）。
父母训诫： "做一个助人的好女孩。"
父母榜样： "这是助人的方法。"
父母禁止信息： "不要拥有太多，不要得到太多，逐渐失去价值。"
儿时格言： "承担责任，不要抱怨。"
心理地位： "我不好，因为我抱怨了。"
"他们好，因为他们可以拥有很多。"
决定： "我要因为抱怨惩罚自己。"
脚本： 逐渐失去价值。
抗脚本： 学会助人。
T恤： 正面——"我是一个可爱的孩子。"
反面——"但我是一个孤儿。"
游戏： "不管我怎么努力。"
点券： 抑郁。
最终结局： 自杀。
墓志铭： "她是一个好孩子。"
"我尽力了。"
对立主题： 停止做可爱的孩子。
许可信息： 用她的"成人"获取真正有价值的事物。

第十二章　典型的脚本

分类

小粉帽是输家脚本，因为她失掉了她得到的一切。这是一个"目标时间不可以"脚本，标准咒语是："除非遇到王子，否则不可以成功。"从时间的角度，这是"永不"脚本——"永远不要为自己要求任何东西"。她在说"你好"后，会证明自己是一个有用的可爱孩子。

B. 西西弗斯（"我又这样了"）

这是关于杰克和他叔叔荷马的故事。杰克的父亲是战争英雄，他在杰克很小时便在一次战斗中阵亡了。不久，杰克的母亲也离世了。他由叔叔荷马抚养，叔叔是一个很穷的运动员，喜欢吹牛，和欺骗差不多。他教杰克各种运动和竞技游戏，可一旦杰克获胜，荷马就会勃然大怒，说："你觉得自己很了不起，是吗？"如果杰克输了，叔叔便会以一种友好而轻蔑的方式笑他。不久后，杰克开始故意输。他输得越多，叔叔就越高兴、越友好。杰克想成为一名摄影师，但叔叔说那是娘娘腔的工作，并告诉他应该成为一个运动英雄。杰克因此成了一名职业棒球运动员。其实荷马真正想要的是杰克向运动英雄的方向努力，但最后失败了。

有这样一个叔叔，杰克在正值打入棒球大联盟之际扭伤胳膊被迫退赛就毫不为奇了。后来他也说，很难解释像他这样经验丰富的球手会在春季训练中扭伤得这么厉害，当时其他人都不慌不忙，以免在赛季开始前受伤。

后来，杰克成了销售员。他总是开始时表现得很好，签到越来越大的订单，直到成为老板最喜欢的员工。之后，他就会有吊儿郎当的冲动。他睡得很晚，忽视文书工作，以致出货延迟。他是非常好的销售，甚至用不着出去，就会有客户给他打电话，但他会忘记提交订单。这一切的后果是，他不得不经常与老板共进晚餐，以私人的方式长谈，讨论他的问题。每次谈完，他都会振作一点，但不久后，状况又开始下滑。最后的晚餐迟早都会到来，他会被友好地炒掉。然后，他另找工作，又开始新一轮循环。他还有一个难题，就是总觉得销售必须得撒一点谎，进行一些欺骗，这让他很困扰。

治疗结果是，他摆脱了叔叔，决定重返学校读书，成为一名社会工作者。

临床诊断

主题：西西弗斯非常努力，几乎马上成功。就在这一刻，他放弃并停止工作，失掉已经得到的一切。然后他不得不从底部重新开始，重复这个循环。

临床诊断：	抑郁反应。
神话：	西西弗斯。
角色：	被遗弃的小孩、迫害者、拯救者。
转换：	英雄（成功）成为受害者（失败），再成为拯救者。
父母训诫：	"做一个坚强的英雄，不要娘娘腔。"
父母榜样：	"欺骗一点点。"
父母禁止信息：	"不要成功。"
儿时格言：	"我是英雄的孩子。"
心理地位：	"我不好，因为我娘娘腔。"
	"他们好，因为他们成功。"
决定：	"我必须成为英雄。"
脚本：	不要成功。
T恤：	正面——"我是超级销售员。"
	反面——"但别从我这里买东西。"
游戏：	"我又这样了。""笨手笨脚。"
点券：	抑郁和内疚。
最终结局：	阳痿和自杀。

墓志铭："他努力了。"

"我没有成功。"

对立主题：停止听叔叔的话。

许可信息：重返学校，成为社工，为被遗弃的小孩服务。

分类

西西弗斯是输家脚本，因为每次他即将到达山顶时，石头都会滚下来。这是"目标时间不可以"脚本，咒语是："没有我，你无法成功。"从时间的角度看，这是"一再"脚本——"想试多少次就试多少次"。在说"你好"和"再见"之间，他用"我又这样了"的心理游戏填补时间。

C. 玛菲特小姐[①]（"你吓不倒我"）

穆菲夜夜坐在酒吧的高脚椅上喝威士忌。一晚，一个举止粗暴的男人坐到她身边。她很害怕，但没有跑开。最后，穆菲嫁给了他，以便照顾他，使他写出更好的小说。当他醉酒时，他会殴打穆菲；当他清醒时，会用言语羞辱穆菲，但她仍旧没有离开。起初，团体成员为穆菲感到难过，觉得她丈夫的行为令人惊骇，但几个月过后，他们的态度转变了。

"从你的小土墩上站起来，对此做点什么如何？"他们说："当你给我们讲悲伤的故事时，你看起来真的很高兴，你其实在玩一个很严重的游戏：'这不是太糟了吗'。"

一天，Q医生问她最喜欢的童话故事是什么。

"没有。"她回答："但我有一个最喜欢的童谣，'玛菲特小姐'。"

"这就是你总坐在小土墩上的原因。"

"是的，当我遇到他时，正坐在一个土墩上面。"

[①] 出自一首美国童谣，童谣的大意是：玛菲特小姐坐在小土墩上，吃奶油点心，一只蜘蛛坐到她身边，把她吓跑了。——译者注

"但他怎么没有把你吓跑？"

"因为小时候，母亲告诉我如果从家里跑掉，会陷入更大的麻烦。"

"好吧，那么最初的小土墩是什么样的呢？"有人问。

"哦，你是指婴儿马桶吗？他们当然强迫我坐在上面，并威胁我、吓唬我，我太害怕了，完全不敢站起来逃走。"

她的脚本与玛菲特小姐相似，只是不被允许逃跑，她也不知道能跑到哪里。另外，她不是在吃奶油点心，而是在喝威士忌。治疗团体给了她许可，允许她离开小土墩，丢掉奶油点心，按自己的心意而活。之前，她看起来总是心情不好，而现在她开始微笑了。

她丈夫知道，对玛菲特小姐说了"你好"后，应该说"呸！"，然后她应该跑开。多数女孩都会这样做，但穆菲没有。如果对玛菲特小姐说"呸！"，但她没有跑开，你唯一可以做的事就是再次说"呸！"。她丈夫正是这样做的。事实上，那几乎是他对她说过的唯一的话，也许除了有时说"啊呸！"。

临床诊断

主题：玛菲特小姐坐在一个小土墩上，感到自己仿佛凝固在上面，并等待一只蜘蛛出现。她所期待的只能如此。蜘蛛到来并吓唬她时，她决定认为它是世界上最漂亮的蜘蛛，并与它待在一起。它持续不断地恐吓她，但她拒绝离开。它说她的做法反而吓到它时，玛菲特小姐真的害怕了。她试着寻找另一只蜘蛛，但无法找到像这只这么漂亮的。既然她还能帮它织网，便坚持与它待在一起。

临床诊断：性格障碍。

童谣：玛菲特小姐。

转换：（环境的）受害者变成（男人的）拯救者，再变成（男人的）受害者。

父母训诫："不要放弃。"

父母榜样："这是忍受的方法——喝酒。"
父母禁止信息："不准离开，否则会陷入更大的麻烦。"
心理地位："我好——如果我帮他创作。"
"他好——他在创作。"
决定："如果我不能创作，我会找到能创作的人。"
T恤：正面——"我可以应对。"
反面——"踢我吧。"
对立主题：停止坐在你的小土墩上，停止喝酒。
许可信息：按自己的心意而活。

分类

玛菲特小姐是非赢家脚本。她虽然没有成功，但至少有一个蜘蛛在身边。这是"目标时间可以"脚本，咒语是："你可以帮他创作。"从时间角度，这是"直到"脚本——"独自坐着，直到遇到蜘蛛王子，然后才可以开始生活。"在说"你好"和说"晚安"之间，她的时间用争吵、喝酒、关爱及工作填满。

D. 老兵不死[①]（"谁需要我？"）

麦克是一个勇敢的军人，把自己的士兵照顾得很好。但有一天，很多士兵由于无知和不遵守命令而被杀死，麦克很自责。这件事加上之后士兵感染疟疾、营养不良以及其他一些事，使他彻底崩溃。复原后，他不停地工作、工作、工作，这样就不会想那么多了，可不管他工作得多努力，似乎总没法大展宏图。为了摆脱赤字，他必须做更多工作。麦克的工作是承办宴会，他参加各种婚礼与庆祝，但自己永远没有什么值得庆祝的。他总是做旁观者，用食物、酒精、安慰和建议帮助别人感觉良好，从而使自己感到被需

[①] 出自美国五星上将麦克阿瑟（MacArthur）卸任时在美国国会的著名演讲。——译者注

要，至少他自己这样觉得。最糟的时光是独自一人的夜晚，他的思绪转个不停。最好的时光是周六晚上酩酊大醉时，他忘记了一切，几乎可以成为群体的一员。

这种状况其实在他参军前很久便已存在。母亲在他6岁时与一个士兵私奔了，他确信母亲走掉时，开始发高烧并试图死掉，因为这意味她不需要他了。从高中开始，他就努力工作，但每次刚攒了一点钱，父亲就设法骗走。如果他给自己买了东西，父亲就会拿去卖掉。他很嫉妒学校里的其他孩子，因为他们有母亲。于是他经常和人打架。他不在意在学校里流血的鼻子，但不能忍受在战争中看见尸体。他是一个神枪手，但总为敌人被自己射死深感内疚，同时，他也不因自己的士兵被杀而仇恨敌人，因为他归罪于自己。他觉得那些死去的伙伴在某处看着他，因此他不允许自己快乐，以免更加内疚。醉酒时除外，不算数——或者也算数？他永远无法确定。有一两次，他开车撞车，想让自己出车祸，他确实伤得不轻，但还是活了下来。他自杀的主要方法是严重抽烟，即使是在患气管炎的情况下。经过很长一段时间的治疗，他与母亲成了朋友，这使他感觉好多了。

临床分析

主题：老士兵觉得自己对母亲没用，与朋友疏远。因此，被诅咒永远努力工作，却无法变得富裕。他是生活的看客，无法投入其中并获得快乐。他总是乐于帮助别人，这意味着更多的工作，可这使他有被需要感。死是他获得解脱的唯一方法，但他又不能真的自杀，让爱他的人伤心。他能做的就是慢慢消逝。

临床诊断：代偿性精神分裂。

歌曲：老兵不死。

角色：失败的拯救者、迫害者、受害者。

转换：（父母的）受害者变成（士兵的）拯救者，再变成（境遇的）受害者。
父母训诫："努力工作，帮助别人。"
父母榜样："这是忍受的方法——喝酒。"
父母禁止信息："不要变得富有。"
心理地位："我不好。"

"他们都好。"

T 恤：正面——"我是一个好小伙。"

反面——"即使这会让我死掉。"

决定："我会让自己一直工作到死。"
消遣：回忆战争。
游戏："我只是想帮助你。"
对立主题：停止杀死自己。
许可信息：融入他人，大展宏图。

分类

老兵是非赢家脚本，因为对老兵来说，不大展宏图才有利于荣誉。这是"目标时间不可以"脚本，咒语是："除非他们再次需要你，否则你不能大展宏图。"它属于"之后"脚本——"战争结束之后，你只能慢慢消逝。"等待时间用帮助别人和谈论当兵时的事填满。

E. 屠龙者（"父亲知道得最多"）

从前，有一个叫乔治的男人，他在屠龙和使不孕妇女怀孕方面非常出名。他像一个自由的精灵在乡间游荡——至少看起来是这样。夏日的一天，乔治慢跑着穿过草地，他看见远处一柱柱黑烟和一簇簇火焰向上窜起。他到达那里时，听见了可怕的怒吼，夹杂着处于困境的少女的尖锐叫喊。"啊哈！"他大喊，同时举起长矛。"这是我一周内遇到的第三条龙和第三位少女。

我会杀死这条龙,毫无疑问,我的英勇将会得到丰厚的回报。"过了片刻,他朝龙喊道:"住手,傻大个!"向少女喊道:"别怕!"龙回过身来开始用爪刨地,他预期不仅可以收获双份美餐,还能收获他最喜欢的——好好打一架。少女名叫厄休拉,她伸出双臂喊道:"我的英雄! 我得救了。"她非常高兴,不仅期待被救和观看一场战斗,还期待着向他的拯救者好好表达一番感激(她并不是一个真正的少女)。

乔治和龙各自退后,准备冲锋,厄休拉为双方加油。就在此时,另外一个人物登场,他的马配有银质的马鞍,鞍袋里装满鼓鼓的金币。

"嘿,孩子!"新来的人喊道。乔治转过身,惊讶地说道:"父亲! 见到你真是太好了!"他转过身,下马亲吻父亲的脚。接着,一场生动的对话开始了,乔治说:"是的,父亲。当然,父亲。你说得对,父亲。"厄休拉和龙都没听见父亲说了什么,只是很快发现,这样的对话要无休止地进行下去了。

"噢,天啊!"厄休拉一边说,一边厌恶地跺脚。"什么英雄! 他老子一出现,他就只会站在那里鞠躬行礼,根本没时间拯救可怜的我了。"

"你说对了。"龙说:"这会没完没了。"他熄灭自己的喷火器,翻身睡着了。

不过老人最终还是骑马离去了,乔治准备返回战斗。他再次举起长矛,等待龙起来冲锋,以及厄休拉给自己加油。相反,厄休拉说的是"混蛋!",然后走开了。龙起身说:"没用的家伙。"然后它也走开了。乔治见状,大喊:"嘿,爸爸!"然后朝父亲飞奔而去。厄休拉和龙同时转过身,朝他大喊:"他实在太老了,否则我要他也不要你。"[①]

[①] 不知何故,作者在书中并没有对这个故事进行分析。——译者注

F. 西格蒙德（"如果这种方法行不通，就试试另一种"）

西格蒙德决心成为伟大的人。他勤奋工作，试图成为当权派的一员，那里是他的天堂。然而，他们不允许他进入。于是，他决定转向地狱。地狱没有当权派，也没有人在意。于是，他成了地狱里的权威，即"无意识"。他是如此成功，以至过了不久，他就成了当权派。

临床分析

主题：杰德决定成为伟大的人。人们为他设置各种障碍。他并没有将一生耗费在与他们正面交锋上，而是绕开他们，找到值得自己花费毅力与勇气的目标，成为伟大之人。

- **临床诊断**：恐怖症。
- **英雄**：汉尼拔和拿破仑。
- **角色**：英雄、反对者。
- **转换**：英雄、受害者、英雄。
- **父母训诫**："努力工作，不要放弃。"
- **父母榜样**："运用你的才智，找到应对办法。"
- **父母指令**："成为伟大的人。"
- **心理地位**："我好——如果我能创造。"

  "他们好——如果他们能思考。"
- **决定**："如果不能进入天堂，我就进入地狱。"
- **T恤**：无。
- **点券**：不是收集者。
- **游戏**：没有时间玩游戏。
- **对立主题**：不需要。

许可信息： 已经够了。

分类

这是赢家脚本，因为杰德接受脚本驱使，完成了使命。这是"目标结构可以"脚本，箴言是："如果这种方法行不通，就试试另一种。"这是"总是"脚本——"总是尝试"。说完"你好"后，下一件事就是开始工作。

G. 弗洛伦斯[①]（"看穿一切"）

弗洛伦斯的母亲希望她嫁得好，在上层社会过着安稳的生活，但弗洛伦斯听到神的"召唤"，她的命运是服务人类。在14年间，她身边的所有人都反对她的决定，但最后弗洛伦斯取得了胜利，开始了护士生涯。她付出了巨大的努力，可身边的人仍旧反对，然而她赢得了当局的支持，甚至包括女王的嘉许。她全身心投入工作，既不理会他人的诡计，也不理会他人的喝彩。她不仅革新了护理学，也改革了整个大英帝国的公共卫生系统。

临床分析

主题：弗洛伦斯的母亲希望她在社会地位上有所企图，但她内心有一个声音说她注定要做更伟大的事情。为了自己的追求，她奋力与母亲抗争。其他人也为她设置了重重障碍，但她没有将时间花在与他们玩游戏上，而是绕开他们，追寻更多目标，最终成为女英雄。

临床诊断： 青春期危机伴有幻觉。

[①] 弗洛伦斯的原型是弗洛伦斯·南丁格尔（Florence Nightingale），她出生在意大利贵族家庭，是世界上第一个真正的女护士，开创了护理事业。中间历经家庭的各种阻挠，但她设法实现了目标。建议读者阅读有关弗洛伦斯成长史的资料。——译者注

第十二章 典型的脚本

英雄： 圣女贞德①。

角色： 女英雄、反对者。

转换： 受害者、女英雄。

父母训诫： "同富人结婚。"

父母榜样： "告诉你怎么做，你就怎么做。"

父母禁止信息： "不要顶嘴。"

幻觉的指令（可能是父亲的声音）： "成为圣女贞德那样的女英雄。"

心理地位： "我好——如果我能创造。"

"他们好——如果他们允许创造。"

决定： "如果我不能以这种方式服务人类，我就以另一种方式服务。"

T恤： 正面——"照顾好士兵。"

反面——"比以前做得更好。"

点券： 不是收集者。

游戏： 没有时间玩游戏。

对立主题： 不需要。

许可信息： 已经足够了。

分类

这是赢家脚本，类别与上一个相同。在这两个例子中，当事人均接收了输家脚本的信息（汉尼拔、拿破仑、圣女贞德），但不顾外界各种反对，将其转变为赢家脚本。成功的转换有赖于对其他可能性保持开放，这样才能绕过阻碍，而不是正面冲突。这正是灵活性的优势，而绝不会削弱决心、降低效力。假如拿破仑和圣女贞德为他们的决定留有余地，脚本结局可能

---

① 圣女贞德是法国的军事家，法国人民心中的自由女神。她在英法百年战争中带领法国军队对抗英军的入侵。——译者注

就大有不同了，例如，"如果我不能对抗英国，我就对抗疾病"。

H. 悲剧式脚本

赢家之所以成为赢家，究竟是因为赢家脚本，还是因为拥有自主的许可，对此至今仍有大量争论。但输家之所以成为输家，是由父母设定的程序及个人内心的调皮鬼造就的，这基本没有疑义。悲剧式脚本〔斯坦纳称之为"有缺陷的（hamartic）"脚本〕有优质与劣质之分。优质的脚本是优质戏剧灵感的来源。劣质脚本则是在同样的地点由同样的演员重复同样的剧情。为方便输家获得结局，社会为他们提供了一些"服务区"：酒吧、当铺、妓院、法庭、监狱、公立医院和太平间。悲剧式脚本具有千篇一律的结局，因此脚本元素显而易见。精神病学和犯罪学教材中的大量案例是研究脚本的优质资源。

糟糕的脚本通过"法西斯式的嘲讽"被赋予孩子，孩子则以"怀旧囚犯"的原则坚守脚本。"法西斯式的嘲讽"历史悠久，原理如下：人民被告知敌国国王或领袖肮脏、语无伦次、下贱、粗野，像一个畜生，而不是人类。被俘虏后，他被衣衫褴褛地投入笼中，没有厕所，没有餐具。一周多之后，他被展示于众，毫无疑问，他看起来确实肮脏、语无伦次、下贱、粗野，并且随着时间的推移愈发如此。这时，征服者微笑着说："我早告诉过你们了。"

孩子其实就是父母的俘虏，他们可以被迫成为父母想要的任何样子。例如，父母说女儿是一个歇斯底里、自怜自艾的爱哭鬼。他们知道她的弱点，因此会在客人面前作弄她，直到她无法忍受、被迫哭出来。因为她已经被贴上"爱哭"的标签，所以她非常努力控制不哭，可一旦没坚持住，确实就像情绪爆发一样。这时，父母就会说："真是歇斯底里啊！每次有客人来，她就这样。真是爱哭鬼！"做脚本分析的研究时，脚本分析师可以问自己的关键问题是："你要怎样养育一个孩子，他长大后才会做出和这个患者一样的反应？"在回答这个问题的过程中，脚本分析师可以越来越清楚患者的成长史，甚至

第十二章 典型的脚本

在她自己阐述之前就清楚了。

许多被长期关押在监狱里的犯人觉得外面的世界冰冷、艰难、令人恐惧,因此会再次犯罪以便被送回监狱。狱中的生活虽然悲惨,但很熟悉,他们了解规则,因此不会惹上大麻烦,他们在里面还有老朋友。同样,患者试图打破脚本的牢笼时,也会发现"外面"很冷,他们无法玩惯常的心理游戏,失去了旧有的朋友,不得不结交新朋友,这通常让人恐惧。因此,他们会像"怀旧的罪犯"一样滑回老路。

这些比喻可以使脚本及其影响更容易理解。

第十三章

灰姑娘辛德瑞拉

A. 灰姑娘的背景

对脚本分析师来说，灰姑娘的故事拥有一切。它包含了大量相互关联的脚本，以及无数可以有新发现的"角落"。每个角色在现实生活中都可以找到成千上万的对应人物。

在我们国家，灰姑娘通常就是指"小水晶鞋"。它是夏尔·佩罗（Charles Perrault）的法文版的译本，首次出版于1697年，由罗伯特·萨姆博（Robert Samber）于1729年翻译为英文。在萨姆博给格兰威尔女伯爵（Countess of Granville）的献词中，他清晰地表达了这类故事对脚本的影响。他说，柏拉图"希望孩子就着牛奶吸收这些寓言，并建议养护者将其教给孩子"。佩罗的"灰姑娘"中的寓意当然是"父母训诫"。

> 所谓优雅，
> 绝不仅是美丽的面庞；
> 它的魅力远胜其他，
> 这正是灰姑娘慈爱的教母
> 赐予灰姑娘的美，
> 她如此细心地教导她，
> 使她拥有优雅的姿态，
> 因此她成了皇后。

最后三行描述了灰姑娘从教母那里获得的"父母"榜样，与第六章描述的"淑女"完全相同。佩罗的故事中还包含另外一个寓意,强调孩子若想有所成就,一定要获得"父母"的许可。

> 对于男人来说,毫无疑问,
> 拥有智慧、勇气、血统、良好的判断力和头脑……是巨大的优势,
> 但如果上帝让你等待,
> 或教母不应允你展现,
> 以上所有这些高贵的品质,
> 在你前进的途中,将毫无用处。

萨姆博的翻译被安德鲁·朗格收录在他的《蓝色童话书》(*Blue Fairy Book*)中,但稍有改动。《蓝色童话书》是最流行的童话书之一,孩子通过大人朗读或自己阅读,获得了对灰姑娘的最初印象。故事的法文版是仁慈版,灰姑娘原谅了两个姐姐,为她们找到了富有的丈夫。《格林童话》(*Grimm's Fairy Tales*)在美国也非常流行,其中收录的是德文版故事,名为"艾森普特尔(Ashenputtel)"。这个版本的结局非常血腥,两个姐姐的眼睛被鸽子一一啄出。灰姑娘的故事在其他很多国家都可以听到。

带着这些背景信息,我们即将用火星人的视角分析灰姑娘的故事。我们采纳的是佩罗的版本,因为大多数讲英语的孩子记得的都是这个版本。我们将讨论它涉及的各个脚本,其中很多脚本在真实生活中都显而易见。火星人和真实的生活所告诉我们的非常重要,就像小红帽的故事:书上的故事结束后,在各个人物身上又会发生什么?

B. 灰姑娘的故事

佩罗是这样写的,很久很久以前,一位绅士娶了第二任妻子,她是一个寡妇,也是最傲慢、最自负的女人。(毫无疑问,这样的新娘通常也是性冷淡的。)她有两个女儿,在所有方面都与她很像。绅士与前妻也育有一女。这个女孩善良可人,这是她从母亲那里继承的品质,她的母亲是世界上最好的人。

婚礼结束后,继母开始残忍地对待灰姑娘。她不能忍受这个漂亮女孩的种种优点,因为这让她自己的女儿显得更加令人厌恶、受人轻视。可怜的小女孩默默忍受,不敢告诉父亲,因为如果父亲得知,一定会赶她走,他已经被妻子完全控制了。小女孩做完家务后,常常走到烟囱旁的角落,坐在炉灰上,因此,他们叫她"灰笨蛋",或更礼貌些,称她"灰姑娘"。

如今,恰巧国王的儿子举行舞会,所有符合条件的人都被邀请参加,包括两个姐姐。灰姑娘帮她们梳妆、穿衣。可她们嘲笑她没有被邀请,她承认这种浪漫迷人的场合不适合她这样的人。她们离开后,她开始哭泣。这时,仙女教母出现了,并保证她也可以参加。她指示灰姑娘:"去花园给我拿个南瓜。"之后,教母挖空南瓜,将它变成金色的马车。她把几只小鼠变成马,把一只大鼠变成快乐的、留着漂亮胡子的胖车夫,又把一只蜥蜴变成了男仆。灰姑娘收到了一身漂亮的衣服、珠宝和一双小巧的水晶鞋。教母警告她,在午夜12点的钟声敲响前,必须离开舞会。

灰姑娘在舞会上引起了轰动。王子给她安排了最尊贵的位置,国王虽然已老,但仍忍不住看她,与王后悄声议论她。差15分到午夜12点时,她离开了。姐姐到家时,她装作一直在睡觉。当她们和她说起舞会上美丽又奇怪的公主时,灰姑娘笑着说:"噢,她一定非常美。我真想看看她!把你们的衣服借给我吧,明晚我就可以去参加舞会了。"但她们说才不会把衣服借给一个灰笨蛋。灰姑娘很高兴,因为如果她们同意了,她还真不知道该怎么办。

第二晚，灰姑娘玩得太愉快了，直到午夜12点的钟声敲响，她才想起离开。一听到钟声，她立刻跳起来逃走了，敏捷得像一只小鹿。王子追赶她，却没能抓住她，不过她在匆忙中丢了一只水晶鞋。王子小心翼翼地把水晶鞋捡了起来。几天后，王子通过喇叭宣告，他将与能穿上这只鞋的人结婚。他派手下到王国的各个地方，请所有女人试穿这只鞋。两个姐姐试图把脚挤进鞋子，但没有成功。灰姑娘认得这只鞋，大笑着说："让我试试吧！"两个姐姐也大笑起来，并开始取笑她。王子派来的绅士说，他接到的命令是让所有女人试穿。他让灰姑娘坐下试鞋，结果发现鞋子如此合适，就像为她定做的一般。两个姐姐异常震惊；但当灰姑娘从兜里拿出另一只鞋穿上时，她们更加震惊了。这时，灰姑娘的教母走进来，用魔法棒把灰姑娘的衣服变得富贵华丽。

当两个姐姐看到灰姑娘就是那个美丽的公主时，马上跪倒在灰姑娘脚下，说"对不起"，于是灰姑娘拥抱并原谅了她们。她随后被带到王子身边，几天后，王子娶了她。灰姑娘给两个姐姐在王宫里安排了住所，并在同一天将她们嫁给了王宫里的两个贵族。

C. 相互关联的脚本

在这个故事里，有趣的人物太多了，以至很难决定应该从哪里展开讨论。首先，它的角色阵容比乍看起来多得多。按照出场顺序，有以下人物：

父亲	（母亲）	国王
继母	教母	（王后）
姐姐 A	（车夫、男仆）	（侍卫）
姐姐 B	（舞会上的人）	绅士
灰姑娘	王子	两个贵族

其中包含九个主要人物、一些没有台词的人物和只有一句台词的人物，以及许多群众。关于人物，最有趣的事情是几乎所有人都在欺骗别人，我们将很快对这一点进行讨论。

另一个特点是转换非常明显，这是大多数儿童故事的共同点。灰姑娘从"好"人的位置出发，首先成为受害者，接着成为戏弄人的迫害者，最后成为拯救者。继母和她的女儿则从迫害者成为受害者。这一点在德文版灰姑娘的故事里更为明显：两个姐姐为了穿上鞋子，把脚削掉了一部分。这个故事还包括"酗酒者"游戏中的两个经典角色。串场人物由教母扮演，她为灰姑娘提供了需要的物品。糊涂蛋是那两个被挑选出来迎娶邪恶姐姐的贵族。

现在，让我们一起思考这些人物的脚本。我们需要花费一点时间，才能从这个貌似简单的故事里发现究竟有多少人展现了自己的脚本。

1. **灰姑娘**。她拥有快乐的童年，但之后必须遭受苦难，才能有某事发生。她的重要事件以时间建构：在午夜的钟声敲响前，她可以尽情享受快乐，但之后必须恢复到之前的状态。很明显，灰姑娘要抵挡住玩"难道这不糟糕吗？"的游戏的诱惑，即便是与她的父亲。在舞会前，她只是一个忧郁、孤独的人物。后来她与王子玩"试着来抓我"的游戏，再后来，她带着脚本式的微笑，与姐姐玩"我有一个秘密"的游戏。高潮伴随着最激烈的游戏"现在她要吩咐我们了（Now She Tells Us）"，灰姑娘带着戏弄的笑，获得了赢家脚本的结局。

2. **父亲**。父亲的脚本让他失去第一任妻子，然后抛弃女儿，与一个专横的（还可能性冷淡的）女人结婚，这个女人让双方都很痛苦。但他有自己的鬼把戏，我们很快就会看到。

3. **继母**。她有输家脚本。她也玩"现在她要吩咐我们了"的游戏，她引诱父亲与她结婚，婚后立刻暴露真实邪恶的本性。她指望两个女儿而活，做着卑劣的行为，却希望获得高贵的结局，最终成为输家。

第十三章　灰姑娘辛德瑞拉

4. **两位继姐**。她们的应该脚本基于母亲的训诫——"以照顾自己的需要为先，不要给傻瓜同等的机会"，但结局基于"不要成功"的禁止信息。这也是母亲脚本中的禁止信息，显然来自祖父母。她们玩的是重度的"笨手笨脚"游戏：一开始使灰姑娘（她们起的名字是灰笨蛋）彻底陷入困境，但后来要向她道歉，请求宽恕。

5. **教母**。事实上，她是所有人物里最有趣的一个。她为灰姑娘提供舞会的全套装备，动机是什么？她为什么不只和灰姑娘谈谈心，安慰她一下，而是送她去奢华的舞会？当时，继母和姐姐均已离开，只有父亲和灰姑娘在家。教母为何急着摆脱灰姑娘？其他人都去参加舞会了，当晚只剩下教母和父亲，"农场的后院"发生了什么？她告诉灰姑娘午夜前离开是一个好方法，这既能保证灰姑娘在外足够长的时间，又能保证她第一个回家，以免其他女人发现教母在家，因为灰姑娘回来可以提醒她及时离开。从一个颇具讽刺意味的角度看，整个故事听起来就像为父亲和教母能在一起而布的局。

6. **王子**。王子是一个笨蛋，毫无疑问，在结婚之后他会得到应有的下场。他连续两次让灰姑娘跑掉，没有留下一点关于她身份的线索。纵使灰姑娘只穿一只鞋，只能跛着脚跑，他也没能追到她。后来，王子也没有亲自去找灰姑娘，而是派了朋友去找。最后，他在一周内与一个出身和教养均存疑的女子结了婚。尽管从表面来看，他赢得了这个女孩，但一切均指向输家脚本。

7. **国王**。国王对女孩有鉴别力，还有点爱说闲话。但没有阻止冲动的儿子。

8. **绅士**。他是故事里所有人物中最正直的一个。他既不草率，也不傲慢，姐姐嘲笑灰姑娘时，他没有这样做，而是公正地完成任务。他也没有带灰姑娘私奔，有些不正直的人可能会这样做，而他把灰姑娘安全地带给了雇主。他为人诚实，办事有效，尽职尽责。

9. **两个贵族**。他们当然是两个糊涂蛋，如此才会和两个粗野的、一无所知的女人结婚。结婚当天是他们第一次见面。

D. 现实生活中的灰姑娘

重点是故事中的所有人物在现实生活中都能找到对应的人物。例如,接下来要讲的"灰姑娘"的故事。

艾拉很小的时候,父母就离婚了,她跟母亲在一起。不久,父亲再婚。他与第二任妻子育有两个女儿,艾拉到访时,继母很妒忌艾拉,也舍不得让父亲给她抚养费。几年后,母亲也再婚,她不得不搬去与父亲同住,因为母亲与继父似乎对喝酒更感兴趣,而不愿意照顾她。艾拉在新家并不快乐,因为继母显然不喜欢她,父亲也很少保护她。在所有事情上,她都被排在最后,两个妹妹也总捉弄她。艾拉长大后非常退缩,青少年时期没有什么约会,妹妹的社交生活非常丰富,却从来不邀请艾拉参加。

不过,艾拉有一点优势。她知道别人不知道的秘密。父亲有一个叫琳达的情人,她离了婚,有一辆捷豹汽车,戴着昂贵的嬉皮风格的项链,有时抽大麻。艾拉和琳达秘密地成为好朋友,常常花很多时间一起谈论她们与父亲间的问题。事实上,琳达在很多方面都给了艾拉建议,就像她的教母。艾拉很少有社交生活,琳达在这方面特别关心她。

一天下午,琳达说:"你继母不在,妹妹都出去约会了,你为什么不出去呢?独自在家坐着没什么意思。我把车借给你,再借给你一些衣服,你可以去摇滚舞会,结识很多男孩。晚上6点钟来我家,我们一起吃饭,然后我帮你打扮。"艾拉领会到琳达想和父亲一起度过这个晚上,她同意了。

艾拉装扮完毕,琳达觉得她看上去很不错。"不用急着回来。"琳达一边说,一边把漂亮车子的钥匙给她。

在舞会上,艾拉认识了一个叫罗南的男孩,开始与他约会。但实际上,罗南的一个朋友对艾拉更感兴趣,他是一位贫穷的吉他手,名叫普林斯(Prince)[①]。

[①] 英文也有王子之意。——译者注

第十三章　灰姑娘辛德瑞拉

艾拉很快开始与这位叫普林斯的吉他手秘密约会。她不希望普林斯到她家拜访，因为她知道母亲不喜欢那种外表邋遢的人，因此总是罗南来接她以及罗南约会的对象，之后他们再与普林斯会合，4人一起去某个地方。而此时，父亲、继母和妹妹都以为她是在和罗南约会，她和罗南经常为此说笑。

普林斯并不是真穷。他其实来自一个富裕的家庭，受过良好的教育，但他想通过自己的努力成为一个艺人。他越来越出名。成名后，他们决定把他们的事情亲口告诉艾拉全家，而不是等他们从别人口里得知。真实情况让艾拉的妹妹非常震惊，她们是普林斯的粉丝。当得知艾拉赢得了如此一位丈夫时，她们非常妒忌。但艾拉并没有对她们的虐待怀恨在心，还常常给她们普林斯演唱会的免费门票，甚至还把普林斯圈子里的一些朋友介绍给她们。

E. 舞会结束后

我们已经看到小红帽童年时与狼（她外公）的经历对她成年生活的深远影响。

我们了解人们的真实生活，也不难猜测灰姑娘结婚后会发生什么。她发现王妃的生活很孤独，想继续和王子玩"试着来抓我"的游戏，但王子很无趣。姐姐来访时，她会戏弄她们，但也不能让自己高兴很久，特别是现在，她处于上风，姐姐在这方面已经表现得不太在行了。国王有时用奇怪的眼神看她，他并不像自己假装的那样老，不过，也不像自己假装的那么年轻；不管怎样，她对国王都不愿多想。王后对她很友善，像一个王后应有的样子。对王宫里的其他人，灰姑娘也表现得很得体。孩子如期而至，她确实生了一个自己与其他人都期待的儿子，大家很高兴，为此大肆庆祝。但她没有再生孩子，随着小公爵长大，他由育婴女仆和家庭女教师照管，灰姑娘很快又像从前一样无聊，特别是在丈夫出去打猎的白天以及丈夫与牌友玩牌的夜晚。

不久，她有了一个奇怪的发现。她最感兴趣的是清扫壁炉的女佣人和女帮厨,不过她努力保守这个秘密。她们工作时,她会找各种理由待在周围。很快,她开始根据自己长期积累的经验,给她们建议。后来,她乘坐马车在王国游逛(有时带着儿子与他的女仆,有时不带),或者在城镇或乡村相对贫穷的地方漫步,然后发现了一个自己其实一直都知道的事实:整个王国,有成千上万帮厨和清扫壁炉的女人。她总会停下来和她们闲聊几句,或谈谈她们的工作。

很快,她养成定期拜访最贫穷的家庭的习惯,这些家庭的女人做着最艰苦的工作。她会穿上旧衣服坐在炉灰上与她们谈话,或在厨房里帮她们干活。她做的事很快在王国里传开,王子甚至因此与她争吵,但她坚持说这是她最想做的事情,并要继续做下去。一天,王宫里另外一位无聊的贵妇也请求与她同去。随着时间的推移,越来越多人开始感兴趣。很快,几十位贵妇开始每早穿上最旧的衣服,到城里帮助贫穷的家庭主妇们做最卑微的工作,同时和她们聊天,听她们讲各种有趣的故事。

后来,王妃产生了一个想法,她打算把这些助人的贵妇聚集起来,探讨遇到的问题。于是她成立了"炉灰与碗碟洗涤联合会",任命自己为主席。如今,一旦有外国的烟囱清扫工、蔬菜小贩、伐木工、女帮厨、垃圾回收工路过,她们都会把他们邀请到王宫,请他们向联合会成员介绍自己所在领域的新进展,以及在他们国家如何做这些工作。灰姑娘通过这种方式找到了人生方向,她与她的新朋友为整个国家的福祉做出了巨大贡献。

F. 童话故事与真实人物

对于灰姑娘这个故事中的每个人物,从灰姑娘自己,到她的家庭成员,再到不中用的国王和王子,甚至是由老鼠变来的、没有一句台词的快乐的长胡子车夫,我们都不难从社会或临床实践中找到对应的真实人物。真实生活中也真有一些"试鞋者",是从鸡窝飞出的金凤凰。

治疗师可以在倾听患者的同时在脑中寻找与之匹配的童话故事,也

第十三章　灰姑娘辛德瑞拉

可以回家后浏览史蒂斯·汤普森（Stith Thompson）的民间文学母题索引（Motif-index）。最简单的方法是让患者以童话的方式讲述自己的人生故事。对此，我们将以德鲁塞拉为例，她不是患者，而是在一次童话研讨会中受邀就自己的故事做了分享。

很早以前，德鲁塞拉的一位祖先发明了一种被广泛应用的工具，因此，时至今日，他的名字仍家喻户晓。故事开始于德鲁塞拉的母亲范妮莎，她是这位祖先的后裔。范妮莎的父亲在她很小的时候便去世了，于是她搬去伯祖父①查尔斯家。查尔斯经营着洛杉矶附近的一个大农场，其中配有游泳池、网球场、私人湖泊，甚至是高尔夫球场的全套设施。范妮莎在这样的环境中长大，有机会见到来自很多国家的人。然而，她不太快乐，17岁时与一个名叫曼纽尔的菲律宾人私奔。他们生了两个女儿，分别是德鲁塞拉和姐姐艾尔多拉。她们在菲律宾的一个种植园长大。德鲁塞拉是父亲的最爱，艾尔多拉像一个假小子，酷爱运动，擅长骑马、射箭和打高尔夫球。父亲曾经常打艾尔多拉，但从来不打德鲁塞拉。在艾尔多拉快18岁时的一天，父亲又想惩罚她。此时，她已经与父亲一样高了，甚至比父亲还强壮。当父亲走向艾尔多拉时，她像以前一样蜷缩起来，但德鲁塞拉突然看到一个奇怪的转变。艾尔多拉挺直身体，绷紧肌肉，对父亲说："你敢再碰我一下。"她凶狠地看着父亲，这次轮到父亲退缩了。之后不久，范妮莎与丈夫离婚了，带着两个孩子回到伯祖父查尔斯的农场生活。

这次，轮到德鲁塞拉在她的伯祖父的农场生活，她遇到了一个来自遥远国度的人，与他结了婚，并育有两个孩子。但她一直很喜欢制作东西，因而成为织布工，最终成了织布教师。在织布方面的兴趣引导她参加了童话故事研讨会。

在研讨会上，德鲁塞拉受邀用童话的方式讲述自己的故事，同时用到脚本分析的语言，诸如青蛙、王子、公主、赢家、输家、巫婆和食人魔。她

---

① 父亲的伯父。——译者注

是这样讲述的：

"从前，有一个国王征服了很多土地，他的长子继承了遗产。王国世代相传。由于大儿子继承了王位，其他儿子得到的很少。一个穷儿子生了一个叫范妮莎的女儿，但他在一次打猎中丧生。范妮莎的伯父，也就是国王，将她带到王宫生活。在那里，范妮莎遇到了一个来自遥远而陌生的国度的王子。王子将她带出王国，并回到自己的王国，那里滨海，生长着许多奇异的花朵和树木。然而不久，她发现曼纽尔其实不是王子，而是一只青蛙。曼纽尔也惊奇地发现，自己娶的美丽妻子并不是公主，实则是巫婆。曼纽尔和范妮莎有两个女儿，大女儿是艾尔多拉，与父亲一样是一只青蛙，父亲一点也不喜欢她，在她小时候常常打骂她。小女儿叫德鲁塞拉，是一个公主，曼纽尔也把她当作公主对待。"

"一天，一个仙女来到艾尔多拉面前对她说：'我会保护你。如果父亲再打你，你一定要阻止他。'当曼纽尔再一次想打艾尔多拉时，艾尔多拉突然感到非常有力量，并警告他不许再打她。曼纽尔非常愤怒，认为是妻子范妮莎让艾尔多拉反抗他的，范妮莎决定离开。她带着两个女儿离开这个遥远的国家，回到了查尔斯伯父的王国。两个女孩在那里一直过着幸福的生活，直到有一天，一位王子出现并与德鲁塞拉相爱。他们举行了盛大的婚礼，之后生了两个美丽的女儿。从此，德鲁塞拉过上了快乐的生活，她一边养育孩子，一边纺织美丽的挂毯。"

研讨会上的每个人都觉得这是一个美好的故事。

第十四章

脚本如何成为可能?

人生脚本——改写命运、走向治愈的人际沟通分析

　　杰德坐在自动演奏钢琴前，手指在键盘上滑动。打孔纸卷早由他的祖先制作完毕，随着他的努力，缓缓转动。音乐以杰德不能更改的方式流淌，时而忧郁，时而欢快，时而刺耳，时而和谐。有时，他自己会弹出一个音符或一个和声，可能与既定的乐曲融合在一起，也可能扰乱了它原本平滑的旋律。他停下来休息，因为纸卷甚至比庙宇的戒律还厚。其中包含了守则与预言，歌唱与悲叹——这一切皆是或慈爱、或冷漠、或可憎的父母赐予他的或华丽、或平庸、或沉闷、或悲惨的礼物。他以为这是自己在弹奏乐曲，并目睹自己的身体在日复一日、时时刻刻的弹奏下日渐枯萎。有时，他会在短暂的停歇里，起身答谢或接受亲友的欢呼，他们也以为这是杰德自己演奏的音乐。

　　人类积累了丰富的智慧、有强大的自我觉察能力、渴望真理、追求自我，他们怎能允许自己处于这种充满痛苦与自我欺骗的机械生活里？一部分原因是我们爱父母，一部分原因是这样生活比较轻松，还有一部分原因是我们进化得不够充分，没有使我们远远超过猿类祖先。我们确实比猿类祖先有更多自我觉知，但还不够。只有人们不知道自己正在对自己及他人做什么，脚本才能成为可能。事实上，知道自己正在做什么是依照脚本而活的反面。人类在身体、心理和社交等方面会莫名其妙地发生一些状况，其实是由被设定好的程序造成的。这些状况会通过影响身边的人，极大地影响个体的命运结局，而当事人还处在自我决定的幻觉里。不过，我们还是有补救办法的。

第十四章 脚本如何成为可能?

A. 可变的面部

首先,人类面部具有可变性,这使人生成了一场奇遇,而非既定的旅程。这种说法基于一个显而易见且影响巨大的生物原理:人类神经系统的构造决定了面部肌肉微小的运动对旁观者产生的视觉影响远远大于运动肌肉对旁观者的影响。杰德嘴边一块小肌肉2毫米的运动,对他自己来说难以觉察,但对他的同伴来说异常明显。站在镜子前,很容易证明这一点。个体有多么无法觉知面部表情,可以用一个很常见的动作说明:用舌头舔门牙。杰德最谨慎细微地做这个动作,他从自己的运动知觉或肌肉知觉判断,面部应该根本没有动。但如果站在镜子前,他就会发现舌头细微的动作也能让面部发生明显的扭曲,特别是下巴与颈部肌肉。如果他比平时更加注意自己的肌肉知觉,还会发现这个动作也影响到了前额和太阳穴。

在人际互动最热烈的阶段,这种现象可能发生数十次,杰德却没有觉察:一个在他看来十分微弱的表情肌动作,会为他的整个面部带来巨大改变。另一方面,旁观者佐伊的"儿童",正在观察杰德(以尽可能有教养的方式),试图找到能够透露杰德态度、情感和意图的信号。杰德透露的信息实际一直比他认为的多得多,除非他习惯让自己的面部表情没有变化、神秘莫测,小心翼翼地不表露真实的反应。然而,这种神秘莫测的人会让他人感到紧张,因为人们不知该如何通过他的反应调整自己的行为。这也是面部具有可变性之所以重要的原因。

这一原理解释了婴幼儿为何拥有感知他人的神奇"直觉"。大人还没开始教导婴儿不可以仔细观察别人的脸,因此他们会随意观察,这样就能看到许多他人看不到的、当事人没有觉察的表情。在日常生活中,当别人说话时,佐伊的"成人"非常小心、礼貌地避免太过仔细地观察对方的脸,但同时,她的"儿童"又在冒昧地"偷看"。其实她总是如此,并以此判断他人真正在做的是什么,她的判断通常正确。这特别适用于初见某人的"最初10秒",

那时，当事人还来不及想清楚应该如何表现，因此很容易透露他们之后会隐藏的信息。这正是第一印象的价值。

这对杰德的社交的影响是：他永远不知道自己可变的面部透露出了多少信息。杰德甚至对自己也有所隐藏，不过在佐伊看来，一切格外明显，并会据此做出反应，这让杰德非常惊讶。他其实一直在发出脚本信号，只是自己没有觉察。他人最终也是对杰德的脚本信号做出反应，而不是对他的人格面具或"表现出的自我"做回应。脚本这样发展下去，杰德似乎不用承担任何责任。他一直处于自我决定的幻觉里，说："我不知道她为什么那样做，我什么也没做啊。人们太搞笑了。"如果他的行为很怪异，别人就会用一种他也无法理解的方式回应他，之后，他的错觉就会建立或加强。

对此进行治疗很简单。如果杰德站到镜子前观察自己的表情，很快就能发现自己做了什么才让别人有如此反应。之后，如果他愿意，就可以对此加以改变。然而，除非他是演员，否则他可能不愿调整表情。事实上，大多数人都更愿意坚持脚本，并为此找各种理由，就是不通过镜子观察自己。例如，他们可能会说这个过程很"假"，也就是说，在他们看来，唯一"自然"的事便是机械地跟随脚本走向预设的结局。

克莱拉是一个富有教养的拉美裔女性，她的案例适切地说明了面部可变性对人类关系的深远影响。她参加治疗团体的原因是丈夫要离她而去，对于此事，她"无人可谈"。实际上，她有3个成年子女与她同住。她丈夫拒绝参加团体，不过，她20岁的儿子欣然接受了邀请。

"我很犹豫，要不要和母亲讲话。"他说："我觉得在这儿谈论她很难，因为她很容易伤心，有时会表现出饱受折磨的姿态。无论我和她说什么，说之前总要考虑她的反应，所以我真的无法坦诚地和她讲话。"

他继续在这个话题上阐述了几分钟，与他邻座的母亲身体紧绷，双手优雅地叠放在腿上，她从小就学会了这种仪态。因此，可以看到的她身体在动的部分只有面部、头部和颈部。听见儿子这样说时，她首先惊讶地抬起眉毛，然后皱眉，然后轻轻摇头并抿起嘴唇，然后难过地低头，然后又重新向

第十四章 脚本如何成为可能？

上看，然后以受尽苦难的姿态将头转向一边。在儿子说话的整个过程中，她一直在做出这些头部和脸部动作，就像一部表情实录电影。

儿子说完后，Q医生问她：

"他说话时，你的脸为什么一直在动？"

"我没有啊。"她吃惊地否认。

"那么你为什么一直转动头部？"

"我不知道我的头在动啊。"

"好吧，你刚才一直在动。"Q医生说："在他说话的整个过程中，你的脸一直在对他说的话做回应，这正是他不愿和你说话的原因。你嘴上称他说什么都可以，但你对他说的话的反应非常明显，尽管你一个字也没说。这正是他犹豫的原因。你甚至没有意识到自己正在做出反应。你儿子已经成年了，他尚且如此，想象一下，这对一个每时每刻都在仔细观察妈妈的脸、看妈妈对自己有何反应的3岁孩子来说，会有什么影响？这正是他和你讲话有所顾虑，而你觉得无人可谈的原因。"

"那该怎么办呢？"她问。

"回家后，他和你说话时，你可以站在镜子前，看自己是如何表现的。不过现在，你对他所说的，有何感想呢？"Q医生建议从这里展开讨论。

在这个例子中，克莱拉的"父母"以母亲式的尊重倾听儿子说话，这是她此时被激活的"自我"。同时，她的"儿童"正以另一种方式回应儿子的话，但"父母"和"成人"均没有觉察，因为他们无法"感觉"到面部的运动。而她儿子却完全能意识到她"儿童"的反应，因为这些反应正在他的眼前发生。克莱拉的"父母"很诚挚，却有些脱节，在团体里，除了她自己，每个人都明白她儿子为何对与她坦诚讲话有所顾虑。

面部可变原理既与前述"母亲的微笑"相关，也与"绞架上的微笑"相关。母亲可能完全没有意识到自己的脸正在表达什么，也没有意识到它们对孩子的巨大影响。

B. 流动的自我

可变的面部源自生物学原理,流动的自我源自心理学原理,这二者对维持脚本运转同等重要。个体对自我的流动性同样缺乏觉察。"自我感"是动态的,在任一时刻,它可能是三种自我状态中的任意一种,并随着事件的发展,从一种状态跳入另一种状态。也就是说,"自我感"独立于自我状态的各种属性,与当时某种自我状态正在做的事或体验无关。就像电荷可以自由地从一个电容器流入另一个电容器,而不管电容器的用途是什么。"自我感"伴随能量的"自由贯注(free cathexis)"而流动。

当一种自我状态被完全激活时,个体体验到的自我状态就是此时的真实自我。当杰德进入愤怒的"父母"时,他感到那就是真实的自己。几分钟后,他进入"成人",思考愤怒的原因,他感到"成人"就是此时的真实自我。再后来,他进入"儿童"自我状态,为自己的刻薄而羞愧,他的"儿童"又被体验为真实的自我。(当然,以上阐述均假定这些体验真实发生了,而不是他在扮演愤怒的"父母"或是深感懊悔的"儿童"。角色扮演是弄虚作假的"儿童",而不是真实的"自我"。)

为了说明流动的自我对日常生活的影响,我们一起来看一个家庭案例,当事人是一位挑剔的妻子。佐伊通常和蔼、友善、配合,但在某些时候会变得喜欢批评丈夫。这是她挑剔的"父母"自我状态。之后,她会再次显示出风趣、友善、配合的"儿童"状态,忘记在"父母"状态时对丈夫说的话。而丈夫没有忘记,仍旧十分警惕、情感冷漠。如果这种模式一再重复,丈夫就会永久保持警惕与冷漠,她则很难理解。"我们在一起那么快乐。"她充满魅力的"儿童"说:"你为什么不理我?"此时,"儿童"是她的真实自我,她忘记或忽略了真实自我是"父母"时说过的话。一种自我状态不太记得另一种自我状态做过的事。她的"父母"忽略了他们拥有的所有快乐,她的"儿童"忘记了自己做出的所有批判。但杰德的"儿童"(包括"成人")记得她的"父

第十四章　脚本如何成为可能？

母"说了什么，使他持续生活在担忧中，担心这种状况再次发生。

另一方面，杰德处于"父母"自我状态时可以很好地照顾佐伊，但他的"儿童"可能抱怨她和她的牢骚。杰德的"父母"会忽略或忘记自己的"儿童"所做的一切，并责备佐伊忘恩负义，"毕竟他已经为她做了那么多"。佐伊可能确实感激杰德，但同时担心他的"儿童"再次爆发。当杰德将"父母"体验为真实自我时，会认为自己一直对佐伊体贴周到，这确实是事实。不过，同样是事实的是，当他爱抱怨的"儿童"激活时，那也是他的真实自我。因此，通过一种自我状态（或真实自我）遗忘另外自我状态的所作所为，杰德维持脚本继续运转且不对此负责。他的"父母"会说："我对她总是那么好，我不明白她怎么会这样。我什么都没做啊。女人真是可笑。"他的"父母"已经忘记了自己的"儿童"是如何激怒佐伊的，但作为受害者的佐伊不会忘记。这两个例子也说明了第五章F部分曾阐述过的心理地位的固着性。

现在已经把原理讲清楚了，接下来看一个生动的例子。我们可以将自我状态不经意间、无须承担责任的转换称作"自我的旅行（ego trip）"，但由于这个词是嬉皮士用以自夸的俚语，出于礼貌，我们应该留给他们使用。因此，我们需要为自我状态的转换另觅他名。下面这桩逸事，我们称作"阿明塔和梅布尔"或"PAC的心灵之旅"。

梅布尔和母亲的关系让彼此紧张，因此梅布尔周末离开家，去另一座城市拜访一位女性朋友。母亲通过电话找到她，说："如果周日早上你还没回家，我就把你锁在外面。"梅布尔周日傍晚回来。母亲拒绝让她进家，并告诉她应该自己去租房。当晚，梅布尔住在附近一位女性朋友家。周一一早，母亲打电话给她并原谅了她。梅布尔将这段经历告诉了Q医生，另外还举了一些母亲反复无常的例子。Q医生对其中一些故事完全搞不清楚状况，因此决定与梅布尔和她母亲一起谈，看看能否搞明白真实情况。

她们一坐下，母亲阿明塔就强烈地表现出"父母"状态，义正词严地批评梅布尔马虎、不负责任、吸食大麻等，这些问题在母亲与18岁的女儿间很常见。在母亲数落她的过程中，梅布尔先是带着一丝笑容坐着，好像在说:"她又来了!"然后,她看向别处,好像在说:"我再也忍不了了。"之后,她又盯着天花板,好像在说:"上天不能拯救我吗?"阿明塔完全没有注意梅布尔的反应,继续长篇大论。

讲完后,阿明塔转变了态度,开始说自己现在过得多艰难。她不再以"儿童"的方式抱怨,而是对自己的婚姻状况做出了"成人"的评价,Q医生对此很熟悉。这时,梅布尔转过头,以一种全新的表情直视母亲,好像在说:"她终归还是一个真实的人。"随着阿明塔往下讲述,Q医生基于对她的背景和经历的详细了解,能够看到她的自我状态不时转换。讲到一定时候,她就会表现出与"锁门"事件相同的自我状态序列,首先是愤怒的"父亲父母"(将梅布尔锁在门外),之后由"母亲父母"接管(担心自己的"小女孩"在城里徘徊,没地方睡觉)。接着是"成人"、无助的"儿童",然后又回到愤怒的"父亲"。

这一系列变化可以用图13中连接阿明塔各种自我状态的线条描述。首先从"父亲父母"开始,之后转到"母亲父母",然后下到"成人",接着是"儿童",然后又回到"父亲父母"。接着听下去,线路如下,"父亲父母"到"成人",再到"儿童",最后回到"母亲父母"。用这种方法,我们可以看到阿明塔的PAC之旅,从一种自我状态向另一种自我状态切换。

问题是,这条线代表什么?它代表阿明塔的自我感,自我感不固定于任

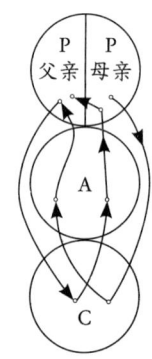

图13 PAC心灵之旅

何一种自我状态,而是借由能量的"自由贯注"在自我状态之间自由转换。在任一时刻,无论她处于哪一种自我状态,都会觉得是自己的"真实自我"在讲话。能量自由贯注的路线或轨迹是一条连续的线。阿明塔没有意识到"她"和她的行为时刻都在变,因为她一直觉得"这就是真实的我"。因此,当我们说"她"从一种自我状态转换到另一种自我状态时,指的是她的能量的"自由贯注",伴随着连续的真实自我感。对她自己而言,她始终觉得自己是同一个人,但从一个时间到另一个时间,她的变化巨大,以至对其他人来说,就像有几个人(在她脑袋里)轮流说话。这就是梅布尔的感受,也是她无法应对母亲的原因。她无法对母亲产生一致感,也无法预测阿明塔下一刻会如何做、如何反应,因此无法适应母亲的情绪。而在阿明塔看来,梅布尔不时就会任性。

阿明塔和梅布尔都理解了自己的自我状态,因此不难澄清问题所在,她们的关系自此得到改善。

上一节描述了克莱拉的行为,那是当事人对不同自我状态缺乏认识的另一种表现。不同自我状态对当事人自己的人生历程,以及对配偶和孩子,都具有深远影响。克莱拉的情况是两个自我状态同时激活,一个富有同情心地聆听,另一个却愁眉苦脸。虽然他们已经在同一个内在空间相处了45年,但仍旧像对待可疑的陌生人一样,故意忽视彼此。

对不同自我状态缺乏认识的另一种表现是当事人拒绝承认自己的行为,即使是对自己。(这一点在第五章结尾处也提到了。)一位男士每年至少出一次严重的交通事故,但坚称自己是优秀的驾驶员。一位女士常常烧煳晚饭,仍坚称自己是出色的厨师。他们的坚称源自一个事实,即他们的"成人"的确是好司机、好厨子,但"儿童"常常制造意外。这种人的两种自我状态间有厚而坚实的壁垒,"成人"没注意到"儿童"的所作所为,因此会坚称"我(我的'成人自我')从来不会犯错"。同样的情况也会发生在酗酒者身上,他们不喝酒时不易紧张,举止良好(由"成人"掌管),但喝醉后就会犯错(由"儿童"接管)。有些人醉酒后甚至会失去意识,"成人"完全不知道自己在醉酒状态下所做的一切。这样，他们就可以以醉酒的、无懈可击的方式维持自己虚幻的正义感。这种情况也可能反过来，有些人的"成人"表现平庸，"儿童"却富有成效。例如，"坏人"不能理解别人为何说他们做了荒唐事，责备和批评他们；"好人"也不能接受别人对他们所为的赞美，或者仅是出于礼貌才接受。当人们称赞"儿童"的创造富有价值或十分宝贵时，"成人"完全不能理解，因为当他创造时，"成人"完全不起作用。

之前我们也谈过，一个认为自己富有的女性不会因为失去钱而觉得自己是穷人；一个认为自己贫穷的男性也不会因为赚了钱而觉得自己是富人。在这两个例子中，他们的"儿童"从脚本指令中得知自己应该是贫穷，还是富有。钱本身并不能改变他们的心理地位。同样，之前那位男士的"儿童"知道自己是否是一个好司机，那位女士的"儿童"知道自己是否是一个好厨师，几次意外和糊掉的饭菜并不能改变"儿童"的想法。

PAC过后通常是满不在乎的免责声明。"我是好的。'父母'没有发现我做的任何事，你们说的我不知道。"其中有一个明显的暗示，他人"不好"，因为他们发现了自己令人不愉快的行为。他们的T恤正面写着："我已经原谅了自己。"反面则写着："你为什么不能原谅我？"

一种自我状态对另一种自我状态的所作所为缺少觉察，有一个简单的补救办法，即"成人"记住所有真实自我的行为，并为此承担全部责任。这样就能避免逃避责任（"你说是我做了那件事？我当时一定疯了！"），取而代之的是加以面对（"是的，我记得我做了那件事，确实是我做的"，更好的情况是"我保证绝不会再次发生"）。很明显，这一建议对法律来说意义重大，因为它能避免人们用精神错乱这种卑劣的方式轻而易举地逃避责任。（"木头脑袋"，或是"你不能为'那个我'做的事责备'这个我'"）。

第十四章 脚本如何成为可能？

C. 着迷与印刻

内维尔和妻子朱莉亚遇到的难题是说明着迷（fascination）与印刻（imprinting）的最好的例子。内维尔的左脸颊上有一块胎记，它引起了朱莉亚的"儿童"病态的着迷。在恋爱期间，她还能成功地压制由这块瑕疵引发的轻微厌恶，但随着时间流逝，麻烦越来越大。蜜月结束时，朱莉亚几乎不能直视内维尔的脸。她并没有向内维尔提起这种不舒服，因为担心伤害他的感情。她也想过建议他去除这个胎记，但又觉得不过是用疤痕代替胎记，也许会让自己更加困扰，因此她什么也没说。

而内维尔是粉刺猎手，每当他们赤身躺在一起，他就会检查朱莉亚的身体，如果发现她皮肤上有任何一点凸起，就有强烈的冲动，用指甲把它弄出来。朱莉亚觉得这是令人非常不愉快的身体侵犯。有时内维尔的欲望很强烈，朱莉亚的抗拒也很强烈，最终导致双方心情糟糕，彼此厌恶。

在同一期间，他们还不幸地发现彼此的性趣味截然不同。开始时似乎无关紧要，但后来成了严重的争吵点。内维尔在西印度群岛由保姆照料长大，因此对工作服和便鞋感到兴奋。而朱莉亚则以母亲和姐姐为榜样，喜欢时尚的穿着和高跟鞋。事实上，内维尔对便鞋的着迷近乎达到恋物（fetish）的程度，而朱莉亚对高跟鞋则有"反恋物（counterfetish）"，她希望男人因自己的穿着方式而兴奋。因此，当她依照内维尔的愿望穿上便鞋时，便失去了热情，可当她穿上高跟鞋在家里走动时，内维尔又会失去热情。从表面来看，他们是幸福的一对，但实际存在深深的困扰。这些困扰是由他们的早年经验带来的貌似的"琐事"导致的。这让他们格外痛苦，因为无论从传统的社会标准来看，还是从精准的心理学标准来看，他们都十分般配。他们原以为能够成为完美的夫妻。

着迷会发生在低等动物身上，以及某个年龄的婴儿身上。内维尔和朱莉亚长大后，"儿童"部分仍旧着迷于皮肤上的小瑕疵（内维尔是正向的，朱莉亚是负向的)。对印刻的研究主要见于鸟类,破壳后最初几天,它们会把第一眼看见的任何物体错认为妈妈。因此彩色卡片可以引发鸭子的印刻,使它们兴奋。它们会跟着卡片走,仿佛那就是妈妈。性方面的恋物也产生于生命的极早时期,对男性的影响与鸟类印刻相似,而女性则会沉溺于"反恋物",即那些能够引发周围男性兴奋的事物。

着迷与恋物根深蒂固,它们会严重干扰为之所苦的人们的正常生活,与毒品成瘾类似。"成人"无论怎样用理智控制,"儿童"几乎总是不可避免地被特定事物驱使或诱惑,并不惜一切代价地避免它或追求它。着迷与恋物对脚本结局影响巨大,特别是在迷恋的对象扮演重要角色的情况下。这是另外一个降低个体自主决定命运的能力的因素。

对着迷的治疗方法是意识到它们,并详加讨论,最后确定是否可以与之共处。确定的过程需要借助"头脑内的沟通",即"成人"和"儿童"的内部对话,对话时需要暂时把"父母"排除在外,直到他们清晰地理解了彼此,"父母"才可以出来说话。如果当事人在脑中确定自己可以与负向着迷(比如有生理缺陷的女孩)共处,那很好。如果不行,他要么需要寻找补救办法,要么需要寻找新的伴侣。若不对想法和情感深入分析,他就无法意识到这件事对自己的影响有多大。着迷通常是由他的早年经历导致的。另一方面,正向着迷会使当事人失去理智,沉溺其中,因此也需要仔细思考。同样的道理也适用于对男性伴侣身上的瑕疵着迷的女性。

对恋物癖的治疗与之类似。但涉及其他人的参与,因此也有其他干预方法。例如双方达成一致,共同享乐,这样就是在一段时间内共同实现对某物的迷恋。

D. 无嗅之味

除了上述人类机体的生物学特性(可变的脸、流动的自我、着迷与印刻),还有一些难以捉摸的因素同样会对人类生活产生深远影响。如果 J. B. 莱因

第十四章 脚本如何成为可能？

(J. B. Rhine)博士①的卡片发出的信号无法被当代物理学设备检测到，却能被经过适当调试的人脑感知，就算还未有决定性的结论，这个发现也显然意义重大。②这种信号如果确实存在，对它的发现一定会引起轰动，报纸的周日增刊一定会为其专辟版面。这一发现的后续发展很难预料，但毫无疑问，一定会引起军事方面的兴趣。事实上，军事上已经在做此类研究，特别是定位领域，例如，远距离发射原子弹和氢弹可以如何飞至敌人的工厂及仓库上空。

心电感应（telepathy）如果存在，重要性一定更甚。③一个人如果能够向另一个人发出可读信息，那么控制和记录此种信息的工具也应得以发明，这样才有助于理解人类行为的诸多方面。这是后续发展的第二种可能。根据目前的报道，"心电感应现象"最经常、最剧烈地发生于关系亲密的人身上，比如丈夫与妻子、父母与孩子，他们的关系比与其他人的关系更紧密、更协调。心电感应为不愿放手的父母控制孩子提供了理想的媒介，如果它真的存在，脚本分析师一定相当感兴趣。直觉是"儿童"自我状态的功能，它与心电感应类似，因为"儿童"可以根据非常少量的感觉线索直觉式地获得关于他人的隐晦信息。

心电感应发生时非常脆弱，容易被打断，它在很大程度上取决于发出者与接收者的心境。科学家会质疑心电感应，因为他们的研究结果似乎说明心电感应没有很高的准确性，甚至完全不存在。但这并不意味心电感应真的不存在，只是表明了它的特性（如果它真的存在）。下面，我将陈述我的假设。其中包含一个主要假设和一个次要假设，可以解释现有所有科学发

---

① 美国杜克大学的心理学家，因使用实验方法进行超心理学研究而闻名。——译者注
② 莱因在实验时采用五副纸牌，每副五张，每张均有一个简单的几何图形，分别为星号、十字、三道波纹、圆圈和方块。在一项实验中，两位被试面对面而坐，中间隔上布帘，先让一方被试以随机方式抽出一张卡片，并注视它，接着要求另一方被试凭其直觉指出该张卡片上的图形。如果正确率高于纯粹机遇，则证明超感知觉存在。他的研究结果倾向支持超感知觉存在。——译者注
③ 超感知觉包含许多种类，例如，心电感应、灵感、预感、心灵致动等。——译者注

现（大多数不支持心电感应）。如果心电感应存在，婴儿是最佳接收者；随着婴儿长大，这种能力逐渐退化、衰弱；成年后只在特殊情况下偶然发生。用结构分析的语言，该假设是：心电感应如果存在，它只是非常年幼的"儿童"的功能，很快就会因为受到"父母"和"成人"的干扰，遭到破坏和削弱。

第三点同样有趣且重要，更偏向唯物主义的视角，即无嗅之味的问题。众所周知，雄性蚕蛾能够通过风势发觉远达1公里外新出现的雌性蚕蛾，大量雄蛾会逆风飞行，聚集到笼中的雌蛾周围。我们应该假设雌蛾可以释放一种带有气味的物质，通过雄性的嗅觉吸引他们。重点在于雄蛾"知道"自己"闻到"气味了吗？还是只是对化学物质做出的"自动化"反应？他很可能没有"意识到"发生了什么，只是做出反应，飞向雌蛾。也就是说，他被出现在嗅觉系统的"无嗅"之味吸引了。

对于人类来说，嗅觉方面的情况包括如下几方面。(1)如果闻到一些气味，比如花香，他会意识到香味，能够觉知自己被吸引。据我们所知，这种经验会在记忆里留下痕迹，如此而已。(2)如果闻到其他气味，比如粪便，通常会发生两件事：第一，他意识到这是粪便，有意识地感到厌恶；第二，无须意识判断，他的植物性神经系统受到影响，可能会捂嘴或呕吐。(3)我们还可以假设第三种情况：出现某种化学物质时，他没有闻到任何气味，也没有觉察什么，但神经系统受到微妙的影响。我这里说的不是有毒气体，例如一氧化碳，而是说可以刺激特定感受器，在大脑内留下记忆痕迹的物质。

关于这一点，需要说明一些事实。(1)野兔的嗅觉区有1亿个嗅觉细胞，每个细胞有6个或12个绒毛，这样，它的嗅觉感受区与全身皮肤的面积一样大。(2)据推测，在适应某种气味很久后，嗅觉系统的细胞还会继续放电。也就是说，人们虽然没有再闻到这种气味，但它还在持续影响神经系统的电活动。实验证据虽然还没有完全支持该假设，但非常倾向这一结论。(3)气味在没有被感知的情况下可以影响梦境。(4)最容易激起人类性欲的香水从化学的角度说与性激素相关。(5)呼吸和汗液的气味可以随情绪的改变而改变。(6)嗅神经与嗅脑相连，嗅脑是大脑的"原始"区域，可能与情绪反应密切相关。

因此，这里的假设是：人类会持续接受各种无法察觉的化学物质的刺激，它们会影响人们在各种环境下对各种人的情绪反应及行为方式。对此，人类可能拥有专门的感受器（到目前为止还未知），但嗅神经束从结构上说足以应对这些刺激。我们可以将这些刺激称为无嗅之味。目前还没有确凿的证据表明它们的存在，但如果真的存在，它就可以很好地解释在现有知识范围内，人类的那些很难或无法理解的行为现象与行为反应。它们与着迷、恋物及印刻一样，对脚本具有持久的影响。新出生的小猫可以在没有意识的情况下"闻"到母亲的乳头，对这种无嗅之味（或其他与此类似的东西）的"记忆"显然会影响它们一生的行为。

E. 后事前置与前事后置

"后事前置（the reach-back）"和"前事后置（the after-burn）"与沟通中的"扭曲"相似，因为它们都是父母教导的结果。不过，也不尽相同，它们与扭曲的区别在于，这二者源自当事人自身，而非受他人的激发。

"后事前置时期"的定义是即将发生的事从独立影响个体的行为开始至真正发生之间的一段时间。它在患有恐怖症的人身上表现得最为明显。他们在得知即将进入令自己害怕的情境后（比如体检或旅行），整体功能提前几天就会受到干扰。事实上，对恐怖之事的后事前置与对日常琐事的后事前置相比，危害更小，因为从长远的角度来看，后者会因为心理因素导致身体疾病。

以 Q 医生为例，他下周二要去一个遥远的城市做专业演讲。"后事前置"的起点是即将到来的旅程开始干扰他的日常生活之时。这周四入睡前，他躺了一会儿，为出发前需要做的事做计划。为了弥补损失掉的工作时间，他周六必须上班，而这一天他通常会休息。他在脑中罗列了周五必须处理的事，比如取机票，因为飞机是周一的，周五是出发前的最后一个工作日。这样，周五原本的安排就受到了些许干扰：他与患者的会面也不像平时那么轻松、高效，因为他需要帮他们做好自己下周不在的准备。周五晚上在家时也不像平时那么轻松，因为他需要比平时睡得早，以便周六能比平时起得早。周六晚上也受到了一些影响，因为他不能像平时一样在周末做运动或探望家人，同时也为次日打包行李的事心烦意乱。虽然准备演讲提纲用不了15分钟，但周六吃晚餐时，他一直想着这件事。周日下午他去了海边，可也不像平时一样放松，因为他要早点回家整理行李。整理行李也把原本安宁的周日之夜搅得一团糟。周一他上了飞机，当晚，他在酒店提早入睡。周二一早，他完成演讲，返回家中。

在以上陈述中，最常出现的表达方式为"不像平时"，同时散落着一些解释性的词语，例如"因为""由于""但是"。所有这些都是后事前置式的语言，特别是"不像平时"这句。总之，为了周二只需在家准备15分钟的1小时演讲，他、他的家人和患者提前几天便开始紧张：虽然并不严重，但足以明显影响他们的行为。

"后事前置"应与"成人"的准备和计划区分开。Q医生周四入睡前做的事是做计划，属于"成人"的行为。如果他能在睡觉前完成计划，不干扰正常生活，就不是"后事前置"。但由于白天太忙，造成周四晚上不得不晚睡，就属于"后事前置"。周五继续做的事中的一部分属于"成人"的准备，不是后事前置，因为他利用午饭时间完成了。另外一些事则干扰了他的日常计划，例如与患者谈话时接了一个电话，打断了他的思路。思路反复受到干扰就是后事前置的一种表现。因此，计划与准备只要不与常规生活模式发生冲突，就是"成人"的活动，否则就属于"后事前置"的一部分，特别是在它们干扰到"儿童"（例如担忧）或者"父母"（使他忽略了平时的责任）时。

即将发生的每件事都会以某种方式影响个体的行为，但它们并不一定独立作用于个体的日常生活模式。例如，第十章谈过的等待圣诞老人的人们，他们的期待与惯常的生活方式及行为方式是融合在一起的，而非独立的。同样，即将到来的青春期也能够以某种方式影响个体的童年，甚或影响

第十四章 脚本如何成为可能？

在子宫中的发展，通常来说，它更有可能影响的是 12 岁的男孩或女孩昨日的作为。由于它无法作为一个事件来独立影响其他事情，因此不符合后事前置的定义。

后事前置的治疗方法显然是"成人"组织的：尽早安排时间，以便有足够的时间做计划、做准备，而无须干扰正常的行为模式。为未来考虑也很有必要。如果 Q 医生想到，去遥远的城市进行 1 小时演讲将会提前影响 5 天的生活，他可能不会再接受这样的安排，除非他正打算休假，这样他就可以以做 1 小时演讲为契机，休假 5 天。

"前事后置"的定义是过去发生的事独立影响个体行为的一段时间。在某种程度上，过去发生的每件事都会影响人们的行为，但"前事后置"指的仅是在相当长一段时间内干扰人们正常生活模式的事件，它们既没有被吸收，也没有通过压抑等心理机制被排除。

Q 医生演讲回来后，面对着一场"大扫除"。他要回复外出期间积压的邮件和电话，处理家人和患者这几天积累的问题，还要计算花销，填写与出行有关的付款凭单。这些扫除工作大多是"成人"的行为，他在不影响正常秩序的情况下便可以妥善解决。但其中一个报销凭单 3 周后被退回，因为他只上交了 2 份副本，而不是 3 份。他变得烦躁，并稍微影响了接下来 1 小时与患者的会面。另外，还有好战者的问题。演讲结束的提问环节，一名好战者（一个本不应该出现在演讲现场的人，因为他不是专业治疗师）提了几个问题，其中几点让 Q 医生烦恼了好几天。那些要处理的单据属于"成人"的扫除工作（只要它们没有干扰日常事务），而他对被退回的付款凭单的恼怒，与好战者的冲突则是前事后置的一部分，因为牵扯到他的"父母"和"儿童"。

总之，计划、准备、任务本身（演讲）以及之后的扫除工作都属于"成人"的活动，持续了大概 12 天。而涉及"父母"和"儿童"的后事前置及前事后置则持续了更久。前事后置通常比较久后才会发作，就像 Q 博士一段时间后才收到付款凭单的拒信，然后他不得不重新填写，并在家满腹牢骚。

解决前事后置的方法是提前做好忍受琐碎之事的心理准备，然后忘掉它们。

演讲事件是正常的前事后置与后事前置的例子。然而，在父母的鼓励下，这二者皆可带来严重的困扰，导致悲剧式的脚本结局。在最严重的情况下，它们会导致酗酒、精神错乱、自杀，甚至谋杀。考试的后事前置、阳痿的前事后置可能造成青少年自杀，害怕登台的后事前置可能导致演员和销售员过度饮酒。下面是一个脚本式前事后置的例子。

23岁的经理人西里尔来寻求治疗，主诉之一是腹泻。一天，他在团体里提到晚上入睡有困难。他会躺着回顾白天的决策以及与员工的互动，从自己做的事中挑错，清点白天收集的内疚、伤心和愤怒点券。他的早年经验显示，这些行为出自母亲的脚本指令。这种前事后置大约会在他入睡前持续1小时，在特殊情况下会持续两三小时。治疗师和团体成员给予他许可，允许他结束一天的工作后不发生任何前事后置，而是在他想睡觉时直接睡觉。这与他挑剔的、批判型"父母"恰恰相反。他的失眠消失了，之后不久，腹泻症状也消失了，原因是什么并不清楚，2个月后他结束了治疗。

对拥有糟糕脚本的人来说，尽管后事前置和前事后置均可以单独为当事人带来麻烦，但在大多数情况下不会造成严重的后果，人们还可以忍受它们的存在。但如果前事后置与后事前置发生重叠，几乎对每个人都很危险。在"过量工作"综合征里常常可以看到这种情况；事实上，这正好为"过量工作"下了一个定义。无论工作量多大，只要可以在不发生上述重叠的情况下完成工作，都不存在（心理上的）过量工作。假如重叠发生，不管事实上工作负荷多小，当事人都是"过量工作"的。为昨日之事，"父母"会用内疚和怀疑侵扰他：他本不应该那么做，他们会怎么看他，他为什么不换一种方法做；当这些想法像走气的啤酒一样盘旋在他脑中时，"儿童"又在担心明天：明天他会犯什么错？他们会怎样对他？他又要怎样对他们？各种想法混在一起，令人沮丧、无法提起兴趣。下面是一个例子。

佩布尔是一名会计，为了准备年度报告而工作到深夜，可账目数字仍旧不平。回家后，他躺着无法入睡，仍旧担心。他终于睡着时，那些数字仍旧

第十四章 脚本如何成为可能？

萦绕在让他不安的梦里和眼前。第二天早上起床时，由于问题仍未解决，昨夜工作造成的前事后置仍旧跟随他。现在他又开始担心办公室的工作，因为日常工作还要继续，这又造成了后事前置，使他在早饭时间和家人谈话时心不在焉。从更长的时间范围来看，这些紧急事件背后是去年年度报告的错误造成的前事后置，为此，他受到老板的指责。对今年报告的担忧又造成后事前置，使他反胃。他的头脑被这些交叠钳制，他已经没有时间、精力和动力处理个人生活了，家庭状况也因此开始变糟。他的易怒、疏忽和悲观也无益于家庭关系。

这种问题的结果取决于佩布尔苛刻的、操控的"父母"与愤怒的、沮丧的"儿童"之间的力量权衡。如果"父母"更强，他会完成工作，然后崩溃，然后由于焦虑型抑郁症入院治疗。如果"儿童"更强，他会变得行为古怪，半路放弃工作，最后进入精神分裂状态。如果他的"成人"更强，他会坚持到底，之后筋疲力尽，休息几天或度假后恢复原状。不过，即使在最好的情况下，如果这种压力年复一年，最终也会导致严重的身体疾病。根据目前掌握的资料，他最有可能罹患胃溃疡或高血压。

佩布尔的问题在于他的时间结构。我们在第十章提到，安排工作有两种方式：一种是"目标时间"，指"我会一直工作，直到任务完成（不管花费多长时间）"；另一种是"时钟时间"，指"我会一直工作到午夜（到时不管怎样都会停下来）"。而佩布尔既不能完成任务，也停不下来。在时间方面，他安排工作的方式是"匆忙完成"。他必须在既定时间内完成既定工作，这是"目标时间"和"时钟时间"的强制性结合，通常会造成不可完成的任务。就像在童话故事里，一个女孩必须在黎明前将米粒与谷壳分开。如果时间足够，她可以完成；或者在黎明到来前，她可以完成一部分。然而要在有限的时间内全部做完，她必须获得仙女的魔法的帮助，或是小精灵、小鸟、小蚂蚁的帮助。可佩布尔没有小精灵、小蚂蚁或其他魔法的帮助，他只能得到与女孩失败时一样的惩罚：丧失理智。

交叠问题的治疗其实是一个数学问题。在很多处境下，每个人都有一定的后事前置和前事后置时间。你可以列出各种情况：与家人争吵、考试或发言、工作截止日、旅行、走访亲戚或亲戚来访等。人们可以根据经验，估计每种状况需要花费的后事前置和前事后置时间。有了这些信息，防止交叠就成了简单的算术题。如果估计情况 A 的前事后置时间是 X 天，估计情况 B 的后事前置时间是 Y 天，那么事件 B 的开始时间至少要与 A 间隔 X+Y+1 天。如果这两个事件的情况都很容易预测，安排起来就很容易。假如 A 不可预测，那么 B 必须推迟。如果实际情况不允许推迟 B，乐观情况下的另一种选择是赶紧完成 B，以便在最短的交叠时间内完成这两个任务。假如 B 事件的时间不可变，唯一的选择要么是努力行事，要么是悄然离开。

在大多数情况下，养育小孩子的母亲是会努力行事而非悄然离开的典型。她们具有惊人的复原力，可以吸收日常生活中许多小的前事后置和众多后事前置。如果她们做不到，就会感到紧迫。紧迫感是难以应对的交叠出现的第一个标志，也是需要休假的第一个标志。无论对男性还是女性，交叠都会影响他们的性生活，仿佛性欲抑制剂。相反，性是交叠的绝佳解药，很多夫妻离开孩子 1 周，甚至一个周末，就能重新恢复性欲、拥有性的能力。之后，前事后置将被替换为回味，后事前置将被替换为热身。大多数前事后置和后事前置的时程是 6 天，因此 2 周的假便可以消耗掉浅层的前事后置，之后会有几天无忧无虑的生活，接着，新的后事前置会悄然到来，再次扰乱现在的局面。然而，要吸收长期的前事后置，以及更深层的、被压抑的后事前置，至少需要 6 周假期。过去，去欧洲需要 1 个月，穿越大西洋需要六七天，这正好可以是让人平静下来的休息期；如今可以坐飞机，但时差本身就让人很辛苦。

梦可能是一种调整后事前置与前事后置的自然机制。因此，人在实验中或由于受惩罚被剥夺做梦的机会时，最终会变成类似精神错乱的状态。因此，正常的睡眠对交叠及其不良后果具有预防作用。镇静剂，比如巴比妥酸盐，会减少快速眼动睡眠，增长其他阶段的睡眠，因此不利于对前事后置与后事前置的吸收。它的效果是让未被吸收的交叠以某种形式"沉积"在体内，因此容易导致身心疾病。不过，它有时对长期、严重的失眠具有积极疗效。

许多生活哲学家推崇"一日一日生活"。这并不是说只为眼下而活，也不是说未来的生活无须组织和计划。这些哲学家中的许多人，比如威廉·奥斯勒，都是极有条理的人，拥有极为成功的生涯规划。用现在的语言来说，一日一日生活的意思是要过一种精心计划的、有条理的生活，每一天都睡好，这样，一天结束时无须后事前置，因为明天的计划早已做好；一天开始时无须前事后置，因为昨天过得井井有条。这是克服坏脚本带来的不利结局的好方法，也是通向好脚本及其快乐结局的好方法。

F. 小法西斯

每个人脑中似乎都有一个小法西斯，它源于人格最深层（"儿童"的"儿童"）。对于文明的人类来说，它通常深藏于社会价值观念与社会培养之下，但如果获得适当的许可，它就会被完全释放出来，就像历史屡屡证明的那样。文明程度较低的人则会公开显露并鼓励"小法西斯"，不过也会等到合适的时机，定期表达。在这两种情况下，小法西斯都是推进脚本的强劲动力。第一种情况是秘密的、微妙的、不被认可的；第二种情况是天然的，甚至是被夸耀的。但是，我们可以说，无论是谁，只要没有意识到人格中的这股力量，都会对它失去控制，无法管理自己，不知自己的去向。发生在"环保主义者"聚会上的事就是很好的例子。一名保护者说他特别欣赏亚洲的一个部落，他们将自然资源保护得很好，"比我们做得好多了"。一名人类学家反驳道："是的，但是他们的婴儿死亡率很高。""呵呵。"这名保护者说，其他几个人也加入进来，"那更好，不是吗？他们的婴儿本来就太多了。"

法西斯可以被定义为不尊重生命，只是将生命当作猎物的人。这种傲慢的态度显然是史前人类的遗留物，至今仍残存于食人的嗜好及大屠杀的享乐中。在食肉的类人猿捕猎时，冷酷意味着效率，贪婪被饥饿驱动。然而，在已经经过自然选择的人脑与心智中，这些特性却没有退化。当它们不再是生存所需，便与最初获取食物的目标分离，慢慢沦落为以其他人类的性命为享乐的一种奢侈与纵容。冷酷演变为残忍，贪婪演变为剥削与盗窃。如今，猎物——肉体，特别是人类的肉体——大多已经被更适合填饱肚子的商品取代，因此它的用处更多是满足心理的饥饿。吃的乐趣被折磨的乐趣取代，换句话说，折磨的乐趣优先于吃的乐趣。"呵呵"取代了"好吃好吃"。相较于杀死他人，听或看他人尖叫和屈服更为重要。这就是法西斯的本质——一群游民，寻找男性或女性猎物，用来折磨和嘲弄——他们的乐趣在于寻找受害者的弱点。

猎物的屈服带来两个副产品，对侵犯者来说皆有好处。生物学上的副产品是性刺激与性快感，性倒错者可以将受害者作为刷新肛交纪录的对象。折磨使折磨者和受害者之间产生了一种特殊的亲密，是一种对彼此灵魂的洞悉，这种亲密与洞悉无法从各自的生活中获取。另一种副产品是纯粹的商品。受害者具有价值，因此可以带来利润。心脏、睾丸甚至是耳朵可以出售给食人者，他们认为人可以从这些神秘的器官里获取力量。当受害者个人的遭遇尘埃落定，在焚烧炉中化为无名者，他们的脂肪还可以被更"先进"的人制成肥皂，金牙还可以再次回收利用。

人类胚胎的发育重演了整个进化历程。有时，胚胎发育会中断，以致他天生具有远古阶段的残留物，比如鳃裂。孩子的成长重演了史前人类的发展，从狩猎时代到种植时代，再到工业时代，他们可能在任一阶段中止发展。但每个人都会保有所有阶段残存的痕迹。

每个人身上的小法西斯都是一个小折磨者，他会寻找受害者身上的弱点，并以此为乐。如果允许公开展现，他会嘲笑跛行者、因生气到处践踏、强奸他人，并会为此找这样或那样的借口，例如坚强、客观、正当。但大多数人会压抑这些癖好，假装自己根本没有这种倾向，如果有所显露，就会找借口，或者出于害怕，加以伪装和掩饰。有些人甚至会为了表明自己无辜而有意成为受害者，而不是侵犯者，原因是让自己流血好过让别人流血，但无论如何必须流血。

第十四章 脚本如何成为可能?

这些原始的驱力与脚本的禁止信息、训诫及许可信息交织在一起,构成了会造成流血事件的三度心理游戏,或称"机体"游戏。假装没有这些驱力的人将成为受害者。他的整个脚本可能就是一套试图证明自己没有这些驱力的计划。然而,最有可能的情况是他并非没有这些驱力,否认这些驱力相当于否认了自我,因此也否认了自己拥有决定命运的权利。对这些原始驱力,很多人都说"太可怕了",然而,这并不是解决办法,解决办法是自问"我可以怎么应对它,以及我可以怎么利用它?"。做殉难者比做残害他人的穴居人要好。而了解自己又比做殉难者或残害者都好。拒绝相信自己是从猿类生物进化而来的人,是因为他的进化还未脱离猿类的水平。

还有一点很重要,即意识到基因虽然已历经5000年进化,但人类本性中"种族屠杀"等方面没有丝毫改变。它们不会受到环境及社会的影响,表现之一即为对皮肤较黑者的歧视,自古埃及有记载以来,至今没有改变,"悲惨的库施人(Cush)"至今仍代表着世界各地受压迫的黑人。另一个表现是"寻找并消灭"的战争。例如:

"234名越军被伏兵杀死。""237名村民在越南被屠杀。"(均出自美国军方报告,1969。)

比较:"800个士兵被我用武力消灭;他们的平民被我纵火烧死;他们的男孩、少女被我玷污;1000具战士的死尸被我堆在山头。5月1日,我杀了他们800名战士,我烧掉他们许多房子,他们的男孩和少女被我玷污等。"(源自阿舒尔-拿索-帕尔编年史,第二卷,约公元前870年。)

因此,计算尸体数量的欲望至少存在了2800年。对好人会用"伤亡"这类词语,而对坏人则用"尸体""死掉""死尸"这类词语。

G. 勇敢的精神分裂者

人类机体的生物及心理特性,使预设的脚本成为个人命运的主宰,除此之外,社会的运作方式也会导致人们缺乏自主。这通过社会互动契约实现,即"如果你接受我的人格面具或自我呈现方式，我也接受你的"。除非在特定群体中获得许可，否则任何不遵守该契约的行为都会被视为无礼。这种做法的后果是缺乏面对：面对他人，面对自己。该契约背后隐藏着"父母""儿童"和"成人"人格三个部分之间达成的一致，他们同意接受彼此的自我呈现方式。即使在适当的情况下，也没有一方有勇气独自改变契约。

缺乏面对的问题在精神分裂症患者和他们的治疗师身上表现得最为明显。大多数治疗师（就我的经验看）说精神分裂无法治愈。他们这样说的意思是："我用精神分析疗法无法治愈，而且绝不会尝试其他方法。"因此，他们满足于"取得进步"，就好像某知名电气制造商宣称的进步是他们的主要产品[①]。然而，进步仅意味着使精神分裂症患者在自己疯狂的世界更勇敢地生活，而非从中脱离。因此，在不那么勇敢的治疗师的帮助下，地球上到处是勇敢的精神分裂症患者，实践着自己悲剧式的脚本。

治疗师还有另外两句常说的话在普通大众中也很常见："你无法告诉人们该怎么做"以及"我帮不了你，你只能自己帮自己"。这两句话都是彻底的谎言。你"可以"告诉人们该怎么做，很多人会去做，而且能做得很好。你也"可以"帮助他人，而非他们必须帮助自己。你帮助他们后，他们需要做的仅是站起来，接着做自己的事。但由于这种口号的存在，社会（我不是指某一特定社会，而是指所有社会）鼓励人们待在自己的脚本里，而脚本通常会将他们带至悲剧的结局。脚本的含义不过是很久以前，某人告诉当事人应该做什么，然后他决定去做。这说明你可以告诉人们去做什么，事实上，你也一直在这样做，特别是你有孩子的话。因此，你如果告诉某人去做某事，而不要做父母让他们做的事，他们也许会决定听从你的建议或者指导。众所周知，你可以怂恿他人酗酒、自杀或杀人；因此，你也可以帮助他人停止酗酒、自杀或杀人。我们当然可以给别人做某事的"许可"，或停止做某事的"许可"（童年期被命令一直去做的事）。我们可以鼓励他们快乐、

[①] 作者应该是指通用电气，其20世纪60年代的宣传语是 Progress is our most important product，意为进步是我们最重要的产品。——译者注

勇敢地生活在新世界，而不是勇敢地、不快乐地生活在旧世界。

至此，我们已经列出了让脚本成为可能并持续下去的七种因素：可变的面部、流动的自我、着迷与印刻、无声的影响、后事前置与前事后置、小法西斯以及他人的默许。针对每种因素，我们也列出了实用的治疗方法。

H. 腹语者的傀儡

精神分析盛行后，它将从前许多有价值的工作推到一边。自由联想取代了拥有几百年历史的内省法。自由联想关乎心灵的内容，而心灵的运作方式则留给精神分析师自行理解。可是，只有心灵不能正常工作时，精神分析师才有可能理解它的运作方式。当心灵运转正常时，它就像一部封闭的机器（"黑匣子"），人们无法了解。只有它出现故障，或丢一把活动扳手进去来制造人为故障时，才有可能搞清楚。因此，自由联想及其后续的一些方法实际只适用于精神病理学：转换（switches）、入侵（intrusions）、错误（slips）和梦（dreams）。

而内省却打开了"黑匣子"的盖子，让"成人"有机会看到个人心灵的运作方式：他如何将句子组合在一起，他头脑里的一些图像来自何方，什么声音在引导他的行为。我认为费德恩（Federn）是第一位复苏传统、细致研究内部对话的精神分析师。

几乎所有人在某些时候都会"对自己"说话："你本来不应该这样做！"他甚至也注意到了"对自己"的回答："但是我不得不这么做！"在这个例子中，"父母"说："你本来不应该这么做！""儿童"或"成人"说："但是我不得不这么做！"这其实是当事人童年经历的真实对话的重演。那真正发生了什么？内部对话共有三个"级别"。第一级别，话语神不知鬼不觉地潜入杰德脑中，没有任何肌肉运动，至少肉眼和耳朵无法觉察。第二级别，他感到声肌有些许抖动，特别是舌头的一些不连贯运动。第三级别，他会说出声。当事人出现困扰时，第三级别的内部对话可能产生，因此他走在街上会自言自语，人们转头看他，以为他"疯了"。其实还有第四级别，当事人的内部语言听起来似乎是从外界传来的，听起来通常是父母的声音（他真正父亲或母亲的声音），这些是幻觉。他的"儿童"可能会，也可能不会对"父母"的声音做出回答，但无论怎样，都会影响他行为的某些方面。

"对自己讲话"的人常常被看作疯子，因此几乎每个人都有"不要倾听头脑里的声音"的禁止信息。然而，一旦给予适当的许可，这项功能就可以得以恢复。然后，基本每个人都可以听到自己的内部对话，这是发现"父母"训诫、"父母"榜样及脚本控制的最佳方法。

一个处于性兴奋中的女孩开始在心里祈祷，这样就可以抵制男朋友的诱惑。她清楚地听到父母的训诫："做一个好女孩，当你受到诱惑时，祈祷。"一个男人在酒吧里打架，他非常注意打架的技巧。他清晰地听到父亲的声音说："不要暴露你的意图。"这是父亲榜样的一部分，"在酒吧要这样打架"。他之所以会在酒吧里打架，是因为听到母亲挑衅的声音："你和你爸一样，总有一天会在酒吧里打架，打碎牙齿。"一名股票市场的投机商在关键时刻听到恶魔对他的低语："不要卖，要买。"他放弃了精心的计划，输掉了全部资本——他说："哈哈。"

"父母"的声音与腹语者一样，以相同的方式施加控制。它控制人的发声器官，使当事人说出他人的话。除非有"成人"的介入，否则"儿童"就会像腹语者的傀儡一样完全依照指示行动。它使人不知不觉地中止个人意愿，让其他人控制自己的发声器官及身体其他部分的肌肉，这也是某些情况下脚本发作的原因。

对此的治疗方法是倾听脑中的声音，由"成人"决定是否听从这些声音的指示。这样，当事人就能摆脱"父母"腹语者的控制，成为自己行动的主人。为了达成这一目标，他需要给予自己两个许可，不过，这两个许可若来自他人，可能更为有效，比如治疗师。

1. 倾听内部对话的许可；

2. 不遵从"父母"指令的许可。

这样做会有一些危险，当事人也许需要获得他人的保护，才敢违背"父母"的指令。因此，当患者不再依赖"父母"腹语者，努力成为真实的人，不再做傀儡时，治疗师的任务之一就是保护患者。

需要补充的是，"父母"的声音告诉当事人要做什么、不要做什么，"儿童的画面"告诉当事人的是他的愿望。愿望来自"视觉"，指令来自"听觉"。

I. 关于调皮鬼

到目前为止，谈的所有内容都有助于脚本的实现，其中的大多数人都缺乏觉察。现在，我们要谈最关键的一项，它不仅使脚本成为可能，还给予了决定性的推动。那就是当杰德站在成功的边缘，还没来得及搞清楚状况，就让他赤裸地穿上溜冰鞋滑下山坡、走向毁灭的调皮鬼。不过，回头来看，纵使他从来没听到过脑中的声音，他也应该记得那一句，调皮鬼用极为诱人的声音刺激他："来啊，做吧！"尽管其他所有力量都在警告他不要这样做，但都无法让他回头，他还是做了。这就是魔鬼，一种突然的、超自然的推动力，决定了人的命运，它是来自黄金时代①的声音，低于上帝，高于人类，也许来自一个堕落的天使。这正是历史学家告诉我们的，也许他们是对的。对于赫拉克利特（Heraclitus）②来说，人类的魔鬼是自己的性格。然而，据那些刚从失败中振作起来的人所说，魔鬼并不像全能的神那样大声说出命令，而是像迷人的女子一样诱惑地低语："来啊，做吧。来吧。为什么不呢？除了失去所有，还有什么可怕？你至少还有我，就像黄金时代一样。"

---

① 希腊神话分为黄金时代、白银时代、青铜时代、英雄时代和黑铁时代。黄金时代的人类无忧无虑，没有疾病，没有衰老，无须劳作，没有纷争，与神仙一样。——译者注

② 希腊哲学家，朴素辩证法思想的代表人物。——译者注

这是驱使人们走向厄运的强迫性重复,弗洛伊德称之为死的力量,或称为女神阿南刻(Ananke)[①]的力量。但他把这种力量置于神秘的生物范畴,然而,问过拥有调皮鬼并了解它的力量的男性或女性,就知道它不过是一种引诱的声音。

对抗调皮鬼的方法永远都是符咒,这里同样也是。每个输家都应该在钱包或手袋里装着这个符咒。成功的曙光即将到来之时也是最危险的时刻。此时就需要拿出符咒一遍遍朗读。当调皮鬼低语,"伸出你的手——把所有钞票都押在最后一次机会上""只喝一杯""现在是时候拿出刀了""抓住他的脖子把他拉过来",或在任何即将走向失败的时刻,请收回手臂,清晰、大声地说:"妈妈,我更想按照自己的方式做事,我要成功。"

J. 真实的人

真实的人与脚本相反,活在真实的世界里。所谓真实的人,应该也指真实的"自我",可以从一种自我状态自由变换到另一状态。当人们彼此非常熟悉,就能透过脚本深入真实"自我"的所在,这正是他人所爱、所尊重的部分。人们运用真实的自我可以在父母设定的程序启动前,体验片刻真正的亲密。这完全有可能发生,因为大多数人在生命中都曾体验过毫无脚本约束、最为亲密的关系:母亲和她们的婴儿之间的关系。在哺乳期,母亲通常会悬置脚本,完全听从本能,而婴儿的脚本尚未形成。

至于我自己,我不确定自己是否在跟随音乐纸卷的转动。如果是,我满怀兴趣与期待,期盼接下来的音符发出它们的旋律,也许和谐,也许刺耳,而没有任何忧虑。接下来我会怎样?如果是这样,我会感到生命的意义,因为我在追随祖先久远、荣耀的传统,它们借由父母传递给我,谱出的旋律可能比我自己谱写的更加美妙。当然,我也知道,我有很大的自由发挥空间。

[①] 希腊神话中控制一切命运、宿命、定数、天数的必然定数女神。——译者注

第十四章 脚本如何成为可能?

也许我是地球上为数不多的幸运者,已经完全摆脱了束缚,能够谱写自己的歌曲。如果是这样,我就是独自面对世界的、勇敢的即兴创作者。然而,不论我是在虚假地弹奏钢琴,还是在用自己的思想和双手弹奏和弦,我的生命之歌同样充满惊喜和悬念,因为它演奏出了命运的激动人心和荡气回肠——无论用哪种方式,我希望留下的都是威尼斯船歌中快乐的回响。

第十五章

脚本的传递

A. 脚本矩阵

脚本矩阵是展示和分析父母及祖父母如何将指令传给当代子孙的图示。它用简洁的方式极好地综合了大量信息。在第六章和第七章中的一些案例中，我们根据掌握的信息，尽量准确地绘制了他们的脚本矩阵（图6、图8和图9）。实践中的困难是从"噪声"及混淆中确切地区分父母指令、父母榜样和脚本主题。做出区分相当困难，因为当事人自身以及周围所有人都在最大程度地制造干扰，使我们难以看出当事人走向脚本结局历经的步骤。脚本结局或幸福、或悲剧，用生物学家的语言，称为"最后显现"。换句话说，人们极力向自己和他人隐藏脚本。这其实很自然。用之前的比喻，坐在自动演奏钢琴前的人舞动着手指，他处于自己演奏的幻觉中，不希望有人提醒他看看钢琴内部以了解真相，而正在享受表演的观众也同样不想。

发明脚本矩阵的史坦纳（Steiner）[①]也认同笔者提出的设想，即父母中相反性别的一方通常告诉孩子做什么，而相同性别的一方向孩子展示如何做（参见布奇的案例）。史坦纳在这个基本设想的基础上又做出了重要补充，详细分析了父母每一种自我状态的所为。他推测父母的"儿童"发出禁止信息；父母的"成人"赋予孩子脚本程式（我们也称为榜样或模式）。他还增加了一个新的元素，称为应该脚本，由父母的"父母"发出。史坦纳的脚本矩阵主要通过与酗酒、吸毒、反社会者的工作获得。他们均拥有三度严重的

[①] 克劳德·史坦纳（Claude Steiner）博士，1935年生于巴黎，在美国研读工程和物理学，最后投身心理学界，是美国密歇根大学的临床心理学家。他是伯恩的学生、同事及好友。——译者注

悲剧式脚本（他也称之为有缺陷的脚本）。因此，他的矩阵主要涉及父母疯狂的"儿童"发出的苛刻的禁止信息，不过，该矩阵还可以扩展，容纳父母的引诱与挑唆，以及除了来自父母疯狂的"儿童"外，来自父母的"父母"的禁止信息。（参见布奇的脚本矩阵，图6。）

尽管脚本矩阵中还有一些问题需要进一步探究，但很多人都能接受将图8所示的结构作为暂时的模型。这个模型对临床工作以及发展心理学、社会学和人类学的研究具有巨大价值，我们很快就会谈到。"标准"矩阵中指明禁止信息和挑唆来自父母的"儿童"，通常是相反性别的一方。如果这一假设在普遍范围内得到证实，将会成为关于人类命运及命运的代际传递的重大发现。然后，脚本理论中最重要的原理便可以这样表述：父母的"儿童"构成了"儿童的父母"，或者孩子的"父母"是"父母的儿童"。用图辅助会更加容易理解。别忘了，"儿童"和"父母"首字母大写时指的是自我状态，首个字母小写时指的是真实的人①。

图14是一个空白的脚本矩阵，可以画在黑板上，在团体治疗和教授脚本理论时使用。分析个案时，可以根据患者的性别首先标注出父母，然后沿着

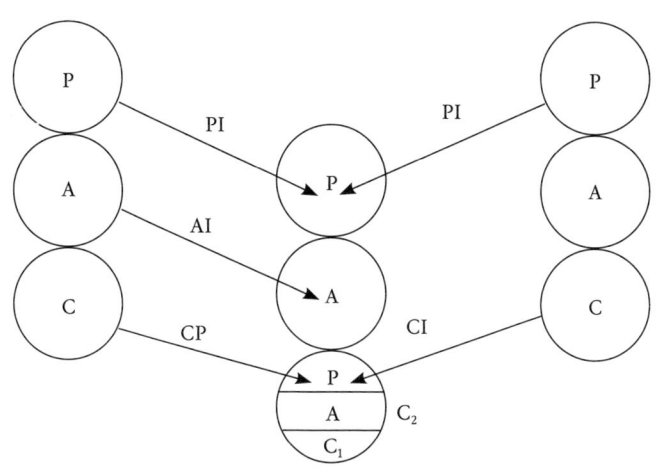

图14　空白的脚本矩阵

---

① 在本译本中加引号指的是自我状态，不加引号指的是真实的人。——译者注

箭头用粉笔分别填写宣言、榜样、禁止信息和挑唆。这样就能以视觉的形式清晰地展现决定性的脚本信息，最后会形成与图6、图8和图9相似的图示。在脚本矩阵这一工具的帮助下，治疗师很快可以发现以前未曾发现的内容。

拥有好脚本的人除非想成为治疗师，否则只是从学术的角度对脚本分析感兴趣。而对患者来说，为了痊愈，他们必须尽可能细致地剖析脚本指令。准确绘制脚本矩阵对制订治疗计划十分有帮助。

要获取脚本矩阵的信息，最有效的途径是询问患者如下四个问题：(1)你父母最喜欢的宣言或训诫是什么？这个问题的答案提供了抗脚本[①]的关键信息。(2)你父母过着什么样的生活？这个问题最好由与患者长期认识的人回答。他的父母无论教导他做什么，他都会一次次地做，这造就了他的社会性格："他是一个酒鬼。""她是一个性感的女孩。"(3)你的"父母禁令"是什么？这是理解患者的行为、制定决定性的干预策略，以使患者摆脱束缚、充分生活的关键问题。正如弗洛伊德所说，患者的症状是被禁止的行为的替代品，是对禁止的反抗，因此，解除禁令也会治愈症状。从"背景噪声"中确切地区分父母的禁止信息需要经验和细致。最可靠的线索可以通过第四个问题获得。(4)你必须做什么才能让父母微笑或咯咯地笑？这是引诱，是被禁止的行为的替代选择。

史坦纳认为，"酗酒者"的禁令是"不要思考！"，酗酒正是不去思考的好方法。无法思考是"酗酒"心理游戏玩家及他们的同情者中司空见惯的话题，在酗酒治疗团体里，更是如此。他们总是说酗酒者不是真正的人，不应被当作真正的人对待，这并不是事实。海洛因比酒精更容易上瘾、更危险，而锡南浓早已确凿地证明海洛因成瘾者也是真正的人。当酗酒者和吸毒者切断头脑中引诱他们延续恶习的声音时（恶习借由定时的生理需求得以强化），真实的个体就会显现。镇静剂和吩噻嗪类药物具有疗效，部分原因正是它们可以抑制"父母"的声音。"父母"的声音会使"儿童"焦虑，或者由

[①] 此处更有可能是"应该脚本"，而非抗脚本。——译者注

于他们的"不要"和"哈哈"而使"儿童"困惑。

总之,需要在图14里填上信息,才能像图6、图8和图9一样完整。需要填上的信息包括指示(Prescription)或激励(Inspiration)(PI[①]),榜样(Pattern)或程式教导(Program of Instruction)(AI[②]),父母禁令(Parental Prohibition)或禁止信息(Injunction)(CI[③]),以及挑唆(Provocation)(CP[④])。

最强有力的脚本指令通过家庭戏剧(第三章)赋予。家庭戏剧在某些方面强化了父母说的话,在另一些方面证明了父母的虚伪。正是家庭中这些戏剧的场景使孩子最深刻地习得了父母赋予他们的脚本。需要牢记的是:"非言语的沟通"与出声的话语一样,具有持久、深刻的影响。

B. 家庭序列

第六章和第七章的脚本矩阵展示出脚本装置的主要元素如何从双亲传递给子女,包括"父母"训诫,"成人"榜样,以及"儿童"的脚本控制。图7更加细致地展示了父母如何将最为重要的脚本元素,即禁止信息,传递给杰德。禁止信息通常由异性父母传递。有了以上知识的准备,就不难理解图15了,它展示出禁止信息如何代代相传。这一系列传递被称作"家庭序列"。该图显示的是同一禁止信息传递了5代。

图15的情况并不少见。患者听说或亲眼看见祖母如何成为输家;她很清楚父亲也是输家;她来做治疗是因为自己也是输家;她儿子需要接受治疗因为他也是输家;她孙女已经在学校里表现出即将成为输家的迹象。患者和治疗师都明白,这5代人之间的链条必须从某处打破,否则必将延续更多世代。这对患者的康复是绝好的激励,因为如果她恢复了健康,就可以从

[①] 代表由"父母(P)"发出的激励。——译者注
[②] 代表由"成人(A)"发出的教导。——译者注
[③] 代表由"儿童(C)"发出的禁止信息。——译者注
[④] 代表由"儿童(C)"发出的挑唆。——译者注

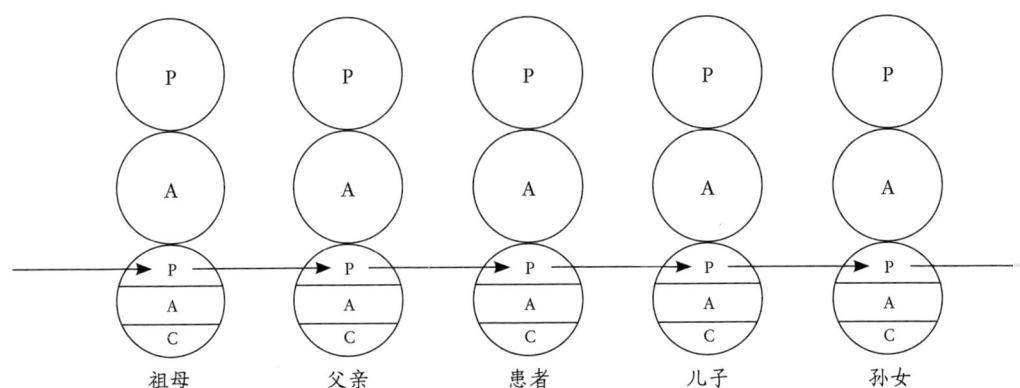

图 15　家庭序列

儿子身上撤回禁止信息。现在的情况是，每次见面时，她都在强化这一禁止信息。撤销禁止信息有助于儿子的康复，对孙女的未来也大有裨益，可以推测，对孙女的孩子也很有好处。〔一位女性患者（她的曾祖母活了很大岁数，且记忆力无损）的心理游戏及脚本可能追溯到拿破仑战争，也可能延续至出生于2000年的外孙。〕

婚姻的一个作用是稀释禁止信息与挑唆，丈夫和妻子的家庭背景不同，赋予孩子的指令也不同。事实上，其效果与基因传递类似。如果赢家与赢家结婚（赢家倾向这样做），后代将成为更大程度的赢家。如果输家与输家结婚（输家倾向这样做），后代将成为更大程度的输家。如果输家与赢家结婚，各种可能的结果都有，后代可能成为赢家，也可能成为输家。

C. 文化传承

图16展示了训诫、榜样及控制如何在5代间传递。很庆幸，接下来的例子是"好的"赢家脚本，而非"坏的"输家脚本。这个脚本可以被命名为"我的儿子是医生"，案例当事人是南太平洋一个丛林村庄中的世袭医生。

第十五章 脚本的传递

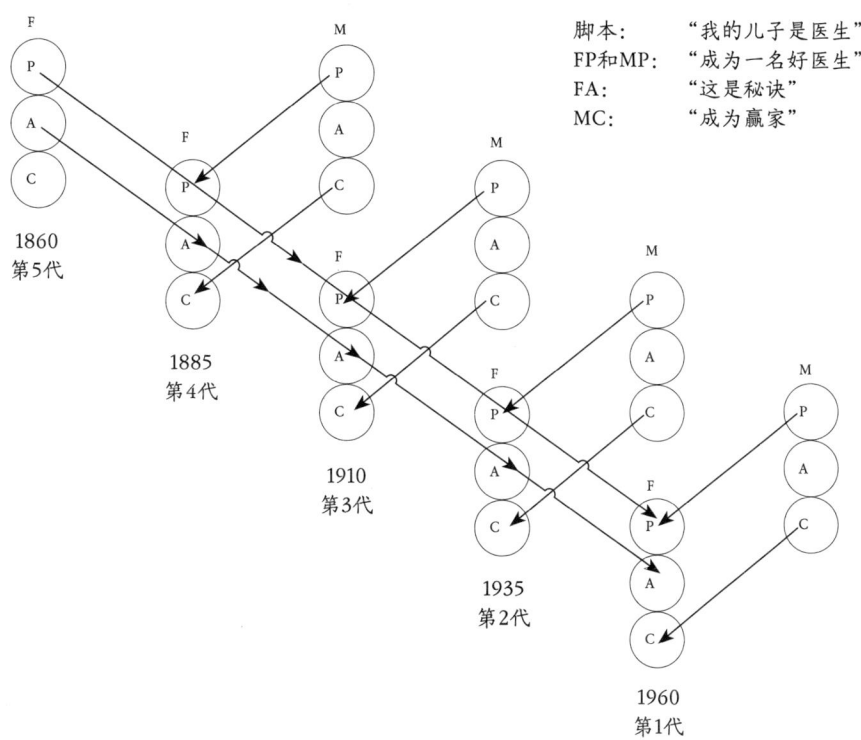

图16 文化传承

我们从一对父母开始。父亲，第5代①，出生于1860年，和首领的女儿结婚。他们的儿子，第4代，出生于1885年，做的事与父亲一样。他的儿子，第3代，出生于1910年，跟随相同的脚本。他的儿子，第2代，出生于1935年，模式稍有不同。他没有世袭成为医生，而是到斐济首都苏瓦的医学院，成为一名本土医疗助理。他也同首领的女儿结了婚。他们的儿子出生于1960年，是第1代，他也打算追随父亲的足迹。不过由于历史的发展，他会被称为助理卫生官员，他甚至可能去伦敦，充分成长为一名资格完善的卫生官员。每一代的儿子都是下一代的父亲（F），他的妻子是下一代的母亲（M）。

每一代父母都将自己"父母"的训诫和激励传递给儿子的"父母"："成

---

① "第5代"其实是这5代人中最老的一代，原文的表述与中文习惯不同。依此类推，"第1代"其实是最年轻的一代。——译者注

为一名好医生"。父亲的"成人"将自己的职业秘诀传递给儿子的"成人"，这方面母亲当然不懂。但母亲知道自己希望儿子做什么；事实上，她很早就知道自己希望儿子要么成为首领，要么成为医生。儿子显然会成为后者，因此她从自己的"儿童"向儿子的"儿童"传递了善意的引诱——"成为成功的医生"（将自己的童年决定在儿子小时候传递给他）。

图16更完整地展现了图15的家庭序列。我们可以看到父亲的训诫和程式教导构成两条平行线，从1860年一直延续到1960年。母亲的训诫和禁止信息（"不要失败"）也是平行的，每一代从侧面而来。这巧妙地展示了100年间"文化"的传承。在乡村社会中，我们可以为任一"文化"元素和"角色"绘制类似的图谱。

在女儿的家庭序列里，她们的角色可能是"成功的医生的母亲"，绘制出的谱图与图16相比，除了父亲和母亲位置互换外，没有什么不同。在农村，伯父或婆婆对孩子的脚本也具有重要影响，绘制的图谱会更加复杂，但原理是一样的。

需要注意的是，在赢家的家庭序列里，脚本与抗脚本是相符合的，这是确保赢家的最好方法。但假如第3代母亲恰巧是酗酒的首领的女儿，她可能会传递给儿子"坏的"脚本禁令。这就会有麻烦，因为他的脚本与抗脚本存在冲突。母亲的"父母"告诉他要成为好医生，可她的"儿童"在给儿子讲外公的愚蠢和勇猛喝酒时，表现出了着迷和欢快。儿子可能会由于酗酒被医学院开除，终身玩"酗酒者"的心理游戏，由失望的父亲扮演"迫害者"，由怀旧的母亲扮演"拯救者"。[1]

D. 祖父母的影响

在临床实践中，脚本分析最为复杂的部分莫过于追溯祖父母的影响。图17对此加以展示，它是图7更为细致的版本。从图中可以看到，母亲的PC分为两个部分：FPC和MPC。FPC代表了小时候父亲对她的影响（"儿童"

第十五章 脚本的传递

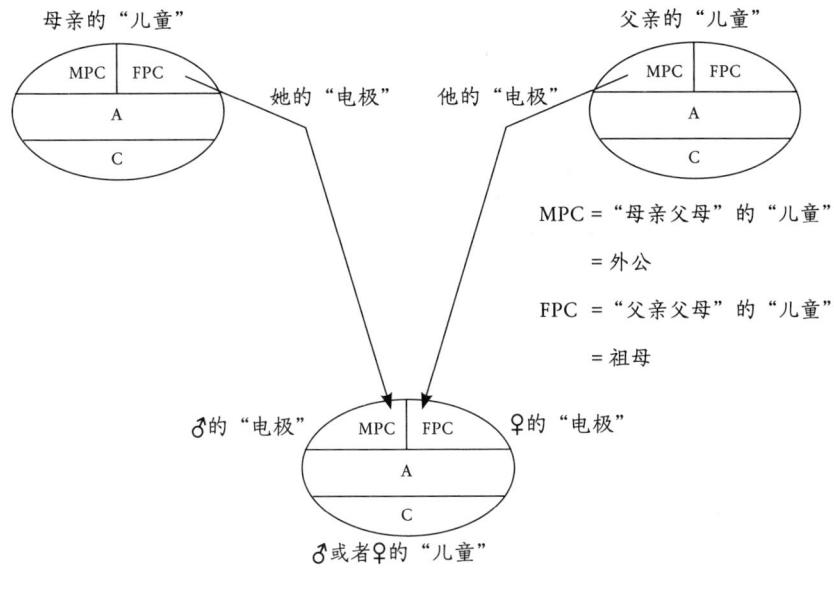

图17 祖父母的传递

中的"父亲父母"),MPC 代表了母亲的影响("儿童"中的"母亲父母")。这种区分乍看非常复杂,不切实际,但对已经习惯了从自我状态的角度思考的人来说并非如此。例如,患者很快就能区分自己的 FPC 和 MPC。漂亮的妓女哭着说:"小时候,父亲喜欢把我弄哭,母亲喜欢把我打扮得性感。"穿着考究的聪明的心理学家说:"父亲喜欢我聪明,母亲喜欢为我穿衣打扮。"穿着男款衣服、行为怪癖、充满恐惧的女孩说:"父亲说女孩不好,母亲把我打扮得像一个假小子。"这些女性都很清楚自己的行为受到父亲(FPC)或母亲(MPC)的影响。她们哭泣、聪明、害怕,是因为父亲;她们穿着性感、考究、男孩子气,则出于母亲的教导。

请记得,脚本控制通常源自异性父母一方,母亲的 FPC 是她的电极,父亲的 MPC 是他的电极(再次参见图10)。因此,母亲给予杰德的脚本指令来自她的父亲,也就是说,"杰德的脚本程序来自外公"。父亲给予佐伊的脚本指令则来自他的母亲,因此佐伊的脚本程序来自祖母。这样,杰德脑中的电极是母亲(外公),佐伊脑中的电极则是父亲(祖母)。将这个原理用于上述三个案例，妓女的祖母与几个糟糕的男人结了婚又离了婚，心理学家的祖母是一位知名作家，假小子的祖母是一位女权主义者。

现在便可以理解图15所示的家庭序列为何在代际间产生性别更替——祖母、父亲、女患者、儿子、孙女。图16则展示了在后代皆为男性或女性的情况下，家庭序列可以如何呈现。正是由于脚本矩阵具有多种功能，才使它成为颇有价值的工具，甚至超出了它的发明者的预期。就心理治疗来说，它提供了一种简便的方法，帮助我们理解家庭历史、文化传承和祖父母对个体心理的复杂影响。

E. 过度脚本

脚本传递有两个先决条件：一是杰德必须做好准备、有能力、有意愿，甚或极度渴望接受脚本；二是他的父母必须想传递脚本。

从杰德这方面，有能力指的是他的神经系统能够接受设定的程序，能够接受感觉和社交刺激，并能够将其系统化为调控行为的模式。随着身体与思维日渐成熟，他越来越可以接受更为复杂的程序。他之所以愿意接受，是因为他需要安排自己的时间及活动的方法。事实上，他不仅愿意，甚至十分迫切，因为他并非被动的计算机。与多数动物一样，他有"完结"的渴望，即需要完成业已开始的事情；除此以外，他还有人类追求目标的渴望。

在生命初期，他只会随机地做动作，最终，他会知道说完"你好"后要说什么。起初，他满足于工具性反应，这些就是他的目标：使用埃里克森的术语，即为混合、消除、侵入和移动。此时，我们可以看到"成人"本领的开端，包括动作本身的乐趣以及成功完成的乐趣。例如，将食物安全地用勺子送入口中，独自走一段距离。最初，他的目标是走，接着就是走向某些事物。一旦他走向某人，就一定知道走到那里后要做什么。起初，人们会对他微笑、拥抱他，他要做的最多就是依偎。除了走到这里，大人没有其他期待。后来，他们开始期待，因此他要学会说"你好"。不久，仅是如此也不够了，

第十五章 脚本的传递

大人开始期待更多。他因此学会给他们各式各样的刺激，希望获得他们的回应。所以，他对父母给予自己的行为榜样永远心怀感激（不管你信不信）：可以如何接近他人，以获得想要的反应。这便是对时间结构的渴望，对行为模式的渴望，以及从长远的角度说，对脚本的渴望。杰德之所以会接受脚本，正是因为他对脚本有所需求。

从父母这方面说，他们也已经做好准备，有能力、有意愿传递脚本，这是世代进化的结果：养育、保护、教育后代的强烈愿望，只有极其强大的内部和外部力量才能压制这种愿望。如果父母自身已被预设了脚本，他们就不仅愿意，而且极度渴望传递脚本，并从养育孩子中获得巨大的乐趣。

然而，有些父母过度渴望。养育孩子对他们来说既不厌烦，也不快乐，而是一种强迫。他们极度需要将训诫、榜样和脚本控制传递给孩子，远超过孩子对父母设定程序的需要程度。此种强迫非常复杂，大致可以分为三个方面：(1) 永生的愿望；(2) 父母自身的脚本使然，从"不要犯任何错误"到"把你的孩子搞糟"，包含各种不同的类型；(3) 父母想摆脱自己的脚本控制，因此将脚本传递给别人，以使自己解脱。当然，这种向外投射根本不起作用，因此他们会一再尝试。

父母对儿童心灵的持续攻击对儿童精神病学家、家庭治疗师等专业人士来说毫不陌生。从脚本分析的角度看，这是"过度传递脚本"的表现，父母为孩子施加了过多的指令，远超过孩子对脚本的需要程度。这种脚本称为过度脚本（episcript）或过分脚本（over-script）。通常，孩子会通过某种形式的拒绝加以躲避，但他们也会学习父母的行为，企图将其传递给别人。正是出于这个原因，范妮塔·英格利希（Fanita English）将过度脚本描述为"烫手的山芋"。人们试图不断来回传递该脚本，她称之为烫手山芋的心理游戏。

在有关该主题的原创论文中，她指出，所有人都会玩这个游戏，包括治疗师在内。她以心理学专业的学生乔为例，母亲给予他的脚本结局是"被关入精神病院"。因此，他有一个习惯，就是为他不称职的治疗尝试挑选适合公立医院的人选，然后帮助他们成功进入公立医院。幸运的是，他的督导观察到每次患者接近崩溃时,他都会露出脚本式微笑。督导劝他放弃心理学,改行从商,并接受心理治疗,才使此事得以结束。他的脚本结局是来自母亲的过度脚本或称"烫手的山芋",就像母亲常说的,她一辈子都在努力"避免进入精神病院"。她从父亲或者母亲那里得到进入精神病院的指令,并试图通过传递给乔来摆脱指令。而乔又试图把它传递给他的患者。

父母在正常抚养孩子的过程中就将脚本传递给了孩子,他们尽最大努力养育、保护、鼓励孩子,向孩子展示应当如何生活。导致过度脚本的原因多种多样,最病态的原因是通过将脚本传递给某个孩子,以获得解脱。过度脚本是谁都不想要的烫手山芋,尤其在它是"有缺陷的"悲剧式脚本时。范妮塔指出,是"教授"("儿童"的"成人")在问"谁需要它?",并决定通过将它传递给别人而获得解脱,就像摆脱童话里的咒语一样。

F. 脚本指令的混合

随着时间的流逝,经由人生经历的打磨,脚本控制、榜样、生存法则混合在一起,彼此难以区分,确定最终的混合结果也存在困难。孩子会将所有脚本指令综合在一起形成一个计划或路线。主要的脚本结局以"最终显现"的形式出现。如果脚本结局不好(例如,精神错乱、震颤性谵妄、出车祸、自杀或谋杀),那么有经验的观察者很容易便能看出其中的脚本元素。如果脚本结局良好,区分不同的脚本指令更加困难,部分原因是父母同时给予了孩子很多许可,掩盖了脚本指令。

思考下述真实的爱情传奇,节选自某小镇的报纸:

X家庭重复上演的罗曼史

50年前,一名澳大利亚士兵前往英国参加第一次世界大战。他的名字叫约翰·X,他遇到简·Y,并与她结婚。战争结束后,他们到美国生活。25年后,他们的3个孩子到英国度假。儿子汤

第十五章　脚本的传递

姆·X 同诺福克①大鼾村的女孩玛丽·Z 结婚，他的两个妹妹也都嫁给了英国人。今年秋天，汤姆和玛丽的女儿简在大鼾村的姨母家度假，宣布与哈利·J 订婚，也是大鼾村人。简是我们本地高中的毕业生，他们计划婚后到澳大利亚生活。

分析约翰·X 与妻子简通过汤姆和玛丽传递给孙女简何种训诫、榜样、控制和许可是一个有趣的练习。

需要说明的是，脚本程序设定是一个自然的过程，犹如花草生长，父母不会考虑道德因素，也不会考虑后果。有时，脚本与抗脚本相互配合，造就了最为骇人的脚本。"父母"允许"儿童"摧毁他人。历史上因此出现了战争、革命和屠杀的首领，以及个体层面的行刺者。母亲的"父母"说："要优秀！""要出名！"而她的"儿童"却指示："杀死所有人！"父亲的"成人"向儿子展示如何杀人：在一些国家，父亲教他如何用枪；在一些国家，父亲教他如何用刀。

大多数人都舒适地生活在自己的脚本矩阵里，因为这是父母为他们制作的暖床，他们最多只是稍加修饰。床上也许有虫子，也许不平整，但这是专属他们的床，他们从生命初期便开始适应，因此很少有人愿意换成条件更好的、更符合他们的情况的床。矩阵在拉丁语中是母亲的子宫的意思。当人们处于脚本中时，就是与已永久离开的子宫最靠近、最温暖之时。那些决定摆脱脚本，说"母亲，我想按自己的方式做事"的人，有几种可能的情况。第一种幸运的情况是，母亲自己的脚本里包含内部解除或破咒者②，这样他们自己就能摆脱脚本。第二种情况得益于朋友、密友及生活本身的帮助，但这种情况很少见。第三种情况是通过适当的脚本分析获得许可，从而上演自己的真正人生。

---

① 英格兰东部一郡。——译者注
② 见第七章的J部分。——译者注

G. 总结

脚本矩阵是用于展示和分析脚本指令如何从父辈及祖辈传递给当代子孙的图示。从长远来看，这些指令决定了个体的人生计划及最终结局。目前的信息表明，最具决定性的脚本控制来自异性父母的"儿童"。同性别父母的"成人"为孩子树立行为榜样，决定了孩子在执行人生计划的同时，拥有何种兴趣及人生历程。同时，父母双方均会通过"父母"向孩子传递生存法则、激励及人生格言，这构成了他的应该脚本。脚本上演过程中会有停顿，这个间歇期便被应该脚本占据。如果行事得当，应该脚本可能会接替并压制脚本。下表（源自史坦纳的发现）展示的是一位"酗酒"男士的脚本元素。第一列列出的是父母双方发挥作用的自我状态，括号里的字母代表的是孩子接收的自我状态，第二列是指令类型。最后两列无须特别说明。

母亲的"儿童"（C）	禁止信息和引诱	脚本	"不要思考，喝酒。"
父亲的"成人"（A）	程式（榜样）	人生历程	"喝酒和工作。"
双方的"父母"（P）	生存法则（格言）	应该脚本	"努力工作。"

就算每个人的各种脚本指令起点不同（终点也许也不同），脚本矩阵仍旧是科学史上最有用、最有力的图示之一，因为它将个体整个人生计划和最终命运统整到一个简洁、易懂、方便查看的图中，同时亦暗示了改变的方法。

H. 父母的责任

沟通和脚本分析中与心理动力学有关的宣言是"想想括约肌"。它的临床使用准则是在团体治疗中观察每位患者、每一时刻、每块肌肉的每一个

第十五章 脚本的传递

运动。沟通与脚本分析师的人生座右铭是"沟通分析师健康、快乐、富有、勇敢,无论是行走四方,还是在当地治疗患者,他们都会遇到世界上最美好的人"。

在这里,应勇敢指的是要敢于与人类的命运问题抗争,并通过动力学宣言及其使用准则找到解决办法。脚本分析正是对人类命运问题的解答,并让我们知道(唉!)命运大部分早已预先决定,对大多数人来说,自由意志只是幻觉。例如,R. 艾伦迪(R. Allendy)认为,每个自杀者的决定都是孤独的、痛苦的,并且显然是自主的。可是,不论每个自杀者的情况有多么不同,"自杀率"每年都相对稳定。能够解释此现象的唯一方法(进化论者)便是将人类命运归结为父母设定程序的结果,而非个体的"自主"决定。

那么,父母的责任是什么?脚本程序设定不是他们的"错",它就像缺陷(如糖尿病、畸形足)或天赋(数学、音乐)的遗传,父母只是将从他们的父母和祖父母那里继承的显性及隐性基因传递下去。脚本指令也会像基因一样不断重组,因为孩子有父亲和母亲两方。

另一方面,脚本装置与基因装置相比灵活得多,会根据外界影响不断修正,例如,人生经验或他人插入的禁止信息。我们很难预测外人何时说的何种话会改变一个人的脚本。也许是酒会上或走廊里偶然听到的一句随意的言论,也许得益于婚姻、上学或心理治疗等正式的关系。一种很常见的现象是夫妇双方会逐渐影响彼此对待他人、对待生活的态度,这种变化会反映在他们的表情肌和姿态里,这也是他们看起来越来越像的原因。

希望改变自己的脚本,避免将自己承担的指令传递给孩子的父母,首先要非常了解自己的"父母"自我状态,以及自己脑中存储的"父母"的声音,因为孩子很容易习得,并在做事时将能量"贯注"于此。父母较孩子年长,我们因此假定父母在某些方面比孩子更为明智,因此控制"父母"行为的责任在于父母自身。只有将"父母"置于"成人"的管控之下,以上目标才能实现。

存在的困难是,孩子代表着父母的复刻与永生。每个父母看见孩子以自己的方式行事时，都会或公开或暗地里高兴，即使孩子跟随的是自己最恶劣的品性。如果父母真的希望孩子比自己更好地适应在太阳系及其所有支系的生活，就必须放弃这种快意，将其置于"成人"的掌控之下。

现在，我们可以开始思考当杰德（任何一个人）想改变自己的脚本时，即改变脑中的录音及其指示的程序时，会发生什么。此时，他成了特殊的一类人——患者帕特。

— 注 释 —

[1] 事实上，上述家庭序列部分基于人类学与历史学素材，部分基于一些美国医生使用的家谱图。

第四部分

临床实践中的脚本

第十六章

准备阶段

人生脚本——改写命运、走向治愈的人际沟通分析

A. 引入

脚本自个体出生前即已开始形成,"最终显现"或最终结局直至死亡或更晚才能显现。因此,临床医生基本没有机会自始至终追随一个人的脚本。律师、银行家、家庭医生、牧师,尤其是在小镇里从事这些工作的人,是最有可能知道某人长达一生的秘密的人。由于对精神病患者的脚本分析本身只有几年的历史,因此我们其实还没有一个案例,是对其完整的生命历程或脚本进行的临床观察。目前,长期了解某人最好的方法便是阅读传记,但其中通常缺失了很多重要信息;前文提到的问题很少可以从普通的学术或文学传记中找到答案。与脚本分析最接近的第一个尝试是弗洛伊德关于列奥纳多·达·芬奇的著作。第二个里程碑是欧内斯特·琼斯(Ernest Jones)[①]为弗洛伊德写的传记,他的优势在于对弗洛伊德有私人的了解。埃里克森研究了两个成功的领袖马丁·路德(Martin Luther)[②]和圣雄甘地(Gandhi)[③]的人生计划与生命历程。接下来,利昂·埃德尔(Leon Edel)为亨利·詹姆斯(Henry James)[④]写了传记,齐利格(Zelig)展开了对希斯·张伯伦(Hiss Chamberlain)[⑤]的关系的研究,其中显示了很多脚本元素。但在所有这些著作中,大部分早期指令只能凭借猜测。

[①] 英国心理学家,是弗洛伊德的朋友和强烈支持者。——译者注
[②] 16世纪欧洲宗教改革运动发起人。——译者注
[③] 印度民族解放运动领导者。——译者注
[④] 美国文学家。——译者注
[⑤] 美国社会学家。——译者注

第十六章 准备阶段

与科学的脚本研究最为相近的是麦克莱兰德（McClelland）的工作。他研究了儿童听到或读到的故事与他们的生活动机之间的关系。多年后，鲁丁（Rudin）接替他继续研究。

鲁丁研究了受这些故事影响致死的人们的死因。由于"成功者"必须是"优秀的"，他们往往会严格控制情绪，并常常患有溃疡或高血压。他将这组人与有"权力"欲望并能够通过行动自由追求的另一组人做对比，发现前者更多死于所谓的"脚本"原因：自杀、杀人、过度饮酒导致的肝硬化。"成功者"的脚本基于成功的故事，"权力者"的脚本基于冒险的神话。鲁丁告诉了我们，他们在追求何种死亡。这项研究持续了25年，与我们所谈的脚本分析很吻合。

即使有此类研究，脚本分析仍旧无法达到与关于小鼠的心理学或细菌学同等程度的精确性和确定性。脚本分析师在实践中必须阅读传记，记录他们朋友的成功和敌人的失败，会见大量拥有各式各样早期程序设定的患者，并且还要对接受长期治疗的患者过去的生活及未来的生活进行推测和预测。例如，一位临床医生与之前的患者仍旧保持联系，或者通过定期拜访，或者通过圣诞卡片，从业二三十年后，他就会对脚本分析越来越确信。有了这些背景知识，他能更好地知道如何治疗当下的患者，如何以最快的速度从新患者身上搜集尽可能多的信息。在每个案例中，他越快速、越准确地获得脚本信息，治疗师对他的脚本治疗也越迅速、越有效，从而避免浪费时间、浪费精力、浪费生命及对后代的不良影响。

像所有医学分支一样，对精神病患者的治疗工作也有一定的致死率和致残率。不论治疗师取得其他什么成绩，首要目标都是降低这两个数据，包括由药物造成的急性自杀，以及由酗酒或高血压造成的慢性自杀。治疗师的口号必须是"先变好，再分析"，否则他那"有趣"而"富有洞察力"的患者将成为太平间、州立医院或监狱里最聪明的人。那么，第一个问题便是：治疗中的"脚本信号"是什么？治疗师应该知道要寻找什么，去哪里找，找到后他要做什么，以及如何确认自己做得是否有效，这是下一章要谈的内容。第二个问题是,核实他的观察与印象,并将它们以某种系统化的方式呈现,以便与他人讨论。本书的脚本核查表将有助于这一目标的实现。

很多患者见了其他治疗师后,又来见沟通分析治疗师。如果只见其他治疗师,对沟通分析师来说,他们只是经历了治疗的"初始阶段"。在临床脚本分析中,为方便起见,治疗被分为两个阶段:初始阶段和脚本分析阶段。无论使用哪种疗法,其实都会经历相似的阶段,这非脚本分析独有。脚本分析师可能看到了其他治疗师的失败,而没有看到他们的成功。同样,其他治疗师也只看到了脚本分析的失败,而通常看不到它的成功。

在之前的章节中,我们讨论了人类的一般发展,试图找出普遍性,我们将主角命名为杰德。我们会继续这样称呼一般人类,但当他在治疗室或病房里时,我们会称他为帕特,他的治疗师是 Q 医生。

B. 选择治疗师

不论患者在其他方面多么混乱,在治疗师的选择方面,几乎每位治疗师都愿意相信患者是理性的、有智慧的和有辨别能力的。认为自己出于专业价值及个人价值而被选择,这种感觉是健康的,而且确实是我们的职业回报之一。每位治疗师都有权利沉浸在这种感受里并最大程度地享受它——持续 5 分钟或 7 分钟。之后,如果他希望治愈患者,就应该把它和其他奖杯、学位证书一同放到书架上,然后永远忘掉它。

Q 医生拥有患者认可的学位与声誉,也许是一位非常优秀的治疗师。他可能会认为这是患者找他的原因,或者患者可能会这样告诉他。然而,他应该保持清醒,还有许多患者"没有"选择他。根据现有数据,42% 的有困扰的人首先会去找他们的牧师,而不是心理治疗师,其他所有人几乎都会去找他们的家庭医生。只有 1/5 需要心理治疗的患者会接受治疗,要么在医院,要么在诊所,或者在私人治疗师那里。换句话说,80% 的有心理困扰的人不会选择心理治疗,即使所有人至少可以在公立医院获得这项服务。另外,

第十六章 准备阶段

在可以选择治疗师的患者中，绝大部分人会有意选择二等治疗师，还有相当比例的人会选择最差的治疗师。同样的情况也发生在其他医学分支中。众所周知，很多人会在毁掉自己方面花更多钱，例如酒精、毒品和赌博，而不是在能够拯救他们的心理治疗上花更多钱。

假如可以自由选择，患者会根据他的脚本选择治疗师。在某些地区，患者没有条件找治疗师，就会去找当地的巫医、萨满法师或因纽特人的巫医。还有些地区，患者可以在传统医生和现代医生之间做选择，并会根据当地习俗和政治压力选择相信传统医学还是现代医学。在中国和印度，传统疗法和现代疗法常常结合使用，例如，在马德拉斯①的精神医院，阿育吠陀②、瑜伽与现代疗法会结合使用，来治疗精神疾病。还有很多情况是患者迫于经济状况而没有选择。

在美国，多数患者没有选择治疗师的自由，他们被各种"权威"转介或指派给以下一种或几种人：精神科医师、心理学家、精神科社工、精神科护士、咨询师，甚至是社会学家。诊所、社会机构、精神病院或政府医院的患者也可能被指派给上述任何一种从业者。小学生会被指派给学校咨询师；缓刑犯会被指派给缓刑犯监督官，而该监督官可能没有经过任何治疗训练。假如患者之前不了解心理治疗，对此也没有任何想象，那么如果他喜欢第一任治疗师，在其他地方寻求治疗时，也会对治疗师的专业性持支持的态度。

私人诊所拥有选择的自由，也正是在这里，"脚本式"选择开始呈现，特别是在精神科医师、心理分析师、心理学家和精神科社工之间做出选择，以及在胜任的治疗师和不胜任的治疗师之间做出选择。例如，基督徒即使去见医生，也会选择一个能力不足的医生，因为他们的脚本禁止他们被医生治愈。以上各种职业也包含不同的分支和流派，例如，用通俗的话说，精神科医生就有"电击治疗师""开药者""厌恶疗法治疗师"以及"催眠师"之

---

① 印度泰米尔纳德邦的旧称。——译者注
② Ayur-Vedic，来自梵文，意为生命的科学，世界上最古老的医学体系，代表着健康的生活方式。——译者注

分，患者通常会根据他们的脚本在其中做出选择。如果是家庭医生向患者做推荐，家庭医生也会选择适合自己脚本的疗法。这一点在寻找或被转介至催眠师的例子中非常明显。如果患者给精神科医生打电话，要求做催眠，而这位精神科医生并不使用催眠疗法，接下来的对话就会成为脚本式对话，因为患者坚持认为只有经过催眠，他才能变好。有些人会自动（例如，通过脚本指令）选择梅奥医学中心①，另外一些人会自动选择门宁格医院②。同样，在选择分析师时，出于脚本原因，一些人会选择最正统的分析师，一些人喜欢更具弹性的分析师，还有一些人会去找小流派的"分析师"。有时，由于脚本，例如，有引诱的需要或害怕被引诱，治疗师的年龄或性别也很重要。叛逆的人通常会选择叛逆的治疗师。有失败脚本的人会选择最差的治疗师，比如选择脊椎按摩师③或彻头彻尾的冒牌医生当治疗师。H. L. 门肯（H. L. Mencken）④曾指出，达尔文自然选择论在美国（在这个国家，每个人都"受到照顾"）仅有的遗存就是脊椎按摩，脊椎按摩师被允许从业的范围越广，经他们治疗后，无法适应的人类成员就会越快遭到淘汰。

很明显，以下三方面由患者的脚本指令决定。(1) 他是寻求帮助，还是只任疾病自然发展；(2) 有选择时，他会选择怎样的治疗师；(3) 治疗是否注定成功。一个有输家脚本的人要么不去见治疗师，要么会选择一个不能胜任的治疗师。在后一种情况下，当治疗失败时，他不仅遵照脚本仍旧保持输家角色，还可以从不幸中获得各式满足；例如，他可以责备治疗师，或者因为成为最"糟糕"的患者而产生一种英雄式的满足，或者可以吹牛说他曾经与 X 医生花了 10 年时间和数千元美金，却毫无疗效。

---

① 美国著名的综合性医院。——译者注
② 精神病专科医院。——译者注
③ 脊椎按摩师在美国和加拿大属于一线医师，与西医地位相当，脊椎按摩师认为人体的每个腺体、器官和细胞都需要神经的正确支配，脊椎按摩对很多疾病有疗效。但有些人质疑其科学性。——译者注
④ 美国评论家。——译者注

C. 魔法治疗师

对患者的"儿童"而言,治疗师就像魔法师。从小时候起,他们就认识类似的魔法人物。有些家庭敬畏的是家庭医生,有些家庭敬畏的是牧师。有些医生和牧师是悲剧的产物,因此十分严肃,例如忒瑞西阿斯(Tiresias)[①],他总会告诉人们坏消息,然后给他们咒语、护身符等拯救他们;另外一些医生和牧师则像绿巨人[②],他们向孩子展示巨大的肌肉,保护孩子免受伤害,安慰他们,让他们安心。杰德长大后,也常常寻求类似人物的帮助。不过,假如他与魔法人物相处得并不愉快,就会反抗他们,转而寻找其他类型的魔法。问题是,人们为什么会选择心理学家充当脚本角色,相对来说,人们有友好的心理学家做邻居的概率很低,因此他们不太可能在孩子小时候充当魔法人物。从童话的角度看,治疗师最有可能是给予杰德魔力、帮助杰德实现目标的小矮人、巫师、金鱼、狐狸或鸟,他们可以给予杰德七联靴[③]、隐身斗篷、能够根据要求变出金子的箱子、能够变出蛋糕和美食的桌子或能够阻挡魔鬼的避邪物。

粗略来说,患者在选择治疗师时可以从三种魔法间做选择,每种选择既可能以成功为目标,也可能以失败为目标。如果脚本需要,他也可以用一种魔法来对抗另一种魔法。这三种魔法分别是:科学、"鸡汤"和宗教。其实任何一种职业都能提供这三种魔法,但典型的情况是心理学家提供的是现代科学,精神科社工提供的是"鸡汤",宗教咨询师提供的是宗教。在这三种职业中,受过良好训练的治疗师可以随时根据情况提供三种魔法之一,有时是两种的结合。对寻求多种魔法的患者来说,科学与宗教、"鸡汤"与科

[①] 希腊神话中的一位盲人预言者。——译者注
[②] 美国漫威漫画(Marvel Comics)旗下的超级英雄。——译者注
[③] 欧洲童话和民间传说中的魔法靴,可以让人一口气跨出7个联盟(约为33千米)的距离。——译者注

学或宗教与"鸡汤"是常见的组合。科学、"鸡汤"和宗教与科学取向的心理治疗、支持取向的心理治疗以及宗教取向的心理治疗不同，表现为后者知道应该何时停止提供。提供前三种魔法的治疗师并不知道应该何时停止，因为他们持有的魔法是自己脚本的一部分，而提供后三种治疗的治疗师则知道应该何时停止，因为他们了解自己正在做什么。前面一组人在玩"我只是在尽力帮你"的心理游戏，而后面一组人则是真正在帮助他人。

D. 准备

患者第一次尝试治疗时，打个比方，他会"玩坏躺椅"，意思是说他会在躺椅上玩出自己的心理游戏，同时，他也学会玩治疗师的游戏，让治疗师高兴。这一点在精神科住院部表现得最为明显，患者学会了精神疾病的各种诊断标准，然后就可以在以下选项中任意选择：（1）无限期住下去（只要家庭经济可以承担）；（2）被转送到更宽松的环境，如公立医院；（3）何时有意愿，何时回家。同时，他也学会了应该如何表现，以再次入院。

几次进出医院后，这类患者成了"训练"新手治疗师和精神科住院医生的行家。他们知道如何迎合医生的喜好，如释梦；如何沉溺于自己的特别爱好，如"引发他人关注的事物"。这一切都验证了一个基本假设，即患者是绝好的游戏玩家。不过，也有一些例外。有些患者坚称自己没有精神病，从而拒绝玩病房游戏或医生的游戏。有些患者虽然承认自己出了问题或主动诉说病情，但固执且闷闷不乐地拒绝变好。对这些患者中的一部分人来说，治疗师可以通过给他们一两周的休息时间给予他们抚慰，而不是急着要求他们变好。还有少数患者相当不幸，他们也想玩游戏，但碍于器质性疾病（如皮克氏病）或准器质性疾病（如"进行性"精神分裂症、激动性抑郁症或躁狂症）无法实现。不过，后面一类人一旦适量服药，如吩噻嗪、二苯氮类或锂类药物，他们通常可以回归至较为温顺的状态。比较悲惨的是，有些医院会使用电击疗法对顽固患者进行强行治疗。

第十六章 准备阶段

总之，精神病患者住院治疗的第一阶段应由患者、医护人员及访问医生共同开会，对治疗的各个方面展开讨论。如果他们知道心理治疗的目标并不是帮助患者出院，而是治愈患者，他们一定可以提出非常有价值的建议。如果用正确的态度开会，大量心理游戏不仅会中止，"取得进步"的目标也会被抛弃，取而代之的是恢复健康和保持健康（除了上述提到的几种例外情况外）。另外，几乎所有患者都会对这种坦率的方法心怀感激。会议结束后，总会有几位患者过来与治疗师握手，并说："这是第一次，医生像对待真正的人一样对待我，也是第一次与我直接对话。"患者会这样做是因为他们绝非"无意识"地玩医院游戏，而是很清楚他在做什么以及他为什么这么做。因此，他们很感激治疗师的理解，以及他们没有参与游戏。即使没有一开始就承认，患者仍会心怀感激，因为这种疗法不像传统心理治疗那样单调。

有些治疗师更愿意相信他们的患者拥有"脆弱的自我"，我想说，在第一次会见精神科住院患者时，我就会毫不犹豫地为他们朗读以上一段内容，即使是对有严重困扰的患者。在有了一点准备时间和熟悉时间后（比如30分钟），这种方法的有效性便表露无遗，我已经在这种场合下，多次说过这些内容了。

在患者见过其他一位或几位治疗师后，或者进过几所精神病院后，以门诊患者或私人患者的身份来见沟通分析师时，适当的工作流程如下。第一次会面时，治疗师要收集脚本背景信息，收集的方法要跟随患者的谈话，尽量自然；如果之后发现有所遗漏，就要特别注意补充。首先，治疗师需要询问医疗史和精神治疗史。同时，他可以请患者讲一个梦——任何梦都可以，因为梦是了解患者脚本草案及世界观的最快速的方法。然后，询问之前的每位治疗师的情况：患者为何找他，如何选择的他，从他身上学到了什么，在什么情况下离开他，以及离开的原因。从这些提问中，脚本分析师可以获得很多线索。接下来，他可以继续追问其他方面：帕特如何选择工作或配偶，他为何以及"怎样"辞职或离婚。治疗师如果有能力应对，就不会造成患者脱落，但如果治疗师担心患者对自己移情，并将自己的恐惧隐藏起来，面无表情，习惯性礼貌，或根据脚本做出反应，那么患者常常会提前结束治疗。能力是使人安心的最佳方法。

有一种常见的情况，患者显然会在治疗中或其他地方收集失败的点券，以证明发疯或自杀的脚本结局具有合理性，然后以"现在他告诉我（Now he tells me）"的游戏退出；也就是说，患者会突然提出一些从未谈起的、令人惊讶的决定，未经告知便中断治疗。例如，第30次会面结束时，一切看起来都很顺利，帕特也在取得"进步"，当他起身准备离开时，漫不经心地说道："顺便说一下，这是我最后一次过来，因为今天下午我就会去公立医院住院。"这是他之前从未提起的。如果Q医生仔细查看记录，可以发现在第3次会面时就可以避免这种状况，他可以说："我认为你会来治疗6个月或1年，然后就会突然终止。"如果帕特反对，Q医生可以接着说："这就是你对前两份工作和前三位治疗师做的事。如果你也想这样对我，我没有问题，因为我总会从中学到什么。但如果你真想痊愈，我们就必须首先好好谈谈这件事。否则对你来说就是浪费了6个月或1年的时间。但如果我们此时就能解决这个问题，就会为你节省这么多时间，并能够使我们的治疗持续下去。"渴望绝对控制与彻底屈服的酗酒者，最有可能对终结游戏感到愤怒，而渴望痊愈的患者则会极其感激。如果患者听后点头或大笑，预后会非常理想。

E."职业患者"

之前接受过长期治疗的患者，或之前见过许多治疗师的患者，看起来很像"职业患者"。"职业患者"有三个诊断标准：一是帕特使用冗长的语言，并对自己下诊断；二是把自己的疾病看作"幼稚"或"不成熟"的；三是在整个会面过程中看起来很庄严。如果他是职业患者，治疗师在第二次会面结束前就应该告知他，并建议他停止使用冗长的语言。因为他对自己的状况有所意识，因此只需要说："你是一个职业患者，我认为你应该放弃这样做。

停止使用冗长的语言，说英语①。"如果说话得当，他会很快停止使用冗长的语言，并开始讲英语，不过，也有可能开始用古板的方式讲话。然后，治疗师要告诉他停止使用古板的语言，像真实的人一样说话。这次，他会停止摆出庄严的表情，并会时不时微笑，甚至大笑。接下来，治疗师可以告诉他，他已经不再是一个职业患者了，而是一个拥有某些精神疾病症状的真实的人。这样，患者就可以理解，在此停留的是他困惑的"儿童"，而不会再用古板的态度说自己"幼稚"或"不成熟"。在困扰的背后，是来自一个真正的孩子的满满的魅力、自发性与创造力。患者的进步表现为：从玩游戏的、过早成熟的"儿童"，到抛出古板语言的"父母"，再到直接对话的"成人"。

F. 作为人的患者

用脚本分析的语言，我们希望患者在接受治疗后能够"走出脚本"，表现得像一个真正的人，通俗地说，就是成为"人类正式成员"。如果复发，个体治疗中的治疗师或团体治疗中的其他成员，都可以提醒他。只要他不进入脚本，就能够客观地看待脚本，脚本分析也可以继续。最大的困难来自脚本的引力，与弗洛伊德提出的"本我阻抗（Id resistance）"相似。职业患者之所以成为职业患者，是因为在非常幼小时，他们便接受父母的鼓励，成为精神的残疾者，以往的治疗师在这方面可能也有所助力。这通常是一个家庭脚本，父母及所有兄弟姐妹都在接受治疗。一个典型的例子是一位哥哥或姐姐住在精神病院，在那里总是"表现不良"（用工作人员的话说），或者"表现得很疯狂"（帕特现在学会如此表述）。帕特有些不满，他很快便坦白自己有些嫉妒哥哥或姐姐可以住在医院，而帕特只能接受门诊治疗。用某个人的话说："为什么我哥哥住在东海岸一家豪华的精神病院里，而我只能待在这令人讨厌的小小的治疗团体里？我是职业患者时过得快活得多。"

---

① 指简洁直白、他人能够听懂的话。——译者注

尽管这话说起来很像玩笑，但它确实是妨碍痊愈的核心阻抗。首先，帕特失掉了住院的好处，以及发疯的乐趣。除此之外，他也非常坦白地承认（在他开始理解自己的脚本后），他的"儿童"害怕变好，很难接受治疗师及其他团体成员给予他的变好的许可，因为如果这样做，（头脑中的）母亲会抛弃他。尽管恐惧、焦虑、强迫及躯体症状带给他许多痛苦，但相比于失去"父母"的保护，孤身一人立于世界中，他认为前者更好。在这一点上，沟通分析会进入一个与精神分析很难区分的治疗阶段。此时，他的脚本草案成为探究主题，另外还要详细探讨哪些早期影响造成了他"不好"的决定，以及塑造了他如今的生活方式。之后，他作为精神病患者、偏执型精神分裂症患者、成瘾者或罪犯的骄傲便会开始显现，就像很多先辈一样，他可能还会带来一个日记本或说自己计划写一本自传。有些人的"精神发育迟滞"被治愈后，甚至会对从前的状态有些怀念。

第十七章

脚本迹象

无论采用何种治疗取向，团体治疗师的首要职责都是在每次会面中对每位成员的每块肌肉每时每刻的运动进行观察。要做到这一点，团体规模不能超过8名患者。同时，治疗师必须采取必要的措施，确保最高效地履行这一职责。据了解，脚本分析是团体治疗最有效、最有力的工具。如果治疗师选用此种方法，首要观察和倾听的是能够透露患者脚本特性的具体信号，以及促使脚本形成的过往经验和父母设定的程序。只有患者"走出脚本"，他才能成为一个能够自主、充满活力与创造力、有所成就、享有公民的权利与义务的人。

A. 脚本信号

每位患者都有独特的姿态、手势、怪癖、无意识的动作或病症，这些都预示着他生活在"自己的脚本"里，或者已经"进入"脚本。只要"脚本信号"仍旧出现，患者就还未被治愈，无论他取得了多大"进步"。处于脚本中，他可能已经不再那么痛苦，或已经更加快乐，但他仍旧处于脚本世界，而非真实世界。我们可以从他的梦、他的外界经验以及他对待治疗师和团体其他成员的态度中加以验证。

脚本信号通常由治疗师的"儿童"首先（前意识地，也有潜意识地）觉察。之后某一天，治疗师会充分觉察，然后由"成人"接管。他很快会意识到患者的这种特点一直存在，并好奇自己之前怎么从来没有"注意"到。

埃贝尔拉德是一个中年男子，主诉抑郁、迟缓，已经参加团体3年。在Q医生对他的脚本信号有较为清晰的了解前，已经取得了相当好的"进步"。

第十七章 脚本迹象

埃贝尔拉德的"父母"许可他大笑,每当有机会时,他都会活力四射地大笑,自得其乐,但他没有开口讲话的许可。如果被提问,他在回答前要经过一个复杂、迟缓的过程。他缓慢地从椅子里坐起来,夹起一支香烟,咳嗽,像搜集想法般发出嗯嗯声,然后开始说:"好吧……"一日,团体正在讨论生孩子以及其他与性有关的问题,Q医生第一次"注意"到埃贝尔拉德在发言前还会做另外一件事:他的手滑过腰带向下伸。Q医生说:"把你的手从裤子里拿出来,埃贝尔!"这时,所有人,包括埃贝尔拉德在内,全部开始大笑,他们忽然意识到他一直都在这么做,只是之前没有人"注意"到,包括其他成员、Q医生和埃贝尔拉德本人在内。之后,埃贝尔拉德的问题清晰起来,他生活在脚本世界,在那里,讲话被严格禁止,如有违反,他的睾丸将处于危险的境地。难怪他从不讲话,除非有人许可他讲话——通过提问的方式。只要他的脚本信号存在,他就不能自由、自然地讲话,也无法解决其他令他困扰的问题。

在女性身上存在一个更为普遍的、相似的脚本信号。在充分意识到这一信号前,治疗师可能已经在很长一段时间内直觉式地感知到了它的存在。不过,随着经验积累,治疗师可以更快看到它、对它做出评估。有些女性放松地坐着,直到涉及与性有关的话题,她们不仅会交叠双腿,还会把上面一条腿的脚背弯到下面一条腿的脚踝内侧,同时在胸前抱起双臂,有时还会把身体向前倾。这一姿势为避免侵犯形成了三重或四重保护,而这种侵犯只存在于她们的脚本世界而非真实世界的团体中。

因此,治疗师可以对患者这样说:"你情绪好转、取得进步非常好,但如果你不停止……就无法痊愈。"省略号里插入脚本信号。这是制订"治愈契约"或"脚本契约"的表述方法,而非制订"进步契约"。接下来,患者可能会同意,他来参加团体是为了走出脚本,而非获得友谊和便于操作的持家建议,以及如何在恐惧或痛苦中快乐地生活。穿着是发现脚本信号的良田:衣着很好、鞋却很破的女性(她的脚本要求她遭受"拒绝");穿着"女同性恋风格"服装的女同性恋(在钱的方面,她可能玩"收支相抵"的游戏,被女朋友利用，并试图自杀）；穿着"奎尼"女装的男同性恋（与口红化歪的女性鬼混，被情人打，并试图自杀）；口红化歪的女性（她常常被男同性恋利用）。其他脚本信号包括眨眼、嚼舌头、收紧下巴、抽鼻子、手紧握、转动戒指和用脚敲地。在费尔德曼（Feldman）关于说话习惯与手势的著作中有极好的列表。

姿势与举止也可以显示脚本。头部倾斜是"殉难者"和"流浪儿"脚本中最常见的脚本信号。多伊奇（Deutsch）的著作对此有深入的讨论，齐利格从精神分析的角度对分析躺椅上的信号做出了解释。

脚本信号永远都是对某种"父母"指令的反应。要消除脚本信号，必须找出父母指令以及准确的对立主题。发现父母指令并不难，但找出对立主题相对困难，特别是在脚本信号是对幻觉做反应的情况下。

B. 生理因素

症状突然发作常常也是脚本的迹象。朱迪思的脚本要求她像姐姐一样"变疯"，但她一直在抵挡父母的这个指令。只要处于"成人"的掌控下，她就是一个正常的、健康的美国女孩。但如果她周围有人举止"疯狂"或说他感觉"要发疯"，她的"成人"就会消失，留下"儿童"无人保护。她会立即感到头疼，请求离开，以摆脱这个脚本情境。在治疗中，也会发生同样的序列。只要Q医生同她讲话或回答她的问题，她的精神状态就很好，但如果他不说话，她的"成人"就会消失，"儿童"忽然开始产生各种疯狂的想法，然后会立刻头痛。有些患者会以同样的方式出现恶心症状，只是他们的父母指令是"生病"，而非"变疯"，用成人的语言来说是父母要求他患"神经病（neurotic）"而非"精神病（psychotic）"。焦虑伴随心悸、哮喘突发或荨麻疹突发，都可能是脚本信号。

当脚本受到威胁时，可能会爆发相当严重的过敏症。例如，罗丝一直都是徒步旅行者，从小开始从未对毒栎过敏。但当她的精神分析师建议她离婚

第十七章 脚本迹象

时,她居然爆发了严重的过敏,甚至必须住院治疗,同时终止了分析。治疗师没有意识到,她的脚本要求她离婚,不过在孩子成年前禁止她如此做。在这种关键时刻,哮喘也可能剧烈发作,甚至需要到医院的氧舱进行治疗。(我认为)充分觉察患者的脚本能够防止此类疾病的严重爆发。溃疡性结肠炎和穿孔性胃溃疡有时也在怀疑之列。在一个案例中,一位偏执患者在没有足够准备和"保护"的情况下放弃了脚本世界,开始在现实世界中生活,不到1个月,他的尿中就出现了糖,标示他糖尿病发作。糖尿病用一种替代的方式将他带回"失败的、生病的"脚本"安全"中。

"想想括约肌"的口号也涉及脚本的生理因素。紧闭嘴唇的人,或吃、喝、抽烟和说话同时进行(尽最大可能同时进行)的人,都是典型的"脚本人物"。对泻药或灌肠剂成瘾的男人可能拥有古老的"肠"脚本。有被侵犯脚本的女性会保持肛提肌和性交括约肌的收紧,从而造成性交痛苦。提前射精、射精延迟及哮喘都可以被看作括约肌的问题,具有脚本的性质。

括约肌是最后展现脚本结局的器官。括约肌问题的真正"原因"当然可以归结为中枢神经系统的问题。然而,沟通方面的问题并不是由"原因"造成的,而是由结果造成的。例如,不论提前射精在中枢神经系统中的"原因"是什么,其结果都会影响这位男士与其伴侣的关系。提前射精或者由其脚本导致,或者是脚本的一部分,或者导致了脚本。他的脚本在除了性以外的方面,通常也是"失败"的脚本。

"想想括约肌"的重要性还在于括约肌可以被用于沟通。迈克的"儿童"可以凭借直觉,以非常快的速度感知人们想怎样用括约肌反对他。那个男人想对他撒尿,这个男人想对他排便,一个女人想对他吐口水,等等。如果与这些人长期交往下去,他可以发现他的感觉几乎总是正确的。

事情是这样的。在迈克第一次遇见帕特时(他们看到彼此的前10秒,最多前10分钟),迈克的"儿童"准确地感知到帕特的"儿童"在期待什么。但帕特的"儿童"在"成人"和"父母"的帮助下,以最快的速度制造了一层厚厚的烟幕,就像神仙变成人形时那样,然后帕特戴上了人格面具或伪装。

之后，迈克开始忽视并掩藏"儿童"的直觉，以接受帕特的人格面具。这样，帕特骗过了迈克的准确感知，取而代之的是帕特的人格面具。迈克之所以会接受帕特的人格面具，是因为他也正忙着丢烟幕弹欺骗帕特，他这样做的动机太强，以至于不仅忘记了"儿童"对帕特的了解，也忘记了对自己的了解。我在其他地方对见面的前10秒做过更详细的介绍。人们之所以会忽视直觉，接受彼此的人格面具，是因为这是一种礼貌，同时也是因为这样做与他们的心理游戏及脚本匹配。相互接受人格面具被称为"社交契约"。

括约肌的脚本意义在于每个人都在寻找，并通过直觉挑选与自己的脚本互补的人。用最简单的语言来说，一个脚本要求他吃屎的人，一定会找到一个脚本要求他向别人拉屎的人。他们在10分钟内就会彼此吸引，然后或多或少地花些时间掩饰从括约肌的角度对彼此的吸引，但如果他们继续交往，最终会满足彼此的脚本需要。

如果这听起来不太可信，我们可以看一些更明显的例子，在这些例子中，脚本需要获得了立即的满足。一个男同性恋可以去男厕所或酒吧，甚至只是沿着街走，10秒内便能准确找到他在寻找的人。这个人不仅能让他获得他期待的性满足，还能用他的脚本要求的方式进行满足：在半公共场合，除了性满足之外，还增加了玩"警察与小偷"的游戏的刺激，或者在一个偏僻的地方，持久地私通，最后以谋杀收场（如果脚本要求的话）。一个有经验的异性恋男性能在任何一个大城市沿着一条适当的街道走，并正确地挑选出他想要的女性：她不仅可以带给他想要的性满足，还会和他玩与他的脚本匹配的游戏。他可能会被偷、被支付酬劳、喝醉、吸毒、被谋杀或结婚，只要是脚本要求的，都有可能发生。许多教养良好的人学会了忽视和压抑直觉，不过在适当的条件下，这些能力可以恢复。

C. 如何听

在本章的第一节中，我们描述了一些视觉的脚本信号。现在我们转向听的艺术。治疗师可以闭着眼睛听患者讲话，不过需要在某些时刻示意患者他们没有睡着，或者通过复述他听到的内容鼓励患者投入讲述。治疗师也可以闭着眼睛重听一次团体会谈的录音带，以减少视觉干扰。几乎每个孩子都被赋予了一种脚本信息，不要太仔细地看别人，以及不要闭着眼睛倾听，以免听到太多。这个禁令并不总是很容易克服——因为妈妈不喜欢。

一个有经验的脚本分析师即使从未见过各位患者，对他们的经历也一无所知，在听治疗团体的录音带的10分钟或20分钟后，便可以获得大量有关患者的信息。开始时，治疗师的信息为零，但只要听某位患者说一会儿，他便能详细得知该患者的家庭背景、最喜欢的游戏以及他最终的命运。出于疲劳，30分钟后，治疗师便无法获得更多信息了，因此每次播放录音不应超过半小时。

学习如何倾听，几乎总有进步的空间。这很像禅的主张，因为如何倾听基本取决于听者脑内正在发生什么，而非外界正在发生什么。人格中最能有效倾听的部分是"教授"，即"儿童"中的"成人"（见图7）。"教授"掌管着直觉之力，而直觉最重要的应用又与沟通中的括约肌行为有关：另一个人想把什么括约肌如何使用到我身上，我又想把什么括约肌如何使用到他身上？这些愿望如何产生，又将朝何方发展？当这些"原始"信息经过听者"成人"的过滤，会被转化为更加具体的信息：患者的家庭背景、本能驱力、职业和脚本目标。接下来，我们需要了解的是如何释放"教授"，让他自由、高效地完成工作。原则如下：

1. 听者应该身体状态良好，拥有良好的睡眠[1]，心理效能不应受到酒精、药物或毒品的损害。镇静剂和兴奋剂均包括在内。

2. 他必须清空头脑中对外界事物的成见。
3. 他必须把"父母"的偏见与情绪放置于一旁，包括"助人"的需要。
4. 他必须把惯有的对患者的一般偏见以及对正在倾听的患者的特有偏见放置于一旁。
5. 他不能让患者的提问或其他需求干扰自己，他应该学会以不伤害患者的方式避开患者的干扰。
6. 他的"成人"倾听内容，"儿童—教授"倾听表达方式。用电话语言来说，"成人"倾听信息，"儿童"倾听噪声。用收音机的语言来说，"成人"倾听节目，"儿童"倾听机器如何工作。因此，他既是听者，又是维修者。他如果是咨询师，做听者已经足够；但如果是治疗师，那么最重要的工作是维修。
7. 当他开始感到疲劳时，会停止倾听，转而开始观察或讲话。

D. 基本的声音信号

学会如何倾听后，治疗师要开始学习倾听什么。从精神病学的视角看，有四种基本的声音信号：呼吸音、口音、嗓音和词汇。

呼吸音

最常见的呼吸音及其含义如下：咳嗽（没有人爱我）、叹气（要是……多好）、打哈欠（匆忙离去）、咕哝（是你说的）和啜泣（你难住我了）；各式各样的笑声，例如欢快地笑、咯咯地笑、窃笑和傻笑等。三种最重要的笑被通俗地命名为吼吼（Ho Ho）、哈哈（Ha Ha）和呵呵（He He），我们之后会进一步讨论。

口音

文化基本与脚本无关。在任何社会阶层、任何国家，都有输家与赢家。

世界各地的人几乎都在用同样的方式实现他们的命运。例如，在任何较大的人类群体中，精神疾病的患病率都基本相当，世界各地都有自杀现象。在世界上任何较大的人类群体中都有领袖与富人。

不过，外国口音对脚本分析师来说确实具有某种含义。首先，它有助于我们对早期的"父母"训诫做出有根据的猜测，早期的父母训诫与文化有关：德国人会说"照我说的做"，法国人会说"保持安静"，英国人会说"不要淘气"。其次，它能反映脚本的弹性。一个在美国已经生活了20年但仍然操有浓重德国口音的德国人，与一个只在美国生活了2年但美式英语讲得很好的丹麦人相比，其人生计划可能更缺乏弹性。最后，脚本是"儿童"用本国语言书写的，如果治疗师会说那国语言，脚本分析将更加快速、有效。一个在美国上演其脚本的外国人，就相当于在歌舞伎剧院使用日语演出哈姆雷特。如果评论家手头没有原稿，会损失或误解大量信息。

本地口音也具有意义，特别是在它受到影响时。若带有纽约布鲁克林地区口音的男士时不时说几句带有波士顿或百老汇口音的话，则清晰地表明他脑中带着一位英雄或父母式的人物。我们必须追查这个人物，因为他可能对患者的各个方面都有影响，即使患者自己不承认。"她一直等紧你，你不应该先走。"或者"你要去哪里？最好哪儿都别去。"[①] 这些清楚地展示了当事人脑中"父母"指令的分离。

嗓音

每位患者至少有三种不同的嗓音，"父母""成人"和"儿童"。在很长一段时间内，他可能隐藏了其中一种甚或两种，不过它们迟早会在不经意间表现出来。通常，一位细心的听者在15分钟时间内至少能听到两种嗓音。患者可能用"父母"的嗓音说了一大段话，其中只包含了"儿童"的一句牢骚；

[①] 作者在原著中使用了不同的英文词表明口音的不同，无法直接翻译为中文，译者根据我国情况，编写了两个例句，区分地域用语差距。例如，广东地区用"等紧""走先"，而北方用"先走"；南方用"哪""哪里"，北方用"哪儿"。——译者注

或者用"成人"说了一大段话，其中只包含了"父母"的一句责备。警觉的听者能够注意到这一个关键语句。有些患者会这句话用一种嗓音，下一句用另一种嗓音，甚至在一个句子中使用两三种嗓音。

每一种嗓音都能反映脚本。对他人用"父母"的嗓音说话，表达的是"父母"的宣言与训诫，它复制了父亲或母亲在相同情境下会说的话："每个人不都是这样吗？""看谁在说话""你必须记住""你为什么不更努力？""你不能信任任何人"。严肃的"成人"嗓音通常意味着"儿童"被"父母"的命令压制，以某种模式完成一些毫无趣味、古板的任务，即使有点幽默，也是很"官方"的那种。这说明"儿童"若想得以表达，就必须另辟他径或周期性爆发。可这样会导致不适应的行为和精力的浪费，从而造就输家。"儿童"的嗓音表明了脚本角色，例如，"可爱的孩子""小老头"和"黏人的爱哭鬼"。总之，"父母"嗓音表现了应该脚本，"成人"嗓音表现了以某种模式做事，"儿童"嗓音表现了脚本角色。

词汇

每一种自我状态都有专属的词汇。"父母"的词语包括诸如"坏""愚蠢""胆小""荒谬"等。这些词语是杰德最害怕成为并极力避免的样子。一个人如果坚持使用"成人"的专业词汇，其实是在用这种方式回避与他人的接触，这种做法在搞工程学、航空学和经济学的人身上很常见，他们的脚本指令是"做伟大的事，但不要把个人卷入"。如果"成人"使用很多助人式词语（家长教师协会、心理学、精神分析、社会科学中运用的词语），就是在上演一出脑力版的春之祭（Rite of Spring）①，他将受害者被肢解的心灵散落一地，并假设心灵经过解析后会自行整合，且会变得更加丰盈。这种脚本的故事情节是："我会将你撕碎，记住，我只是试图帮你。不过，你要自行整合，没有人能替你做这件事。"有时，患者就是自己这种"仪式"的受害者。"儿

---

① 史前社会的人祭祀春天的仪式，年老的智者们围成一圈席地而坐，眼看着一名少女独自跳舞直到死去，他们把她作为献礼来告慰春神。——译者注

童"会用猥琐的词语表达反叛，用陈腐的词语表达顺从，或者用讨人喜欢的词语表达可爱与天真。

三种词语在同一个人身上同时出现的典型情况是"父母"在扔棉花糖，"成人"在做解剖，"儿童"在骂下流话。例如，"我们每个人都有起起浮浮；我认为你处理得非常漂亮。当然，你必须把你自主的自我与你对母亲的认同区分开。毕竟，这是屎一般的世界。"这种脚本正像但丁（Dante）所写的《炼狱》（Inferno）："当你站在下水道里，污水已漫到你的颈部，该如何在读教科书时保持微笑。"

E. 字词的选择

句子是由"父母""成人"和"儿童"共同造就的，因此每种自我状态都有权利根据自己的需要在句中插入字词。为了理解患者脑中的事情，治疗师必须有能力将句子拆分成几个重要的部分。这一做法称为沟通解析，与语法解析颇为不同。

言语的各个部分

形容词和抽象名词是骂人的表述。某人说他患有"被动型依赖"或他是"不安全型不好交际者"，对他正确的回应方式是，"小时候，你爸妈怎么骂你？"有人会对某些行为做出委婉的表述，例如"攻击性表达（aggressive expression）""性方面的互动（sexual intercourse）"，消除这种委婉表达的方法是问："你小时候怎么称呼这些事？""表达性攻击（expressive aggression）"是纯粹的人造词，意味着帕特参加过现代舞课程或已经被格式塔治疗师摆平，使用"性方面的互动"这种说法意味着他参加过"性自由联盟"的聚会。[2]

使用副词使表达更加个人化。"我有时感到性的兴奋（I sometimes feel sexual excitement）"，这种表述显示出了一定的距离；"有时我会性兴奋（I sometimes get sexually excited)",这种表述显示的距离更近。不过,副词究竟具有何种心理意义,还有待澄清。

代词、动词和具体名词是话语中最真实的部分,是"实事求是"的表述。实事求是的表述表明患者做好了痊愈的准备。开始时,一位恐惧性的女性经常会强调形容词和抽象名词,"我有令人满意的性体验"。后来她会强调名词和动词,"我们真的兴奋了(We really turned on)"。第一次去医院的女士会说自己有了"产科经验"。第二次,她会说自己去生孩子。只有患者才会"对权威人物表达敌意",当他们变为真实的人时,他们只会咒骂或撕碎纸张。从治疗师的角度看,一位报告"开始会谈时,我们互换了积极的问候,然后患者表述他通过躯体攻击表达了对妻子的敌意"的治疗师,与一位报告"患者对我说'你好',然后告诉我他打了妻子"的治疗师相比,存在的困难多得多。在另外一个案例里,治疗师说一个男孩"身处一处建于私人场地,包含了住宿设施的学校式环境",而这个男孩只是说他"读了寄宿学校"。

脚本语言中最重要的一个词是"但是",它意味"依据我的脚本要求,我没有获得这样做的许可"。真实的人会说"我会(I will)""我不会(I won't)""我赢了"或"我输了";而"我会,但是……""我不会,但是……""我赢了,但是……"或"我输了,但是……"等表述方法全是脚本式语言。

被允许的词语

听录音带的原则是:如果你听不清患者在说什么,不用担心,因为通常他什么也没有说。当他要说什么时,无论多嘈杂,录音质量多差,你都一定会听见。从临床的角度,有时,质量差的录音好过质量好的录音。如果每个字词都可以听得清清楚楚,听者很容易受内容干扰,从而错失更为重要的脚本指示。例如,"我在酒吧遇到一个男人,他跟我调情。他太过无礼之后,我说了他。我说:'你以为你是谁。'他可以看到我是一个淑女,但还坚持这样做,不久我就斥责了他。"这是一段相当无聊、毫无启发、极其普通的表述。如果录音质量不佳,可能更有助于透露信息,像这样:"咕哝咕哝咕哝

调情咕哝咕哝**过分**咕哝咕哝咕哝**看到我是一个淑女**咕哝咕哝**斥责他**。"这里，听得见的词语就是"被允许的词语"。这位患者接受了母亲的指示"斥责男人"，她要证明"她是一个淑女"，前提是收集到足够的点券或"调情"，从而有理由（作为一个淑女）变得愤怒。母亲的指示是，"记得，当男人跟淑女调情时，她们会变得愤怒"。父亲加入的帮助是，"酒吧里有很多过分的男人，我是知道的"。因此，她到酒吧里着手证明自己是一位淑女。

接受精神分析治疗一段时间后，她的录音会变为："咕哝咕哝咕哝**施虐成性的男人**咕哝咕哝咕哝**受虐成性的我**咕哝咕哝。咕哝咕哝咕哝**表达我惯常的敌意**咕哝咕哝。"她用一些新的被允许的词语代替了旧的被允许的词语。如果她转到沟通分析师这里，录音会变为："咕哝咕哝**他的'儿童'**咕哝咕哝咕哝**我的'父母'**咕哝咕哝**玩'挑逗'的游戏**。"1个月后，即使录音质量很差、很嘈杂，咕哝声也不见了，取而代之的是清晰与成功的表述："自从停止去酒吧，我认识了一些非常棒的男人"。

被允许的词语讲述的故事比故事本身更精彩。如果使用传统疗法，可能要花几个月才能使一位女研究生讲清楚她走霉运的故事，但如果录音带是"咕哝咕哝咕哝**努力学习**，咕哝咕哝**成绩很好**，但是咕哝咕哝**后来很糟**"，被允许的词语已经成功讲述了她的人生故事："你被要求努力学习并取得成功，只可惜有些事注定出错，你最终会感觉很糟"。被允许的词语大声、清晰地讲出了脚本指令。

前文提到的被允许的词语来自"父母"的训诫、榜样和威胁。如果训诫是"做一个淑女"和"努力学习"，那么"淑女"和"学习"就成了被允许的词语。如果威胁是"否则就会发生可怕的事"，那么"可怕的事"就成了被允许的词语。当患者玩心理游戏时，治疗师使用的词语也会成为被允许的词语。患者使用治疗师的词语是患者与治疗师玩心理游戏的标志之一。她会说受虐狂、敌意、"父母"和"儿童"等，因为在这个阶段，治疗师成了她的替代父母，他用现在学到的词语代替了童年时学到的被允许的词语。被患者的父亲、母亲、治疗师或其他父母式人物的"父母"批准的词语就是被允许的词语。

脚本词语

我们应该记得脚本控制是由父亲或母亲的"儿童"发出的，脚本控制依赖另外一套词语，即脚本词语和短语，它们通常与被允许的词语截然不同。有时，脚本词语与被允许的词语甚至截然相反。一位女士会在抗脚本中使用非常淑女的被允许的词语，而进入脚本时会使用非常污秽的词语。因此，她在清醒状态时会称呼自己的孩子为"我可爱的少年们"，而醉酒时会说他们有"屎一般的嘴脸"。脚本词语为脚本角色和脚本场景提供了重要信息。而脚本角色和脚本场景又是构成脚本世界的重要元素，或者我们称之为患者的"儿童"生活的世界。

在男性的脚本中，女性最常见的角色是女孩、淑女和女人。在女性的脚本中，男性最常见的角色是小男孩、男人和老男人。更具体地说，是"小女孩"和"下流的老男人"。他们二者相互吸引，特别是在酒吧里。男人将他在酒吧里遇到的女人称为"可爱的小女孩"。女人将她遇到的男人称为"下流的老男人"。他的脚本中需要一个小女孩，而她的脚本中需要一个下流的老男人。他们见到彼此时，就会展开行动，因为他们知道在向对方说过"你好"后要说什么。很多女性生活在充斥着色狼、野兽、魔术师、寻花问柳的男人、令人不安的怪人、容易上当的笨蛋和卑鄙之人的世界里，那里的男人将她们看作美女、泼妇、称心之物、少女、下流女人、妓女和淫妇。所有这些都是脚本词语，会在对话过程中或团体治疗中出现。

脚本场景通常围绕家中的一个或几个房间：婴儿房、卫生间、厨房、客厅和卧室。脚本场景也常常与下述表达方式联系在一起："足够喝""全是废话""常规的盛宴""所有那些人"和"猛烈打击他们"。每个房间都有专属的词语，陷入某个脚本场景的人会重复使用属于那个房间的词语。另外一个常见的房间是工作室，代表语言是"给我滚过去"。

有些人一直在抵制他们的脚本，在他们身上可以发现应该脚本的词语。

第十七章 脚本迹象

第十二章提到的杰克，是像西西弗斯一样的人物，他之所以成了一个职业棒球运动员，一部分原因是出于他的爱好，还有一部分原因是出于叔叔的影响。某日，Q医生正在倾听他的讲述，他第一次注意到杰克经常说的"不（not）"字之后蕴藏着巨大力量，另外一个力量较弱但同样具有重要意义的词是他说的"别的东西（something else）"。Q医生凭借直觉立刻感知到这两个词背后的含义。每次杰克说"不"时，他都在投球；每次杰克投球时，他的"儿童"都在说"不"——"你不会打到的！"。他每次说"别的东西"时，都在冲向一垒；每次他冲向一垒时，都会说"别的东西"——"如果我不能将你三振出局，咱们就试试别的东西"。杰克不仅肯定了Q医生的直觉，还告诉Q医生，他的投球教练也用其他语言告诉过他类似的话。"放松！如果你每次投球都这么用力，你会弄伤肩膀！"杰克最终确实弄伤了肩膀。与Q医生一样，教练凭借直觉与经验也感知到杰克在带着愤怒投球，这是不好的。

杰克的抗脚本是成为一个成功的棒球运动员。在他作为一个职业投手投球的背后，是对父亲和叔叔命令他成为输家的愤怒反抗。因此，他每次投球都是在与自己的脚本抗争，他试图打破自己的袋子，获得成功。这种愿望使他拥有惊人的投球速度，他的抗脚本使他拥有极佳的控球力。他唯一缺少的就是冷静的能力，无法将投球与击球次序和比赛状态相配合。最终，适应不良的愤怒导致了他一直试图避免的结局，他不得不退出比赛。治疗师"儿童"中的"成人"——"教授"——的直觉是最宝贵的治疗工具。状态良好的"教授"拥有精准的感知力，我们从Q医生身上就可以看到。他一辈子只看过一场职业棒球比赛，却感知到了这一切。不过，他在许多沙地垒球比赛中投过球。

隐喻

与脚本词语密切相关的是隐喻。玛丽有两套互不相同、彼此独立的隐喻词汇。在一套词汇中，她仿佛完全置身于大海，看不清任何东西，甚至几乎无法把头伸出海面。日子总是狂风暴雨般，漫延着波涛起伏的情绪。在其他时间,她的生活仿佛一场盛宴,她甚至可以吃掉她的语言,吃掉许许多多美味,她可以感受到酸或苦的味道,那是嚼碎饼干时体验到的味道。她嫁给了一个水手,并为自己的肥胖问题苦恼。当她感到自己的生活像在海上时,所有的隐喻都与海有关;当她暴饮暴食时,隐喻又与厨房有关。她总是在海洋和厨房间来来回回,治疗师要面对的问题是如何让她的双脚回到地面上。隐喻是脚本场景的延伸,隐喻的改变意味着脚本场景的改变。在她的案例中,暴风骤雨的海面原来是愤怒的海洋。

安全短语

有些人在讲话前会经历某些仪式或做出某些手势,以达到保护自己或为自己讲话表示抱歉的目的。这些仪式指向的对象是他们的"父母"。我们之前讨论过埃贝尔拉德的案例,他在说话前总要把手滑过腰带向下伸。很明显,他是在保护自己的睾丸,当他与别人说话时会放松警惕,而内部袭击者早已被安排好恰在此时攻击他。因此,在他敢于讲话前,总要确保自己没有危险。在另外一些例子中,安全举措融入句子结构中。在回答"你是否曾向妹妹发脾气?"这样的问题时,可以看到不同程度的保护。"我可能做过"暗示了"父母"的命令是"永远不要承认"。"我认为我可能做过"暗示了两个"父母"命令:"你怎么可以确定?"和"永远不要承认"。第一个通常来自父亲,第二个通常来自母亲。"我认为或许我可能做过"包含了三重保护。安全短语主要具有预后作用。对于治疗师来说,刺穿一层保护比刺穿三层保护容易许多。"我认为或许我可能做过"这种表述方法很像"伯克利虚拟语气",它被创造出来保护及遮盖非常年幼、非常忧虑的"儿童",他不会让任何人轻易靠近。

虚拟语气

虚拟语气,通俗地被称为"伯克利虚拟语气",包含三个内容。第一,短语"如果(if)"或"要是(if only)";第二,使用虚拟词或条件从句,例如,"将

(would)""应该(should)""会(could)";第三,非明确指向的词语,例如,"朝向(toward)"。伯克利虚拟语气的使用在大学阶段发展到最为完善。典型的句式为"如果我能……我将……但是……"。其他一些变形包括"如果他们能……我能……我认为我大概应该……但是……",或"我应该……我大概会……可那时他们将……"。

虚拟语气逐渐正式化,出现在书籍、论文、研究和学生作业的题目中。常见的例子包括"……当中涉及的一些因素"(=要是),"朝向……理论"(=如果我可以,我会;我知道我应该)。在一个极端的例子中,标题是这样的,"对关于……理论收集数据过程中涉及的一些因素的初步评论"——这确实是一个非常谦虚的标题,因为很明显,该理论成形发表至少需要200年时间。这个人的母亲显然告诉过他不要冒险。他下一篇论文的题目可能是"关于……的一些中期评论",然后接着是"关于……的一些最终评论"。去掉"评论"的字眼后,他论文的题目可能越来越短。40岁时,他终于可以跳过前言,发表第六篇文章"朝向……理论",但真正的理论永远不会到来。假如理论果真到来,第七篇文章就是理论本身,那接着就会有第八篇,题目是"哎呀,对不起,回到上一篇"。他总是在路上,却永远无法到达下一站。

对治疗师而言,治疗这样写题目的患者不是什么趣事。帕特也抱怨他无法完成论文,不能集中注意,婚姻与性方面存在问题,抑郁,具有自杀冲动。除非治疗师可以找到方法帮他改变脚本,否则治疗也会按照上述八阶段进行,每个阶段持续6个月至1年,甚至更久,最终,最后一篇会由治疗师来写,而不是由患者来写("哎呀"那篇)。用脚本的语言说,"朝向"意味着"不要到达"。没人会问:"这架飞机是朝纽约开的吗?"也没有很多人愿意搭乘飞行员说"是的,我们正朝纽约开"的飞机。他如果不说开"到"纽约,你最好换乘另一班飞机。

句型

除了虚拟语气，还有人被禁止完成任何事，或者被禁止说到要点，因此他们讲话时会"信口开河"。他们的句子用连词连成一串："昨天我正和老公一起坐在家里，然后……然后……然后……然后……然后……"他们的脚本指令通常是"不要说出任何家庭秘密！"。所以，他们围绕秘密不停地说，能说多久说多久，同时不泄露秘密。

有些人讲话会非常小心地平衡一切。"天正在下雨，不过太阳很快就会出来了。""我头痛，不过我的胃好点了。""他们不太友善，不过从另一方面看，他们似乎很快乐。"这个例子中的脚本指令是"任何事都不要看得太清楚"。这类人中最有趣的案例是一个从5岁起便患有糖尿病的男人，他从小就被教授如何极为谨慎地平衡膳食。当他讲话时，也会用同样的谨慎态度对待每个词语，极为小心和精确地平衡每个句子。他的警惕使别人很难听懂他的话。他一生都沉浸在愤怒中，很抵触疾病带给他的不公平的限制。他愤怒时，语言也会变得错乱。（这对糖尿病患者心理的启示需要进一步研究。）

在句子结构方面，另外一种类型是有关摇摆点的，即随意使用"等等"和"诸如此类"的地方。"噢，我们去看了电影，等等。然后我吻了她，等等。之后她偷了我的钱包，等等。"不幸的是，这种表述的后面通常隐藏着对母亲的愤怒。"好吧，我想告诉她我对她的想法，诸如此类。""'诸如此类'是什么？""我特别想做的是把她骂得体无完肤。""诸如此类呢？""没有了，那就是诸如此类。"句子结构是一个令人着迷且值得研究的领域。

F. 绞架沟通

杰克：我戒烟了，已经一个多月没抽一根烟了。

黛拉：那你的体重增加了多少，嘿嘿嘿？

所有人都因这句俏皮话笑了起来，除了杰克和治疗师。

第十七章 脚本迹象

Q 医生：嗯，杰克，你真的在恢复健康。你这次没有掉入陷阱。

黛拉：我也想恢复健康。我说了那句话，真应该把舌头咬掉。那其实是我母亲在说话。我对杰克做的事，正是她对我做的。

唐（一位新成员）：有那么糟吗？只是一个小玩笑而已。

黛拉：前几天，母亲来看我，试图再对我做同样的事，但我没允许她这样做。我的反应一定快把她逼疯了。她说："你肯定又胖了，哈哈。"我原本应该和她一起笑，并且说："是的，我又暴饮暴食了，哈哈。"但我说的是，"是你看起来有点胖了"。之后她转换了话题，说："你怎么住在这样一个破烂的窝棚里？"

这个例子非常明显，对于超重的黛拉来说，"让母亲高兴"等于"超重并嘲笑自己超重"，这是她人生的悲剧。不再嘲笑自己超重对母亲来说是无礼的表现，会让母亲不开心。她理应吊死自己，并同时与妈妈一起对此咯咯笑。

绞架上的笑是临死的人开的玩笑，或是著名的临终遗言。如之前提到的，在18世纪泰伯恩刑场和纽盖特监狱①的绞架前，大批围观者赞美着死时大笑的人。"看吧，我就是那个被逮住的同伙。""过去的丹尼"说："我们都已经安排好了，之后出了状况，其他人全跑了，只有我被逮到，哈哈哈！"当陷阱启动时，他的俏皮话引起围观人群的大笑。这就是"死亡游戏"。丹尼看起来是在笑上天对他的作弄，其实他内心深处知道谁应该对此负责。他真正说的是："好吧，妈妈（爸爸），你预计我会死在绞架上，现在我来了，哈哈哈。"同样的事几乎每次都会在团体治疗中出现，只是程度较轻。

"现在的丹尼"是四个兄弟姐妹中的一个，他们没有一个人拥有获得成功的许可。他们的父母都会做点欺骗的行为，不过在社会可接受的范围内。他们的每个子女都习得了这一倾向，欺骗程度更强一些。一天，丹尼在团体治疗中讲述了在大学中遇到的麻烦。他功课落后，因此找枪手代他写论文。

---

① 伦敦的行刑场与监狱。——译者注

当他讲述如何与枪手谈判时，大家都饶有兴致地听。枪手说他也接受了替丹尼其他几位朋友代写论文的委托，并且他们全是提前付了款。其他团体成员在这里问些问题，在那里问些问题，最终丹尼说出了重点。枪手带着收到的钱逃到了欧洲，根本没有写论文。这时，全体成员大笑起来，丹尼也参与其中。

其他人说，有两个原因让他们觉得这个故事很好笑：第一是丹尼讲述的方式，好像他期待大家笑，如果大家不笑，他会失望；第二是他们预期，甚或希望这样的事发生在丹尼身上，因为他做事的方式很复杂，而不是直接、诚实地自己承担责任。他们都知道丹尼最终会失败，有意思的是看丹尼会花多大力气获得失败。他们像"过去的丹尼"的旁观者一样参与到"现在的丹尼"的笑声里。之后，所有人都会变得忧伤，而丹尼是最忧伤的那个。他的笑声在说："哈哈哈，妈妈，你总是在我失败时才爱我，现在，我又失败了。"

"儿童"中的"成人"，即"教授"，从很小便开始履行让妈妈满意的职责，这样她才会和他在一起，为他提供保护。如果她喜欢他，并用微笑表达爱意，他会感到安全，即使真实情况是他处于困境甚或处于令人恐怖的死亡危险中。克罗斯曼（Crossman）对此有更详细的论述。她说，在正常的养育中，母亲的"父母"和"儿童"都爱自己的孩子。所以当妈妈微笑时，她的"父母"和"儿童"都为子女感到高兴。而在另外一些情况下，母亲的"父母"在对儿子微笑，因为她理应如此，而她的"儿童"却在对他愤怒。为了得到母亲"儿童"的欢心，他可以做出母亲的"父母"反对的行为。例如，通过展示自己的"坏"，他可能会得到母亲"儿童"的微笑，因为他证明了自己"不好"，这正是让母亲的"儿童"高兴的事——在前文中，我们称之为"巫婆母亲"。因此，克罗斯曼推断，无论是脚本还是抗脚本，都以博得母亲的微笑为目的：抗脚本为了博得母亲（或父亲）"父母"的笑，而脚本则为了博得母亲"儿童"的笑，母亲的"儿童"以婴儿的痛苦或挫败为乐。

绞架上的笑发生于丹尼"发现自己"脖子上挂着绳索时，他的"儿童"说："我不想就这样死掉。我怎么会落到这般田地？"然后，他(头脑中)的"母亲"

笑了，他意识到正是她引诱他一步步至此。接下来，他拥有的选择是变疯、杀死她、杀死自己或大笑。此时，他可能非常羡慕哥哥只是住在精神病院而已，或者羡慕姐姐选择杀死了自己，不过对于做出这两个选择，他还没有做好准备。

绞架上的大笑或微笑发生于一种特殊的刺激与回应之后，即"绞架沟通"。一个典型的案例是一位酗酒者已经戒酒6个月了，团体成员都知道。之后的某一天，他来到团体，让其他成员讲了一阵。他们讲述完胸中所有的困扰后，他就可以登台讲述了。他说："猜猜周末发生了什么？"有人看到他脸上轻微的笑容，大家都知道发生了什么，并做好准备一起笑了。其中一人询问："发生了什么？"这设置好了绞架沟通。"好吧，我喝了一杯又一杯，接下来我所知道的就是——"此时他已经开始笑，其他人也是。"我整整放纵喝了3天。"斯坦纳是第一个清晰描述了此种现象的人，他这样说："在酗酒者的案例中，怀特告诉听众上周发生的酗酒行为，听众（可能也包括治疗师）的脸上却堆满笑容。听众'儿童'的笑容类似于并强化了巫婆母亲或食人魔的笑容，当怀特遵从禁止信息（'不要思考——喝酒'）时，她感到愉快，这等同于拉紧了怀特脖子上的绳套。"

绞架上的笑（由绞架沟通导致）的意思是，当患者一边笑一边讲述不幸的遭遇时，特别是当其他成员也一起笑时，这种不幸正是患者脚本中悲剧结局的一部分。周围人的笑强化了他的结局，加速了他的厄运，妨碍了他的痊愈。这样，父母的引诱就修成正果了，哈哈。

G. 各种类型的笑

公平地说，脚本分析师和他们的团体成员比其他任何人享有的乐趣都多，即使他们需要忍住绞架上的笑，以及忍住不去嘲笑某人的脏脚。脚本分析师对几种类型的笑颇感兴趣。

脚本式的笑

1. "嘿嘿嘿（Heh Heh Heh）"是巫婆母亲或食人魔父亲的"父母"发出的咯咯笑声，他们引导某人，通常是自己的后代，走向被嘲笑、失败的享乐之路。"你又长胖了多少，嘿嘿嘿？"（有时写作"哈哈"。）这是脚本式的笑。

2. "哈哈哈（Ha Ha Ha）"是成人对悲哀的幽默发出的笑声。在丹尼的案例中，他的"哈哈哈"是一种浅层的洞察。丹尼从自己的经历中学到不要相信枪手，但是关于自己以及自己的弱点还知之甚少，因此会一而再、再而三地掉入相同的陷阱，直到最后的结局上演。这是绞架上的笑。

3. "呵呵呵（He He He）"是"儿童"打算骗人时发出的笑。他打算玩"让我们骗乔伊一把"的游戏，他被别人的怂恿引诱，让他以为真能骗到某些人，但真实情况是他才是最终沦为受害者的人。例如，枪手向"现在的丹尼"解释如何欺骗英文教授时，他发出了"呵呵呵！"的笑声，但丹尼最后发现自己才是受害者。这是游戏式的笑。

健康的笑

4. "吼吼吼（Ho Ho Ho）"是"儿童"在努力争取成功时"父母"发出的笑声。它表现出了优越感，但是仁慈、鼓舞，至少就即刻面对的问题而言。卷入程度不太高，可以把最终的责任移交出去的人们通常会发出这种笑声。它向孩子示意，做出非脚本行为能够获得回报。这是祖父或圣诞老人的笑。

5. 另外一种"哈哈哈"更加真心、更有价值。它代表了"成人"对自己如何被引诱至此的真实觉察。引诱他们的正是自己的"父母"和"儿童"，并非他人。这种笑与心理学家称为"啊哈经验"的东西类似（不过就我个人经验而言，除了心理学家外，我从未听过任何人在此时会说"啊哈"）。这是一种洞察的笑。

6. "哇哦哇哦（Wow Wow）"是纯粹快乐的"儿童"的放声大笑，或者是有大肚子的老年人的捧腹大笑。这种笑来自不受脚本约束的人，或可以暂时把脚本放置于一旁的人。这是健康的人自发的笑。

H. 祖母

只要是见过祖母的人都不会是无神论者，因为祖母无论是好是坏，都会在某处，通常是天堂，看着他。在团体会面时（或者也常在扑克游戏中），她总会流连于房间某个角落的天花板。当患者的"儿童"无法充分信任"父母"时，在必要时还可以信任祖母，因此会盯着祖母所在方向的天花板，向无形但存在的她寻求保护与指引。我们应该记得，虽然祖母只是偶尔出现，但比母亲的力量强大。当祖母出现时，她们拥有最终决定权。童话故事的读者对此应该很熟悉。一个又丑又干瘪的老太婆对还在襁褓中的王子或公主施加了一道祝福或诅咒，无论是坏仙女还是仙女教母，都无法将其去除，只能减弱它的威力。因此，当"睡美人"中的老太婆诅咒公主去死时，好仙女只能将其减弱为沉睡100年。她已经尽其所能，因为如她所说，"我没有能力完全撤销我长辈的所为"。

因此，无论祖母是好是坏，都是上诉的最高法庭。如果治疗师已经成功解除了患者母亲施加的诅咒，仍要处理祖母的问题。好的治疗师必须学会处理母亲及祖母的对抗。在治疗情境下，祖母总认为自己正确、公正。治疗师必须坚定地告诉她们："你真想让佐伊失败吗？如果你说出真相，你认为你的控诉在上天那里会受到欢迎吗？真相是我并没有向坏的方向引诱你的孙女，而是在给予她快乐的许可。无论你怎么说，别忘了，精神科医生在上天那里也有发言权。佐伊无法与你对抗来替自己说话，但我可以替她说话。"

在多数情况下，杰德玩扑克时，祖母决定了他拿什么牌。如果他与祖母关系良好，他当然不会输，常常稳赢。但一旦他因思想或行为冒犯了祖母，他将必输无疑。他必须记得，其他玩家也有祖母，可能与他的祖母一样强大。另外,他们与祖母的关系可能比他与祖母的关系好。

I. 抗议的不同类型

抗议主要包括愤怒和哭泣两种类型。大部分团体治疗师对它们高度重视,将其看作"真实情绪的表达"。而笑出于某种原因却没有获得同样的重视,有时被看作没有表达"真实的情绪",从而遭到忽视。

约有90%的愤怒是"父母"鼓励的"扭曲"情绪,那么问题来了,变得愤怒有什么好处呢?带着愤怒很少能更好地完成任务,付出的代价也不值得:4～6小时新陈代谢紊乱,若干小时失眠。愤怒情绪燃烧殆尽的关键点是杰德停止向自己和朋友说"我真应该……"(使用过去时),转而变成说"我想要……"(使用现在时)。人们几乎总是用错误的方式对待这种遗憾式愤怒。其实,对待遗憾式愤怒,与对待被攻击时哑口无言而事后才想到完美反击的方法一样,"如果你当场没说,用不着事后退回去再说,因为你最初的直觉可能是正确的"。最好的处理原则是等待下个时机的到来,届时如果你已经做好准备,一定会做得更好。

使用现在时表达("我想要……")的时间通常很短,将来时很快会接管:"下一次我将……"。这预示着"儿童"向"成人"的转换。我坚信(没有任何化学证据),从过去转换到将来与化学物质的新陈代谢同步,仅仅是某些复杂的激素物质中某个小原子团的轻微改变——简单的还原或氧化反应。这是对自主幻觉的另外一种抨击。当某人在愤怒中从过去转向未来时,他以为"我冷静下来了",或者其他人会说:"你现在更理智了。"但事实上,他既没有冷静,也没有理智,仅仅是对化学物质的微弱改变做出了响应。

几乎所有的愤怒都是"现在我可逮到你了,你这个混蛋"的游戏的一部分。("谢谢你给了我一个愤怒的理由。")杰德其实很高兴被冤枉,因为他从很小开始便背上了一个愤怒袋子,能够合理地发泄一些愤怒对他来说是一种解脱。("在这种情况下,谁不会愤怒呢?")这里的问题是发泄愤怒究竟是否有益。弗洛伊德很久前就说过发泄愤怒没有效果。可如今，大多数团体治疗师都将发泄愤怒看作"好的"团体治疗的标志，员工开会时也会由于发泄愤怒而热闹非凡。当某位患者"表达愤怒"时，每个人都会欢欣鼓舞、备感振奋和宽慰。一些治疗师会鼓励患者这样做，甚至要求患者这样做。他们瞧不起那些更加现实的治疗师，对发泄愤怒的有效性坚信不疑。如果这种态度正确，那么通过"反证法"，下面这位喜欢幻想的患者讲述的内容应该也是合理的："那天，我乘坐公共交通工具上班，并决定与上司沟通一下，表达我的真实情绪。因此，我对老板大声喊叫，并把我的打印机从窗户扔了出去。他很开心，说：'我很高兴我们终于有所沟通了，我也很高兴你能自由表达你的敌意。我们这里就需要这种员工。我注意到你砸死了站在窗边的一位同事，不过我希望这件事不要引发你的内疚，因为它会影响我们的交流。'"

扭曲的愤怒与真正的愤怒很容易区分。在"现在我可逮到你了，你这个混蛋"的愤怒之后，患者会笑，而在团体中，真正的愤怒过后，患者会哭。无论是哪种情况，患者都应该知道，他们不可以扔东西，或彼此辱骂、殴打。除非有特殊情况，否则对以上任何行为的尝试都应该被制止，做出以上任何一种行为的患者都应该退出团体。不过，有些治疗师与患者签有用躯体表达愤怒的契约，那么他们应该确保拥有适当的设施及工作人员，以备应对复杂的情况。

在多数情况下，哭泣也是一种扭曲，或是一种夸张的假装。其他团体成员的反应是判断其真假的最好方法。如果他们感到厌烦或过度同情，那么眼泪可能是假的。真正的哭泣会带来尊敬的沉默，以及像对亚里士多德式的悲剧[①]一样的真实反应。

[①] 亚里士多德是奠定悲剧理论基础的人物。他认为，悲剧能够引发人们的怜悯和恐惧，从而使人们的灵魂得到净化。——译者注

J. 你的人生故事

对脚本分析师来说，最具启发性的故事是著名的神秘主义者 P. D. 邬斯宾斯基（P. D. Ouspensky）创作的《伊凡·奥索金的离奇人生》（*The Strange Life of Ivan Osokin*）。伊凡·奥索金被给予重生的机会，预言是他将重犯曾经犯过的所有错误，再次做出令他后悔的全部行为。这位勇士回应说这没什么稀奇的，因为他将被剥夺所有记忆，错误当然无法避免。然而，他被告知，情况恰恰相反，他将被允许保留全部记忆，并且仍会犯同样的错误。他接受了这些条件，毫无疑问，即使他能够预见自己将招致的灾祸，仍旧做出了与之前相同的行为。邬斯宾斯基在故事中巧妙地、令人信服地展示了这一观点。邬斯宾斯基将这种状况归因为宿命，脚本分析师也赞同，需要补充的是，宿命来自父母在孩子幼年时为他们设定的程序，而非超自然的宇宙力量。这样，脚本分析师的观点与邬斯宾斯基一致：每个个体都被脚本驱使，一遍遍重复相同的行为模式，无论他对结果多么后悔。事实上，后悔本身就是重复这些行为的动力。他们重复这些行为就是为了收集后悔的点券。

埃德加·艾伦·波（Edgar Allan Poe）创作的另外一个故事"M. 瓦尔德马尔的离奇案例（The Strange Case of M. Valdemar）"可以使上述图画更为完整。M. 瓦尔德马尔在临死前被催眠了，之后又活了很久。但最终他还是从催眠的恍惚状态中脱离，然后在惊恐的旁观者的注视下立即变成腐烂的尸体。假如那天他没有被催眠就死掉，此时他也会变成这个样子。换句话说，他"追赶上了自己"。从脚本的角度，这种情况每天都在发生。孩子实际上是受到了父母的催眠，才会依照某种模式生活。在达成脚本宿命前，他会一直保持生命力（只要在人力所及的范围内）。一旦脚本宿命实现，他很快会土崩瓦解。事实上，很多人都是靠脚本"支撑"的，一旦完成脚本，他们会马上垮掉。这是世界上很多老年人或"退休者"的命运，我们之前谈过。（这不仅发生于"我们的社会"，而是世界的普遍现象。）

第十七章 脚本迹象

　　脚本本身受到古希腊的必然定数女神的保护，弗洛伊德称她为"令人崇敬的阿南刻"。用精神分析的语言，脚本受强迫性重复驱使，即具有一遍遍做相同的事的冲动。因此，一个短脚本会在一生中一遍遍重复（一个女人一次次嫁给酒徒，每次都假设这次会不一样；一个男人一次次娶到患病的妻子，然后一次次体验丧失）。另外，脚本还有其他一些弱化的表现形式，例如，在整个人生脚本的大框架内（由巨大的失望导致的自杀），脚本在年复一年地重复（由失望造成的圣诞节抑郁）。也可能在每年的每个月中重复（经期失望）。或者再小点每天重复。或者更加微小，每小时重复。例如，如果治疗师知道如何观察脚本，就可以从每周的团体治疗中看到患者如何以弱化的形式展现自己的整个人生脚本。有时，仅仅几秒就可以展现"患者的人生故事"。我在其他地方举过一个很常见的例子，名字是"匆忙失足和快速恢复"。

　　赛耶斯夫人伸手越过卡特斯夫人的胸部去拿桌子那头的烟灰缸。当她抽回胳膊时，失去了平衡，差点从沙发上摔下来。她及时恢复了平衡，不以为然地笑，小声说："抱歉！"然后，她坐回去抽烟。正在这时，卡特斯夫人把注意力从特洛伊先生身上转回来，低声说："对不起！"

　　赛耶斯夫人将自己的人生故事浓缩到几秒内。她试着谨慎小心，但总是以笨拙的方式做事。她几乎总是在将要遭难时及时获救。她表示抱歉，但之后总有别人承担过失。我们几乎总可以看到她有一个食人魔似的父亲告诉她要摔倒，或总是推她（脚本），她母亲总是在关键时刻救她（应该脚本）。之后，她为自己的笨拙道歉。（她从童年起即已知道表现得笨是有好处的，因为这可以维持父亲对她的爱；另外，她有了表示抱歉的机会，这是父亲为数不多的倾听她以及认可她的存在的时候。）之后，脚本发生了转换，使整个剧情不仅仅是纯粹的不幸：另外一些人承担了过失，甚至更真诚地道歉。卡普曼曾提出一个经典的三角形图示来对脚本及舞台戏剧分类，我们可以在这里加以运用（第十章，图12）。

K. 脚本转换

卡普曼认为，所有戏剧行为都可以总结为在三种主要角色上的转换：受害者、迫害者和拯救者。这些转换可以有任何速度，可以在任何方向上。在"匆忙失足和快速恢复"这出戏剧中，我们可以看到非常迅速的转换。开始时，赛耶斯夫人（头脑中）的"父亲"是迫害者（"推"她），（头脑中的）"母亲"是拯救者，自己是受害者。这就是她脑中的三角形的样子，是她头脑中的脚本。行动脚本是她让自己碰到卡特斯夫人，从而成为迫害者，这时，卡特斯夫人就是受害者。她表示抱歉，但卡特斯夫人反而发生了迅速的转变（出于她脚本的需要）。她并没有表现得像一个受害者，而是像做错事的迫害者一样道歉。

在这番简短的互动中，我们看到了有关两个生命故事的大量信息。赛耶斯夫人通常表现得像一个可怜的受害者；但我们现在可以很清楚地看到，她会通过"不小心"及表示抱歉转换到迫害者的角色上。"匆忙失足"脚本的目标是通过让受害者道歉，从而免除自己的责任。卡特斯夫人具有与她互补的脚本，很明显，可以被命名为"打我，我会道歉"，或者"对不起，我的脸挡住了你拳头的去路"——酗酒者的妻子所具有的典型脚本。

那个没完成论文的年轻人丹尼在讲述自己的遭遇时，我们也可以从中看到他的人生故事。之前提到过，他最喜欢的游戏是"让我们骗乔伊一把"。丹尼的邻居中有一位友善的拯救者，他愿意帮丹尼骗受害者——教授，不过丹尼需要向他付钱。丹尼最后成了两手空空的受害者，而那位友好的拯救者结果是更厉害的诈骗者，比丹尼这位迫害者更甚。而那位教授，对自己最初的受害者身份毫无所知，现在则需要扮演拯救者，帮助丹尼毕业。这就是丹尼的人生故事。他想通过欺骗表现自己的聪明，结果反而成为殉难者；大家其实一早就看出了丹尼为自己铺设的失败之路，因此他最终获得的不是同情，而是笑声。他不仅在迫害方面失败了，在受害方面也失败了。这也是他没有自杀的原因。他知道如果他试图自杀，也会笨手笨脚地以很搞笑的

第十七章　脚本迹象

方式把自杀这件事搞砸。如果他自杀成功了，也会发生某些事让他的死看起来很好笑。就连他患精神病也不足为信，只是惹得其他成员大笑。他母亲给予他的脚本是仁慈的陷阱。"看。"她对他说："你做什么事情都会失败。你用头撞墙也没用，因为就算你要发疯或自杀，也会失败。所以你可以继续在外面撞一会儿，等你服气了，可以再像乖孩子一样回来找我，然后我再帮你搞定一切。"

如果团体治疗师能够在每次治疗中关注每位患者每一时刻的每个动作，那么这就是他可以获得的回报。他可以观察到某位患者将自己的脚本压缩在几秒内加以展现。这几秒的时间就讲述了患者的人生故事，否则治疗师可能需要花费数月甚至数年才能将其挖掘出来并加以澄清。不幸的是，目前还没有方法可以传授，让治疗师知道这关键几秒会在何时发生。可能的情况是，每位患者在每次团体治疗中都会以这种或那种形式展现，不过或多或少都带有伪装。对它们的发觉取决于治疗师的准备程度和直觉。当治疗师的直觉做好准备去理解患者的所为，以及做好准备将理解传递给"成人"时，他才能在患者表现出脚本时对患者的脚本以及自己和其他成员扮演的角色加以识别。识别治疗师及其他成员扮演的角色是成功治疗的关键因素，我们在下一章会详细探讨。

── 注　释 ──

[1] 睡得好最有可能是指快速眼动睡眠。一位治疗师前一晚辗转反侧无法入睡，第二天早上通常会发现直觉比平时更敏锐。这里的假设应该是缺乏非快速眼动睡眠，"成人"会疲倦；快速眼动睡眠充足，"儿童"的状态会更好。

[2] 以 ic 结尾的"名词性形容词"是对患者的贬低，例如，歇斯底里的（hysteric）、不好交际的（sociopathic）、精神错乱的（psychopathic）。而以 ive 结尾的"动词性形容词"则更加中性，例如，惩罚性的（punitive）、操纵的（manipulative），在患者及医护工作者身上皆可使用。

第十八章

治疗中的脚本

A. 治疗师的角色

我们已经在前面谈过,当患者有机会选择治疗师时,他会如何选择。如果不能选择,他就会操纵治疗师,让治疗师承担脚本需要的角色。一旦度过治疗初期,他便会努力让医生进入自己童年时代期待的"魔法师"角色,以便从他这里获得自己需要的魔法:"科学""鸡汤"或"宗教"。为了达到这一目标,患者的"儿童"需要设置相应的心理游戏和脚本情境,与此同时,"成人"尽量从治疗中获得领悟。治疗师越早辨识自己被期待的角色,越早预见患者希望造就的脚本戏剧类型,就可以越快对此采取行动,从而越有效地帮助患者走出脚本世界,进入真实世界。只有患者进入真实世界,才是被治愈,而不仅仅是取得进步。

B. 游戏剂量

许多临床学家说过,"神经官能症患者"来接受治疗不是为了康复,而是为了学习如何做一个更好的神经官能症患者。游戏分析师也说过类似的话:患者不是来学习如何直接表达的,而是来学习如何更好地玩游戏的。因此,如果治疗师完全拒绝玩游戏,患者就会放弃治疗,但如果治疗师太容易上钩,患者也会放弃治疗。沟通中的游戏就像下象棋:一个充满热情的玩家对丝毫不想玩的人没兴趣,对实力不相当的人也没有兴趣。在治疗团体中,对玩"酗酒"游戏的人而言,如果没有人拯救他,没有人迫害他,也没人承担糊涂蛋或串场的角色,他很快就会退出治疗。但如果拯救者的情感太

第十八章 治疗中的脚本

过充沛，或者迫害者的言辞太过激烈，他也会退出。与玩其他游戏一样，患者希望同伴或对手有一定的精细度和温和度。如果他们来势太猛，有如救世军，那他也不会待得太久。

玩酗酒游戏的人可能会退出"匿名戒酒者互助会"，因为该互助会宣扬的思想是酗酒"不是你的问题，而是一种疾病"，或者总会用肝硬化来威胁酗酒者，使他们无法感到真正的挑战。只有他们坚持下去，度过这一阶段，才能感受到它真正的价值。锡南浓戒瘾自救组织做得稍好一些，他们更为尖锐，宣称吸毒"不是疾病，而是你自己要承担的责任"。"酗酒者"玩家会退出匿名戒酒者互助会，转而寻求家庭医生的帮助，因为他们对酗酒属于疾病这一点不太确定。假如他真想寻求挑战，应该去找心理治疗师，因为他们认为酒瘾完全不是疾病所致。假如他已经做好痊愈的准备，应该去找脚本分析师（也许可以偶遇一个），如果一切顺利，他会发现自己逐渐停止玩游戏了。

"如果不是他们"这个游戏的玩家，特别是阿西西提这种类型[①]，其行为与前述类似。如果治疗师不与他们玩游戏，要求他们承担个人责任，而不只是幻想，很快就会失去他们。但如果治疗师太相信他们，就会沦落到与他们进行"这难道不糟吗？"的闲谈。大多数患者不久就会感到厌烦，然后转去其他治疗师那里。其他治疗师至少会就开展心理动力学治疗还是自我评价式治疗来与他进行象征性争辩。这种情况在20世纪30年代很常见，年轻的"政见者"会找持相同"政见"的治疗师做治疗，但很快就会退出，转而求助于传统治疗师。如果治疗师对阿西西提感到愧疚，就会与他们结盟，而非为他们提供治疗。这种做法虽然有好处，却不能称为治疗。

当局、当权派、老大确实存在，但如果阿西西提先生过于归罪于此，也是一种谬见。每个人都有属于自己的社会，包括朋友和敌人。精神治疗无法与当局、当权派和老大抗衡，它只能与患者的头脑较量。无论是患者还是治疗师，

[①] 根据报纸杂志等报道的故事幻想出糟糕的世界，例如性别歧视、当今的青年、犯罪问题等。——译者注

迟早都要面对这一事实。与其他所有医学治疗一样，精神治疗也只有在适当条件下才能发挥作用。玩"如果不是他们"的游戏的人，不去思考自己的问题与原因，这是一个迟早需要终止的心理游戏，但治疗师需要有技巧地处理，才能不使患者走掉。关于如何应对心理治疗中的游戏，杜谢（Dusay）有过精彩的总结。

每位患者的游戏剂量决定了他们是否会继续接受治疗，因此需要恰当的抉择及合理的时间安排。

C. 治疗动机

患者来接受治疗通常有两个原因，它们都不会危及脚本。"成人"是为了获得更舒服地生活在脚本中的方法。最简明的例子是同性恋，他们通常对此直言不讳。例如，有些男同性恋表明不希望离开脚本世界，他的脚本世界中或者充斥着危险的、令人憎恶的、擅用阴谋的女人，或者充斥着无知的、偶尔友善的、行为古怪的女人。[①]他们希望的只是更舒适地生活在脚本世界里，而不愿去了解真正的女人。另外一些与此类似的治疗目标包括："当你不停地用头撞石墙时，可以如何更舒适地生活""当你双手撑在隧道里时，可以如何更舒适地生活""当你陷入大麻烦时，可以如何避免他人兴风作浪""当世界充斥着骗子时，你可以如何比骗子更会欺骗"。若想有力地改变脚本世界，必须等到患者下定决心投入治疗而且理解治疗在其脚本中的角色之后。

除了理智的"成人"希望生活得更舒适之外，患者来寻求治疗还包含更加急迫的"儿童"原因，那就是希望借由与治疗师的互动，推动脚本向前发展。

[①] 在伯恩写作此书的年代，同性恋被视为一种心理疾病。——译者注

第十八章　治疗中的脚本

D. 治疗师的脚本

性感的女性患者是最常见的例子。只要她能够诱惑治疗师，无论多么微妙，哪怕只在精神层面，只要他被引诱到，都无法治愈她。在这种情况下，她会取得很多"进步"来取悦治疗师，也会让自己感到满足或有所收获，但治疗师无法帮助她"跳出"脚本，"跳入"真实的世界。这就是弗洛伊德提出的"分析性沉默（analytic reticence）"或"分析性挫折（analytic frustration）"的例证。只有不接受患者的操纵，坚持分析她的阻抗和本能的变化，在必要时分析移情，才能避免被患者从躯体、精神或道德上引诱。反移情意味着治疗师不仅在患者的脚本中扮演角色，患者也在治疗师的脚本中扮演角色。这样，他们彼此做出的皆是脚本式回应，结果一定是"混乱的局面"，用分析师的话说，就是无法使分析朝适当的目标行进。

避免这些难题最简单的方法是，在一开始建立好契约后，就直接问患者："你打算让我治愈你吗？"

最后，假如治疗师真与患者发生了性关系，虽然他们从脚本和性的角度都体验到了快感，但从治疗的角度，对他们双方皆没有好处。在这期间，治疗师会以不恰当的方式告诉患者她引发了他的性兴趣，并以促进他们更好的"沟通"为理由发生性关系。假如时机恰当，发生性关系在没有吓走患者的情况下，当然可以延长治疗时间，但对帮助患者走出脚本毫无益处，因为她只扮演了治疗师人生计划中的一个角色而已。通常来说，如果患者以双腿打开的姿势坐着，恰当的处理不是"坦诚地讨论"治疗师的性幻想，而是告诉她把裙子放下来。将这种引诱移除，治疗就可以朝有效的方向发展，而不是导向"挑逗"的心理游戏。同样，如果患者紧握双手放在头后，使胸部挺向治疗师，他可以说："令人惊叹！"或"大得惊人！"这通常能够将事情带回正常的轨道。假如一位男同性恋者坐下来打开双腿，显示出生殖器，治疗师可以说："你拥有了不起的生殖器。不过，回到你腹泻的问题……"如果患者回答"混蛋！"，治疗师可以接着回答："不是我。我是来治愈你的。你的腹泻怎么样了？"

E. 结果预测

治疗师的第一项工作就是搞清楚自己在患者的脚本中扮演的角色，以及患者期待他们之间发生什么。有一个例子可以很好地说明这一点。一位患者的脚本指令是"只要不被治愈，你就可以一直去见精神科医生，因为最后你一定会自杀"。患者会通过玩"现在他告诉我"的游戏，从悲惨的命运中尽量获得乐趣。如果了解患者的历史，特别是在患者见过其他治疗师的情况下，就很容易猜到他会玩这个游戏。患者与之前的治疗师终止治疗的原因需要详加探讨。当治疗师对假设更加确信时，可以使用之前提到的方法，直接对结果做出预测："你将要做的事是来接受6个月或1年的治疗，最后在某次治疗时说，'顺便说一句，我今后不会再来了'。如果现在就打破这种结局，我们都可以节省6个月的时间。如果你坚持要实现这种结局，我也可以接受，因为只要你来见我，我都可以从你身上了解到一些东西。"

这种做法远好于真等到患者提交辞呈，再（带着一些惊讶）说"你最好在做出这种严肃的决定前再来谈谈"之类的话。等到那时，为时已晚，治疗师已经展示了自己的愚蠢，患者为什么还要继续见一个如此容易上钩的人呢？治疗师的任务是在它发生前进行预测，而不是到那个时候才收拾残局。

避免上述四个部分中提到的各种难题，最简单的方法是在建立契约后的第一时间就询问患者："你打算让我帮你找到痊愈的方法吗？"

简要地说，治疗可能有以下三种结果。

1. 治疗师做出患者脚本中需要的行为或制造需要的场景，然后患者离开。离开时患者"没有进步""有进步"或者"有很大进步"，统计表通常如此陈述。但患者绝没有获得治愈。

第十八章 治疗中的脚本

2. 患者可能拥有"直到"脚本:"直到满足了某种条件,你才能获得成功"。前面谈过,最常见的破咒者或脚本的内部关闭条件为"——直到你活过你父亲(母亲/哥哥/姐姐)去世时的年龄。"这是依据"时钟时间"解除脚本。一旦患者满足某种条件,就获得了痊愈的"许可"。因此,无论他之前见过多少无效的治疗师,脚本解除后见的治疗师都会成为幸运儿,在治疗上取得成功(除非他彻底犯了错)。患者此时已经"做好接受治疗的准备"和"痊愈的准备",所以只要是基本胜任和做事谨慎的治疗师,都可以将他治愈。同样,当睡美人依据脚本设定做好醒来的"准备"时,基本是任何王子都可以将她唤醒。按照"目标时间"解除"直到"脚本更具挑战性。例如,"直到遇到比你聪明的治疗师(或者,比我——你的父亲——更聪明的治疗师),你才能获得痊愈。"这时,治疗师就要完成猜谜语的工作("你应该猜猜看")或者其他神奇的任务。患者会去见很多治疗师,直到遇到知道关键所在的那位。这时,治疗师就成了必须猜谜语或者完成某些任务的王子,要么赢得公主,要么被砍掉脑袋。如果治疗师发现了秘密所在,就可以从父亲(或巫婆母亲)的诅咒中救出患者。这意味着患者此时获得了痊愈的许可,将恢复健康。就像童话一样,她的脚本解除指令已经写在脚本中了。

3. 第三种情况是脚本命令患者永远不能康复,治疗师必须设法推翻这一诅咒。完成这一任务需要非凡的力量和技巧。治疗师必须赢得患者"儿童"的完全信任,因为治疗的成功完全取决于患者的"儿童"更相信治疗师,而不是编写脚本的原生父母。另外,治疗师必须良好地掌握关于脚本对立主题或如何中断脚本的知识,并且知道何时及如何应用它们。

破咒者(内部解除或关闭)与脚本对立主题(外部解除或中断)的区别可以用下面这个例子说明。睡美人被诅咒沉睡100年,之后,如果有王子来吻她,(表面来看)她就可以继续人生。王子的吻是内部解除或关闭,即写入脚本的移除咒语的方法。假如一个王子20年后就到来,并说:"你真的不必躺在那儿。"这就是脚本对立主题或中断（如果有效），即并非脚本提供的、来自外部的、可以打破脚本的东西。

F. 脚本的对立主题

到现在为止，我们谈的所有内容都在为回答以下问题做准备："我们可以对此做什么？"精神病学治疗可以归结为三个要素：(1)"在那里"；(2)"便利的家庭建议"；(3)"跳出来"。

"在那里"的意思是患者知道他可以去某些地方，和某些人谈话，与某些人玩游戏来掩饰他的焦虑，缓解他的抑郁，有人会鼓励他、宽恕他、要求他忏悔或喂他饼干——所有这些发挥的都是牧师的功能，对孤独的"儿童"非常有价值。对早年父母没有发挥作用的患者，父亲或母亲在他们10岁、5岁或2岁前就去世的患者，或那些被遗弃、被忽视、被逐出家门的患者，他们首先需要某些人"在那里"填补空缺，之后治疗才可能产生效果。

"便利的家庭建议"是治疗师给予的建议。它们告诉患者如何在脚本世界里保持快乐或减少痛苦。"握得更紧。""不要把祖母的地址给狼。""午夜前拿到她的电话号码。""不要接受陌生人给的糖。"这些提示主要对困惑的、精神分裂的"儿童"，以及小红帽、灰姑娘的王子和亨舍尔与格莱特[①]有用。

"跳出来"是指使患者跳出脚本，进入真实世界。最优雅的方法是治疗师只用一种干预便可以最大程度地打破脚本：找到最有效的脚本对立主题。下面这个案例说明了为达到这一目标，治疗师所需的探索、直觉及专业自信。

[①] 亨舍尔与格莱特在森林迷路时遇到了用糖果屋诱惑小孩的巫婆。但兄妹俩利用计谋脱险了，没被巫婆吃掉。——译者注

第十八章 治疗中的脚本

安布尔

安布尔·麦克阿戈从很远的地方来看Q医生。她是从一些朋友那里听说他的。在家乡伯连内拉（Bryneira），她见过三位"精神分析师"，他们没能帮到她。Q医生知道这些人并不是真正的精神分析师，只是用着诸如"认同""依赖""受虐"等唬人的词语，一个接一个地使她困惑的糟糕的治疗师。她告诉Q医生，她当晚就要飞回家照顾孩子，因此他面对的一个有趣的挑战是尝试在一次治疗中治愈她。

她主诉忧虑、心悸、失眠、抑郁、无法完成工作。在过去3年里，没有性欲，也没有性生活。她的症状开始于父亲被查出糖尿病时。了解了她的精神病史及疾病史后，Q医生鼓励她多谈父亲。40分钟结束时，他感到她生病是为了让父亲活着。只要她有病，父亲就有存活的可能。如果她好起来，他就会死掉。实际上，这只是她的"儿童"的脚本幻觉，因为糖尿病只是一种轻微且容易控制的疾病，并没有致死的危险，但是她认为只有她有能力让他活下去。

她的"父母"训诫是"做一个乖乖女。我们只为你而活"。父亲的禁止信息似乎是"不要保持健康，否则你会要了我的命"。不过Q医生觉得，她身上不止这些。"神经质"的母亲为她树立了如何得病的榜样，她遵循了母亲的模式。

现在Q医生必须弄清楚，如果要她放弃脚本，是否有能够代替她脚本的东西。治疗的关键便在于此。如果他击破她的脚本，但没有可以代替的东西，情况会变得更糟。她的应该脚本建基于"做一个乖乖女"的训诫，似乎很牢固。到了她现在这个发展阶段，该训诫意味着"做一个好妻子和好母亲"。

"如果你的父亲真死了会怎样？"他问。

"我会变得更糟。"安布尔回答。

这表明她的脚本不是"直到"脚本，而是一个悲剧式的脚本，这种情况反而使 Q 医生的工作更加容易。假如她获得的指令是"一直生病，直到你父亲死去！"，她可能真的会一直保持生病状态，不敢冒险痊愈，因为在她的"儿童"看来，痊愈会造成父亲死亡。但很明显，她的脚本的真实含义是："是你使你父亲患病的，你必须也生病才能使他活下来。如果他死了，你必须承担后果。"这使安布尔做出了很明确的决定："要么现在好起来，要么继续生病，在爸爸死后病得更重，直到自己死去！"

有了这些准备，Q 医生说："听起来，你生病似乎是为了救你的父亲。"

这句话的措辞和时机是经过仔细斟酌的，以便同时让她的"父母""成人"和"儿童"听到。她的"父母"中的"父亲"和"母亲"都会很高兴，因为她是如此好的女儿，为了父亲愿意忍受痛苦。她"父亲"的"儿童"会更加满足，因为她遵从了他发出的要生病的指示（他显然喜欢神经质的女人，因为他已经娶了一位）。她"母亲"的"成人"也会很高兴，因为安布尔向她学得很好，知道如何做一个病号。Q 医生无法得知她"母亲"的"成人"反应如何，但会留意观察。以上就是安布尔各部分"父母"的反应。Q 医生认为安布尔自己的"成人"对这句话也同意，因为他诊断正确的可能性非常高。安布尔的"儿童"也会很愉快，因为 Q 医生实际是在告诉她，她是一个"乖乖女"，遵守了父母双方的所有指示。对这句话的检验可以看她的回答。如果她说"是的，但是……"就会有麻烦，但如果她没说"如果"或"但是"便接受了 Q 医生的诊断，治疗就大有可能成功。

"嗯！"安布尔说："我认为你是对的。"

有了这个回答，Q 医生感到接下来可以轻松地探讨脚本的对立主题了，意思是让安布尔与父亲"离婚"。脚本对立主题的关键词是三个 P：力量（potency）、许可（permission）和保护（protection）。

1. **力量**。治疗师的力量是否强大到至少可以暂时战胜她父亲的地步？在这里，他有两个优势。第一，她看起来真的厌倦生病了。也许她曾经确实是去其他治疗师那里玩游戏的，或学习怎样带着病症更舒适地生活的，

第十八章 治疗中的脚本

但她这次长途跋涉地来见 Q 医生,也许意味着她真的做好了跳出脚本和痊愈的准备。第二,她真的来了(而不是说自己太恐惧,无法做到),也许意味着她的"儿童"非常相信他作为治疗者具有的魔法。[1]

2. **许可**。他给予许可时必须仔细措辞,就像在德尔斐宣告神谕那样。否则,她就会根据自己的需要扭曲他说的话。我们之前提到,"儿童"像在合约中寻找漏洞的聪明律师,如果她能找到例外,就会这样做。

3. **保护**。这是当前最紧要的问题。因为安布尔在会谈后会马上离开,如果违背生病的禁令,她无法回来寻求 Q 医生的保护。这样,她的"儿童"就会暴露于"父母"的暴怒中,没人在她恐慌时给她安慰。电话也许有帮助,但她只当面见过他一次,在这种情况下,电话的作用不大。

Q 医生接下来是这样做的。他首先引出安布尔的"成人"。

"你真认为你自己生病就救得了他吗?"他问。

安布尔的"成人"只能回答"我想没用。"

"他有死亡的危险吗?"

"据医生所说,近期不会。"

"但你一直处于诅咒下,它要求你生病来挽救他的生命,这正是你在做的事。"

"我想你说得对。"

"那么,你需要的是好起来的许可。"他看着安布尔,她点头。

"你从我这里获得了痊愈的许可。"

"我会试试。"

"试试意味着不做。你必须做出决定。要么与父亲脱离关系,他走他的路,你走你的路;要么不脱离关系,让事情保持原样。你想怎么做?"

她沉默了很久。最后说:"我会离开他。我要好起来。你确定我拿到了你的许可?"

"是的,你拿到了。"

之后，他又有了另外一个主意。他邀请她留下，午饭后参加一次团体治疗，她同意了。

面谈结束时，他看着她的眼睛说："就算你好起来，你父亲也不会死。"她没有回答。

2小时后，Q医生向团体成员解释，安布尔大老远跑来找他，当天晚上必须离开。他征求团体成员的意见，问他们是否同意她参加会谈，他们同意了。她适应得很好，因为她读过沟通分析的一本书，当他们讨论"父母""成人""儿童"以及游戏和脚本时，她都能够理解。她讲完自己的故事后，团体成员像Q医生一样，很快抓住了重点。

"你一直生病，为的是避免父亲死掉。"一个成员说。

"你丈夫是什么样的人？"另一个成员问。

"他像直布罗陀巨岩①。"安布尔说。

"所以你一路过来是为了向大金字塔咨询。"第三个成员说，指的是Q医生。

"他不是大金字塔。"安布尔反驳。

"对你的'儿童'来说他是。"有人说，她没有回答。

Q医生什么也没说，只是在听。讨论继续进行，一个成员问："你给她痊愈的许可了吗？"

Q医生点了点头。

"如果她要离开，你为什么不把许可写下来给她？"

"也许我会。"他说。

最后，他听到了他一直在等的东西。他们问到她的性生活，安布尔主动说她经常做与父亲有关的性梦。会谈即将结束时，Q医生写下了许可，内容是："停止与父亲发生性关系。""安布尔拥有与除父亲之外的男人发生性关系的许可。安布尔拥有痊愈及保持健康的许可。"

---

① 位于直布罗陀境内，象征十分安全或坚如磐石。——译者注

第十八章 治疗中的脚本

"你认为他的意思是什么？"一个成员问。

"我不确定。他是说我应该发生婚外恋吗？"

"不，他不是这个意思。他的意思是你可以与丈夫发生性关系。"

"哦。有一个医生说我应该去搞婚外恋。吓到我了。"

"Q医生不是这个意思。"

她把这张纸放到钱包里，然后有人开始产生怀疑。

"你会怎么处理这张纸？"

"她一定会拿给朋友看，我敢打赌。"

安布尔笑了，"说得对。"

"大金字塔书写的信息，嗯？这会让你在家里很出名。"

"如果你拿给朋友看，就不会好起来。这是一个游戏！"另一个人说。

"我想他们说得对。"Q医生说："也许我不应该写书面许可给你。"

"你的意思是要拿回它？"

Q医生点头，她把它还给他。"你希望我大声读给你吗？"他问。

"我能记住。"

Q医生给她另外写了一些东西，是伯连内拉的两位真正的精神分析师的名字。他对那里没有沟通分析师感到遗憾。"你回家后，去见他们中的一位吧。"他建议她。

几周后，他收到了安布尔的来信。

"我很感谢每个人给予我的时间。我离开时，已经感到99%被治愈了。我的情况好转了，我已经克服了主要问题。我觉得可以靠自己解决其他问题。我父亲也不再像以前那样能威胁到我了，我不再害怕他死掉。3年来，我的性生活第一次回归正常。我看起来很好，也感觉很好。有时我会低落，但可以很快恢复。我已经决定遵照你的建议去见X医生了。"

这个故事展示了脚本分析师的思考方式。一次面谈加一次团体治疗取得的效果非常令人满意，因为患者很好地利用了她获得的许可，并尽量从中获益。

G. 治愈

很明显,安布尔并未获得永久治愈。然而,她获得的脚本对立主题显然具有疗效,并极有可能使她永久受益。尽管结果令人满意,但这仅仅是副产品。脚本对立主题的真正目的是赢得时间,这样患者才能更深入地挖掘他的脚本装置,改变最初的脚本决定。因此,如果患者的"父母"催促他赶快"杀死自己",气馁的"儿童"回答"好的,妈妈",治疗师就会告诉他"不要这样做!"。治疗师给出这个简短的对立主题是希望在关键时刻,患者也能听到治疗师的声音,抵挡住自杀的诱惑,这样患者才能从死亡的边缘被拉回来。缓刑时间在治疗中需要好好利用。帕特之所以想死,是出于他童年时的决定,现在他赢得了足够的时间,可以通过做另外一个决定来废除现在这个决定。

随着他逐渐摆脱"父母"设定的程序,他的"儿童"越来越自由。某一时刻,在治疗师及自己"成人"的帮助下,他能够彻底摆脱脚本,上演自己的戏剧,全新的人物,全新的角色,全新的剧情和结局。一个人改变了他的性格与命运时,便获得了脚本治愈,从临床的角度,他也获得了痊愈,因为随着再决定,他的大部分症状都消失了。这种变化可能会当着治疗师和其他成员的面突然发生。他不再是病人或患者,而是带着某些伤残和弱点的健康的人,此时,他能更客观地面对这些不足。

这个过程就像受伤的腹部手术成功后的变化。起初几天,患者是逐渐取得进步的病人,他每天可以走得更远一点,坐得更久一点。大约五六天后,他行走的能力大为改善。现在他成了拥有一些恼人障碍的健康人:可能有些虚弱或腹部疼痛。他不再满足于取得进步,而是希望摆脱这种状况。他的障碍也不再具有严重的后果,只是有些令人厌烦,他希望尽快摆脱,以便回归美好的世界继续生活。这种变化可能在一夜间发生,就像他突然发生了转换。脚本分析时的"跳出来"也是如此:第一天是患者,第二天就成了

第十八章 治疗中的脚本

渴望前行的真实的人。

娜恩与父母住在一起。她父亲是一位职业患者,每月因为抑郁可以从政府机构领取救济。她被父母养大,追随父亲的脚步。但18岁时,她开始对这种毫无乐趣的生活感到厌倦。她参加了6个月的团体治疗,之后的一天,她决定痊愈。

"我怎样才能痊愈?"她问。

"关注自己的事情。"治疗师回答。

接下来的1周,她参加团体时的穿着明显不同,思维方式也发生了很大变化。她曾经很难关注自己的情绪问题,总是关心父亲的问题,不过现在已经做得越来越好了。当父亲状态不好时,她不再跟着状态很糟。同时,她切断了母亲为她设定的程序,即"人生是痛苦的挣扎,和爸爸一起待在家里"。她做出了自主的决定,脱掉了"精神分裂症患者之女"的制服[2],穿上了女人的衣服。她回到大学,和很多人约会,并被同学们评为"女神"。所有这一切都是在告诉她,"人生根本不是痛苦的挣扎,除非你愿意把生活过成那样。停止挣扎,开始生活吧。"在这方面,她也做得很成功。[3]

— 注 释 —

[1] 医生的责任是为了治好患者尽可能尝试每一种方法。或者通俗地说,"患者的健康比医疗会议上一张张噘起的嘴所说的教条更为重要"。

[2] 我没有足够的知识可以精确描述女性的服装,但我看到时可以感觉出来。她的穿着似乎是一种对身体的否认。"我是精神分裂症患者"的制服像是对身体的一种讽刺。

[3] 这种变化绝非偶然,因为团体中的另一患者也做出了相似的决定,在同一天"跳出来"。假若她们没有决定跳出来,很有可能成为长期患者,对人类做出的主要贡献便是在既厚又复杂的病例报告中再添一笔。

第十九章

关键的干预

A. 最后的展现通路

除非患者通过声音或动作明显表达，否则治疗师无法得知患者头脑中发生了什么。一般来说，每种自我状态都在寻找自己向外界表达的最后通路。在一个经典案例中，布莱迪被询问："你的婚姻怎么样？"她傲慢地回答："我的婚——姻；很完——美。"当她这样说时，她用拇指和食指按住自己的婚戒，同时交叠起双腿，开始晃她的右脚。然后有人问："这是你自己说的，可你的脚在说什么呢？"布莱迪听罢惊讶地低头看自己的脚。另外一个团体成员接着问："你的右手正在对你的婚戒说什么呢？"布莱迪听后开始哭泣，最后讲出丈夫会喝酒，还会打她。

当布莱迪对沟通分析更精通时，她可以讲出这三种回答的起源。"我的婚姻很完美"是由傲慢的、不愿屈服的"母亲"说出的，它控制了布莱迪的发声器官。发声器官是"母亲"的最后的展现通路。她的右手由"成人"掌控，它承认她确实且可能永久地嫁给了一个恶棍。她的腿由"儿童"交叠在一起，目的是将丈夫排除在外，然后准备踢他几脚。我使用了被动语态，目的是为了说明她身体的各个部分仅仅是服务于不同自我状态的工具，是自我状态的最后的展现通路（final common pathways）。

最后的展现通路有三种选择方式：分离、排斥或整合。如果三种自我状态彼此分离，互不"交流"，那么每种自我状态都会独立地寻找自己的表达渠道，对其他自我状态的所作所为"无意识（unconscious）"。因此，布莱迪讲话的"父母"并没有意识到"成人"的手指或踢腿的"儿童"。这种表现反映出她真实的生活。在儿童时代，布莱迪不敢真实地表达自己，只敢背着

第十九章 关键的干预

父母做事。如果她被抓住，就会说她（她的"成人"）不知道自己（她的"儿童"）在做什么，借此逃避责任。从临床的角度，这是一种歇斯底里式的表现，"儿童"在做各种令人费解的事，"成人"却说不知道，而"父母"根本不在场。

排斥的意思是对一种自我状态"全神贯注"的能量高于其他自我状态，因此，无论其他自我状态如何抗争，都是这种自我状态在掌控一切。这在团体中的宗教狂或政治狂身上表现得最为明显，排斥的"父母"掌管着全部表达通道（除非它偶尔"无意识地"放弃信仰），以强势的态度欺凌着"儿童""成人"及其他成员。较为缓和的表现见于补偿性精神分裂症患者，为了不进医院或躲避电击治疗室，"父母"将"坏的"、不可靠的"儿童"以及没用的、低能量的"成人"全部排斥在外。这同样反映了当事人童年时的状况：只要父母在场时，他就不敢主动采取行动，父母不会让他独立处理问题，自己发展。

有序的人格中会发生"正常"的排斥，即一种自我状态在其他自我状态同意后进行掌控。例如，在工作时间，"儿童"和"父母"同意"成人"掌控。作为回报，"儿童"被允许在聚会时掌控，"父母"被允许在家长会等场合掌控。

整合的意思是三种自我状态共同表达，比如在艺术作品中，以及为人们提供专业治疗时。

声音与姿态是常见的最后的展现通路。在了解整合时，声音最具有价值。很多女性会用小女孩的声音非常确信地表达很有智慧的观点。这里的整合是由发出"不要长大"指令的"父母"、提供建议的"成人"以及享受被保护的"儿童"共同做出的。这种情况可以被称为"成人化的儿童"或"早熟的儿童"。很多男性会以成人的声音缺乏自信地表达很有智慧的观点。这时，"父母"说的是"你以为你是谁"，"儿童"说的是"我想炫耀一下"，"成人"说的是"我有一些想法，你可以试试"，这种情况可以被称为"儿童化的成人"。此外，"父母化的儿童"（"妈妈说"）和"成人化的父母"（"就是要按这种方法做事"）也很常见。

姿态不仅可以表明哪种自我状态占优势，还可以展现它们的不同亚型。

"控制型父母"会坐得很直,并用手指指向正前方。"养育型父母"会张开双臂,用身体形成一个善于接受的环状。"成人"的姿态是灵活、机警、变化性强的。"顺从型儿童"通过弯曲身体表现退缩(前弓反张①),最终可能导致婴儿的姿态,即尽可能多的肌肉是弯曲的。"表达型儿童"是开放的姿态(角弓反张②),尽可能多的肌肉是舒展的。前弓反张发生时,人会哭泣;而角弓反张发生时,人会大笑。即使弯曲一根手指,比如食指,也会使人产生不安全感和退缩感;相反,即使只是伸展食指,也会使人感到自信与开放。如果用食指固执地指向前方,就会产生"父母"的感受。这种感受就像在自己与即将靠近的人或思想之间设置了一道无法穿越的屏障。

换句话说,"儿童"通常掌控不随意肌③的运动,"成人"通常掌控随意肌的运动,特别是大肌肉的运动。而"父母"掌控态度,或者是屈肌与伸肌间肌紧张的平衡。

这一切都清晰地表明,最后的展现通路由头脑内部的对话选择或分配。简单来说,自我状态间存在四种可能的对话:三种两者间的对话(P－A、P－C和A－C),一种三者间的对话(P－A－C)。通常,我们会将"父母"的声音区分为"父亲"和"母亲",如果有其他"父母"式人物插入,情况将变得更加复杂。每种声音都伴随一套独特的"姿势",由特定肌肉和身体区域参与。无论对话是什么,结果都会通过各个最后的展现通路得以表现。更确切地说,最后的展现通路最终只有一种,它要么主导,要么获得了其他自我状态的同意,要么经过了整合,而其他受挫的自我状态的表达必须另辟他径。

---

① 神经学术语,一种身体向前弯曲的痉挛形式。——译者注
② 神经学术语,指项背高度强直,使身体仰曲如弓状。——译者注
③ 不随意肌指没有意志参与的、不能随意活动的肌肉。——译者注

第十九章　关键的干预

B. 头脑中的声音

上面提到的声音究竟有多真实呢？布洛伊尔（Breuer）[①]差不多在100年前就发现了不同的自我状态（各种相互独立的意识状态），但并没有深入探究。同一时期，他的同事弗洛伊德深信愿望可通过视觉表象呈现，因此他人生的大部分时间致力于此，而忽视了心灵的听觉部分。即使是率先提出"头脑中有自我的两个部分间对话"这一思想的费德恩也忽视了真正的声音，认为对话是以视觉形式呈现的（例如，在梦中）。在这方面，弗洛伊德的主要贡献在于，他提出在梦中听到的声音与词语代表了在清醒生活中听到的声音与词语。

前文已经提到，沟通分析在实践中总结的临床经验是"儿童"的愿望由视觉形式呈现。而患者会怎样处理这些愿望，以及最后的展现通路会如何呈现他的结局，皆由听觉表象决定。听觉表象即为头脑中的声音，由头脑内部的对话导致[1]。对话在"父母""成人"和"儿童"间进行，它并非处于"无意识"领域，而属于前意识领域，也就是说，很容易被带入意识层面。我们发现头脑中的对话的台词取自真实生活，即那些曾被真正说出来的语言。治疗的效果与此类同。因为患者行为的最后的展现通路由头脑内部的声音决定，因此可以通过向患者头脑内输入其他声音来改变患者的行为，也就是治疗师的声音。如果在催眠状态下进行，可能并不有效，因为催眠并非真实情境。相反，如果在清醒状态下进行，可能会更有效，因为最初的声音也是在患者清醒时植入脑中的。巫婆或食人魔父母对孩子大声喊叫，使他们进入恐慌状态除外，因为这属于创伤事件。

随着治疗师从不同患者那里越来越了解头脑中的声音，他在将声音与行为的最后的展现通路相结合方面越来越有经验。他逐渐发展出准确判断

[①] 奥地利精神病学家，代表作品《癔症研究：1895》。——译者注

的能力，通常在患者听清自己头脑中的声音前，他已经极为迅速、准确地听到了。如果他提出一个敏感的问题，可以观察到患者这里抽搐、那里紧缩以及表情的变化，仿佛听录音带，倾听到患者"头颅内的对话"。第十四章B部分提到的梅布尔，在听母亲讲话时做出的一系列反应就是一个示例。

治疗师一旦理解了这一切，接下来的任务就是给予患者倾听的许可，以及教他们如何听到从童年开始便一直存在的声音。为了完成这个任务，他需要克服几种阻抗。患者可能有被禁止听到"父母"的指令，例如，"如果听到头脑中的声音，你就会变疯"。或者她的"儿童"很恐惧将要听到的内容。或者她的"成人"更愿意不去理会控制她行为的人，从而维持自主的幻觉。

很多"行动派"治疗师会通过特殊的技术巧妙地揭示这些声音。使用这些技术时，患者能够出声表达，于是他自己和听众都能显而易见地听到一直存在于他脑中的对话。格式塔治疗师常用"空椅"技术，即患者从一个椅子移动到另一个椅子，扮演自己的两个部分。心理剧治疗师提供经过训练的助手，助手扮演某个角色，患者扮演另一个角色。观看或阅读此类治疗，很快就会发现每个角色的台词其实来自不同的自我状态或同一自我状态的不同方面。自患者非常年幼时，它们之间的对话便开始在患者的脑中运转。不过，几乎每个人都在某些时候对自己嘀咕过这些对话，因此就算不使用这些特殊技术，患者也具备很好的发掘脑内对话的能力。通常来说，第二人称的短语来自"父母"（"你应该"等），第一人称的短语来自"成人"或"儿童"（"我必须""我为何"等）。

患者在一些鼓励下可以很快觉察最重要的脚本指令，并向治疗师进行报告。这些指令以说话的方式存在于患者脑中。之后，治疗师必须请帕特做出筛选，丢掉不具适应性的、无用的、有害的或具有误导性的指令，留下具有适应性或有用的指令。更好的情况是他能够使帕特与父母友好地"离婚"，拥有全新的开始（即使是友好的离婚也包括愤怒的阶段，就如大多数离婚，即使最后的结局是友好地分离，但开始时仍会愤怒）。这意味着治疗师必须给予帕特不遵守"父母"指令的许可，这样他才能自由、自主地按自己的方式做事,而不是反叛或遵从脚本。

更简单的方法是给患者服用一些药物,如甲丙安酯、吩噻嗪或阿米替林。这些药物可以减弱"父母"的声音,从而减缓"儿童"的焦虑或抑郁,"使患者感觉好些了"。但这样做有三个缺点:第一,这些药物会使整个人变得迟钝,包括"成人"的声音;第二,它们使心理治疗更难精准,因为"父母"的声音很难被听清,这样就会掩盖脚本指令;第三,由于"父母"的禁令被暂时屏蔽,患者可以随意使用在治疗中获得的许可,一旦停药,"父母"通常会全力反击,报复"儿童"趁"父母"不在时的擅自妄为。

C. 许可的力度

作为一种疗法,沟通分析立足于这样一种假设,除了握手,治疗师与患者没有任何身体接触,仅靠语言与动作也能产生疗效。如果一位沟通分析师认为某位患者最好获得一些身体上的接触,他会建议她参加舞蹈课程,这是一种唤醒感觉的团体,或称"许可课程"。许可课程是由接受过沟通分析培训的人举办的,并严格按照治疗师的处方行事,而非将自己的理论与需要强加给患者。因此,沟通分析师可能决定:"这位患者需要拥抱,但我不能给他拥抱,不过我仍旧可以为他提供精心策划的治疗,同时介绍他参加许可课程,处方就是获得拥抱。"或者,"这位患者需要通过舞蹈以及与他人的非正式接触放松下来,我不开设舞蹈课程,因此需要将她转介至许可课程,处方是跳舞。"

许可课程也是以团体的方式工作,患者并非得到单人拥抱或单人舞蹈练习。所有患者同时做相同的事,教师留意每个人的特殊需要,并加以关注。(患者不是必须在相同时间做与他人相同的事。教师只是如此建议,每个人可以按照自己的意愿自由做事——这便是他在这个课堂上获得的许可。不过,他们通常很喜欢参与其他人的活动,因为这正是他们童年时缺失的部分。)

Q医生为了了解参加许可课程的感受如何以及可以学到什么，也参加了一个许可课程。当教师建议"所有人坐在地板上"时，他脑子里的声音是"我的'儿童'和'成人'同意接受你让我坐在地板上的建议"，于是他坐到了地板上。他的"父母"去哪儿了？他的"成人"和"父母"之前已经同意，在"成人"的掌控下，"儿童"高兴做什么就做什么，除非事情"太过分"，例如，变得太性感。他的"儿童"确实受到了些许激发，但"父母"还没有必要出来，因为"成人"对一切都掌控得很好。这也让我们些许了解了许可发挥作用的方式。

许可对脚本分析来说是最具决定性的干预，因此有必要尽可能清晰地理解许可发挥作用的方式，并在不同情境下抓住每个机会对它观察与了解。

当杰德已经从"父母"那里获得了做某些事的许可后，就不需要再有内部对话了。这与许可的字面含义也是一致的。许可就像许可证。一旦某人拥有做某事的许可证，他就不再需要在每次想做这件事时都去报告。只有他滥用许可证且太过分时，才会收到当局的警告。当然，有些父母天生就是"督察员"，即使他们发放了许可证，仍会监管一切。头脑中带着这种"父母"的人会很拘谨、急躁。

一个人如果拥有做某事的禁令，一旦他开始做这件事，对话就会启动。在较为严重的脚本中，"父母"被激活，说："不行！"在威胁式脚本里，"父母"说："当心！"在较温和的脚本中，"父母"说："你怎么会想做那个？"这些话都是真实生活中父母会说的话。之后，"儿童"打算做这件事而调动起来的能量被"父母"接管，他用这些能量来约束"儿童"。"儿童"调动的能量越多，"父母"占用的能量就越多，因此"父母"也更活跃。在这种情况下，如何给予"儿童"做某事的许可呢？如果外人说："让他做吧！""父母"就会感到惊慌，然后发出更强的禁令，"儿童"无法独自违抗。外人也可以通过鼓励或施加压力引诱"儿童"，使他做出违抗禁令之事。可一旦做了，仍旧活跃的"父母"就会跳出来，引发"宿醉"现象，即"儿童"拥有太多自由后就会像酗酒者饮酒一样，产生内疚情绪和躁郁型抑郁症。

第十九章　关键的干预

当"成人"贯注的能量不足或不起作用时，就会产生上述情况。事实上，"成人"是有效干预"父母"与"儿童"的唯一力量，所有治疗性干预都有赖于"成人"。"成人"似乎可以从外界获得许可，调动自身的能量，也就是说，"成人"可以经由外界为自身充电。然后，"成人"便可以置身于为"父母"和"儿童"调解的位置。他也可以对抗"父母"，给予"儿童"自由做事的空间。如果之后"父母"反对，"成人"也有足够的能量反对"父母"。

"父母"和"儿童"的关系也可能与上述情况相反。"父母"不仅可以攫取"儿童"的能量来反对"儿童"，也可以给"儿童"传递能量，挑唆"儿童"。因此，"坏""父母"不仅可以通过指令造就"坏""儿童"，也可以给"儿童"提供能量去做"坏"事情。沟通分析师借由再抚育治愈的精神分裂症患者对这种现象很熟悉。再抚育时，"成人"必须发挥功能，当被丢弃的"父母"再次激活时，"成人"要有足够的能量与之对抗。

之前已经提到，正向许可，或称许可证，是治疗师或"成人"说："让他做吧！"负向许可，又称释放，是治疗师或"成人"争辩说："不要再朝那个方向推他了！"

因此，治疗中的关键因素是首先引出患者的"成人"。如果治疗师与"成人"可以结盟，就可以利用这个联盟反抗"父母"，给予"儿童"许可：既可以做出禁止之事，也可以拒绝"父母"的挑唆。之后，帕特的"儿童"仍旧需要面对充满能量的"父母"。如果"儿童"接受的是正向许可（"如果你愿意，你可以和丈夫体验性高潮"），"儿童"可能已经将能量消耗完，虚弱到无法抵抗惩罚性的"父母"的地步。如果接受的是负向许可（"你不必喝醉以证明你是个男人"），"儿童"会非常紧张、急躁，可能会对给予他反抗的许可的人感到怨恨。处于这种受挫、脆弱的状态中，患者对"父母"的讥讽毫无抵御之力。在这两种情况下，都需要治疗师保持有空状态，以保护"儿童"反抗"父母"的惩罚或嘲笑。

现在我们可以有一定把握地讨论治疗当中的"3个P"，它们决定了治疗的效果。3个P分别是力量、许可和保护。治疗师必须给"儿童"违反"父母"

禁令及挑唆的许可。为了有效地发出许可，治疗师必须感到有力量：并非无所不能的力量，而是足够应对患者的"父母"的力量。给予许可后，治疗师必须仍旧感到足够的力量，患者的"儿童"也要相信治疗师拥有足够的力量帮助他抵御"父母"的愤怒，给予他保护。（这里使用的"力量"一词既适用于男性治疗师，也适用于女性治疗师。）

黛拉（第三章）的案例是一个简单的示例。她喝酒时会暂时丧失意识，在这期间会有毁掉自己的危险。（1）"如果我不停止这样喝酒——"她说（"成人"）："我就会毁掉自己和孩子。"（2）"是的。"——Q医生回答（"成人"），与她已经发挥作用的"成人"对接。（3）"所以你需要停止喝酒的许可。"（2）"我确实需要。"（"成人"。）（6）"好的！（4）那么停止喝酒。"（"父母"对她的"儿童"）（5）"当我紧张时，应该做什么呢？"她问（"儿童"）。（5）"给我打电话。"（"成人"的程序。）

她这样做了，结果很好。这里的沟通是：(1) 引出"成人"，或一直等到"成人"激活；(2) 与"成人"建立联盟；(3) 陈述你的设想，看"成人"是否同意；(4) 如果一切都很清楚，给予"儿童"违背"父母"的许可，该许可必须使用清晰、简洁的祈使语气，不能包括"如果""并且"或"但是"；(5) 为"儿童"提供免于接受后果的保护；(6) 通过告知"成人"一切都没有问题给予强化。必须说明的是，这是Q医生第二次尝试给予黛拉许可。第一次是她的"儿童"做出了回应，而非"成人"："但是如果我感到紧张，想喝酒时应该做什么呢？"Q医生一听到"儿童"说出的"但是""如果"和"并且"，就知道患者没有接受许可，因此他终止了该计划，转向了其他内容。这一次她说："当我紧张时，应该做什么呢？"因为这句话中没有"如果""并且"或"但是"，他认为她已经做好准备接受许可了。Q医生发出的许可也是非常有力量的，因为他也没有使用"如果""并且"和"但是"。需要注意的是，他并没有依照号码次序完成六个步骤，而是根据情况对上述六个步骤进行了调整。

总结一下。(1) 许可意味着放弃"成人"想放弃的行为的许可证，或者说是解除消极行为。(2) 力量意味着对峙的能力。使用"如何"和"但是"无法向"儿童"展示力量。任何包含"如果"的许可都不好,因为它包含了条件或威胁;包含"但是"也不好,因为许可被条件化、被局限、被削弱了。(3)力量意味着在这段时间内,患者可以拜访治疗师,在需要时再次使用他的力量。治疗师的保护力既体现在他的声音中,也体现在他所说的内容中。

图18展示了有效给予许可的三个步骤。第一组箭头AA,代表引出"成人"。第二组箭头PC,是许可本身。第三组箭头PC,代表治疗师保护患者的"儿童",反抗被激怒的"父母"。

羞怯的治疗师试图驯服愤怒的"父母",就像羞怯的牛仔试图骑上一匹弓背跃起的野马,十分不适合。如果他被摔下来,就会把罪责加在患者的"儿童"的身上。

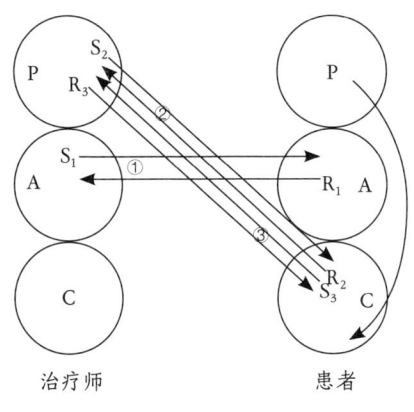

①力量
S_1 治疗师(A):我可以给你许可。
R_1 患者(A):我需要。

②许可
S_2 治疗师(P):我给你许可。
R_2 患者(C):我接受。

③保护
S_3 患者(C):我害怕。
R_3 治疗师(P):你不会有事。

④强化(未展示)
S_4 患者(A):我不会有事?
R_4 治疗师(A):是的,你不会有事。

图18 许可沟通

D. 治愈患者与取得进步

赫伯特·O.亚德利(Herbert O. Yardley)描述了他在第一次世界大战期间承担的一项长期、乏味、痛苦的工作——在不懂日文的前提下破解日文密码。他的助手之一做了如下的梦:

人生脚本——改写命运、走向治愈的人际沟通分析

> "我沿着海岸走,不得不背着一袋极其沉重的卵石。这让我十分疲惫。只有我做到下面的事,才能得到一些缓解:每当我在海岸上发现一块与我背着的相同的卵石,才能丢到背着的那块。"

这个美丽的梦境显示出一个词一个词地破译密码的艰辛。同时,我们也可以将这个梦作为患者"取得进步"的比喻。脚本分析师试图剪断束缚,使患者立刻放下全部负担,以最快的速度感到自由。毫无疑问,较为缓慢的"一块一块石头"的治疗体系使治疗师对自己的所作所为更有自信,但是脚本分析师有更大的自信,他们越来越可以找到关键所在,使患者立刻放下负担。这样做并没有什么损失,因为在患者变好后,我们也可以从丢弃的袋子里一块一块地看那些石头,做与精神分析治疗师相同的事。"取得进步式的治疗"口号是"只有彻底被分析,你才能痊愈",而"治愈患者式的治疗"的口号是"先痊愈,之后如果你愿意,可以再分析"。这与戈尔迪之结[①]的问题相似。很多人都试图解开这个结,因为预言说解开这个结的人将成为亚洲之王。但亚历山大大帝到来,用剑劈开了这个结。其他人大声抗议,认为他不应该以过度简单的方法解决这个难题。但他确实完成了任务,也确实获得了奖赏。

换言之,治疗师既可以是植物学家,也可以是工程师。为了查明情况,植物学家会进入矮木丛,俯身查看每一片叶子、每一朵花和每一丛草。那时,饥饿的农民说:"但我们急需在这片土地上种庄稼。""多等一会儿——"植物学家说:"你不能催促这样的大工程。"工程师说:"这些矮木丛怎么会长在那儿?我们需要改变排水系统,这样就可以清理这片土地。我们只需要找到河流,建立一个适合的水坝,全部问题就解决了。毫不费力。"但如果"饥饿的农民"正是渴求情感的患者,他就会说:"噢,但我爱那片矮木丛,在检查完每片叶子、每朵花和每一丛草之前,我宁愿饿着。"植物学家使事

---

① 一般指戈尔迪乌姆之结,希腊神话中的一个难题。——译者注

情好转，工程师解决问题——如果患者允许。因为植物学是一门科学，而工程学是改变事物的方法。

— 注 释 —

[1] 聋儿和盲童的情况一定有所不同，但到目前为止，对在这两种残疾状况下脚本如何发生，我们还一无所知。

第二十章

三个个案分析

A. 克鲁尼

克鲁尼是一位31岁的家庭主妇,Q医生从她18岁起便与她相识,当时他对脚本分析还知之甚少。第一次来见他时,她感到害怕、孤独、尴尬和脸红。她给他的印象是一个天使的灵魂从天堂来到人间,寻找可以寄居的身体,等在克鲁尼的体内安顿下来后,她感觉有点失误。她认识的人很少,没有朋友。她以傲慢和挖苦的方式对待学校的男生,使他们避之不及。她也有超重的问题。

她第一次的治疗主要基于结构分析,以及游戏和脚本的一些基本概念,不过已经足够有效,她结了婚并生了两个孩子。5年后她再次回来接受治疗,原因是在与外界的社交方面存在问题,而且她认为这对丈夫不公平。让她困扰的是,为了放松下来,她会在聚会上喝很多酒,然后做一些疯狂的事,例如,敢把衣服全部脱光。在那次治疗中,她也取得了足够的进步,她可以参加聚会而不过度饮酒。尽管在社交场合她仍不开心,但已经能够与人交谈,并对此满意了。

之后又过了大约5年,她再次回来。这次她决定痊愈而不只是取得进步。5次团体治疗和2次个体治疗后,她请求再进行一次个体治疗。那次,她悄悄走进办公室,草草地关了下身后的门,然后坐下来。Q医生关上了门,也坐下来。然后发生了以下对话。

克:我一直在想你上周跟我说的话——你说我应该长大。你以前也
告诉过我,但我听不进去。我丈夫也给了我长大的许可。

Q：我没有说长大。我也不认为我对任何人说过这样的话。我说的是你拥有成为女人的许可，这两者非常不同。长大是取得进步，而成为女人则意味着你的"成人"发挥作用以及你已经痊愈了。

克：喔，我丈夫说刚结婚时，他需要我依赖他，但现在他不需要我再这样做了，所以我也拥有他发出的成为女人的许可。

Q：你丈夫怎么变得如此明智？

克：他也来过这儿，至少从精神的层面。我们会讨论这里发生的事，他从中学到了很多，所以他理解。

Q：你母亲很像你丈夫，她也需要你。

克：正是这样。她需要我依赖她。

这让 Q 医生很困惑，因为向克鲁尼发出指令的是母亲的"父母"，她告诉克鲁尼要依赖她，克鲁尼也将这一指令带入婚姻。但如果脚本理论正确，应该还存在来自母亲的"儿童"的非常重要的脚本控制。正当 Q 医生仔细考虑时，克鲁尼转变了话题。

克：你总是提到我的臀部，我们知道在卫生间一定发生过一些事，不过我无法回忆起来。

Q：嗯，我想到的是一个很常见的场景。小女孩进入客厅，母亲正和她的朋友们在一起，她的尿布掉下来了，所有人都说："好可爱啊！"

克：是的，这事在我身上发生过。

Q：然后小女孩很尴尬、很脸红，可能屁股都红了。更糟的是，之后大家更有兴趣了，说："快看这个！真是太可爱了，吼吼吼。"

克：当时我确实是这样感受的。

Q：这与你在聚会上脱光衣服有关。这是你知道的与人建立关系的一种方式。

这时，Q 医生在黑板上画了如图 19a 所示的图。（沟通分析师通常会在墙上挂黑板，需要时，他们会在黑板上画这样的图。）

Q：这个图展示的是你的"儿童"与丈夫的"父母"之间的关系。你长大后还是这样。你母亲的"父母"需要你依赖她，你的"儿童"服从了。所以你可以看到，你的婚姻就是如此，丈夫填补了母亲的位置。

克：是的。我跟他结婚就是因为他很像我母亲。

Q：对，不过你母亲的"儿童"也一定会参与进来。

克：哦，是的。每当发生一些令人尴尬的事，或者我们当中的某个女孩做了她认为淘气的事时，她总是笑。然后会说："不过这不是很糟吗？"

Q：她是先笑，然后说"这不是很糟吗？"；还是先说"这不是很糟吗？"，然后再笑？这很重要。

克：哦，你的意思是她的"儿童"先出来，然后再对她的"父母"道歉；还是先用"父母"说话，然后再让"儿童"出来。

Q：是的。

克：我知道你的意思了。好吧，她先笑。

Q：噢，那就是她希望你做她不能做的事，这让她的"儿童"很开心，不过接下来她不得不向她的"父母"道歉。这正是你做的事，你总是向自己的"父母"道歉。你为了妈妈而淘气，然后又会不断地说："我该怎么处理我的内疚情绪？"这就像你妈妈的"儿童"鼓励你做一些事，之后，她的"父母"又会介入来制止你。

克：是的，我知道。但我要怎样处理内疚感呢？

Q：与你母亲"离婚"。关注自己的事情。处理自己的问题而不是做她的小丑。让她自己去淘气，如果她感到不安，那是她的问题。

第二十章 三个个案分析

克：我的姨母也是这样。

Q：所以现在让我们在图上画一个箭头，你妈妈的"儿童"鼓励你的"儿童"调皮。（图19b）然后她的"儿童"很高兴并笑了起来，之后她的"父母"出来说："这不是很糟吗？"不过现在还缺什么，你的父亲应该也参与了。

克：我知道他是怎么参与的。他总说我是懦夫，做不成事情。他说他自己也是懦夫。当他生病痛苦时，就会呻吟，然后说："我是一个懦夫，我忍不了了。"

Q：嗯。那我们把这一点也填到你的脚本图中。（图19c）回到上面，我猜你父亲的"父母"一定告诉你要勇敢，下面的"儿童"却告诉你的"儿童"最后你们都会成为懦夫。你母亲的上面告诉你什么？

克：做一个乖女孩，人们就会喜欢你。

克鲁尼主诉害怕他人。因为她不知道如何跟陌生人谈话，她宁愿跟孩子一起待在家里，也不愿参加聚会。她父母在社交方面同样感到焦虑、尴尬。脚本矩阵（图19c）涵盖了所有这些要素。

1. PP：母亲的"父母"说："做一个乖女孩。"（训诫）
2. CC：母亲的"儿童"说："做淘气的、令人尴尬的事。"（挑唆）
3. AA：母亲的"成人"向她示范如何在社交上做一个尴尬的懦夫。（榜样）
4. PC：母亲的"父母"指责她淘气。（禁令）
5. PP：父亲的"父母"说："要勇敢。"（训诫）
6. CC：父亲的"儿童"说："我们都是懦夫。"（引诱）
7. AA：父亲的"成人"向她示范如何做一个懦夫。（榜样）
8. PC：父亲的"父母"指责她懦弱。（禁令）

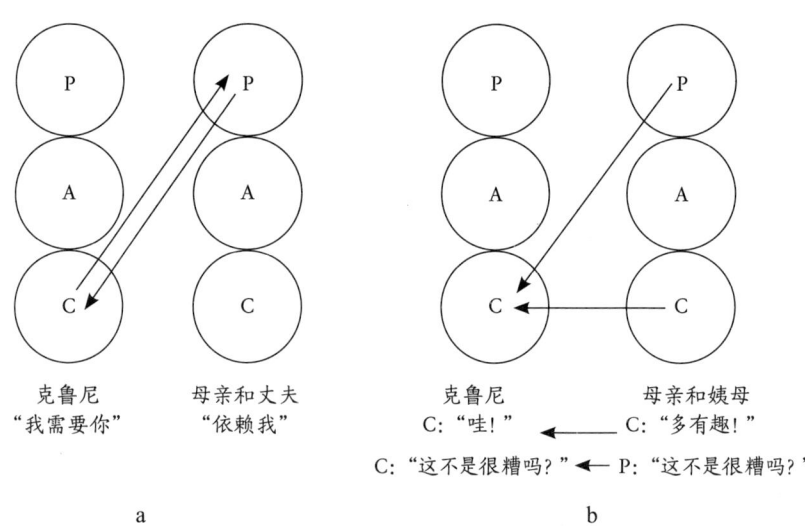

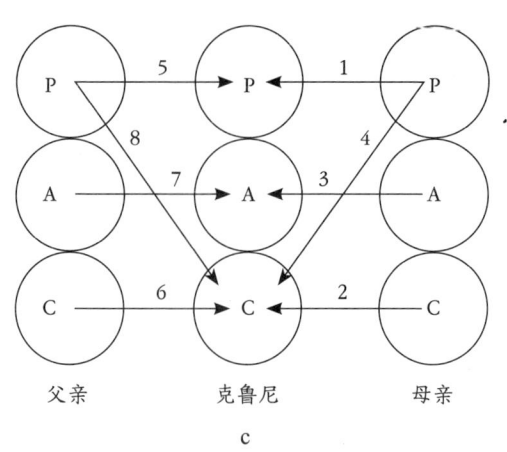

图 19 克鲁尼的脚本矩阵

在这个脚本矩阵中,父亲和母亲发出的脚本指令基本相同。他们双方都向她示范了如何做一个懦夫,并都使她感到内疚。因此,当她恐惧时,找不到可以支持她的人;当她内疚时,找不到可以倾诉的人。这正是她感到孤独的原因。但母亲的"儿童"很有胆量,因此克鲁尼拥有冲动地做有胆量的事的许可,比如脱光衣服,因为她知道(或曾经认为)母亲真正的想法是觉得那很可爱。但当父母的"父母"出现时,她又要遭受痛苦。

克:虽然以前我们也谈过父亲,但在这张图里,这是我第一次真正看到我父亲在做的事。现在我真的理解了。

Q:要了解父亲对你的影响,一次时间肯定不够。

克:是的,我理解了一部分,其他方面我还需要再想想。

Q:嗯,下周之前你可能也无法完全理解,不过不用急,我们还会再谈的。

　　我还想说一件事。我们看到你的"儿童"是怎样调皮的,以及你的"父母"是怎样让你内疚的。你也看到妈妈和丈夫之所以让你维持在"儿童"的状态里,是因为他们需要你这样。这就是说,你其实只是他们脚本中的玩偶。不过,我猜,你自己也对这种关系做出了50%的贡献。问题是,在所有这一切中,你的"成人"去哪了?

　　今天发生的一件事是,你进来后,半关上了门。你既没有留着门让我关,也没有自己关。

克:但那是你的门。

Q:但这是你的面谈。我为什么需要有门呢?

克:这样,等候室里的人就不会偷听到我们的谈话。

Q:好吧,那你希望他们偷听你吗?

克:呵呵呵,可能我希望。

Q:是啊,这是你的治疗,因此从这个层面来说,这是你的门。

克:是的,但我不敢承担这种事。

Q医生没有回应这句话。他正在思考。如果她很自信、直接,要么会走进来让他关门,要么会自己关上门。而她只有一半"成人",因此关了一半门。从社交层面看,如果她让他关门,感觉自己不太淑女,但要自己完全关上，又感到恐惧或尴尬，因此做了妥协。作为一个"乖女孩"，她做出了关门的动作，而作为一个差不多的女人，她让他完成关门的任务。从心理层面，情况又有所不同。她羞于在团体里开口发言，但她的"儿童"又想这么做，甚至希望通过半开的门被"偷听"，特别是在隔壁没有人可以偷听她的情况下。这一切其实都在"暴露自己"这一主题之下，不过这些游戏可以之后再处理。这一天的内容对她来说足够多了。最后，他说：

Q：不管怎样，这是你的"成人"可以出现的地方：决定你想做什么，关上门还是开着门。好吧，下周同一时间见。

这次治疗是多年工作的顶峰。克鲁尼第一次到来时，医生对脚本的了解还很有限。现在他对这一主题有了更多了解，也非常感兴趣。克鲁尼对自己的了解也更多了，在丈夫的帮助下，她也做好了痊愈的准备。她丈夫是脚本分析的爱好者，也通过二手知识成了精明的脚本分析师。对克鲁尼的治疗总体来说很困难，进展迟缓。她经常没精打采、非常哀伤，总是从医生那里寻求安慰。她会问医生一些很难回答的问题，如果他无法给出恰当的答案，她就会恼怒；如果他尝试给出恰当的答案，她又会玩"是的，但是"的游戏。这一次，她很有活力，接受性很好，思维灵活。坐在椅子上时，她倾身向前，而不是整个人下垂无力，治疗师也是如此。他们都用快速、生动的方式讲话。她的"儿童"不再悲叹，而是朝着痊愈的方向取得了进步，她的"成人"也可以自由地倾听与思考。她愿意去了解自己的父亲，而不是将Q医生看作自己的父亲。这也使她能够倾听Q医生的"成人"，而不是将他看作控制型"父母"。她从拥有"木脑子"的患者转变为带有一些问题（例如，"如何表达自己"）的真正的人。她对自己的人生一直都在失去控制，这周是她第一次"跳出来"。

她现在的情况允许她客观地从躯体方面审视自己的脚本，其中臀部扮演着非常重要的角色。它通过她脸红的"儿童"，控制着她如何落座，如何行走，她恐惧什么，她想做什么，以及他人的"儿童"会如何回应她。这个层面的问题属于"儿童"的"儿童"，精神分析将其称为"无意识"。因此，她与父母之间还有许多早已被遗忘的记忆等待挖掘，这些记忆涉及与臀部有关的恐惧、渴望及关心。挖掘这些记忆需要"成人"对治疗进行掌控，这样她才能应对与羞愧的屁股相关的令人困惑且危险的情绪。

B. 维克托

维克托来治疗时，正与上司卷入严重的游戏。上司是一个玩"现在我可逮到你了"的老手。维克托用"看我多努力""我又犯了""踢我吧"来回应。维克托打算换工作时，他妻子对一位朋友说："他打算尝试一下，看看情况怎么样。"

"我不是打算尝试。"维克托说："我是要做。"

"所以你终于放弃尝试这东西了！"朋友说。

维克托讲起这桩逸事时，Q医生说："这么说，你现在获得成功的许可了？"

"不是我获得了成功的许可。"维克托回答："我获得的是停止'尝试'的许可。"

"这是怎么回事？"Q医生问。

"我母亲总是说：'要一直尝试，如果不成功，也没关系。'因为我了解火星语，所以可以看到我的'儿童'将其翻译为'不要成功，最好回家和妈妈在一起'。因此，我需要摆脱尝试，说做就做。我现在已经是大男孩了。对了，你能介绍在纽约的治疗师给我吗？"

Q医生因为某些事犹豫了，不过为患者介绍他所去城市的治疗师是一个惯例，因此他从精神科医生名录中查找，并给了维克托两个东部医生的姓名和地址。

"你会把我的档案或你的记录寄给他们吗？"

这一次，Q医生听从了自己的直觉，回答说："除非他们要，否则不会。"

"为什么？"

"因为现在你已经痊愈了，理应把这一切抛在脑后。如果再出问题，你可以自己告诉他们发生过什么。"现在他知道哪里有问题了。维克托脱离了上司和Q医生，但他的"儿童"早已处于东部两位精神科医生的保护之下，从这个层面来说，他放弃了一部分新近艰难获取的自主。

"我的建议是，把那张写着两个名字的纸烧掉。"

"不过，无论怎样，我都会记得的，所以我还是把它放在钱包里带着吧。"

"烧掉它。"

"一个仪式。"维克托说。

"是的。这是你的'成人'告诉你的'儿童'，你可以舍弃他们，独自取得成功。"

维克托看着他，Q医生知道他在想什么（"我会试试"）。

"烧掉它。"他重复道。

维克托笑了。这次治疗结束了。他们站起来握手，这是维克托治疗的结尾。

C. 简和比尔

简和比尔来见Q医生，要求参加团体治疗。他们已经参加沟通分析团体（他们称为TA小组）大约有1年的时间了。在这期间，他们与几位治疗师一起工作过，也参加过四五次"马拉松"团体。他俩对这些经历心怀感激，因为这让他们更亲密，同时产生了很多有益的结果。很明显，他们在结婚3年后仍然彼此相爱，对2个孩子也充满喜爱之情。

"从你们上次参加团体至今多久了？"Q医生问。

比尔看着简。她对他微笑，并回答："我们大约是1年前停止的。"

"那么，你们为什么又想重新开始呢？"

"还有很多事情可以改善。"比尔说："我大部分时间的感觉都很好，但我希望所有时间都感觉良好。"

"这是相当难的。"Q 医生说。

"嗯，我可以说得更具体些。"比尔继续说："我的工作是销售珍品书籍，这其实是一个与人打交道的工作。我参加 TA 小组前，压根儿没想过我可以做一个销售，现在我不仅是一名销售，还是一名优秀的销售。如果在压力下，我的'成人'仍然能够处于掌控状态，我会做得更好。例如，我认为我应该加薪。现在我每个月挣 800 美金，是我这辈子挣钱最多的时候，也是第一次我们想买什么就可以买什么，而不是捉襟见肘。"

"但在只有两三个员工的小公司要求加薪并不是一件容易的事，我认为老板也不情愿给我加薪。但我熟悉业务，工作效率高，理应加薪。2 年前，我根本无法说出这样的话，但我现在坚信如此。问题在于如何在关键时刻让我的'成人'保持警醒，而不是让'儿童'接手，开始玩游戏。我也知道老板在期待什么，因为他有自己的游戏。因此我要么用搞砸的方式要求加薪，失败后愤怒恼火，要么直接用斩断游戏的方式邀请他与我坐下，想想我的价值。"

"我想我真正需要的是针对脚本做更多工作。我父亲是一个酒鬼，母亲也是，因此我总是有一个失败的脚本在幕后潜藏着。这正是我仍然偶尔出错的原因，我想终止这些。所以我希望更好地了解自己的脚本，并获得更好的许可。这可以作为我们的工作契约吗？"

"我还不确定。"Q 医生说："还有更具体的吗？"

"我仍然比自己最理想的情况喝得多。"比尔说。

"那从对抗'酒鬼'的契约开始怎么样？"Q 医生建议："这有助于我们进入你的脚本，也能增强你的'成人'。"

"听起来是一个好的开始。"比尔说。

"你想从团体治疗中获得什么，简？"

"我希望我的'儿童'更自由、更富有创造力。我是实验室技术员,现在我仍在兼职,但自从参加X医生的团体后,我开始写作,并做得不错。我想做得更好。我有很多来自巫婆母亲的指令,我的'儿童'仍旧恐惧,这对我有妨碍。另外,我时常需要安抚以保持快乐,我在获得安抚方面也可以做得更好。"

"给我讲一个你做过的梦。"Q医生要求。

"我曾经做过极度恐怖的梦。你知道,童年时,我有几年时间是在伦敦躲避炸弹和寻找防空洞中度过的,我只见过父亲一次,那期间他正在休假。不过,现在我已经开始做美丽的梦了,飞舞与翱翔,还有美丽的色彩。"

"看起来,X医生对你们两个人都做了非常好的工作。"Q医生说:"你们为什么想来参加我的团体?"

"他的确为我们做了很多。"比尔说:"不过快结束时,我们似乎进入了瓶颈期,我们认为你可能对我们有一些新的想法。我们距离完美仍然很远。我们都从青蛙起步,现在简已经成为公主,而我还需要学习成为王子。"

他这么说时,简微笑了,那确实是一个属于公主的美丽笑容。不过,简仍留有战争神经症的残余。她听到大的声音时不再恐慌了,但思路还会受到干扰。因此,对她来说,他们同意将契约制订为治愈残余的恐惧。这也将进一步释放她具有创造性的"儿童",这正是她的主要目标。另外,这也有助于她与孩子在一起时更加自在,相应地,孩子也会更加自在。Q医生确信X医生也会同意这些内容,因此着手获取他们两个人的精神科及医疗档案,作为进入团体的准备。

这个案例表明了沟通分析的方便性。简和比尔以及他们的各位治疗师都讲相同的语言,因此他们从一位治疗师转到另一位治疗师时,不会对进展速度产生任何明显的妨碍。尽管他们都是第一次见Q医生,但在向他解释目前解决了什么、还希望解决什么时,毫无困难。他们也知道难点在哪里,并能够使用三个人都懂的简单语言进行阐述。

进入团体后,他们能够向其他患者准确地解释他们的情况,其他患者也能理解他们讲述的内容。通过倾听别人，简和比尔也了解了每个人进展的程度，以及未来发展的方向。第一次团体会谈主要进行了这些内容。之后，他们做好了与其他患者进行更个人化交流的准备。其他患者很快在比尔身上找到了酒鬼"父亲"的踪迹、简的"巫婆母亲"的影子，以及其他一些重要内容。所有这一切之所以可能发生，皆是因为每个人都使用相同的、简单的语言，并且在他们使用同一个词语时，意味着相同的含义。最有用的语言是幼儿园的孩子根据自己的经验都能懂的最基本的语言：父母、成人、儿童、游戏、许可和脚本。（无法理解"脚本"的孩子可以理解"你打算怎么过你的人生"。）

第五部分

对脚本理论的科学探讨

第二十一章

对脚本理论的反对

许多人从自己的角度出发反对脚本理论。这些反对能够得到越好的回应，脚本理论的有效性就越具有说服力。

A. 精神层面的反对

有些人直觉式地认为脚本理论不合理，因为它违背了人类是具有自由意志的生物的理念。他们厌恶脚本理论，因为它似乎将人类简化为毫无生命力、无法决定自己命运的机器，最极端的情况就如条件反射理论一样。出于相同的人道主义原因，他们也不喜欢精神分析理论，因为它将人局限在封闭的、受控制的能量系统中，能量只有少数几种输入与输出渠道，没有考虑到人的神性。他们是从道德的角度反对达尔文自然选择理论的人们的后代，在他们看来，自然选择将人类生命过程简化为机械的过程，没有考虑到自然母亲的创造性。同样，他们也是觉得伽利略放肆无礼的人们的后代。不过，这些反对出自对人类尊严的仁爱，因此必须给予适当的考虑。对此的回应（如果你愿意，也可以称为辩解）如下：

1. 结构分析并不妄图解答关于人类行为的**所有**问题。它陈述了关于人们可观察到的社交行为和个体内在体验的一些观点，这些观点是合理的。它并没有，至少没有正式地涉及关于人类自我的本质的讨论。结构分析理论有意避开这一主题，使用了自由贯注的概念，指的是自我停留的地方，而将关于人类自我的本质的整个研究领域留给了哲学家、玄学家、神学家和诗人，由他们从其各自的角度去探究。结构分析无意侵犯这些领域，也期望获得研究人类本质及自我本质的人们同样的尊重。它没有闯入象牙塔、大教堂、诗人的便笺或法庭，也不希望非自愿地被拉入这些领域。

2. 脚本理论并没有假设人类所有行为皆由脚本决定。它为自主性留出了很大的空间，实际上，实现自主正是它的理想目标。脚本理论陈述的是，相对来说，较少人获得了完全的自主，或者只有在某些特殊的情况下才能够获得完全的自主。它的全部目标就是提高自主这一无价的奢侈品，并且提供了一套提高自主的方法。为了实现这个目标，首要任务是区分真自主与假自主，这便是脚本分析要完成的工作。它直言不讳地指出了人类的枷锁，但不应该受到那些热爱自己的枷锁或者选择忽视自己的枷锁的人侮辱。

B. 哲学层面的反对

这种反对包括超验①与存在两个方面。脚本分析将父母的指令看作必须完成的事情，执行指令是多数人存在的目的。如果哲学家说："我思，故我在。"脚本分析师则会问："是的，但你怎么知道应该思考什么呢？"哲学家回答："是的，但这并不是我说的意思。"由于他们双方都在说"是的，但是"，恐怕争论到最后也没有结果。不过，中间包含的误解很容易澄清。

1. 脚本分析师只处理现象，不会闯入超验论者的研究领域。脚本分析师说的是，"如果你停止用父母命令你的方式思考，并开始用自己的方式思考，你会思考得更好"。如果哲学家反对，说他已经在用自己的方式思考了，脚本分析师会告诉他，这在某种程度上是一种幻觉，更进一步说，这是一种他无法承受的幻觉。哲学家可能不喜欢这种说法，但脚本

---

① 指超越普通人实际经验的事物。——译者注

分析师必须坚持他所知道的。就像精神层面的反对者一样，这种冲突源自哲学家的不喜欢以及脚本分析师的知识。除非哲学家愿意更认真地审视自己，否则冲突无法平息。

2. 脚本分析师说："执行指令是多数人存在的目的。"存在主义者会反对："但我使用目的这个词时，指的并不是这个意思。"脚本分析师会回答："如果你发现还有更好的目的，请告诉我。"他的意思是，只要一个人满足于执行父母指令，就不会开始思考并寻找更好的人生目的。脚本分析师提供的是获取自主的方法。存在主义者接下来会说："好，但我的问题是得到自主后，你会拿它做什么？"脚本分析师回答："对于这一点，我并没有比你更了解。我知道的是，一些人由于在生活中拥有了更多的选择，因此没有像另外一些人一样，过得那么痛苦。"

C. 理性层面的反对

理性层面的反对是："你自己说，'成人'的功能是做出理性的决定，也说每个人都有'成人'可以做决定。但怎么又说决定早由'儿童'做出了呢？"

这一点问得很好。决定分为不同等级，最高等级的决定是遵循还是不遵循脚本。在做出这一决定前，其他所有决定都无力改变一个人最终的命运。决定的等级如下所示。(1) 遵从还是不遵从脚本。(2) 如果遵从脚本，是什么脚本？如果不遵从脚本，可以做什么？(3) "永久性"决定：结婚还是不结婚，生孩子还是不生孩子，自杀还是杀人，是否变疯，辞职还是被开除，抑或获得成功。(4) "工具性"决定：娶哪个女孩，生几个孩子，如何自杀，等等。(5) "暂时性"决定：何时结婚，何时生孩子，何时自杀，等等。(6) "权宜性"决定：给妻子多少钱，送孩子去哪所学校，等等。(7) "紧急性"决定：参加聚会还是在家做爱，打儿子屁股还是批评他，今天去观光还是明天去，等等。在决定等级中，每一等级的决定都受制之上所有等级的决定，下位等级与之上各等级相比，重要性微不足道。不过，所有等级的决定都会直接导致最终的结局。不论结局是由脚本导致，还是由当事人的自主决定，这些决定都会促使他更高效地实现结局。因此，从终极存在的角度说，在做出第一等级的决定前，其他任何决定都不是"理智的"，它们只是虚假的、被理智化的、"被控制的"决定。

"但是——"理性主义反对者说："脚本并不存在。"

因为这是一个理性的反对者，他这样说并不仅仅是出于对脚本理论感到紧张，因此我们需要不厌其烦地解答。这也是我们对脚本理论做出强有力的推论的机会。首先，我们会问他是否已经仔细阅读过本书；接下来，我们会为他提供最有力的论据，他可能会被说服，也可能不会。

假设脚本不存在。那么，（1）人们就不会听头脑中告诉他应该如何做的声音，或者就算他们可以听到，也可以永远不受干扰、独立行动（既不服从，也不反叛）；（2）有许多声音告诉他们应该如何去做的人（例如，在多个收养家庭中长大的人）与一个在稳定家庭中长大的人一样对自我肯定；（3）吸毒、酗酒的人或萎靡的嬉皮士不会感到受到某种无法控制的内部力量驱使，走向一种明确的结局；相反，他们会觉得这是自己独立自主的决定。如果并非如此，他们会感到"内部力量"是一种无法去除、难以通过心理学方法改变的推动力。

如果所有这些假设均成立，或者只有其中一项成立，也许都可以证明脚本不存在。但临床证据表明，所有这些假设都不成立，因此脚本是存在的。

D. 教义层面的反对

教义层面的反对主要来自两个方面：宗教的反对和精神分析的反对。从宗教的视角来看，脚本似乎属于宿命论或类似宿命论的范畴，与自由意志相对：长老会对犹太教，罗马天主教对基督教科学派，等等。观点上的差异常常如人们所说，超出了科学探究的范围。

精神分析的反对是一种诡辩式的反对。作为一种学说，脚本分析并非与精神分析毫不相关,而是对精神分析的扩展。就因为如此,脚本分析被某些人看作反分析的"异教"。不是具有不同信仰的"异教",而是同一教义之内的"异教"。

为了对某些精神分析师提出的反对加以讨论(通常由想在精神分析取向的诊所或医院做脚本分析的医生提出),我们有必要理解"反分析"的含义。

脚本分析师完全同意弗洛伊德的学说,只是希望根据另外的经验做一些补充。正统精神分析与脚本分析在观点上的差异是焦点之一。事实上,脚本分析师比正统分析师"更弗洛伊德"。例如,本书作者不仅重复与验证了弗洛伊德提出的一些观察,在死本能方面也与他持有相同意见,另外还提出了强迫性重复的普遍性。因此,他被称作"反弗洛伊德"的。他也认为,简短的词比长词更能简洁、中肯、易懂地表达我们对人类心灵的理解,因为弗洛伊德的术语总是被错误地使用,掩盖了事实,弗洛伊德本人恐怕都不同意。为此,他被称为"反分析",他并没有做什么,只是表达了这样一种主张。脚本分析师也相信潜意识,不过在处理正统分析师不太适合处理的案例时,他们也强调意识,弗洛伊德本人也有过如此的论述。另外,脚本分析师也没有假装在做精神分析,因为他们做的并不是精神分析。(精神分析式治疗不等于精神分析,大多数做精神分析式治疗的治疗师试图遵循精神分析设立的规则时当然会不妥当,并阻碍治疗的进展。)因此,脚本分析可以被称为"类弗洛伊德"式治疗,却不能被称为反分析式治疗,因为它当然没有反对弗洛伊德式治疗。

从教义层面,对脚本理论的另一种反对是,它并没有新意:只是将阿德勒的生活风格换了一件时髦的外衣,或者只是荣格原型理论的另一个版本而已。事实是,事实就是事实,智者自明。终究是脚本理论验证了他人的话,还是他人的话验证了脚本理论,这并不重要。弗洛伊德在阐述梦的理论时,用了79页(我手头的版本)来总结先驱的观点,他们当中的很多人都做过"精神分析式"的陈述;达尔文只写了9页,但也引用了他之前许多人做出的"进化论式"的陈述。然而,陈述的语句再多、再准确,也无法构成一个理论。脚本理论的关键在于结构分析，如果没有自我状态理论，即"父母""成人""儿童"自我状态，就算有再多与脚本相关的观点与陈述，也不是脚本理论。科学领域任何一个分支的任何一种理论，必须有其结构部件才名副其实，否则它们只是纸牌搭成的房子，看起来很美，却缺乏支撑，无法经受任何一点窘境，除了自身的重量外，它们无法承担任何东西。

脚本理论相对于先前理论的优越性，就像阿拉伯数字相对于罗马数字的优越性，具有相同的原因：基本要素更便于操作。假想一下，一个罗马建筑商要给你开一个包含50个项目的账单，首先列出的是MCMLXVIII座楼群，每个楼群又列出LXXXVIII奥波勒斯①，会是怎样一种情况。现代承包商使用更方便的数字要素，不足半小时便可以完成全部工作，之后就可以用省下来的时间思考建筑问题，而无须受这些罗马数字毫无意义的干扰。

在实践中，教义层面的反对大多源自弗洛伊德所说的"科学家对学习新事物的厌恶"。不过，这个问题已经不像他所在的年代那样普遍了。他记录了他人对梦的理论的反应，"那些所谓的'梦的研究者'基本没有关注它……对我的批评者，我唯一可能做出的回答是：再仔细阅读一遍本书。也许我的要求应该是完整地阅读本书。"改良飞机并非是对怀特（Wright）兄弟的诋毁，同样，改良精神分析也不应是反分析。

E. 经验层面的反对

在这方面，我们只讨论对脚本分析最常见的反对，它可以概括为：如果人们的命运是由父母设定的程序决定的，那么来自同一个家庭的孩子为什么会有不同的结局？

我们做出的第一点回应是，同一个家庭中的孩子并不总是不同的。在有些家庭中，他们彼此不同；在另一些家庭中，他们彼此相同。在很多案例

---

① 古希腊的一种银币。——译者注

中，所有兄弟姐妹全部成功、全部酗酒、全部自杀或者全部罹患精神分裂症。这种状况常常被归结为遗传，如果兄弟姐妹的情况各不相同，就会把基因学家推向复杂的境地；然后他们就可以从孟德尔学说①出发，进行争辩，但除了自说自话外，无法做出更有实质意义的解释。自我决定论者处于相反的境地：他们可以有力地解释兄弟姐妹之间的不同，却无法解释他们之间的相同。脚本理论可以泰然自若地应对这两种情况。

　　这里应该讨论的是父母的脚本，因为后代的脚本是父母脚本的衍生物。孩子之间彼此不同，就如灰姑娘与同父异母的姐姐不同一样。继母的脚本需要她的孩子成为输家，继女成为赢家。另外一个广为人知的童话主题是两个聪明的哥哥原来是笨蛋，而愚笨的弟弟原来才是最聪明的（他们的妈妈自始至终都知道这个秘密，因为这正是她的设计）。相反的情况是，罗马的格拉古（Gracchi）兄弟②同样富有才华，同样热衷于民众的利益，最后的结局都是被暗杀。无论尼俄伯（Niobe）有5个、10个、15个还是20个孩子（取决于谁来数），所有孩子都会由于她的"骄傲与陨落"脚本获得同样的结局。③母亲的脚本可以使她养育的10个男孩全是警察（光荣！），或全是强盗（得到它们，小伙子们！），或者5个警察和5个强盗（你和他打起来！）。如果有10个孩子，一个精明的女人在实现上述计划方面也毫无困难。

---

① 经典遗传学，是G. J. 孟德尔（G. J. Mendel）根据豌豆杂交实验的结果提出的遗传学中最基本的定律，包括分离定律和独立分配定律。——译者注
② 指提比略·格拉古（前168年—前133年）和盖约·格拉古（前154年—前121年）两兄弟，他们是前2世纪罗马共和国著名的政治家、平民派领袖。他们分别当选前133年及前123年、前122年的保民官，并各自在任期内领导了一场改革。由于改革触犯了保守势力，而先后在保民官任上被杀。——译者注
③ 尼俄伯是古希腊神话中的女性人物之一。为自己7个英俊的儿子和7个美丽的女儿而自豪，并在保育、哺乳女神勒托面前夸耀，并激怒了勒托，最后所有孩子都被杀死了。——译者注

F. 发展层面的反对

从发展的角度对脚本理论的反对主要集中于婴儿性心理危机与青少年同一性危机方面。

1. 关于第一方面，脚本并不否认本能驱力或早年创伤。相反，它对此持赞同意见。脚本理论没有探讨性幻想的起源，但从人际环境的视角探讨了性幻想的展现。它提出本能驱力（或称性幻想）既可以被允许自由游戏，也可以被压抑、扭曲或升华。从长远的角度看，性幻想服务于更高一级目标，它展现的时间、力度和模式皆遵循脚本要求，弗洛伊德称之为"宿命强迫（destiny compulsion）"。也就是说，脚本指示他，"只要你能收集到足够的点券，为最后的结局找到合理的理由，你就可以做你喜欢做的事"。因此，脚本理论并非行为主义。它并没有假设人们所做的一切或多数行为是"条件反射"的结果，而是说脚本要求人们在关键时刻服从指令。在其他方面，他则可以遵从自己的喜好，自由地去任何地方，做任何事情。

2. 有些青少年确实彻底摆脱了脚本，变得非常自主。而另一些青少年只是反叛（遵从父母发出的反叛指令），他们以"萨迈拉之约"[①]的方式实现了脚本的悲剧：想越快远离父母设定的程序，其实越是靠近遵循它的方向。有些青少年会暂时摆脱脚本，但之后又会再次沉浸在乏味的绝望中。这一时期的"同一性混乱"其实只是坏脚本的表现。埃里克森认为，同一性混乱的青少年正在反抗母亲，最后母亲会败下阵来。脚本分析师

[①] 来自一则古老的阿拉伯寓言，大意是一个仆人在巴格达的集市上遇见了死神，看见死神朝他装鬼脸，吓得他魂不附体，赶返家中求主人赐他一匹马，然后往萨迈拉方向逃去。主人随后到集市见到死神问道："你为何吓唬我的仆人？"死神回答："我没有吓唬他，我只是做了个诧异的反应——他怎么会在巴格达出现？因为今夜，他与我在萨迈拉有约。"——译者注

的观点与此相反：他们是在与母亲交战，但最后母亲取胜了。她的儿子并不是置她不顾，成为游手好闲之人，而是没有获得违抗她的命令而取得成功的许可。因此，治疗的方向并不是将他带回母亲身边做一个乖孩子，而是给予他脱离母亲、做正确之事的许可。

G. 临床层面的反对

从临床的角度，对脚本理论最常见的反对是，只处理患者意识层面的信息，并不能实现精神分析式治愈。这很正确。但是，

1. 潜意识成为非常流行的概念，因此很容易被高估。也就是说，如今很大一部分被称为潜意识的东西并不真的属于潜意识，而属于前意识。一些患者为了取悦寻找"潜意识"素材的治疗师，会将前意识的信息虚假地报告为潜意识。通过向患者提问，可以很容易找出答案："它究竟是潜意识，还是模糊的意识？"真正的潜意识信息（例如，最初的阉割恐惧和最初的俄狄浦斯愤怒）就是潜意识，并非模糊的意识。因此，处理意识材料的脚本分析师涉及的心灵领域比很多人料想的广阔得多。无论怎样，脚本分析师如果具备处理潜意识信息（原始的阉割恐惧及俄狄浦斯愤怒的衍生物）的能力，没有任何人会阻止他这样做。他会这样做，当然是因为正是这些经验构成了患者脚本的基本草案。

2. 人们普遍认为似乎存在某种法规，赋予了精神分析师界定"治愈"的无上权力。事实并非如此。即便果然存在此种法规，精神分析师也会处于困境，因为他们对治愈的定义（差不多是结束治疗的同义语）并不清晰，而且彼此没有达成一致意见。他们的标准通常可以总结为一种实用性陈述，例如，"当患者的症状消失，可以正常地工作与爱时，便获得了治愈"。但这种陈述也适用于精神分析之外的疗法。脚本分析至少也可以达到精神分析的这种标准。

第二十一章 对脚本理论的反对

总体来说，对脚本分析持反对意见的人有两种。第一种是理论家与临床医生，他们虽然对脚本理论存疑，但无论在何地，都可以与他们礼貌地交谈，他们会思考脚本分析理论，正如脚本分析师会思考他们的理论一样。他们会认真、客观地阅读彼此的文献。第二种人是处于行政职位的人，他们有时会阻碍年轻医生才智及职业的发展，特别是精神科住院医生，有的人真的会公然禁止他们在工作中使用脚本理论。他们当中有些人没有受过良好的教育、脾气暴躁、不讲道理、带有偏见，我们对他们无话可说。但有些接受过高等教育、充满善心且心胸更为开阔的管理者和督导师也会这样做。他们大多是训练有素的精神分析师。为了他们着想，我们需要指出弗洛伊德也是一个受脚本支配的人，这是一个他公开承认过的事实。他的英雄榜样来自军队，他非常崇拜波拿巴①。他做出的隐喻通常也来自战场，使用的一些词语也是如此。他的宣言正是他在有关梦的书上的题词，我的这本上写着"Flectere si nequeo Superos，Acheronta movebo"，大概可以被翻译为"假若我不能统治天堂，我将复活地狱"，他确实这样做了。他"神秘"且"强迫"地认为自己会在51岁死去，这是一个典型的脚本预言。弗洛伊德的父亲的座右铭是"事情总会好起来"，这也是弗洛伊德信奉的训诫，他的书信透露了这一点。他在提到自己的"朝廷"（亚伯拉罕、费伦齐、兰克和萨克斯——"一屋子君王"）时，经常引用他的英雄拿破仑的话，而拿破仑正好死于51岁。

---

① 19世纪法国军事家、政治家拿破仑的姓。——译者注

第二十二章

方法论的问题

A. 地图和地域

如果我们说,脚本遵循童话故事或与之匹配,就有可能犯普洛克路斯忒斯(Procrustes)①的错误。治疗师会过早挑选一个童话,然后拉伸或砍短患者,使他与这个童话匹配。普洛克路斯忒斯现象在所有行为科学中都很普遍。科学家先有一个理论,然后拉伸、缩减或增加数据使它符合该理论。有时,他们还会忽略潜在变量和不符合理论的数据,甚至会以站不住脚的理由操控数据,使它们更好地符合既有理论。

普洛克路斯忒斯现象在临床医生开会时表现得异常明显,由于没有既定要符合的理论,大家更可以随意推测、脑洞大开或发表正统的、权威的见解等。为了减少曲解或强词夺理的现象,每个人开会时都应该准备两个背景相似的案例,最好一个是患者,另一个没有任何明显的精神疾病。看到"个案背景"如此相似的两个人,一个功能良好、富有成效,另一个却罹患精神疾病,真是一件不可思议的事。换句话说,某个人成长在与精神分裂症患者一样的环境里,却没有变成精神分裂症患者。需要指出的是,大多数工作会议都基于一个未曾言明但一直存在的假设:患者有病,我们的任务就是证明他有病,然后发现他为何有病。如果反过来,会议可能更加有趣:患者没病,我们的任务是证明他没病,并发现他为何没病。

在普洛克路斯忒斯现象中,信息被拉伸或砍短以符合假设或诊断。而

---

① 古希腊神话中的一个强盗。他开设黑店,拦截过路行人。他特意设置了两张铁床,一长一短,强迫旅客躺在铁床上:身矮者睡长床,把身体与床拉齐;身高者睡短床,用利斧把旅客伸出来的腿脚砍短。——译者注

在独角兽现象中,假设和诊断被拉长或砍短以配合不符合理论的数据。因此,在超感知觉实验中,如果被试的正确率不理想,他该次对卡片的猜测就会与前1次、前2次、前5次或前10次的卡片做对比,或者与下一次做对比,直到他的猜测与卡片状况相符合。然后,实验者就会宣称心灵感应具有延迟或提前显现的特性。这种说法可能正确,也可能不正确,但最有可能存在谬误。预言过史上最严重地震的算命先生也是如此,他占卜说大地震将于1969年发生,但那并没有发生,他说他可能弄错了数字顺序,真正的日期应该是1996年;或者这只是他对1699年发生过的一次大地震的前世记忆。1699年的哪次地震?当然是在拉包尔①的地震。好吧,拉包尔几乎每天都在发生地震,并且每年都会有一场比以前更严重的地震。或者,他重新体验到的是1693年意大利发生的大地震?这样,他就整整回溯了300年,只是差了6年而已。谁会为了仅有的2%的失误争论不休呢?

如果脚本分析师想用科学、客观、真正好奇的态度探究他们想探究的主题,就必须摈弃普洛克路斯忒斯现象和独角兽现象。这其实很难做到。事实上,尽管我已经在竭力避免,本书也一定会出现这两种状况。脚本是一个复杂的概念,尚处于初步发展阶段,完全避免确实很难。精神分析理论从安娜·O.的案例中发现宣泄疗法已近百年,仍会经常出现这两种情况。普洛克路斯忒斯是社会学的守护神,而独角兽则是心理学的守护神。

那么,前进的最佳方法是什么呢?一位对沟通分析的临床应用感兴趣的牙医罗德尼·帕因(Rodney Pain)医生给出了答案,他也是一名飞行员。他将验证脚本理论的问题类比为地图—地面的问题。一名飞行员看着他的地图,他看到一根电线杆和一座筒仓。然后他看向地面,确实看到了电线杆与筒仓。他说:"现在我知道我们在哪里了。"但其实他迷路了。他的朋友说:"等一下。地面上有一根电线杆,一座筒仓,还有一个井架。在地图上找找这几样东西。""好吧。"飞行员说:"电线杆和筒仓确实有,但井架没有,他

---

① 巴布亚新几内亚的一座城市。——译者注

们可能漏掉了。"朋友说:"把地图给我。"他浏览了整个地图,包括飞行员忽略的地方(他自以为是地忽略了)。朋友发现在距离标出路线32千米以外的地方,确实有一根电线杆、一座筒仓和一个井架。"我们不在这儿。"他说:"不在你用铅笔做记号的地方,而是在那边。""哦,抱歉。"飞行员说。这个故事的寓意是,要先看地面,再看地图,而不是反过来。

换句话说,治疗师首先要倾听患者,获得脚本情节,然后再查阅安德鲁·朗格或史蒂斯·汤普森的著作,而不是反过来。这样,他就可以看到可靠的匹配,而不只是突发奇想地获得了一个好点子。之后,他可以根据童话故事对患者的发展进行预测,并不断从患者身上获得验证(而不是从书上获得验证)。

B. 概念网格

沟通分析是一张相互交织的网,富含相互关联、彼此相容的各种概念,无论走向哪个方向,都会有有趣和有帮助的发现。不过,它与逻辑性很强的理论仍有很大不同。

下面是一个案例的节选,曾在旧金山沟通分析研讨会上呈现,当时主要用于讨论脚本理论。

一位因性冷淡而前来寻求治疗的女性建议治疗师与她发生性关系。她的母亲教会她如何穿着和表达性感,她的父亲也如此鼓励她。

讨论的目的是试图说明当前的脚本矩阵并不准确。图7呈现了"儿童"的二阶结构,其中,"儿童"中的"父母"(PC)的功能好似植入的电极,"儿童"中的"成人"(AC),则是直觉灵敏的"教授",善于对他人做出判断。报告这个案例的是Z医生,他坚持认为对这位患者来说,PC的功能像是"顺从型儿童",而AC的功能才像插入的电极。他使用她的童年发展史来支持他的假设。其他人根据自己的临床经验,从两个角度逻辑性地发表意见。他们谈到心理游戏、脚本和患者的"自然型儿童"。现有的脚本矩阵是否经得住这番精心准备的攻击呢？Z医生在患者、父亲和母亲之间画的箭头与图7所示的箭头有很大不同。表面来看，Z医生提供了一个很好的案例，可以推翻现有的脚本矩阵，但仔细思考会发现，他的论述有很严重的缺陷。

首先，Z医生在听众的帮助下，试图对PC、AC、"顺从型儿童"和电极做出自己的定义。他及他们一会儿从发展的角度谈论，一会儿从行为的角度谈论，有时运用逻辑学，有时又运用经验主义。有些人提到沟通，另一些人提到游戏和脚本。事实上，他们使用了四个不同的框架，每个框架都有自己专属的语言与方法，他们所下的定义也因此缺乏系统性。第一个框架是结构与交互，包含与"自我"相关的四个关键术语：状态、沟通、游戏及脚本。第二个框架属于确认性的，同样包含四个关键术语，分别是她的行为（提供操作标准）、心理过程（头脑中发出指令的声音）、发展史（她的行为模式的起源）以及她的行为所引发的他人的回应。第三个框架关于自我状态的命名。她的自我状态可以依据心理生物学原则命名为："儿童中的父母""儿童中的成人"等；或者从功能的角度使用形容词进行命名："顺从型儿童"和"自然型儿童"等。他们争论时使用的第四个框架包含两个方面：一面是逻辑学，另一面是经验主义。

如果列出所有框架，结果就会形成一个如下所示的术语网，分为交互性术语、验证性术语、修饰性术语以及方法论术语。

术语网			
交互性	验证性	修饰性	方法论
自我状态	操作的	结构的 （生物学的）	逻辑的
沟通	现象学的	功能的 （描述性的）	经验的
游戏	历史的		
脚本	社交性的		

如果我们从每一列选择一种，连成一条线，很明显，会形成4×4×2×2＝64种可供讨论的路径（我们没有把括号里的计算在内）。除非每个人都在相同的路径上讨论，否则要花费巨大的力气明确定义，才能使各种讨论关联起来：假如20个讨论者朝20个方向讨论，在有限的时间内（例如，较长的晚间时间），使各种讨论关联起来将成为不可能完成的任务。假如一个人在"自我状态—历史—描述—经验主义"的线路上探讨，而另一个人在"游戏—社交—生物学—逻辑学"的线路上探讨，他们的观点都讲得通，但由于思考的角度相当不同，因此无法真正解决他们之间的任何问题。

举一个最简单的例子，假如一个人从结构或生物学的角度讨论"儿童"自我状态，而另一个人从功能或描述的角度讨论，他们之间则无法达成一致。图20可以说明这一点。图20a是对"儿童"进行的结构划分，水平线将"儿童"划分为"父母""成人"及"儿童"的二阶元素。图20b用竖线从不同功能的角度进行了划分，本例中划分为"顺从的""反叛的"和"自然的""儿童"。无论使用哪种方案，线路方向不同，则说明方法不同。如果一个人使用结构式名词，而另一个人使用的是修饰性、功能性的形容词，名词和形容词不属于同一框架，也就是说它们来自的视角并不相同。这种思考方式也适用于网格中其他列的比较。

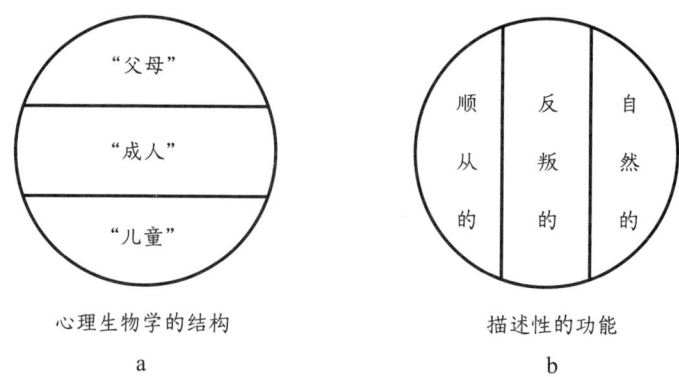

图20 "儿童"自我状态的两种观点

使争论具有合理性及确定性的唯一方法是从网格中选择一条路径,并坚持在这一路径上进行讨论。Z医生被建议进行选择,他决定选择"自我状态—社交—描述—经验主义",选择这条路径无助于解决当下的问题,不过这既然是他的报告,他就有权选择。之后,他的论点并不像起初看起来那么合理;开始时之所以看起来合理,是因为他可以从一条路径自由跳入另一条路径。当他的支持者也依照他的选择讨论时,情况与他类似。换句话说,当允许跳来跳去及各种干扰存在时,一些东西看起来似乎很合理、很有条理,但一旦仔细论证,则不太站得住脚。因此,脚本矩阵的初始版本仍占优势,至少可以持续到下一次准备充分的攻击再次出现时。

因此,在对沟通分析及脚本分析进行争论时,有必要事先说明他在上述网格中的选择,这样争论才能生效。如果随意论述,则会由于松散、曲解或模糊等问题使论述无效。因此,当任何人打算陈述自己的观点时,都要从每一列中选择一项内容作为自己的架构,并在讨论时坚持从这一架构发表观点。否则,无论他的措辞看起来多么可信,都存在方法论的问题,使他的论点经不起客观的推敲。

C. 软数据和硬数据

脚本分析主要是软数据。因为脚本是一种关于人生存在的、投身其中的事,无法通过人为的实验进行研究。脚本结局对当事人具有最为重要的意义。举一个例子,用扑克游戏做实验时,并没有所谓的可靠性。因为当赌注很小时,玩家会用一种玩法;而当赌注很大时,玩家会用另一种玩法。擅于玩高赌注的玩家可能在赌注很小时会输,而擅于玩小赌注的玩家在赌注很高时会感到恐慌。脚本只能在高赌注情况下检验,在普通的、日常的条件下无法检验。例如,针对"你会炸死自己,以保全战友的生命吗?"这个问题,只有在战场上才能真正检验,而所有模拟的结果都无关紧要。

为了提升可靠性,脚本分析的数据大致可以划分为以下几种类型:历史的、文化的、临床的、逻辑的、直觉的、发展的、统计的、内省的、实验的和双盲配对。心理学及社会科学大多在研究人类行为的琐事,对他们来说,这个排列看起来很怪异。不过,在心理治疗师看来,就没有那么怪异了。对精神分析师来说,看起来最不怪异,因为他们是处理很严重的心理游戏及人生结局的人,例如,离婚、自杀和杀人。在秩序井然的社会中,很难通过实验法研究自杀或杀人的问题。

1. 历史数据。自有人类以来,人们就怀疑命运并非可自主决定的,而是由某种外力控制的。这一信念的普遍性要求人们审慎地检验它,而不是将其归结为超自然现象来加以摈弃。

2. 文化数据。上述信念是很多人类文化的根基,它需要被严肃地对待,就像人们严肃地对待人类的经济动机一样。

3. 临床数据。临床数据并不严谨,因为它可以被赋予不同的解释。不过,对那些想否认脚本影响的研究者来说,他们必须接受适当的脚本分析训练,并在临床中有足够的使用后,才能对脚本分析做出评价。对精神分析也是如此。同样地,如果一个人透过显微镜或望远镜进行观察,然后说:"我什么也看不见。"那么除非这个人获得过充分的训练,知道如何操作仪器,否则他的评论根本无法成为对细菌学或天文学的有力批判。

4. 逻辑数据。前面提到过,人们可以被命令要做什么与不要做什么。适当的语言可以鼓励人们酗酒或自杀,同样也可以阻止人们这样做。因此,通过养育,既有可能培养出酗酒者,也有可能培养出自杀者。下面这个问题可以对此加以检验:"你会怎样把孩子培养为自己想要的样子?"拥有"好"脚本的人更愿意回答这个问题,他们的回答通常很可信。拥有"坏"脚本的人不太愿意回答这个问题,不过如果他们回答的话,答案同样可信。

5. 直觉数据。有经验的脚本分析师会做出直觉的判断,之后可以加以验证。例如,"你经常试图同时做两件事,但哪一件也做不好,我推测你

第二十二章 方法论的问题

父母对你有不同的期望,在你可以如何实现这两个期望方面,他们也没有一致意见。也就是说,你的父母并没有向你说明白他们的差异。""情况正是如此。"如果没有验证脚本分析师的直觉,就我的经验来看,要么是诊断者能力不足,要么是个人因素妨碍了他的直觉。

6. 发展性数据。听孩子讲述他们的脚本是最可靠的证据,特别是在可以追踪他们很长一段时间的情况下,我们可以看看他们是否真的执行了脚本。这与具体的职业选择无关("我想成为一名消防员"),有关的是对于最后的结局,他们说了什么("我希望我死掉")。

7. 统计数据。最相关的是之前提到的鲁丁的研究,他探究了童话故事对儿童后来的职业及死亡方式的影响。

8. 内省数据。这是所有标准中最令人信服的数据。人们头脑中的声音自幼年开始便受到压抑,然而一旦人们开始习惯于倾听头脑中的声音,就可以确认这些声音真的是幼年时父母对他们说过的话,这样他们才能意识到自己最重要的行为在多大程度上是父母设定了程序的结果。

9. 实验数据。也许某些脚本元素可以通过实验法检验,但出于前述原因,脚本理论仍旧很难在人类身上通过实验加以验证。不过,我们可以将动物实验的结果在脚本理论的框架下加以推测,就像我们在第三章讨论过的大鼠实验那样。

10. 双盲配对。在一些案例中,督导推测一位学生具有某种脚本,但没有向学生提及,之后该学生被转介给一位治疗师,治疗师与督导一样,也推测该学生具有这种脚本,然后他们将之告诉学生,学生赞同。在这些案例里,两位脚本分析师对当事人都有足够久的了解,掌握了他很多行为的信息。我们可以将其看作硬数据。如果想要系统地使用这种方法,就需要几位脚本分析师听同一段面谈录音,从而推测当事人的脚本。之后,将他们的推测与当事人的人生历程相对照,追踪5年。预实验时,可以听三种面谈录音,分别是自传式面谈、自由联想式面谈以及通过脚本核查表实施的面谈,以确认哪种面谈最有助于获得可靠的脚本数据。这个研究程序最有可能获得硬数据。

目前的迹象表明,在预测人类行为方面,脚本理论比学习理论更软,比社会学和经济学理论更硬,与精神障碍诊断的硬度类似。

第二十三章

脚本核查表

A. 脚本的定义

为了辨别某个系列的沟通是否属于游戏,我们需要关注它是否具有某些特征。如果其中包含骗局、可乘之机、转换和结局,我们就可以确认这是一个游戏。另外,我们还可以对每次沟通进行结构分析,看哪一种自我状态在发挥作用,我们也可以进行临床分析,澄清玩游戏的好处及游戏的开端,这样我们不仅辨识了这个游戏,还理解了这个游戏。我们可以将理解游戏时涉及的内容写下来,制成"核查表",于正式分析时使用。游戏核查表就像游戏的骨架,但只是人体很小的一部分内容。

脚本的骨架可不是很小的一个部分,而是涉及人类从出生至死亡的全过程,甚至是出生前至死亡后的整个过程,因此自然会更加复杂。游戏可以比喻为手腕的翻动,只涉及8块腕骨和另外7块骨头;而脚本则可以比喻为登山旅程,涉及人体全部206块骨头。因此,脚本核查表中的内容比游戏核查表中的内容多得多,但核查表是完整地理解脚本的最容易的方法。

关于脚本,首要问题是如何定义它。只有这样,当脚本出现时,我们才能识别出来。随着每个领域知识的进步,任何定义都会发生变化。游戏理论现在就像一辆制作精良的自行车,在短途旅行时,我们可以放心骑它,无须任何顾虑。而脚本理论则像20世纪90年代的单缸汽车,当需要使用它时,它可能运转正常,也可能不正常。因此怀疑派就会大喊:"牵马来!"(或者至少拿一张躺椅来。)他们可能还会要求传统治疗师手举示警红旗走在脚本分析师之前,告诫怯懦的人们最好离它远一点。

下述定义基于当前的知识提出,目的是将脚本与非脚本进行区分。脚

第二十三章 脚本核查表

本是一个持续发挥作用的程序，年幼时在父母的影响下形成，控制着个体在人生中最重要的事情上的行为。

这个定义中涉及的术语含义如下所示，内容取自常用的词典，另外附有一些说明：

1. 持续发挥作用（ongoing）= 一直前进（韦氏字典）。这意味着不可逆的单行路。每一次前进都与目的地更接近。
2. 程序 = 要遵从的计划或时间表（兰登书屋）。它意味着行动方案、规划与设计，也意味着为执行某种进程而设计的方法（牛津词典），同时，还意味着时间表。计划的原型和梗概可以从童话故事中找到。
3. 父母的影响 = 与父母或等同于父母的人进行的真正的沟通。它的意思是父母会在特定时间用特定的、可观察的行为施加影响。
4. 控制 = 个体必须遵从指令，不过在没有指令的方面，可以自由选择。在某些情况下存在一种特殊指令，"把牌翻过来"，意思是"在这方面，做与我说的相反的事"。这样，当个体"反叛"时，其实恰恰是在遵从脚本。它与"扔掉牌"截然不同，后者才是自主的体现。
5. 重要的事情 = 至少包括结婚、养育孩子、离婚和死亡的方式（如果自己可以选择的话）。

我们可以通过看这个定义怎样界定"非脚本"，从而对该定义做出测试。"非脚本"应该是可逆的行为，没有既定时间计划，在人生较晚时形成，不受父母的影响。这是对自主这一概念做出的相当好的描述，事实上，自主正是脚本的反面。例如，自主的人可以彻底改变他们的内疚、恐惧、愤怒、伤心和无能感，重新来过，而无须匆匆忙忙，使事情越变越糟，他们不会遵从父母的指令收集点券，然后在某些时候用这些点券在结婚、子女养育、离婚和死亡中证明自己行为的合理性。

因此，脚本的定义是排除性的；也就是说，界定脚本的同时也界定了

"非脚本"。这种界定方式十分有价值。如果我们发现一个人在人生中最重要的事情上的行为受到年幼时在父母影响下形成的、持续发挥作用的程序的影响,我们就可以说我们识别了脚本。这个定义可以简化为下述公式,与游戏公式类似,脚本公式是:

$$EPI \to Pr \to C \to IB \to P \quad (脚本公式/S公式)$$

其中,EPI = 早年父母影响(early parental influence),Pr = 程序(program),C = 遵从(compliance),IB = 重要行为(important behavior),P = 结局(payoff)。符合这一公式的行为都是脚本的一部分,不符合的行为都不是脚本的组成部分。每个脚本都会符合这个公式,脚本以外的行为不会符合这个公式。

例如,简单的条件反射是神经系统的程序,不是早期父母的影响(没有EPI);个体会遵从膝跳反射踢腿,但这不是重要行为(不是IB)。如果个体长大后学会社交性饮酒,这属于社会依从,不是成为酒鬼这个程序的一部分(没有Pr),因此也不会对最后的结局——婚姻、子女养育或死亡方式——产生重要影响。如果父母为一个男孩设定了重要程序,希望他长大后成为靠贷款过活的人,但他没有遵从(没有C),那么他的重要行为也不是"脚本性"的。如果一个孩子从一个收养家庭转到另一个收养家庭,他早年的父母影响是不稳定的,因此被设定的程序也很混乱(没有Pr);他竭尽所能地遵从程序,但从未结婚、生育孩子、将人生压在任何赌注之上,或做出任何重要决定(没有IB),因此也不属于脚本。这些例子说明了在真实生活中如何应用公式中的每个元素。膝跳反射不是基于早期父母影响,社交性饮酒不是程序的一部分;靠贷款过活有早期父母影响、有程序,但没有遵从;孤儿没有重要行为。

S公式用于辨识脚本,与第二章介绍的、辨识游戏的G公式类似。需要说明的是,S公式只适用于"脚本式"人物,自主之人的行为无法简化为一个公式,因为他们可以每时每刻基于自己的情况做出自己的决定。实验室中同一种系的小鼠可以通过条件反射被设定某种程序，它们的行为由实验者操控。因此，它们就像机器，受操控员的指挥，与"脚本式"人物相似；不同的是，人是由父母操控的机器。野生小鼠可不同，它们的表现就像"真实"的人，自主决定。放入实验室后，它们拒绝接受实验者的程序，也不反叛，只是独立且自主地行动。

B. 如何验证脚本

如果脚本能被正确地诊断出来，那么某些脚本元素也应该可以按量化的方法加以研究。例如，在所有女性中，拥有红外套者的比例是多少？有多少长发公主[①]真的有一头金色的长发？这些研究具有发生率和流行率的性质，它们真正的价值在于甄别脚本的必要元素，以使脚本诊断更加精确。以小红帽为例，在现有知识下，诊断标准包含以下几条：

1. 在她还是小女孩时，母亲一定差使过她到外婆家去。
2. 她每次去外婆家时，外公一定与她玩性游戏。
3. 长大后，她一定是最容易被指派跑腿的人。
4. 她一定瞧不起与她同龄的男性，而对年老的男性比较感兴趣。
5. 她一定有一种天真的勇气，总觉得如果陷入麻烦，一定会有人来拯救自己。

只有具备这5条，我们才可以做出小红帽脚本的诊断。这样，我们便可以预测，患者会有意结识老男人，并抱怨这些老男人（"下流的老男人"）向她调情，同时会期待有人可以从这些老男人手中将她拯救出来，等老男人们被打败时，再哈哈大笑。不过，这里有很多问题。符合这些标准的所有女

[①] 出自《格林童话》的人物。——译者注

性真的都会花时间在森林里采花吗?她们都拥有红色外套吗?在这个列表里,还可以加入多少条目?又有多少条目不必要——有多少条目可以删去,而不影响预测的准确性?可以预测脚本结局及其他元素最少要有哪些条目的?这些条目间有怎样的相关?所有小时候被外公性引诱过的女性都喜欢在树林里采花吗?喜欢花时间在树林里采花的女性都更容易被差使吗?所有符合这5条标准的女性最终都会成为老处女吗?还是会有短暂的婚姻,然后离婚呢?这样的因素分析对检验脚本分析的有效性十分有益。

小红帽脚本的诊断标准大部分是"主观"的,但有一些变量是客观的。其中之一便是家庭星座。从脚本的角度研究家庭星座,最可靠的方法是寻找"脚本式"家庭。线索之一是用父母或家庭成员的名字给孩子起名。因为很明显,父母期待他们的子女与同名者相似,同时也意味着"我会按照同名者的样子把你养大(为你设定程序)"。如果一位患者按照同名者的情况发展,并来看精神科医生,就可以强化我们关于他受脚本所累的假设。这种情况在精神病患者的案例中其实很常见,为我们提供了研究脚本是否与名字相关的机会。这样的患者可以成为我们研究这二者关系的个案。下文便是一个脚本式家庭的案例。

贝克家族有三个女孩:多娜、蒙娜和罗娜。母亲家有两个女孩:多娜和蒙娜。多娜沿用了母亲的名字,蒙娜沿用了小姨的名字。罗娜出生时,母亲这一方的脚本名字已经用完了,因此她的名字沿用了父亲的妹妹的名字。母亲和女儿这两个多娜已经反复因为同样的违法行为被捕,并住在同一间监狱里。小姨和外甥女这两个蒙娜都嫁给了抛弃她们的男人,在没有父亲支持的情况下独自养育孩子。两个罗娜都讨厌男人,让他们接近,又将他们甩开。因此,两个多娜玩的是"警察与小偷"游戏,两个蒙娜玩的是"谁需要他?"的游戏,而两个罗娜玩的是"性挑逗"的游戏。蒙娜和罗娜(两个女儿)来寻求治疗时,显然都正朝自己的小姨或小姑的结局前进。尽管她们不喜欢这个结局,但感觉很无助,无法通过自己的力量打破脚本。

另一种"脚本式"发展是重复结婚与离婚,次数不仅客观,而且精确可数。一两次离婚或许与母亲的脚本无关，但如果离婚次数增加，临床医生就不得不考量这样一个事实，即母亲离婚的次数越多，女儿追随她脚步的可能性就越大。母亲被捕入狱及酗酒住院的情况与此类似。社会学家认为，入狱及酗酒问题与社会及经济因素相关，但如果我们将酗酒与入狱分开考虑，就很难得出这样的结论。也就是说，将入狱和酗酒问题放在一起考虑，它们可能确实受到"社会经济因素"影响，但当选择存在时，一些家庭选择了酗酒，而另一些家庭选择了入狱。

在这里，我们并不关心患者是否真的触犯了法律或酗酒，因为这些行为并不一定是他脚本的核心。我们想了解的是他的偷窃行为或酗酒行为是否是"脚本式"的，以及他是否会围绕这两种行为玩游戏："警察与强盗"或"酗酒者"。这里的问题是，他是否会为了被捕，偷足够多的东西或喝足够多的酒。职业小偷或饮酒者可能会玩擅长的游戏，成为赢家，富有、荣耀并且快乐地退休，这是一种类型的脚本。另外一种则大不相同，是输家脚本，在监狱或医院告终。在脚本分析中，最重要的不是行为，而是它带来的终极反应与结局，因为这才是对当事人及他身边的人最重要的东西。

另外一个脚本领域是死亡。在这方面，最常见的脚本指针是个体预期或感到被期待在与同性父母相同的年龄死去。父亲死亡的年龄似乎宣判了儿子也要在这个年龄或之前死去，对母亲和女儿来说也是如此。这个说法尽管有些主观，但其中包含了数字，因此更容易检验。更客观起见，我们可以研究人们试图/真正自杀或杀人的年龄与先辈或近亲死亡年龄的关系。之前提过，鲁丁研究了儿童听过的故事（"成就"故事或"权力"故事）与可称为"脚本式"死亡原因之间的关系。他探究了17个国家的孩子在童年期听过的故事类型与后来的死因之间的联系，有许多有趣的发现。

在父母和孩子间，以上提到的所有关系都可以用分类数据计分。一个与某位家庭成员拥有相同名字的孩子是否追随了同名者的脚本；在结婚、离婚、入狱或住院方面，患者是否追随了父母的脚本；他是否预期自己在与父母相同的年龄死去。脚本问题对人类生存具有决定性影响；人生的全部意义都取决于脚本理论是否有效。如果我们是自由的个体，人生是一回事；如果我们将人生大多数时间，或者在最关键的时刻听从了婴儿期或幼儿期父母的指示，并带着可悲的自由意志的幻觉生活，那么人生将是另一回事。为了较有把握地解答这一基本问题，至少需要1万个案例。任何少于这个案例数的解答都只是名义上的科学，而不具备有效的说服力。金赛（Kinsey）[①]作为一名分类学家，研究了高达10万种黄蜂样本；他关于性行为的书至少建基于1.2万个案例。尽管如此，仍旧有很多具有争议的方面。很多临床医生每年至少见100位新患者，1万个案例并不是不可企及的目标，因此非常值得努力。我个人在过去10年里至少见过1万个心理游戏（500周，每周大约见50名患者），这个数字让我对沟通中的游戏理论深信不疑。对脚本理论来说，我们也需要同样多的案例。

鉴于上面列出的研究问题，相关分析的结果可能与脚本理论一致，从而加强它；也可能不一致，从而削弱它。在验证相关时，有必要在本国不同地区以及不同国家进行，另外要考虑进行历史性研究。这样才能确认脚本理论究竟是"人性的事实"，还是只是针对特定地区、特定人群（精神病患者）形成的一种印象。更糟的情况是，这只是一个没有现实依据的好点子而已。

我们需要的正是普莱特（Platt）提出的"强推论"[②]。在有限的时间内，通过与世界上每个人会谈，以验证脚本理论的普遍性，显然是不可能的。但如果它存在错误，在较少的样本（比如1万个案例）里也很容易发现。脚本分析师认为父母施加的脚本程序对全人类都适用，因此它是"人性的事实"，为了做出这个最强的推论，上述所有相关系数在每个大群体中都应该呈高度正相关。

为了帮助临床学家，接下来我们要提供一个"脚本核查表"，由一系列问题构成，目的是通过每个问题来最大程度地引出信息，以便对脚本做出清晰的理解。

[①] 美国生物学家及性学家。——译者注

[②] 一种科学研究的范式，强调需要提出各种备选假设，而非单一假设。——译者注

第二十三章　脚本核查表

C. 脚本核查表简介

为了清晰地理解一个脚本，我们应该理解它包含的每个方面，每个方面的历史，以及各个方面的关联。要实现这个目标，最简单的方法是按照年代顺序逐一回答每个条目。每个条目中都包含了一个提问，这个提问最有可能引出最大量的信息。核查表中附了另外一些提问，可以在澄清某些具体条目时使用。备选提问也包括在内，在主要提问不适用或不好回答时备用。

当前的脚本理论主要产生于1966—1970年的旧金山沟通分析研讨会。很多想法的首创者究竟是谁很难区分，因为那段时间至少有100位临床医生参加过每周一次的研讨会。帕特·克罗斯曼（Pat Crossman）、玛丽·爱德华（Mary Edwards）、史蒂芬·卡普曼、大卫·库普弗（David Kupfer）、I. L. 梅兹利士（Maizlish）、蕾·波因德克斯特（Ray Poindexter）和克劳德·斯坦纳将主要内容发表在《沟通分析通报》（*Transactional Analysis Bulletin*）中。原始思想来自笔者《心理治疗中的沟通分析》一书中一章的内容，后来在其他著作及研讨会中不断扩展。

做一份核查表的提议最早来自克劳德·斯坦纳（伯克利）、马丁·哥罗德（Martin Groder）和史蒂芬·卡普曼（他们两位都来自旧金山）。核查表的作用是作为治疗的捷径，用最快的速度发现患者脚本中的活跃因素，从而帮助他们快速、有效地摆脱脚本。他们提出的列表包含17个最关键的条目。下面这个综合列表中包含了他们提出的这17个问题，另外还包括本书第二、第三、第四部分提到的条目。这个列表共包括220个条目，旨在用于教学、研究以及其他专业目的。之后呈现了数量更合适、更适合日常使用的缩减版。

D. 脚本核查表

为方便起见，提问以时间顺序呈现，把临床观察放在最后。这样，核查表的顺序大部分与本书顺序一致。我们为每个发展阶段设了编号。每个阶段括号中的内容指的是本书第几章。序号中的字母指的是那一章的第几节。例如，第一阶段，父母影响在第四章讨论过，它的标题就是"1.父母影响（第四章）"。提问编号1F.4指的是第一阶段父母影响的问题，在第四章F部分讨论过，它是那一部分的第四个问题。2A.3的意思是第二阶段（第五章），A部分，第三个问题。序号后面的P表示这个问题应该问患者父母。因此，2A.3P与2A.3的位置相同，不同的是该问题要问父母，而非患者。该核查表系统地梳理了本书内容，并以数字序号的形式呈现，使它也能脱离本书单独使用。

1. 父母影响（第四章）

1B.1 你的祖父母过着怎样的生活？

1C.1 你在家里的出生位置如何？

  a. 你的生日是哪天？

  b. 与你出生距离最近的哥哥/姐姐的生日是哪天？

  c. 与你出生距离最近的弟弟/妹妹的生日是哪天？

  d. 你对日期是否有特别的偏爱？

1C.1P 你有几个兄弟姐妹？

  a. 你（你的"父母""成人"和"儿童"）希望/预期自己有几个孩子？

  b. 你的父母希望自己有几个孩子？

  c. 你对日期是否有特别的偏爱？

1D.1 你父母想要你这个孩子吗？

1D.1P　当时你想要他吗？

　　　　a. 他在你们的计划之中吗？

　　　　b. 他何时、在哪里被怀上？

　　　　c. 是否试图堕胎？

　　　　d. 你对性的看法是怎样的？

1E.1　　你母亲怎样看待你的出生？

1E.2　　你出生时谁在身边？

　　　　a. 是剖宫产还是顺产？

1F.1　　你是否看过自己的出生证明？

1F.2　　谁给你起的名字？

1F.3　　你以谁的名字命名？

1F.4　　你的姓氏从何而来？

1F.5　　小时候，别人怎么叫你？

　　　　a. 你的小名是什么？

　　　　b. 小时候，你有昵称吗？

1F.6　　高中时，其他孩子叫你什么？

1F.7　　现在，你的朋友叫你什么？

　　　　a. 现在，你的父亲、母亲叫你什么？

2. 童年早期（第五章）

2A.1　　你的父亲和母亲怎样教你餐桌上的礼仪？

　　　　a. 你母亲喂你时会说什么？

2A.1P　他在哺乳期时，发生过什么事吗？

　　　　a. 那时你常常对他说什么？

2A.2　　谁训练你上厕所？

2A.3　　他们怎么训练你？他们都会说什么？

　　　　a. 关于如厕训练，你父母说过什么？

2A.3P 你们何时及怎样训练他上厕所？

       a. 那时你常常对他说什么？

2A.4   小时候，你是否被大量使用灌肠剂和排便剂？

2B.1   小时候，父母让你对自己感觉怎么样？

       a. 小时候，你怎么看待自己？

2B.2   小时候，你对人生做出了怎样的决定？

2C.1   小时候，你对世界的看法如何？

       a. 你对其他人感觉怎么样？

2C.2   小时候，你是否记得曾决定再也不做某件事或有某种情绪？

       a. 你是否决定无论如何，永远都要做某件事？

2C.3   你是一个赢家还是输家？

2C.4   你是何时决定的？

2D.1   小时候，你怎样理解父母间发生的事？

       a. 你想怎样应对他们之间发生的事？

2E.1   你父母看不起哪种人？

       a. 哪种人你最不喜欢？

2E.2   你父母看得起哪种人？

       a. 你最喜欢哪种人？

2F.1   像你这种人身上会发生什么事？

3. 童年中期（第六章和第七章）

3A.1   当你这么小时，父母告诉你要做什么？

       a. 当你这么小时，他们对你说了什么？

3A.2   你父母最喜欢的格言是什么？

3A.3   你父母教了你做哪些事？

3A.4   你父母禁止你做哪些事？

3A.5   如果把你的家庭搬上舞台，将会是怎样一出戏剧？

4. 童年晚期（第七章）

4A.1　小时候，你最喜欢的童话是什么？

　　　　a. 小时候，你最喜欢的儿歌是什么？

　　　　b. 小时候，你最喜欢的故事是什么？

4A.2　是谁读给你或讲给你听的？

　　　　a. 何时，何地？

4A.3　讲故事的人对这个故事说了什么？

　　　　a. 她对这个故事有什么反应？

　　　　b. 她的表情告诉了你什么？

　　　　c. 她对这个故事感兴趣吗？还是仅仅给你读读而已？

4A.4　小时候，你最喜欢的人物是谁？

　　　　a. 谁是你的英雄？

　　　　b. 谁是你最喜欢的坏蛋？

4B.1　情况变得艰难时，你母亲做何反应？

4B.2　情况变得艰难时，你父亲做何反应？

4C.1　什么情绪最令你困扰？

4C.2　你最喜欢什么情绪？

4C.3　事情变得困难时，你最常有的反应是什么？

4C.4　店员给你积分券时，你会怎么利用它？

4D.1　你在生命中等待什么？

4D.2　你最喜欢的"只要"是什么？

4D.3　对你来说，圣诞老人是什么样子的？

　　　　a. 谁/什么是你的圣诞老人？

4D.4　你相信永生吗？

　　　　a. 你父母最喜欢的游戏是什么？

4E.1　你的父母会陷入怎样的争执？

4E.1P　在患者小时候,你们教他玩什么游戏?

　　　　a. 小时候,你会与你的父母玩什么游戏?

4E.2　在学校,你和老师相处得怎么样?

4E.3　在学校,你和其他孩子相处得怎么样?

4F.1　晚餐时,你的父母会谈论什么?

4F.2　你的父母有什么担忧吗?

5. 青春期(第八章)

5A.1　你经常和你的朋友谈论什么?

5B.1　现在,谁是你心目中的英雄?

5B.2　在这个世界上,谁是最坏的人?

5C.1　你怎么看待手淫的人?

5C.2　如果你手淫,你会感受如何?

5D.1　当你紧张时,身体会有什么反应?

5E.1　如果有朋友在身边,你父母会怎样表现?

5E.2　当父母单独在一起时,会谈论什么?与朋友在一起时,又会谈论什么?

5F.1　你是否做过噩梦?

　　　　a. 在梦中,你看到了怎样的世界?

5F.2　给我讲一个你曾经做过的梦。

5F.3　你是否有过错觉?

5F.4　人们怎么看你?

5G.1　你生命中可以发生的最好的事是什么?

5G.2　你生命中可能发生的最坏的事是什么?

5G.3　你想怎样利用自己的人生?

5G.4　5年后,你预期自己在做什么?

　　　　a. 从现在开始起10年后,你预期自己在哪里?

5H.1　你最喜欢的动物是什么？

　　　　a. 你希望自己成为什么动物？

5I.1　你最喜欢的人生格言是什么？

　　　　a. 你会在T恤上写什么，让别人一看就知道是你？

　　　　b. 你会在T恤背后写什么？

6. 成熟期（第九章）

6A.1　你想要几个孩子？

　　　　a. 你的"父母""成人"和"儿童"想要几个孩子？

　　　（这与1C.1和1C.1P相关）

6A.2　你结过几次婚？

6A.3　你的父亲和母亲各结过几次婚？

　　　　a. 他们有过情人吗？

6A.4　你是否曾经被逮捕过？

　　　　a. 你的父亲或母亲是否被逮捕过？

6A.5　你是否犯过罪？

　　　　a. 你的父亲或母亲是否犯过罪？

6A.6　你是否进过精神病院？

　　　　a. 你的父亲或母亲是否进过精神病院？

6A.7　你是否曾因酗酒而住院？

　　　　a. 你的父亲或母亲是否曾因酗酒而住院？

6A.8　你是否曾试图自杀？

　　　　a. 你的父亲或母亲是否曾试图自杀？

6B.1　年老时，你想做什么？

7. 死亡（第十章）

7B.1　你打算活多久？

7B.2　你是怎么决定这个（死亡）年龄的？
　　　　a. 谁在这个年龄死去了？

7B.3　你的父亲、母亲（如果他们已经去世）去世时年龄多大？
　　　　a.（问男性）你外公去世时多大年龄？
　　　　b.（问女性）你祖母去世时多大年龄？

7B.4　临终时，谁会在你身边？

7B.5　你的遗言会是什么？
　　　　a. 他们最后说的话会是什么？

7C.1　死后，你会留下什么？

7D.1　别人会在你的墓碑上写什么？
　　　　a. 墓碑正面会写些什么？

7D.2　你想在你的墓碑上写什么？
　　　　a. 你在墓碑的背面会写什么？

7E.1　你死后，别人会惊讶地发现什么？

7F.1　你是赢家还是输家？

7G.1　你更喜欢时间架构，还是事件架构？（解释专业术语）

8. 生物因素（第十四章）

8A.1　当你对一些事情做出反应时，你知道自己的表情如何吗？

8A.2　你知道别人对你的面部表情做何反应吗？

8B.1　你是否能辨别你的"父母""成人"和"儿童"之间的区别？
　　　　a. 别人能识别你的这些差别吗？
　　　　b. 你能辨别别人的这些差别吗？

8B.2　你的真实自我感受如何？

8B.3　你的真实自我可以一直控制你的反应吗？

8C.1　你有性方面的困扰吗？

8C.2　有些事情总在你的脑海里挥之不去吗？

8D.1　你对气味敏感吗？

8E.1　事情发生之前多久你便开始担心？

8E.2　事情结束后，你还会担心多久？

　　　　a. 你是否曾在晚上睡不着，计划如何报复？

　　　　b. 你的情绪会影响你的工作吗？

8F.1　你喜欢向别人展示你有能力忍受痛苦吗？

　　　　a. 你宁愿保持开心而不愿证明自己吗？

8G.1　你头脑中的声音告诉了你什么？

8G.2　独自一人时，你曾与自己说话吗？

　　　　a. 你不是独自一人时呢？

8G.3　你总是依照头脑里的声音做事吗？

　　　　a. 你的"成人"或"儿童"曾与你的"父母"争论吗？

8H.1　当你成为真实的人时，你是什么样子的？

9. 选择治疗师（第十六章）

9B.1　你为什么选择我这个专业领域的治疗师？

　　　　a. 被分配给我这个领域的某位治疗师，你有什么看法？

　　　　b. 你更倾向于选择哪个专业领域？

9B.2　你是如何选择我的？

9B.3　你为什么选择我？

　　　　a. 被分配给我，你有什么想法？

9B.4　童年时，谁是你的魔法师？

9B.5　你最期待哪种魔法？

9C.1　你之前有过精神治疗的经历吗？

9C.2　你是怎样选择之前的治疗师的？

　　　　a. 你为什么去他那里？

9C.3　你从他那里学到了什么？

9C.4　你为什么离开？

9C.5　你是在什么情况下离开的？

9C.6　你怎样选择工作？

9C.7　你怎样辞去工作？

9C.8　你是否住过精神病院？

　　　　a. 你需要做什么才能住进去？

　　　　b. 你需要做什么才能出来？

9C.9　你能给我讲一个你曾做过的梦吗？

10. 脚本信号（第十七章）（治疗师问自己的问题）

10A.1　脚本信号是什么？

10A.2　他有幻觉吗？

10B.1　涉及的躯体要素是什么？

10C.1　最常有的呼吸音是什么？

10C.2　什么会引起声音的改变？

10C.3　使用多少种词语？

10C.4　讲话中最喜欢的部分是什么？

10C.5　何时使用虚拟语气？

10C.6　被允许的词语从何而来？

10C.7　脚本短语是什么？

10C.8　隐喻场景是什么？

10C.9　句子是怎样建构的？

10C.10　安全短语是什么？

10D.1　绞架上的笑何时发生？

10D.2　绞架沟通是什么？

10E.1　他征求祖母的意见了吗？

10F.1　他的人生故事是什么？

10F.2　他最喜欢的戏剧转换是什么？

11. 治疗中的脚本（第十八章）

11A.1　你认为你的咨询会怎样结束？

11B.1　你认为我比你聪明吗？

11B.2　谁造成了你的困扰？

11B.3　你希望自己康复到什么水平？

11B.4　你希望在这里发生什么？

11B.5　你现在做好痊愈的准备了吗？

　　　　a.痊愈之前需要发生什么？

11B.6　什么阻止了你痊愈？

11C.1　你认为我可以应对你的父母吗？

　　　　a.你的父母力量很大吗？

11D.1　你更想痊愈还是被彻底分析？

　　　　a.你更想痊愈还是出院？

　　　　b.你更想痊愈还是待在医院？

E. 压缩版核查表

下述列表只包括与脚本分析直接相关的条目，它是获取精神病史的辅助工具，而非其替代工具。选出的这51个问题更"自然"，更不具侵入性，在多数情况下，能够提升与患者的信任关系，而非带来阻碍。

1B.1　你的祖父母过着怎样的生活？

1C.1	你在家里的出生位置如何？
1E.2	你出生时谁在身边？
1F.3	你以谁的名字命名？
1F.4	你的姓氏从何而来？
1F.5	小时候，别人怎么叫你？
1F.6	你有外号吗？
2A.4	小时候，你便秘吗？
2F.1	像你这种人身上会发生什么事？
3A.1	小时候，父母对你说过什么？
4A.1	小时候，你最喜欢的童话故事是什么？
4A.3	讲故事的人对这个故事说了什么？
4B.1	情况变得艰难时，你父母做何反应？
4C.1	什么情绪最令你困扰？
4F.1	晚餐时，你的父母会谈论什么？
4F.2	你的父母有什么担忧吗？
5F.2	给我讲一个你曾经做过的梦。
5F.3	你是否曾有过错觉？
5G.4	5年后，你预期自己在做什么？
5I.1	你会在T恤上写什么，让别人一看就知道是你？
6A.8	你是否曾试图自杀？
6B.1	年老时，你想做什么？
7B.1	你打算活多久？
7B.2	你是怎么决定这个（死亡的）年龄的？
7D.1	别人会在你的墓碑上写什么？
7D.2	你会在自己的墓碑上写什么？
7F.1	你是赢家还是输家？
8A.1	当你对一些事情做出反应时，你知道自己的表情如何吗？

8B.3	你的真实自我可以一直控制你的反应吗?
8C.1	你有性方面的困扰吗?
8D.1	你对气味敏感吗?
8E.1	事情发生之前多久你便开始担心?
8E.2	事情结束后,你还会担心多久?
8F.1	你喜欢向别人展示你有能力忍受痛苦吗?
8G.1	你头脑中的声音告诉了你什么?
9B.2	你是如何选择我的?
9C.3	你从前一位治疗师那里学到了什么?
9C.4	你为什么离开他?
9C.9	你能给我讲一个你曾做过的梦吗?

(治疗师问自己的问题)

10A.1	脚本信号是什么?
10A.2	他有幻觉吗?
10C.1	最常有的呼吸音是什么?
10C.6	被允许的词语从何而来?
10C.8	隐喻场景是什么?
10C.10	安全短语是什么?
10D.2	绞架沟通是什么?
10E.1	他征求祖母的意见了吗?
10F.1	他的人生故事是什么?
11A.1	你认为你的咨询会怎样结束?
11B.5	痊愈之前需要发生什么?
11D.1	a. 你更想痊愈还是被彻底分析?
	b. 你更想痊愈还是离开医院?

F. 治疗核查表

以下40个题目用于检查患者是否已经脱离了脚本。如果他对于这些问题全部给出了肯定的回答，则表明他已经彻底被治愈。这个列表使我们能够量化和评估在某一时刻的治疗有效性。到目前为止，还没有可靠的方法衡量每个条目的权重。发明这个列表为的是检验脚本痊愈是否等同于临床痊愈这一理论。它主要在患者结束治疗时使用。在团体治疗中使用效果最佳，因为只有治疗师和其他团体成员都同意患者的表述时，患者所说的才被认为有效，否则代表患者所说的可能存疑。这种验证可以避免每一方可能存有的隐藏动机。

这些提问的编号方式与脚本核查表的编号方式相同。

1F.7　现在，你的朋友用你喜欢的名字称呼你吗？

2B.1　你认为自己是一个"好"人吗？

2C.1　你眼中的世界现在不同了吗？

2C.2　你现在没有幻觉了吗？

2C.3　你改变童年时的决定了吗？

3A.1　你停止做父母命令你做的、具有破坏性的事情了吗？

3A.4　现在，你可以做你父母禁止你做的、具有建设性的事情了吗？

4A.4　现在，你心目中有新的英雄榜样了吗？或者会以不同的方式看以前的英雄榜样吗？

4C.1　你停止收集点券了吗？

4C.3　你的反应方式与父母不同了吗？

4D.1　你活在当下吗？

4D.2　你已经放弃说"要是"或"至少"了吗？

4E.1　你放弃玩父母玩的游戏了吗？

4I.1　你脱下你的T恤了吗？

第二十三章　脚本核查表

5F.1　你梦中的世界变化了吗？

6A.6　你放弃你的脚本结局（坐牢、入院、自杀）了吗？

7B.1　你打算比之前认为的活得更久了吗？

7B.5　你改变你的临终遗言了吗？

7D.1　你改变你的墓志铭了吗？

8A.1　你能够觉察你的面部表情会如何影响其他人吗？

8B.1　在特定时刻，你知道自己处于哪种自我状态吗？

8B.3　你的"成人"能够直接与"父母"和"儿童"对话吗？

8C.1　无须人为刺激，你就可以性兴奋吗？

8D.1　你能够意识到气味带给你的影响吗？

8E.1　你已经缩减了前事后置与后事前置，以使它们不会重叠吗？

8F.1　你是否想实现幸福，而不仅仅是勇敢？

9B.5　　a. 你改变前来治疗的原因了吗？

　　　　b. 你停止做让你入院的事情了吗？

10A.1　你的脚本信号消失了吗？

10A.2　你没有幻觉了吗？

10B.1　你的身体症状消失了吗？

10C.1　你放弃没有明显原因的咳嗽、叹气和打哈欠了吗？

10C.4　与别人谈话时，你使用动词而不使用形容词和抽象名词了吗？

10C.8　你使用的隐喻范围更广泛了吗？

10C.9　你使用的句子更干净利落了吗？

10C.10　当你表述时，停止模棱两可了吗？

10D.1　当你讲述错误时，不再微笑或大笑了吗？

11A.1　你看待治疗师的方式不同了吗？

11B.1　你停止与他玩游戏了吗？

11C.1　你能够在他们玩游戏之前就停止玩游戏吗？

11D.1　你认为自己已经被治愈而不仅仅是取得进步了吗？

附 录

说完"你好"后,你会说什么?

人生脚本——改写命运、走向治愈的人际沟通分析

其中包含一个很简单的原则：脚本越坚实，他说完"你好"之后会说什么就越容易被预测。之前，我们提过俄狄浦斯，他只有两句台词：对男人是"想打架吗？"，对女人是"想和只有你一半年纪的人做爱吗？"。罪犯只有一句台词。抢劫犯是"钱在哪？"，强奸犯是"闭嘴"。成瘾者同样也只有一句台词，"喝一杯！"或"注射一支？"。有些罪犯和精神分裂症患者甚至懒得说"你好"。

对其他人，说完"你好"后可以说什么存在六种可能的情况。(1)必须说话，所处的情境高度结构化，例如，在法院或医院。这时，说完"你好"后该说什么很简单，因为存在职业的工作流程。(2)必须说话，结构是社交性的。说完"你好"后可以说一些老套的话，从"对你来说够暖和吗？"到"这是埃塞俄比亚的项链吗？"。(3)必须说话，但没有固定的结构，例如，在某些会心团体（encounter group）中。会心团体有点像人类的新发明，对某些人来说存在困难。在这种情境下，最不带个人色彩的"针对个人的"交谈是"你的鞋子真漂亮"。(4)允许说话，但不必须。这通常发生在户外音乐会或远足等情况下。常见的第二句台词是"太棒了"。第三句台词开始增加说话的内容。如下所示。"你好。""你好。""太棒了。""是啊。""灯光，我指的是。""哦，我还以为你指的是音乐。"之后，会发生一些愉快的对话。(5)在该情境下通常不说话，说话需要一定勇气。这种情况最为困难，因为发生拒绝是合理的，说话者只能抱着试试看的态度。在这里，我们要提到的是《爱的艺术》(*The Art of Love*)的作者奥维德（Ovid）[①]。他在2000年前给罗马人

[①] 古罗马诗人。——译者注

附录 说完"你好"后，你会说什么？

的建议对当今的纽约人、旧金山人、伦敦人或巴黎人同样有效。如果你已经成功地做到了第一卷的建议，就可以开始看更高级的第二卷，如果第二卷也掌握了，那么可以开始看第三卷。(6)该情境不允许说话，就像在纽约的地铁中一样。除非情况特殊，否则只有具有最严重脚本的人才会尝试在此时说话。

在这里，我们要讲一个经典的笑话，是一位男士与女士们的交谈。"你好。""你好。""你想和我上床吗？"朋友建议他在问这个问题前最好聊点别的。然后，他下一次见到一个女士时说："你好。你去过埃塞俄比亚吗？""没有。""那我们上床吧。"事实上，他这样说也不太糟，不过还有另外一些可能的选择。

渴望的："你好。"

"你好。"

"你去过埃塞俄比亚吗？"

"没有。"

"我也没去过。不过我很喜欢旅行。你经常旅行吗？"

天真的："你好。"

"你好。"

"你去过埃塞俄比亚吗？"

"没有。"

"那是一个美丽的国家。有一次，我在那里，看见一个男人在吃一头狮子。"

"男人吃狮子？"

"烤着吃。你吃饭了吗？你喜欢烧烤吗？我知道一个地方……"

提这点建议是出于礼貌，也是为了回答本书书名[①]所提的问题，同时也是为了激发读者的创造力。

[①] 本书英文原书名直译是"说完'你好'说什么？"。——译者注

术　语　表

（按汉语拼音顺序排序）

安抚（Stroke）：认可的单位，例如，"你好"。

按钮（Button）：可以激发脚本或游戏行为的内部或外部刺激。

悲剧式脚本（Hamartic）：具有自我毁灭的、不幸结局的脚本。

被允许的词语（O.K. Words）：父母同意使用的词语。

不可以脚本（Can't Script）：用负向的语言陈述的脚本。

草案（Protocol）：最早的戏剧化体验，脚本建立的基础。

"成人"（Adult）：客观的、自主的、加工数据及估计可能性的自我状态。

程序（Program）：脚本装置的全部元素总体导致的人生风格。

充斥（Ridden）：一个人不惜任何代价，必须专注于他的脚本。

重叠（Overlap）：后事前置在前事后置消失前出现的一段时间。

抵押（Mortgage）：为了安排较长一段时间而选择承担的债务。

地球人（Earthian）：基于先入之见做判断而非基于真正发生的事做判断的人，是古板守旧的人。

地球人视角（Earthian Viewpoint）：被从他人那里学到的偏见模糊了视线，通常来自童年早期。

电极（Electrode）："儿童"中的"父母"。激活时会带来几乎自动化的反应。

对立主题（Antithesis）：直接反驳父母禁令的指令；是一种治疗性干预，使患者暂时或永久摆脱脚本的束缚。属于外部释放的一种。

"儿童"（Child）：古老的自我状态。顺从儿童遵守父母的指令。自然儿童是自主的。

发作（Outbreak）：（或称脚本发作。）从或多或少由理性控制的行为转变到脚本场景。

非赢家（Nonwinner）：努力工作以实现平局的人。

"父母"（Parent）：从父母式人物那里借来的自我状态。可以发出指令（发挥影响的"父母"自我状态），或者直接呈现出父母的行为（激活的"父母"自我状态）。它既可能是养育型的，也可能是控制型的。

沟通（Transaction）：当事人从某种自我状态发出的沟通刺激，加上回应者从某种自我状态做出的沟通反应。沟通是社交行为的单位。

沟通分析（Transactional Analysis，TA）：(1)以分析每次会谈中发生的沟通及沟通序列为基础的、系统的心理治疗方法。(2)以研究特定的自我状态为基础的人格理论。(3)通过分析具体的自我状态，将沟通详尽地划分为有限类型的社交行为理论。(4)通过沟通图对单次沟通进行的分析，称作沟通分析本身（Transactional Analysis Proper）。

关闭（Cut-out）：通过内部解除脚本。

过度脚本（Episcript）：父母过度设定的程序。另见"过分脚本"。

过分脚本（Overscript）：一个人向另一个人传递的父母的过度设定程序，例如，从父母传递给孩子。无论何时，任何持有这个"烫手的山芋"的人都是被过分设定程序的人。这也是过度脚本。

核查表（Check List）：精心选择及严谨措辞的一系列提问，目的是获得关于脚本的最不具歧义、最大量的信息。

后事前置（Reach-Back）：即将发生的事件影响行为的一段时间。

幻觉（Illusion）："儿童"紧握不放的、不太可能实现的希望，会对个体所有行为具有决定性影响。

火星人（Martian）：不带先入之见地观察地球上发生之事的人。

火星人视角（Martian Viewpoint）：观察地球上发生之事的最为单纯的视角。

货币（Currency）：导致脚本结局的媒介，例如，语言、金钱或躯体。

家庭文化（Family Culture）：家庭的主要兴趣，特别是在躯体功能方面。

家庭戏剧（Family Drama）：在每个家庭中重复上演的一系列具有戏剧效果的事件，构成了脚本草案的基础。

绞架沟通（Gallows Transaction）：直接导向脚本结局的沟通。

绞架上的笑（Gallows Laugh）：伴随绞架沟通的微笑或大笑，通常在他人在场时发生。

脚本（Script）：基于童年的决定制订的人生计划，被父母强化，被后续发生的事件证明其合理性，最终导致某种已经选择好的结局。

脚本的重写本（Palimpsest）：孩子进入后续发展阶段，基于新的可能性而建构的较新的脚本版本。

脚本对手（Slot）：脚本中的一个位置，可以被任何愿意依照当事人的脚本要求而做反应的人填补。

脚本公式（Script Formula）：构成脚本必备的事件序列，通过字母以公式表达：EPI → Pr → C → IB → P。

脚本行为（Scripty Behavior）：看起来是被脚本激发的行为，而非被理性的思考激发。

脚本迹象（Sign）：特殊的行为表现，展现患者脚本的线索。

脚本空间（Space）：脚本中决定性沟通发生的空间。

脚本控制（Controls）：脚本结局、禁止信息和引诱，操控着个体的脚本行为。

脚本零件（Equipment）：父母给予的刺激和回应，个体建构脚本装置的基础。

脚本情境（Set）：梦境般的场景，"儿童"在其中演出脚本。

脚本世界（World）：上演脚本时被扭曲的世界。

脚本世界观（World View）："儿童"对世界及身边之人的扭曲的看法，是脚本建立的基础。

脚本速度（Velocity）：在单位时间内，脚本中发生的角色转换的次数。

脚本信号（Signal）：标示脚本行为的动作或习惯。

脚本主题（Theme）：最常见的主题包括爱、恨、复仇或嫉妒。

脚本装置（Apparatus）：构成脚本的七个要素。

结构分析（Structural Analysis）：利用"父母""成人"和"儿童"自我状态，对人格或一系列沟通进行的分析。

结局（Payoff）：终极命运或最终显现，标志着人生计划的结束。

禁止信息（Injunction）：父母发出的禁令或消极命令。

角色（Role）：根据脚本要求，通过三种自我状态中的任何一种而展现出来的一套行为。

矩阵（Matrix）：展示父母指令的图示，这些指令构成脚本的基础。

决定（Decision）：童年时承诺的某种行为方式，构成未来人格的基础。

抗脚本（Antiscript）：脚本的反转。反抗每一条指令的要求，做相反的事。

可乘之机（Gimmick）：特殊的态度或弱点，使一个人很容易进入游戏或脚本行为。

可以脚本（Can Script）：用正向的语言陈述的脚本。

模式/榜样（Pattern）：基于父母指示或榜样而建立的人生风格。

目标时间（Goal Time）：由目标的实现所规定的一段时间。

内部解除（Release, Internal）：已经嵌入脚本的、可以使个体摆脱脚本的条件，即关闭。

扭曲（Racket）：代替性欲的以及在沟通中寻求和加以利用的消极情绪。

破咒者（Spellbreaker）：在脚本中植入的从内部解除脚本的方法。

契约（Contract）：患者与治疗师明确达成的共识，陈述了每个阶段的治疗目标。

前事后置（After-Burn）：已经发生的事被消化之前持续的一段时间。

亲密（Intimacy）：不包括游戏及利用的情感表达与交流。

驱使（Driven）：一个人不惜任何代价实现脚本所需，不过暗地里可能也在享乐。

人格面具（Persona）：以掩饰的方式呈现自我。通常处于8—12岁的水平。

人生计划（Life Plan）：根据脚本理应发生的事。

人生历程（Life Course）：人生真正发生的事情。

生存法则（Prescription）：养育型父母给予的一系列训诫。

生的宣判（Life Sentence）：消极的但不会致命的脚本结局。

圣诞老人（Santa Claus）："儿童"终其一生在等待的虚幻礼物的虚幻来源。

失败（Failure）：如果不能执行脚本，将导致绝望。

时钟时间（Clock-Time）：借由时钟或日历衡量的一段时间。

食人魔父亲（Ogre Father）：父亲的"儿童"，构成女儿"儿童"中的"父母"，将女儿导向悲剧的脚本。在积极的脚本中，这部分称为"快乐的巨人"。

输家（Loser）：没有实现所宣称的目标的人。

死亡判决（Death Decree）：致死性的脚本结局。

挑唆（Provocation）：父母鼓励或要求的非适应性行为。

调皮鬼（Demon）：(1)孩子身上具有的愿望与冲动，表面看是在与脚本装置抗争，实则常常强化了脚本。(2)"父母"催促"儿童"做出冲动的、非适应的行为的低语声。这二者常常具有相同的目的。

图腾（Totem）：让个体着迷的动物，会影响个体的行为。

外部解除（Release, External）：将个体从脚本的要求中释放出来的外部干预，即中断。

巫婆母亲（Witch Mother）：母亲的"儿童"，构成儿子"儿童"中的"父母"，将儿子导向悲剧式脚本。在富有建设性的脚本中，这部分被称为"仙女教母"。

戏剧三角形（Drama Triangle）：对呈现在游戏或脚本中的、角色间可能发生的转变的简单图示。三个主要角色分别是迫害者、受害者和拯救者。

心理地位（Position）：好与不好的概念，以证明某种决定的合理性。游戏基于心理地位产生。

信念（Conviction）：对自己及世界"好"或"不好"的坚定观点。

许可（Permission）：(1)父母为自主行为授予的许可证。(2)一种干预方法，在个体准备好、有意愿且有能力时，给予他违背父母禁令的准许，或者将他从父母的挑唆中释放出来。

抑郁（Depression）："儿童"与"父母"对话失败。

赢家（Winner）：达成所宣称的目标的人。

应该脚本（Counterscript）：基于父母训诫形成的可能的人生计划。

游戏（Game）：带有骗局、可乘之机、转换和混乱的沟通系列，最终导致某种结局。

游戏公式（Game Formula）：游戏中发生的事件顺序，是用字母代表的一个公式：$C + G = R \rightarrow S \rightarrow X \rightarrow P$。

游戏式行为（Gamy Behavior）：看起来是为了收集最终的点券，而非实现所宣称的目标的行为。

原始版本（Primal）：脚本的最早版本，基于婴儿对家庭戏剧的理解。

再抚育（Re-Parenting）：中断早期的"父母"程序设定，通过回溯，以新的、更具适应性的程序取而代之，特别是对精神分裂症患者。

指令（Directives）：控制、模式以及其他脚本装置。

治疗假设（Therapeutic Hypothesis）：对某种治疗操作是否具有价值做出的假设。

中断（Cut-off）：通过外界解除脚本。

转换（Switch）：（1）在游戏或脚本中，从一个角色转变到另一个角色。（2）强迫或引诱某人转变角色的操纵手段。（3）关闭适应性行为的内部或外部刺激。

自我状态（Ego State）：一套相互一致的情绪与体验模式，直接对应于相应的行为模式。

诅咒（Curse）：脚本禁止信息。

阻碍器（Stopper）：脚本禁止信息或禁令。

T恤（Sweatshirt）：个人的行为举止中明显透出的人生座右铭。